建筑施工安全检查指南

——依据《建筑施工安全检查标准》JGJ 59－2011 编写

北京市建设工程安全质量监督总站
北京建科研软件技术有限公司　主编

中国建筑工业出版社

图书在版编目（CIP）数据

建筑施工安全检查指南——依据《建筑施工安全检查标准》
JGJ 59-2011 编写/北京市建设工程安全质量监督总站，北京
建科研软件技术有限公司主编. —北京：中国建筑工业出版
社，2012.4（2025.11重印）
ISBN 978-7-112-14130-2

Ⅰ.①建…　Ⅱ.①北…②北…　Ⅲ.①建筑工程-工程施工-
安全检查-指南　Ⅳ.①TU714-62

中国版本图书馆 CIP 数据核字（2012）第 042214 号

建筑施工安全检查指南
——依据《建筑施工安全检查标准》JGJ 59-2011 编写

北京市建设工程安全质量监督总站
北京建科研软件技术有限公司　主编

*

中国建筑工业出版社出版、发行（北京西郊百万庄）
各地新华书店、建筑书店经销
北京红光制版公司制版
建工社（河北）印刷有限公司印刷

*

开本：787×1092毫米　1/16　印张：30½　字数：761千字
2012年7月第一版　2025年11月第十七次印刷
定价：**88.00**元（含光盘）
ISBN 978-7-112-14130-2
（22192）

本书围绕最新行业标准《建筑施工安全检查标准》JGJ 59—2011（以下简称《标准》）等系列施工规范的相关内容和规定展开，系统介绍了建筑施工安全检查的具体项目、形式、要求和评价计算的方法，说明了《标准》的作用；依据现行法规和标准，逐条解读了《标准》条文，解析了安全检查评价方法；还通过新旧两版对比，指出了新《标准》的更新变化内容，并结合工程实际，提供了建筑安全检查工作的典型案例。本书力求使读者全面掌握建筑施工安全检查的具体内容及相关评定要求，能对建筑施工安全检查的重要性、影响因素和相应评定项目充分重视，对建筑施工安全生产和管理能有正确的认识，进而进一步提高我国建筑施工安全管理的科学化、规范化和技术化水平。

本书共有 20 章。第 1 章为建筑施工安全检查；其中，第 1 节介绍了安全检查工作的主要内容、形式、要求及检查方法。第 2 节介绍了《标准》作为安全检查工作的执行依据、重要作用和新《标准》的修订背景，并对新《标准》要素做了说明。第 3 节逐条分析和说明了新《标准》中关于评分方法、评定等级的内容，并通过与《标准》1999 年版的对应条文的对比，介绍了新《标准》在评分计算和评定条件方面的新要求，还提供了一个安全检查工作的案例，通过示例说明安全检查工作该怎么做。第 2 章至第 20 章，分别介绍了安全检查的各个分项检查项目。依次是安全管理、文明施工、扣件式钢管脚手架、门式钢管脚手架、碗扣式钢管脚手架、承插型盘扣式钢管脚手架、满堂脚手架、悬挑式脚手架、附着式升降脚手架、高处作业吊篮、基坑工程、模板支架、高处作业、施工用电、物料提升机、施工升降机、塔式起重机、起重吊装、施工机具，每章分节介绍各个检查项目的条文、条文说明及依据的法律、法规、标准的条文，并补充说明了新旧两版对应条文对比结果。

本书具有较强的操作性和实用性，内容覆盖建筑施工安全检查的各项工作。本书可供建筑施工、监理、质量监督、咨询等相关人员及高校相关专业师生、注册建造师、监理工程师、安全员等参考使用。

＊　　＊　　＊

责任编辑：何玮珂　向建国
责任设计：赵明霞
责任校对：王誉欣　王雪竹

本 书 编 委 会

主编单位：北京市建设工程安全质量监督总站
　　　　　北京建科研软件技术有限公司
参编单位：中铁建工集团有限公司
　　　　　河北建设集团有限公司
　　　　　中建一局集团建设发展有限公司
　　　　　中国新兴保信建设总公司
　　　　　江苏省苏中建设集团股份有限公司
　　　　　北京航天万源建筑工程有限责任公司
　　　　　南通纺织职业技术学院建工系
主　　编　丁　胜　王玉恒
编写人员　郝　毅　刘　霖　张晋波　聂澄宇　雷文洪
　　　　　王根怀　左　强　黄殿来　颜忠敏　赵　亮
　　　　　朱　磊　贾会军　刘稳山　刘光荣　郭金宏
　　　　　唐小卫　李　强　杜　飞　孟庆军　高建彬
　　　　　何　波　钟德文　成　军　徐　琳　徐卫星
　　　　　李益民

前　　言

安全生产是工程建设的头等大事，施工安全检查是保证安全生产的一项重要工作。做好安全检查工作，才能保障施工人员的安全和健康，实现工程建设安全生产。

《建筑施工安全检查标准》已修订完成，新版本《建筑施工安全检查标准》JGJ 59—2011（以下简称《标准》）已发布，将于 2012 年 7 月 1 日在全国开始实施，是建筑施工安全检查工作的执行依据。《标准》给出了建筑施工安全检查的具体项目和评价计算的方法，解决了科学评价建筑施工现场安全生产的问题，对实现安全检查工作的标准化，具有重要意义。

《标准》发布后，各地纷纷咨询《标准》条文的解释、计算评价的具体要求等相关问题。为了更好地宣传、贯彻、执行该《标准》，给广大工程管理人员在工程实际应用中提供具体指导和帮助，编制组主要成员和北京建科研软件有限公司（配套软件开发研制单位）合作，邀请业内经验丰富的专家并结合各地工程安全管理的实践经验，共同编写了本书，作为《标准》的配套用书，为广大工程管理人员提供帮助。

本书特点十分显著：第一，实用性强，为广大工程管理人员进行安全检查工作提供了参考和样板，内容浅显，示例经典；第二，依据翔实、充分，可以迅速查阅与《标准》相关的规范条文；第三，内容丰富，不仅对条文全部作了解读，还作了新旧标准的对比，分析了标准变化的原因，总结了安全检查工作发展的规律；第四，权威性高，本书由资深管理专家和《标准》的主要编写人员编写，对《标准》的理解较为正确和深刻；第五，有专门的管理软件与之配套，软件研制单位具有多代资料管理软件研发经验，软件在部分省市已经几代升级，功能强大，用户可以直接购买使用，方便可靠。

本书是广大工程管理人员学习、贯彻《标准》的指导用书，也是工程建设各方管理人员的重要参考工具，还可作为工程安全管理的培训教材。

本书在编写过程中，得到了各地、各相关单位和专家的大力支持和帮助，在此谨致衷心的感谢和敬意。

由于本书作者在各自的工作岗位上承担着繁忙的管理任务，编写时间较短，涉及专业较多，加之水平所限，错漏之处，敬请同行提出宝贵意见，以便再版时改进。

目　　录

第1章 建筑施工安全检查

1.1 建筑施工安全检查

安全生产是工程建设的头等大事,施工安全检查是保证安全生产的一项重要工作。做好安全检查工作,才能保障施工人员的安全和健康,实现工程建设安全生产。

1.1.1 建筑施工安全检查的内容

建筑施工安全检查主要是以查安全思想、查安全责任、查安全制度、查安全措施、查安全防护、查设备设施、查教育培训、查操作行为、查劳动防护用品使用和查伤亡事故处理等为主要内容。

1. 查安全思想主要是检查以项目经理为首的项目全体员工(包括分包作业人员)的安全生产意识和对安全生产工作的重视程度。

2. 查安全责任主要是检查现场安全生产责任制度的建立;安全生产责任目标的分解与考核情况;安全生产责任制与责任目标是否已落实到了每一个岗位和每一个人员,并得到了确认。

3. 查安全制度主要是检查现场各项安全生产规章制度和安全技术操作规程的建立和执行情况。

4. 查安全措施主要是检查现场安全措施计划及各项安全专项施工方案的编制、审核、审批及实施情况;重点检查方案的内容是否全面、措施是否具体并有针对性,现场的实施运行是否与方案规定的内容相符。

5. 查安全防护主要是检查现场临边、洞口等各项安全防护设施是否到位、有无安全隐患。

6. 查设备设施主要是检查现场投入使用的设备设施的购置、租赁、安装、验收、使用、过程维护保养等各个环节是否符合要求;设备设施的安全装置是否齐全、灵敏、可靠,有无安全隐患。

7. 查教育培训主要是检查现场教育培训岗位、教育培训内容是否明确、具体、有针对性;三级安全教育制度和特种作业人员持证上岗制度的落实情况是否到位;教育培训档案资料是否真实、齐全。

8. 查操作行为主要是检查现场施工作业过程中有无违章指挥、违章作业、违反劳动纪律的行为发生。

9. 查劳动防护用品使用主要是检查现场劳动防护用品、用具的购置、产品质量、配备数量和使用情况是否符合安全与职业卫生的要求。

10. 查伤亡事故处理主要是检查现场是否发生伤亡事故,对发生的伤亡事故是否已按照"四不放过"的原则进行了调查处理,是否已有针对性地制定了纠正与预防措施;制定的纠正与预防措施是否已得到落实并取得时效。

1.1.2　建筑施工安全检查的主要形式

建筑施工安全检查的主要形式一般可分为日常巡查、专项检查、定期安全检查、经常性安全检查、季节性安全检查、节假日安全检查、开工复工安全检查、专业性安全检查和设备设施安全验收检查等。

1. 定期安全检查

建筑施工企业应建立定期分级安全检查制度，定期安全检查属全面性和考核性的检查，建筑工程施工现场应至少每旬开展一次安全检查工作，施工现场的定期安全检查应由项目经理亲自组织。

2. 经常性安全检查

建筑工程施工应经常开展预防性的安全检查工作，以便于及时发现并消除事故隐患，保证施工生产正常进行。施工现场经常性的安全检查方式主要有：

（1）现场专（兼）职安全生产管理人员及安全值班人员每天例行开展的安全巡视、巡查。

（2）现场项目经理、责任工程师及相关专业技术管理人员在检查生产工作的同时进行安全检查。

（3）作业班组在班前、班中、班后进行的安全检查。

3. 季节性安全检查

季节性安全检查主要是针对气候特点（如：暑季、雨季、风季、冬季等）可能给安全生产造成的不利影响或带来的危害而组织的安全检查。

4. 节假日安全检查

节假日安全检查。在节假日、特别是重大或传统节假日（如："五一"、"十一"、元旦、春节等）前后和节日期间，为防止现场管理人员和作业人员思想麻痹、纪律松懈等进行的安全检查。节假日加班，更要认真检查各项安全防范措施的落实情况。

5. 开工、复工安全检查

开工、复工安全检查。针对工程项目开工、复工之前进行的安全检查，主要是检查现场是否具备保障安全生产的条件。

6. 专业性安全检查

由有关专业人员对现场某项专业安全问题或在施工生产过程中存在的比较系统性的安全问题进行的单项检查。这类检查专业性强，主要应由专业工程技术人员、专业安全管理人员参加。

7. 设备设施安全验收检查

针对现场塔吊等起重设备、外用施工电梯、龙门架及井架物料提升机、电气设备、脚手架、现浇混凝土模板支撑系统等设备设施在安装、搭设过程中或完成后进行的安全验收、检查。

1.1.3　建筑施工安全检查的要求

1. 根据检查内容配备力量，抽调专业人员，确定检查负责人，明确分工。

2. 应有明确的检查目的和检查项目、内容及检查标准、重点、关键部位。对大面积或数量多的项目可采取系统的观感和一定数量的测点相结合的检查方法。检查时尽量采用检测工具，用数据说话。

3. 对现场管理人员和操作工人不仅要检查是否有违章指挥和违章作业行为，还应进行"应知应会"的抽查，以便了解管理人员及操作工人的安全素质。对于违章指挥、违章作业行为，检查人员可以当场指出、进行纠正。

4. 认真、详细进行检查记录，特别是对隐患的记录必须具体，如隐患的部位、危险性程度及处理意见等。采用安全检查评分表，应记录每项扣分的原因。

5. 检查中发现的隐患应该进行登记，并发出隐患整改通知书，引起整改单位的重视，并作为整改的备查依据。对凡是有即发型事故危险的隐患，检查人员应责令其停工，被查单位必须立即整改。

6. 尽可能系统、定量地作出检查结论，进行安全评价。以利受检单位根据安全评价研究对策、进行整改、加强管理。

7. 检查后应对隐患整改情况进行跟踪复查，查被检单位是否按"三定"原则（定人、定期限、定措施）落实整改，经复查整改合格后，进行销案。

1.1.4 建筑施工安全检查方法

建筑工程安全检查在正确使用安全检查表的基础上，可以采用"听"、"问"、"看"、"量"、"测"、"运转试验"等方法进行。

1. "听"

听取基层管理人员或施工现场安全员汇报安全生产情况，介绍现场安全工作经验、存在问题、今后的发展方向。

2. "问"

主要是指通过询问、提问，对以项目经理为首的现场管理人员和操作工人进行的应知应会抽查，以便了解现场管理人员和操作工人的安全意识和安全素质。

3. "看"

主要是指查看施工现场安全管理资料和对施工现场进行巡视。例如：查看项目负责人、专职安全管理人员、特种作业人员等的持证上岗情况；现场安全标志设置情况；劳动防护用品使用情况；现场安全防护情况；现场安全设施及机械设备安全装置配置情况等。

4. "量"

主要是指使用测量工具对施工现场的一些设施、装置进行实测实量。例如：对脚手架各种杆件间距的测量；对现场安全防护栏杆高度的测量；对电气开关箱安装高度的测量；对在建工程与外电边线安全距离的测量等。

5. "测"

主要是指使用专用仪器、仪表等监测器具对有特定对象关键特性技术参数的测试。例如：使用漏电保护器测试仪对漏电保护器漏电动作电流、漏电动作时间的测试；使用地阻仪对现场各种接地装置接地电阻的测试；使用兆欧表对电机绝缘电阻的测试；使用经纬仪对塔吊、外用电梯安装垂直度的测试等。

6. "运转试验"

主要是指由具有专业资格的人员对机械设备进行实际操作、试验，检验其运转的可靠性或安全限位装置的灵敏性。例如：对塔吊力矩限制器、变幅限位器、起重限位器等安全装置的试验；对施工电梯制动器、限速器、上下极限限位器、门连锁装置等安全装置的试验；对龙门架超高限位器、断绳保护器等安全装置的试验等。

1.2　《建筑施工安全检查标准》JGJ 59—2011 概述

1.2.1　《标准》的作用

建筑施工安全检查工作必须依照《建筑施工安全检查标准》的规定执行，《标准》对于安全检查工作具有重要意义：

1. 《标准》给出了建筑施工安全检查的具体项目，即说明了"安全检查要检查什么"的问题，内容明确了，检查与被检查双方才能有的放矢，有利于被检查方落实好安全生产的各项管理工作；

2. 《标准》给出了建筑施工安全检查的实施方法，即解决了"安全检查要如何检查"的问题；方法可称为评分表法，就是通过扣减打分、分项计分、汇总算分、按分评定的办法；方法简便，便于管理部门和施工单位组织实施；

3. 《标准》给出了建筑施工安全检查的评价计算的方法，解决了"安全检查要如何计算评价"的问题，即先计算后评价，且双条件评价；科学评价建筑施工现场安全生产的问题，实现安全检查工作的标准化。

1.2.2　《标准》修订背景

《标准》1999 年版本实施 12 年了，是一部好标准，对规范安全检查工作，保障安全生产发挥了重要作用。修订有以下原因：

1. 技术进步，新设备新技术层出不穷，有更多的安全项目需要管理或需要完善管理；
2. 先进的安全管理理论、技术、工具不断涌现，检查更全面细致，评价更科学严谨；
3. 相关规范、标准都已更新完成或正在更新，标准中的规定发生了变化；
4. 社会和人的健康、环保理念不断进步，要求安全生产工作上升到更高的水平。
所以，编制组在充分调查研究的基础上，修订了《标准》。

1.2.3　《标准》的要素说明

1. 名称：《建筑施工安全检查标准》，主题词为"安全检查"；
2. 编号：JGJ 59—2011，"JGJ"为建筑行业标准，"59"为标准代号，"2011"为标准备案的纪年；
3. 标准类别：中华人民共和国行业标准；
4. 标准属性：强制性标准；包含两条强制性条文；JGJ 59—99 发布时，没有强制性条文的概念；
5. 发布日期为 2011-12-07；实施日期：2012-07-01。

1.2.4　修订的主要内容

1. 增设"术语"章节；

2. 增设"检查评定项目"章节；

3. 将原"检查分类及评分方法"一章调整为"检查评分方法"和"检查评定等级"两个章节，并对评定等级的划分标准进行了调整；

4. 将原"检查评分表"一章调整为附录；

5. 将"建筑施工安全检查评分汇总表"中的项目名称及分值进行了调整；

6. 删除"挂脚手架检查评分表"、"吊篮脚手架检查评分表"；

7. 将"'三宝'、'四口'防护检查评分表"改为"高处作业检查评分表"，并新增移动式操作平台和悬挑式钢平台的检查内容；

8. 新增"碗扣式钢管脚手架检查评分表"、"承插型盘扣式钢管脚手架检查评分表"、"满堂脚手架检查评分表"、"高处作业吊篮检查评分表"；

9. 依据现行法规和标准对检查评分表的内容进行了调整；

10. 增加了强制性条文。

1.2.5 《标准》总则释义

1. 为科学评价建筑施工现场安全生产，预防生产安全事故的发生，保障施工人员的安全和健康，提高施工管理水平，实现安全检查工作的标准化，制定本标准。

【条文说明】

本标准编制的目的。

【释义】

《标准》第1.0.1条，科学评价—检查工作标准化—预防事故、保障安全健康、提高水平。

2. 本标准适用于房屋建筑工程施工现场安全生产的检查评定。

【条文说明】

本标准适用于建筑施工企业或其他方对房屋建筑施工现场的安全检查评定。

【释义】

《标准》第1.0.2条，涵义有两点：

1. 适用范围：房屋建筑工程、施工现场、安全生产，三条同时满足；

2. 检查方：建筑施工企业或其他方；被检查方：施工现场，实质就是总包单位项目部。

【依据】《建筑法》

第四十五条 施工现场安全由建筑施工企业负责。实行施工总承包的，由总承包单位负责。分包单位向总承包单位负责，服从总承包单位对施工现场的安全生产管理。

3. 建筑施工安全检查除应符合本标准外，尚应符合国家现行有关标准的规定。

【条文说明】

建筑施工安全检查除应符合本标准规定外，针对施工现场的实际情况尚应符合国家现行有关标准中的要求。

【释义】

《标准》第1.0.3条，本标准与其他标准的关系。

1.2.6 《标准》术语释义

1. 保证项目（assuring items）：检查评定项目中，对施工人员生命、设备设施及环境安全起关键性作用的项目。

【释义】

《标准》第2.0.1条，涵义有两点：

1. 生命安全、设备设施安全、环境安全，任一即可；

2. 关键性作用。

2. 一般项目（general items）：检查评定项目中，除保证项目以外的其他项目。

【释义】

《标准》第2.0.2条，一般项目，非关键性作用，但同样很重要，允许缺项。

3. 公示标牌（public signs）：在施工现场的进出口处设置的工程概况牌、管理人员名单及监督电话牌、消防保卫牌、安全生产牌、文明施工牌及施工现场总平面图等。

【释义】

《标准》第2.0.3条，基本要求，五板一图。

4. 临边（temporary edges）：施工现场内无围护设施或围护设施高度低于0.8m的楼层周边、楼梯侧边、平台或阳台边、屋面周边和沟、坑、槽、深基础周边等危及人身安全的边沿的简称。

【释义】

《标准》第2.0.4条，规范给出的"临边"详细定义，5临边。

1.3 评分方法和评定等级

1.3.1 评分方法

1. 建筑施工安全检查评定中，保证项目应全数检查。

【条文说明】

保证项目是各级各部门在安全检查监督中必须严格检查的项目，对查出的隐患必须按照"三定"原则立即落实整改。

【释义】

《标准》第4.0.1条，强制性条文。除高处作业和施工机具外，其他分项都设置了保证项目。此处明确规定，保证项目必须全查且所有项目内容和控制点应全部检查。针对事故隐患、危害因素和安全生产问题而言，"三定"是指确定整改措施、确定整改时限、确定整改人员尤其是责任人，即定整改措施、定时、定人。

【1999年版对应条文】

2.0.2 在安全管理、文明施工、脚手架、基坑支护与模板工程、施工用电、物料提升机与外用电梯、塔吊和起重吊装八项检查评分表中，设立了保证项目和一般项目，保证项目应是安全检查的重点和关键。

2. 建筑施工安全检查评定应符合本标准第3章中各检查评定项目的有关规定，并应按本标准附录 A、B 的评分表进行评分。检查评分表应分为安全管理、文明施工、脚手架、基坑工程、模板支架、高处作业、施工用电、物料提升机与施工升降机、塔式起重机与起重吊装、施工机具分项检查评分表和检查评分汇总表。

【条文说明】

4.0.2 在建筑施工安全检查评定时，应依照本标准第 3 章中各检查评定项目的有关规定进行检查，并按本标准附录 A、B 的评分表进行评分。分项检查评分表共分为 10 项 19 张表格，其中的脚手架项目对应扣件式钢管脚手架、门式钢管脚手架、碗扣式钢管脚手架、承插型盘扣式钢管脚手架、满堂脚手架、悬挑式脚手架、附着式升降脚手架、高处作业吊篮 8 张分项检查评分表；物料提升机与施工升降机项目对应物料提升机、施工升降机 2 张分项检查评分表；塔式起重机与起重吊装项目对应塔式起重机、起重吊装 2 张分项检查评分表。

【释义】

《标准》第 4.0.2 条，安全检查形成的资料格式，分项检查和评分汇总两类，10 项 19 张表。

新版删除"挂脚手架检查评分表"、"吊篮脚手架检查评分表"；将"'三宝'、'四口'防护检查评分表"改为"高处作业检查评分表"；新增"碗扣式钢管脚手架检查评分表"、"承插型盘扣式钢管脚手架检查评分表"、"满堂脚手架检查评分表"、"高处作业吊篮检查评分表"。

【1999 年版对应条文】

2.0.1 对建筑施工中易发生伤亡事故的主要环节、部位和工艺等的完成情况做安全检查评价时，应采用检查评分表的形式，分为安全管理、文明工地、脚手架、基坑支护与模板工程、"三宝""四口"防护、施工用电、物料提升机与外用电梯、塔吊、起重吊装和施工机具共 10 项分项检查评分表和 1 张检查评分汇总表。

注：1."三宝"系指安全帽、安全带和安全网。

2."四口"系指通道口、预留洞口、楼梯口、电梯井口。

3. 各评分表的评分应符合下列规定：

（1）分项检查评分表和检查评分汇总表的满分分值均应为 100 分，评分表的实得分值应为各检查项目所得分值之和；

【释义】

《标准》第 4.0.3 条第 1 款，全项检查时，分项表和汇总表都是按项目得分求和计分。此计分方法与 1999 年版一致，汇总表内各项分值有修改，新分值见表 1.3.1。

建筑施工安全检查评分汇总表　　　　　　　　　表 1.3.1

企业名称：　　　　　　　　资质等级：　　　　　　　年　月　日

单位工程（施工现场）名称	建筑面积（m²）	结构类型	总计得分（满分分值100分）	项目名称及分值									
				安全管理（满分10分）	文明施工（满分15分）	脚手架（满分10分）	基坑工程（满分10分）	模板支架（满分10分）	高处作业（满分10分）	施工用电（满分10分）	物料提升机与施工升降机（满分10分）	塔式起重机与起重吊装（满分10分）	施工机具（满分5分）
评语：													
检查单位			负责人			受检项目				项目经理				

【1999 年版对应条文】

2.0.3　各分项检查评分表中，满分为 100 分。表中各检查项目得分应为按规定检查内容所得分数之和。每张表总得分应为各自表内各检查项目实得分数之和。

2.0.7　（部分条文）汇总表总得分应为表中各分项项目实得分数之和。

（2）评分应采用扣减分值的方法，扣减分值总和不得超过该检查项目的应得分值；

【释义】

《标准》第 4.0.3 条第 2 款，单个检查项目的评分方法，两版一致。

【1999 年版对应条文】

2.0.5　检查评分不得采用负值。各检查项目所扣分数总和不得超过该项应得分数。

（3）当按分项检查评分表评分时，保证项目中有一项未得分或保证项目小计得分不足 40 分，此分项检查评分表不应得分；

【条文说明】

4.0.3　本条规定了各评分表的评分原则和方法。重点强调了在分项检查评分表评分时，保证项目出现零分或保证项目实得分值不足 40 分时，此分项检查评分表不得分，突出了对重大安全隐患"一票否决"的原则。

【释义】

《标准》第 4.0.3 条第 3 款，保证项目一票否决原则，分项评分为 0，汇总表评定等级不合格；两版一致。

【1999 年版对应条文】

2.0.6　在检查评分中，当保证项目中有一项不得分或保证项目小计得分不足 40 分时，此检查评分表不应得分。

（4）检查评分汇总表中各分项项目实得分值应按下式计算：

$$A_1 = \frac{B \times C}{100}$$

式中　A_1——汇总表各分项项目实得分值；

　　　B——汇总表中该项应得满分值；

　　　C——该项检查评分表实得分值。

【释义】

《标准》第 4.0.3 条第 4 款，全项汇总计算方法，两版一致。

【1999 年版对应条文】

2.0.7　（部分条文）在汇总表中各分项项目实得分数应按下式计算：

$$\text{在汇总表中各分项项目实得分数} = \frac{\text{汇总表中该项应得满分分值} \times \text{该项检查评分表实得分数}}{100}$$

（5）当评分遇有缺项时，分项检查评分表或检查评分汇总表的总得分值应按下式计算：

$$A_2 = \frac{D}{E} \times 100$$

式中　A_2——遇有缺项时总得分值；

　　　D——实查项目在该表的实得分值之和；

　　E——实查项目在该表的应得满分值之和。

【释义】

　　《标准》第 4.0.3 条第 5 款，缺项评分计算方法。对于汇总表，两版一致。新版分项检查表中，保证项目全数检查，严禁缺项，一般项目未发生则缺项。

【1999 年版对应条文】

　　2.0.8　检查中遇有缺项时，汇总表总得分应按下式换算：

$$遇有缺项时汇总表总得分 = \frac{实查项目在汇总表中按各对应的实得分值之和}{实查项目在汇总表中应得满分的分值之和} \times 100$$

　　(6) 脚手架、物料提升机与施工升降机、塔式起重机与起重吊装项目的实得分值，应为所对应专业的分项检查评分表实得分值的算术平均值。

【释义】

　　《标准》第 4.0.3 条第 6 款，这三项均按发生分项实得分计算算术平均值（即发生分项实得分和除以发生分项总数），作为本项的检查评分实得分值［即《标准》中公式 (4.0.3-1) 中的 C 值］。

　　两版需计算算术平均值的项目不同，但方法一致。

【1999 年版对应条文】

　　2.0.4　在检查评分中，遇有多个脚手架、塔吊、龙门架与井字架等时，则该项得分应为各单项实得分数的算术平均值。

　　4. 对于 1999 年版中多人同项检查、加权评分的规定，新版予以删除，原因如下：

　　(1) 强调专业性；

　　(2) 检查内容和扣分标准明确，结论应一致。

【1999 年版对应条文】

　　2.0.9　多人对同一项目检查评分时，应按加权评分方法确定分值。权数的分配原则应为：专职安全人员与其他人员：专职安全人员的权数为 0.6，其他人员的权数为 0.4。

1.3.2　评定等级

　　1. 应按汇总表的总得分和分项检查评分表的得分，对建筑施工安全检查评定划分为优良、合格、不合格三个等级。

【释义】

　　《标准》第 5.0.1 条，三个等级，两版一致。

　　2. 建筑施工安全检查评定的等级划分应符合下列规定：

　　(1) 优良：

　　分项检查评分表无零分，汇总表得分值应在 80 分及以上。

　　(2) 合格：

　　分项检查评分表无零分，汇总表得分值应在 80 分以下，70 分及以上。

　　(3) 不合格：

　　1) 当汇总表得分值不足 70 分时；

2) 当有一分项检查评分表得零分时。

【条文说明】

规定了检查评定等级分为优良、合格、不合格三个等级，并明确了等级之间的划分标准。基于目前施工现场的安全生产状况，为切实提高施工现场对安全工作的认识，有效防止重大生产安全事故的发生，在等级划分上实行了更加严格的标准。

【释义】

《标准》第 5.0.2 条，评分标准表述更简化，要求更严格。一个分项得 0 分，评定就不合格。

【1999 年版对应条文】

2.0.10　建筑施工安全检查评分，应以汇总表的总得分及保证项目达标与否，作为对一个施工现场安全生产情况的评价依据，分为优良、合格、不合格三个等级。

1. 优良

保证项目分值均应达到第 2.0.6 条规定得分标准，汇总表得分值应在 80 分及其以上。

2. 合格

1) 保证项目分值均应达到第 2.0.6 条规定得分标准，汇总表得分值应在 70 分及其以上；

2) 有一分表未得分，但汇总表得分值必须在 75 分及其以上；

3) 当起重吊装检查评分表或施工机具检查评分表未得分，但汇总表得分值在 80 分及其以上。

3. 不合格

1) 汇总表得分值不足 70 分；

2) 有一分表未得分，且汇总表得分在 75 分以下；

3) 当起重吊装检查评分表或施工机具检查评分表未得分，且汇总表得分值在 80 分以下。

注：所谓达到第 2.0.6 条规定，就是保证项目中任一项都有得分且保证项目小计得分 ≥40 分。

3. 当建筑施工安全检查评定的等级为不合格时，必须限期整改达到合格。

【条文说明】

建筑施工现场经过检查评定确定为不合格，说明在工地的安全管理上存在着重大安全隐患，这些隐患如果不及时整改，可能诱发重大事故，直接威胁员工和企业的生命、财产等安全。因此，本条列为强制性条文就是要求评定为不合格的工地必须立即限期整改，达到合格标准后方可继续施工。

【释义】

《标准》第 5.0.3 条为强制性条文，评定不合格，即进入限期整改工作流程，定整改措施、定时、定人。整改后，重新复查，达到合格标准方可继续施工。

1.3.3　填写检查评分表应注意的事项

1. 重视检查评分表的填写

不论是上级主管部门组织安全生产检查，或是企业进行安全检查，或是项目部安全生产工作的自查，都要按照检查评分表各子项目标，针对施工现场的安全生产进行检查和评价，对未达到的子项目，要分析原因，尤其是对存在隐患的子项目，要采取措施，立即整改。填写检查评分表时，不得降低标准，严禁弄虚作假。要高度重视填写检查评分表是对一个施工现场的安全生产进行检查和评价的手段。

2. 正确掌握评分原则

进行安全生产检查的人员，尤其是专职安全员要熟悉建筑施工安全检查标准，准确掌握分项检查评分表和汇总表的评分原则，不仅要熟悉每个定量子项目的标准，还要熟悉每个定性子项目标准的内容，同时还要熟悉有关的安全技术标准，只有这样才能有效地对一个施工现场安全生产工作进行检查和作出正确的评价。

3. 填写检查评分表的方法

（1）每张检查评分表的检查项目。

除个别检查项目外，均含有多个子项目，检查评分时，每检查项目应得分数减去扣减分数，即实得分数，每项最多扣减分数不得大于应得分数，不得现负分数。

（2）正确掌握每张评分表的评分。

保证项目有一项不得分或保证项目小计得分不足 40 分的，检查评分表记零分。进行安全生产检查时，当检查评分表合理缺项时，应按标准规定的评分原则进行换算。未缺项的检查评分表，其总分即为各项实得分之和。

（3）汇总表的填写。首先要将各分项检查评分表换算到汇总表的各对应栏目，如汇总表未缺项，其总计得分为各项目实得分之和，如合理缺项，则应按标准规定的评分原则换算，计算总计得分。根据总分得分多少，再按标准规定的评分原则，在评语栏目中，确定施工现场安全生产工作等级，作出正确的评价。汇总表的其他栏目应如实填写。

1.3.4 建筑施工安全检查案例

某地某住宅工程，短肢剪力墙结构，层数 15 层，板式 4 单元。装修阶段，脚手架采用扣件式钢管落地式外脚手架，未使用其他类型脚手架。塔吊已拆，使用物料提升机和施工升降机。现以该工程的扣件式钢管脚手架和物料提升机、施工升降机分项为例，其他分项计算省略，对施工现场安全生产工作进行评价，并评定其等级。

定期检查，每周一次。项目负责人组织，各专业工长和专职安全员参加，分工检查，得分汇总（表 1.3.4-1～表 1.3.4-4）。

扣件式钢管脚手架检查评分表　　　　　　　　　表 1.3.4-1

序号	检查项目		扣　分　标　准	应得分数	扣减分数	实得分数
1	保证项目	施工方案	架体搭设未编制专项施工方案或未按规定审核、审批，扣 10 分 架体结构设计未进行设计计算，扣 10 分 架体搭设超过规范允许高度，专项施工方案未按规定组织专家论证，扣 10 分	10	0	10
2		立杆基础	立杆基础不平、不实、不符合专项施工方案要求，扣 5～10 分 立杆底部缺少底座、垫板或垫板的规格不符合规范要求，每处扣 2～5 分 未按规范要求设置纵、横向扫地杆，扣 5～10 分 扫地杆的设置和固定不符合规范要求，扣 5 分 未采取排水措施，扣 8 分	10	0	10

续表

序号	检查项目		扣　分　标　准	应得分数	扣减分数	实得分数
3	保证项目	架体与建筑结构拉结	架体与建筑结构拉结方式或间距不符合规范要求，每处扣2分 架体底层第一步纵向水平杆处未按规定设置连墙件或未采用其他可靠措施固定，每处扣2分 搭设高度超过24m的双排脚手架，未采用刚性连墙件与建筑结构可靠连接，扣10分	10	0	10
4		杆件间距与剪刀撑	立杆、纵向水平杆、横向水平杆间距超过设计或规范要求，每处扣2分 未按规定设置纵向剪刀撑或横向斜撑，每处扣5分 剪刀撑未沿脚手架高度连续设置或角度不符合规范要求，扣5分 剪刀撑斜杆的接长或剪刀撑斜杆与架体杆件固定不符合规范要求，每处扣2分	10	0	10
5		脚手板与防护栏杆	脚手板未满铺或铺设不牢、不稳，扣5～10分 脚手板规格或材质不符合规范要求，扣5～10分 架体外侧未设置密目式安全网封闭或网间连接不严，扣5～10分 作业层防护栏杆不符合规范要求，扣5分 作业层未设置高度不小于180mm的挡脚板，扣3分	10	0	10
6		交底与验收	架体搭设前未进行交底或交底未有文字记录，扣5～10分 架体分段搭设、分段使用未进行分段验收，扣5分 架体搭设完毕未办理验收手续，扣10分 验收内容未进行量化，或未经责任人签字确认，扣5分	10	0	10
		小计		60	0	60
7	一般项目	横向水平杆设置	未在立杆与纵向水平杆交点处设置横向水平杆，每处扣2分 未按脚手板铺设的需要增加设置横向水平杆，每处扣2分 双排脚手架横向水平杆只固定一端，每处扣2分 单排脚手架横向水平杆插入墙内小于180mm，每处扣2分	10	2	8
8		杆件连接	纵向水平杆搭接长度小于1m或固定不符合要求，每处扣2分 立杆除顶层顶步外采用搭接，每处扣4分 扣件紧固力矩小于40N·m或大于65N·m，每处扣2分	10	2	8
9		层间防护	作业层脚手板下未采用安全平网兜底或作业层以下每隔10m未采用安全平网封闭，扣5分 作业层与建筑物之间未按规定进行封闭，扣5分	10	0	10
10		构配件材质	钢管直径、壁厚、材质不符合要求，扣5～10分 钢管弯曲、变形、锈蚀严重，扣5分 扣件未进行复试或技术性能不符合标准，扣5分	5	0	5
11		通道	未设置人员上下专用通道，扣5分 通道设置不符合要求，扣2分	5	0	5
		小计		40	4	40
检查项目合计				100	4	96

注：1. 主控项目全部检查，满分；
　　2. 一般项目全部检查；
　　3. 发现一处横向水平杆只固定一端，扣2分；
　　4. 测试发现一处扣件紧固力矩为38.5N·m，扣2分；
　　5. 全项检查计算，保证项目所有单项得分大于0且小计得分大于40分，本分项总分为96分。

物料提升机检查评分表　　　　　　　　　表 1.3.4-2

序号	检查项目		扣 分 标 准	应得分数	扣减分数	实得分数
1	保证项目	安全装置	未安装起重量限制器、附坠安全器，扣 15 分 起重量限制器、防坠安全器不灵敏，扣 15 分 安全停层装置不符合规范要求或未达到定型化，扣 5～10 分 未安装上行程限位，扣 15 分 上行程限位不灵敏、安全越程不符合规范要求，扣 10 分 物料提升安装高度超过 30m，未安装渐进式防坠安全器、自动停层、语音及影像信号监控装置，每项扣 5 分	15	0	15
2		防护设施	未设置防护围栏或设置不符合规范要求，扣 5～15 分 未设置进料口防护棚或设置不符合规范要求，扣 5～15 分 停层平台两侧未设置防护栏杆、挡脚板，每处扣 5 分 停层平台脚手板铺设不严、不牢，每处扣 2 分 未安装平台门或平台门不起作用，扣 5～15 分 平台门未达到定型化，每处扣 2 分 吊笼门不符合规范要求，扣 10 分	15	0	15
3		附墙架与缆风绳	附墙架结构、材质、间距不符合产品说明书要求，扣 10 分 附墙架未与建筑结构可靠连接，扣 10 分 缆风绳设置数量、位置不符合规范要求，扣 5 分 缆风绳未使用钢丝绳或未与地锚连接，扣 10 分 钢丝绳直径小于 8mm 或角度不符合 45°～60°要求，扣 5～10 分 安装高度超过 30m 的物料提升机使用缆风绳，扣 10 分 地锚设置不符合规范要求，每处扣 5 分	10	0	10
4		钢丝绳	钢丝绳磨损、变形、锈蚀达到报废标准，扣 0 分 钢丝绳绳夹设置不符合规范要求，每处扣 2 分 吊笼处于最低位置，卷筒上钢丝绳少于 3 圈，扣 10 分 未设置钢丝绳过路保护措施或钢丝绳拖地，扣 5 分	10	0	10
5		安拆、验收与使用	安装、拆卸单位未取得专业承包资质和安全生产许可证，扣 10 分 未制定专项施工方案或未经审核、审批，扣 10 分 未履行验收程序或验收表未经责任人签字，扣 5～10 分 安装、拆除人员及司机未持证上岗，扣 10 分 物料提升机作业前未按规定进行例行检查或未填写检查记录，扣 4 分 实行多班作业未按规定填写交接班记录，扣 3 分	10	3	7
		小计		60	3	57
6	一般项目	基础与导轨架	基础的承载力、平整度不符合规范要求，扣 5～10 分 基础周边未设排水设施，扣 5 分 导轨架垂直度偏差大于导轨架高度 0.15%，扣 5 分 井架停层平台通道处的结构未采取加强措施，扣 8 分	10	0	10

续表

序号	检查项目		扣　分　标　准	应得分数	扣减分数	实得分数
7	一般项目	动力与传动	卷扬机、曳引机安装不牢固，扣 10 分 卷筒与导轨架底部导向轮的距离小于 20 倍卷筒宽度未设置排绳器，扣 5 分 钢丝绳在卷筒上排列不整齐，扣 5 分 滑轮与导轨架、吊笼未采用刚性连接，扣 10 分 滑轮与钢丝绳不匹配，扣 10 分 卷筒、滑轮未设置防止钢丝绳脱出装置，扣 5 分 曳引钢丝绳为 2 根及以上时，未设置曳引力平衡装置，扣 5 分	10	0	10
8		通信装置	未按规范要求设置通信装置，扣 5 分 通信装置信号显示不清晰，扣 3 分	5	3	2
9		卷扬机操作棚	未设置卷扬机操作棚，扣 10 分 操作棚搭设不符合规范要求，扣 5～10 分	10	0	10
10		避雷装置	物料提升机在其他防雷保护范围以外未设置避雷装置，扣 5 分 避雷装置不符合规范要求，扣 3 分	5	0	5
		小计		40	3	37
检查项目合计				100	6	94

注：1. 主控项目全部检查，发现交接班记录不全，扣 3 分；
　　2. 一般项目全部检查，发现 5 层通信信号不清晰，扣 3 分；
　　3. 全项检查计算，保证项目所有单项得分大于 0 且小计得分大于 40 分，本分项总分为 94 分。

施工升降机检查评分表　　　　　　　　表 1.3.4-3

序号	检查项目		扣　分　标　准	应得分数	扣减分数	实得分数
1	保证项目	安全装置	未安装起重量限制器或起重量限制器不灵敏，扣 10 分 未安装渐进式防坠安全器或防坠安全器不灵敏，扣 10 分 防坠安全器超过有效标定期限，扣 10 分 对重钢丝绳未安装防松绳装置或防松绳装置不灵敏，扣 5 分 未安装急停开关或急停开关不符合规范要求，扣 5 分 未安装吊笼和对重缓冲器或缓冲器不符合规范要求，扣 5 分 SC 型施工升降机未安装安全钩，扣 10 分	10	0	10
2		限位装置	未安装极限开关或极限开关不灵敏，扣 10 分 未安装上限位开关或上限位开关不灵敏，扣 10 分 未安装下限位开关或下限位开关不灵敏，扣 5 分 极限开关与上限位开关安全越程不符合规范要求，扣 5 分 极限开关与上、下限位开关共用一个触发元件，扣 5 分 未安装吊笼门机电连锁装置或不灵敏，扣 10 分 未安装吊笼顶窗电气安全开关或不灵敏，扣 5 分	10	0	10
3		防护设施	未设置地面防护围栏或设置不符合规范要求，扣 5～10 分 未安装地面防护围栏门联锁保护装置或联锁保护装置不灵敏，扣 5～8 分 未设置出入口防护棚或设置不符合规范要求，扣 5～10 分 停层平台搭设不符合规范要求，扣 5～8 分 未安装层门或层门不起作用，扣 5～10 分 层门不符合规范要求、未达到定型化，每处扣 2 分	10	0	10

续表

序号	检查项目		扣 分 标 准	应得分数	扣减分数	实得分数
4	保证项目	附墙架	附墙架采用非配套标准产品未进行设计计算，扣10分 附墙架与建筑结构连接方式、角度不符合产品说明书要求，扣5～10分 附墙架间距、最高附着点以上导轨架的自由高度超过产品说明书要求，扣10分	10	0	10
5		钢丝绳、滑轮与对重	对重钢丝绳绳数少于2根或未相对独立，扣5分 钢丝绳磨损、变形、锈蚀达到报废标准，扣10分 钢丝绳的规格、固定不符合产品说明书及规范要求，扣10分 滑轮未安装钢丝绳防脱装置或不符合规范要求，扣4分 对重重量、固定不符合产品说明书及规范要求，扣10分 对重未安装防脱轨保护装置，扣5分	10	0	10
6		安拆、验收与使用	安装、拆卸单位未取得专业承包资质和安全生产许可证，扣10分 未编制安装、拆卸专项方案或专项方案未经审核、审批，扣10分 未履行验收程序或验收表未经责任人签字，扣5～10分 安装、拆除人员及司机未持证上岗，扣10分 施工升降机作业前未按规定进行例行检查，未填写检查记录，扣4分 实行多班作业未按规定填写交接班记录，扣3分	10	0	10
		小计		60	0	60
7	一般项目	导轨架	导轨架垂直度不符合规范要求，扣10分 标准节质量不符合产品说明书及规范要求，扣10分 对重导轨不符合规范要求，扣5分 标准节连接螺栓使用不符合产品说明书及规范要求，扣5～8分	10	5	5
8		基础	基础制作、验收不符合产品说明书及规范要求，扣5～10分 基础设置在地下室顶板或楼面结构上，未对其支承结构进行承载力验算，扣10分 基础未设置排水设施，扣4分	10	0	10
9		电气安全	施工升降机与架空线路距离不符合规范要求，未采取防护措施，扣10分 防护措施不符合规范要求，扣5分 未设置电缆导向架或设置不符合规范要求，扣5分 施工升降机在防雷保护范围以外未设置避雷装置，扣10分 避雷装置不符合规范要求，扣5分	10	0	10
10		通信装置	未安装楼层信号联络装置，扣10分 楼层联络信号不清晰，扣5分	10	0	10
		小计		40	5	35
检查项目合计				100	5	95

注：1. 主控项目全部检查，满分；

2. 一般项目全部检查，发现8层导轨架一处连接螺栓不符合产品说明书要求，扣5分；

3. 全项检查计算，保证项目所有单项得分大于0且小计得分大于40分，本分项总分为95分。

建筑施工安全检查评分汇总表　　　表 1.3.4-4

企业名称：　　施工单位　　　资质等级：　　一级　　　2012 年 08 月 16 日

单位工程(施工现场)名称	建筑面积(m^2)	结构类型	总计得分(满分分值100分)	项目名称及分值									
				安全管理(满分10分)	文明施工(满分15分)	脚手架(满分10分)	基坑工程(满分10分)	模板支架(满分10分)	高处作业(满分10分)	施工用电(满分10分)	物料提升机与施工升降机(满分10分)	塔式起重机与起重吊装(满分10分)	施工机具(满分5分)
×××住宅楼	20000	短肢剪力墙	96.21	9.80	14.30	9.60			9.60	9.80	9.45		4.80

评语：

　　　建筑施工安全检查评定等级为优良。

检查单位	施工单位	负责人	×××	受检项目	×××住宅楼	项目经理	×××

注：1. 按权重计算各分项在汇总表中的实得分，缺项空白，计算公式为 $A_1 = B \times C/100$；

　　2. 扣件式钢管脚手架和物料提升机、施工升降机分项都要按发生项计算算术平均值；脚手架仅扣件式钢管脚手架一项，故得分为 9.60 分；物料提升机、施工升降机分项得分取算术平均值，并按权重计算实得分，为 9.45 分；

　　3. 缺项汇总计算，计算公式为 $A_2 = D \times 100/E$，汇总得分为 96.21 分；所有发生项得分均大于 0，得分 96.21 ≥80，所以评定等级为优良。

第2章 安　全　管　理

安全管理检查评分表❶

序号	检查项目		扣　分　标　准	应得分数	扣减分数	实得分数
1	保证项目	安全生产责任制	未建立安全生产责任制，扣10分 安全生产责任制未经责任人签字确认，扣3分 未备有各工种安全技术操作规程，扣2～10分 未按规定配备专职安全员，扣2～10分 工程项目部承包合同中未明确安全生产考核指标，扣5分 未制定安全生产资金保障制度，扣5分 未编制安全资金使用计划或未按计划实施，扣2～5分 未制定伤亡控制、安全达标、文明施工等管理目标，扣5分 未进行安全责任目标分解，扣5分 未建立对安全生产责任制和责任目标的考核制度，扣5分 未按考核制度对管理人员定期考核，扣2～5分	10		
2		施工组织设计及专项施工方案	施工组织设计中未制定安全技术措施，扣10分 危险性较大的分部分项工程未编制安全专项施工方案，扣10分 未按规定对超过一定规模危险性较大的分部分项工程专项施工方案进行专家论证，扣10分 施工组织设计、专项施工方案未经审批，扣10分 安全技术措施、专项施工方案无针对性或缺少设计计算，扣2～8分 未按施工组织设计、专项施工方案组织实施，扣2～10分	10		
3		安全技术交底	未进行书面安全技术交底，扣10分 未按分部分项进行交底，扣5分 交底内容不全面或针对性不强，扣2～5分 交底未履行签字手续，扣4分	10		
4		安全检查	未建立安全检查制度，扣10分 未有安全检查记录，扣5分 事故隐患的整改未做到定人、定时间、定措施，扣2～6分 对重大事故隐患整改通知书所列项目未按期整改和复查，扣5～10分	10		

---

❶　为方便使用，本书特将检查评分表置于各章正文之前，帮助读者整体把握评分标准。

续表

序号	检查项目		扣 分 标 准	应得分数	扣减分数	实得分数
5	保证项目	安全教育	未建立安全教育培训制度，扣10分 施工人员入场未进行三级安全教育培训和考核，扣5分 未明确具体安全教育培训内容，扣2～8分 变换工种或采用新技术、新工艺、新设备、新材料施工时未进行安全教育，扣5分 施工管理人员、专职安全员未按规定进行年度教育培训和考核，每人扣2分	10		
6		应急救援	未制定安全生产应急救援预案，扣10分 未建立应急救援组织或未按规定配备救援人员，扣2～6分 未定期进行应急救援演练，扣5分 未配置应急救援器材和设备，扣5分	10		
		小计		60		
7	一般项目	分包单位安全管理	分包单位资质、资格、分包手续不全或失效，扣10分 未签订安全生产协议书，扣5分 分包合同、安全生产协议书，签字盖章手续不全，扣2～6分 分包单位未按规定建立安全机构或未配备专职安全员，扣2～6分	10		
8		持证上岗	未经培训从事施工、安全管理和特种作业，每人扣5分 项目经理、专职安全员和特种作业人员未持证上岗，每人扣2分	10		
9		生产安全事故处理	生产安全事故未按规定报告，扣10分 生产安全事故未按规定进行调查分析、制定防范措施，扣10分 未依法为施工作业人员办理保险，扣5分	10		
10		安全标志	主要施工区域、危险部位未按规定悬挂安全标志，扣2～6分 未绘制现场安全标志布置图，扣3分 未按部位和现场设施的变化调整安全标志设置，扣2～6分 未设置重大危险源公示牌，扣5分	10		
		小计		40		
检查项目合计				100		

2.1 安全生产责任制

2.1.1 条文

1. 工程项目部应建立以项目经理为第一责任人的各级管理人员安全生产责任制；

2. 安全生产责任制应经责任人签字确认；

3. 工程项目部应有各工种安全技术操作规程；

4. 工程项目部应按规定配备专职安全员；

5. 对实行经济承包的工程项目，承包合同中应有安全生产考核指标；

6. 工程项目部应制定安全生产资金保障制度；

7. 按安全生产资金保障制度，应编制安全资金使用计划，并应按计划实施；

8. 工程项目部应制定以伤亡事故控制、现场安全达标、文明施工为主要内容的安全生产管理目标；

9. 按安全生产管理目标和项目管理人员的安全生产责任制，应进行安全生产责任目标分解；

10. 应建立对安全生产责任制和责任目标的考核制度；

11. 按考核制度，应对项目管理人员定期进行考核。

2.1.2 条文说明

安全生产责任制主要是指工程项目部各级管理人员，包括：项目经理，工长，安全员，生产、技术、机械、器材、后勤、分包单位负责人等管理人员，均应建立安全责任制。根据《建筑施工安全检查标准》JGJ 59 和项目制定的安全管理目标，进行责任目标分解。建立考核制度，定期（每月）考核。

工程的主要施工工种，包括：砌筑、抹灰、混凝土、木工、电工、钢筋、机械、起重司索、信号指挥、脚手架、水暖、油漆、塔吊、电梯、电气焊等工种均应制定安全技术操作规程，并在相对固定的作业区域悬挂。

工程项目部专职安全人员的配备应按住建部的规定，1 万 m² 以下工程 1 人；1 万～5 万 m² 的工程不少于 2 人；5 万 m² 以上的工程不少于 3 人。

制定安全生产资金保障制度，就是要确保购置、制作各种安全防护设施、设备、工具、材料及文明施工设施和工程抢险等需要的资金，做到专款专用。同时还应提前编制计划并严格按计划实施，保证安全生产资金的投入。

2.1.3 依据及条文摘录

【依据一】《建设工程安全生产管理条例》

【条文摘录】

第二十一条　施工单位主要负责人依法对本单位的安全生产工作全面负责。施工单位应当建立健全安全生产责任制度和安全生产教育培训制度，制定安全生产规章制度和操作规程，保证本单位安全生产条件所需资金的投入，对所承担的建设工程进行定期和专项安全检查，并做好安全检查记录。

施工单位的项目负责人应当由取得相应执业资格的人员担任，对建设工程项目的安全施工负责，落实安全生产责任制度、安全生产规章制度和操作规程，确保安全生产费用的有效使用，并根据工程的特点组织制定安全施工措施，消除安全事故隐患，及时、如实报告生产安全事故。

第二十二条　施工单位对列入建设工程概算的安全作业环境及安全施工措施所需费用，应当用于施工安全防护用具及设施的采购和更新、安全施工措施的落实、安全生产条件的改善，不得挪作他用。

第二十三条　施工单位应当设立安全生产管理机构，配备专职安全生产管理人员。

专职安全生产管理人员负责对安全生产进行现场监督检查。发现安全事故隐患，应当及时向项目负责人和安全生产管理机构报告；对违章指挥、违章操作的，应当立即制止。

专职安全生产管理人员的配备办法由国务院建设行政主管部门会同国务院其他有关部门制定。

【依据二】《建筑施工企业安全生产管理机构设置及专职安全生产管理人员配备办法》的通知（建质〔2008〕91号）

【条文摘录】

第十三条　总承包单位配备项目专职安全生产管理人员应当满足下列要求：

（一）建筑工程、装修工程按照建筑面积配备：

1. 1 万平方米以下的工程不少于 1 人；

2. 1 万～5 万平方米的工程不少于 2 人；

3. 5 万平方米及以上的工程不少于 3 人，且按专业配备专职安全生产管理人员。

（二）土木工程、线路管道、设备安装工程按照工程合同价配备：

1. 5000 万元以下的工程不少于 1 人；

2. 5000 万～1 亿元的工程不少于 2 人；

3. 1 亿元及以上的工程不少于 3 人，且按专业配备专职安全生产管理人员。

2.1.4　补充说明

1. 本检查项目有 11 个控制点，全数检查。

2. 本检查项目有四类检查内容：安全生产责任制（包括目标管理和考核制度）、安全操作规程、人员配备、资金保障。

3.《标准》2011 年版规范了人员配备，增加资金保障的内容。

2.2　施工组织设计及专项施工方案

2.2.1　条文

1. 工程项目部在施工前应编制施工组织设计，施工组织设计应针对工程特点、施工工艺制定安全技术措施；

2. 危险性较大的分部分项工程应按规定编制安全专项施工方案，专项施工方案应有针对性，并按有关规定进行设计计算；

3. 超过一定规模危险性较大的分部分项工程，施工单位应组织专家对专项施工方案进行论证；

4. 施工组织设计、专项施工方案，应由有关部门审核，施工单位技术负责人、监理单位项目总监批准；

5. 工程项目部应按施工组织设计、专项施工方案组织实施。

2.2.2　条文说明

施工组织设计中的安全技术措施应包括安全生产管理措施。

危险性较大的分部分项工程专项方案，经专家论证后提出修改完善意见的，施工单位应按论证报告进行修改，并经施工单位技术负责人、项目总监理工程师、建设单位项目负责人签字后，方可组织实施。专项方案经论证后需做重大修改的，应重新组织专家进行论证。

2.2.3 依据及条文摘录

【依据一】《建筑法》

【条文摘录】

第三十八条 建筑施工企业在编制施工组织设计时，应当根据建筑工程的特点制定相应的安全技术措施；对专业性较强的工程项目，应当编制专项安全施工组织设计，并采取安全技术措施。

【依据二】《建设工程安全生产管理条例》

【条文摘录】

第二十六条 施工单位应当在施工组织设计中编制安全技术措施和施工现场临时用电方案，对下列达到一定规模的危险性较大的分部分项工程编制专项施工方案，并附具安全验算结果，经施工单位技术负责人、总监理工程师签字后实施，由专职安全生产管理人员进行现场监督。

【依据三】《危险性较大的分部分项工程安全管理办法》[2009] 87 号部令

【条文摘录】

第五条 施工单位应当在危险性较大的分部分项工程施工前编制专项方案；对于超过一定规模的危险性较大的分部分项工程，施工单位应当组织专家对专项方案进行论证。超过一定规模的危险性较大的分部分项工程范围见附件二。

第六条 建筑工程实行施工总承包的，专项方案应当由施工总承包单位组织编制。其中，起重机械安装拆卸工程、深基坑工程、附着式升降脚手架等专业工程实行分包的，其专项方案可由专业承包单位组织编制。

第八条 专项方案应当由施工单位技术部门组织本单位施工技术、安全、质量等部门的专业技术人员进行审核。经审核合格的，由施工单位技术负责人签字。实行施工总承包的，专项方案应当由总承包单位技术负责人及相关专业承包单位技术负责人签字。

不需专家论证的专项方案，经施工单位审核合格后报监理单位，由项目总监理工程师审核签字。

第十二条 施工单位应当根据论证报告修改完善专项方案，并经施工单位技术负责人、项目总监理工程师、建设单位项目负责人签字后，方可组织实施。

实行施工总承包的，应当由施工总承包单位、相关专业承包单位技术负责人签字。

第十四条 施工单位应当严格按照专项方案组织施工，不得擅自修改、调整专项方案。

如因设计、结构、外部环境等因素发生变化确需修改的，修改后的专项方案应当按本办法第八条重新审核。对于超过一定规模的危险性较大工程的专项方案，施工单位应当重新组织专家进行论证。

第十五条 专项方案实施前，编制人员或项目技术负责人应当向现场管理人员和作业人员进行安全技术交底。

【依据四】《建筑施工组织设计规范》GB/T 50502—2009

【条文摘录】

3.0.5 施工组织设计的编制和审批应符合下列规定：

1 施工组织设计应由项目负责人主持编制，可根据需要分阶段编制和审批；

2 施工组织总设计应由总承包单位技术负责人审批；单位工程施工组织设计应由施工单位技术负责人或技术负责人授权的技术人员审批；施工方案应由项目技术负责人审批；重点、难点分部（分项）工程和专项工程施工方案应由施工单位技术部门组织相关专家评审，施工单位技术负责人批准；

3 由专业承包单位施工的分部（分项）工程或专项工程的施工方案，应由专业承包单位技术负责人或技术负责人授权的技术人员审批；有总承包单位时，应由总承包单位项目技术负责人核准备案；

4 规模较大的分部（分项）工程和专项工程的施工方案应按单位工程施工组织设计进行编制和审批。

2.2.4 补充说明

1. 本检查项目有 6 个控制点，全数检查。

2. 本检查项目内容分为两类，一是施工组织设计，二是安全专项方案。两者都包含编制、审批、组织实施的内容，必须按规范和规定严格执行。

3.《标准》2011 年版增加危险性较大的分部分项工程安全专项方案的内容。

2.3 安 全 技 术 交 底

2.3.1 条文

1. 施工负责人在分派生产任务时，应对相关管理人员、施工作业人员进行书面安全技术交底；

2. 安全技术交底应按施工工序、施工部位、施工栋号分部分项进行；

3. 安全技术交底应结合施工作业场所状况、特点、工序，对危险因素、施工方案、规范标准、操作规程和应急措施进行交底；

4. 安全技术交底应由交底人、被交底人、专职安全员进行签字确认。

2.3.2 条文说明

安全技术交底主要包括三个方面：一是按工程部位分部分项进行交底；二是对施工作业相对固定，与工程施工部位没有直接关系的工种，如起重机械、钢筋加工等，应单独进行交底；三是对工程项目的各级管理人员，应进行以安全施工方案为主要内容的交底。

2.3.3 依据及条文摘录

【依据】《建设工程安全生产管理条例》

【条文摘录】

第二十七条 建设工程施工前，施工单位负责项目管理的技术人员应当对有关安全施工的技术要求向施工作业班组、作业人员作出详细说明，并由双方签字确认。

2.3.4 补充说明

1. 本检查项目有 4 个控制点，全数检查。

2. 条文第 3 款讲的是安全技术交底的内容，结合现场实际，既要内容全面又要有针对性。

3. 必须签字齐全，交底人为施工负责人，一般为专业工长或施工员。

2.4 安 全 检 查

2.4.1 条文

1. 工程项目部应建立安全检查制度；

2. 安全检查应由项目负责人组织，专职安全员及相关专业人员参加，定期进行并填写检查记录；

3. 对检查中发现的事故隐患应下达隐患整改通知单，定人、定时间、定措施进行整改。重大事故隐患整改后，应由相关部门组织复查。

2.4.2 条文说明

安全检查应包括定期安全检查和季节性安全检查。

定期安全检查以每周一次为宜。

季节性安全检查，应在雨期、冬期之前和雨期、冬期施工中分别进行。

对重大事故隐患的整改复查，应按照谁检查谁复查的原则进行。

2.4.3 依据及条文摘录

【依据】《建设工程安全生产管理条例》

【条文摘录】

第二十一条 施工单位主要负责人依法对本单位的安全生产工作全面负责。施工单位应当建立健全安全生产责任制度和安全生产教育培训制度，制定安全生产规章制度和操作规程，保证本单位安全生产条件所需资金的投入，对所承担的建设工程进行定期和专项安全检查，并做好安全检查记录。

施工单位的项目负责人应当由取得相应执业资格的人员担任，对建设工程项目的安全施工负责，落实安全生产责任制度、安全生产规章制度和操作规程，确保安全生产费用的有效使用，并根据工程的特点组织制定安全施工措施，消除安全事故隐患，及时、如实报告生产安全事故。

第二十三条 施工单位应当设立安全生产管理机构，配备专职安全生产管理人员。

专职安全生产管理人员负责对安全生产进行现场监督检查。发现安全事故隐患，应当及时向项目负责人和安全生产管理机构报告；对违章指挥、违章操作的，应当立即制止。

专职安全生产管理人员的配备办法由国务院建设行政主管部门会同国务院其他有关部

门制定。

2.4.4 补充说明

1. 本检查项目有 4 个控制点，全数检查。

2. 安全检查制度是开展安全检查工作的依据和指导，必须严格执行，及时发现安全隐患，马上落实整改，整改后检查合格，方可继续施工。

3. 条文第 2 款说明了安全检查的组织构成，即项目负责人组织、专职安全员及相关专业人员参加。

2.5 安 全 教 育

2.5.1 条文

1. 工程项目部应建立安全教育培训制度；

2. 当施工人员入场时，工程项目部应组织进行以国家安全法律法规、企业安全制度、施工现场安全管理规定及各工种安全技术操作规程为主要内容的三级安全教育培训和考核；

3. 当施工人员变换工种或采用新技术、新工艺、新设备、新材料施工时，应进行安全教育培训；

4. 施工管理人员、专职安全员每年度应进行安全教育培训和考核。

2.5.2 条文说明

施工人员入场安全教育应按照先培训后上岗的原则进行，培训教育应进行试卷考核。施工人员变换工种或采用新技术、新工艺、新设备、新材料施工时，必须进行安全教育培训，保证施工人员熟悉作业环境，掌握相应的安全知识技能。

现场应填写三级安全教育台账记录和安全教育人员考核登记表。

施工管理人员、专职安全员每年应进行一次安全培训考核。

2.5.3 依据及条文摘录

【依据一】《建设工程安全生产管理条例》

【条文摘录】

第三十七条 作业人员进入新的岗位或者新的施工现场前，应当接受安全生产教育培训。未经教育培训或者教育培训考核不合格的人员，不得上岗作业。

施工单位在采用新技术、新工艺、新设备、新材料时，应当对作业人员进行相应的安全生产教育培训。

【依据二】《建筑业企业职工安全培训教育暂行规定》（建教 [1997] 83 号）

【条文摘录】

第一章 总则

第一条 为贯彻安全第一、预防为主的方针，加强建筑业企业职工安全培训教育工作，增强职工的安全意识和安全防护能力，减少伤亡事故的发生，制定本暂行规定。

第二条　建筑业企业职工必须定期接受安全培训教育，坚持先培训、后上岗的制度。

第三条　本暂行规定适用于所有在中华人民共和国境内从事工程建设的建筑业企业。

第四条　建设部主管全国建筑业企业职工安全培训教育工作。

国务院有关专业部门负责所属建筑业企业职工的安全培训教育工作。其所属企业的安全培训教育工作，还应当接受企业所在地建设行政主管部门及其所属建筑安全监督管理机构的指导和监督。

县级以上地方人民政府建设行政主管部门负责本行政区域内建筑业企业职工安全培训教育管理工作。

第二章　培训对象、时间和内容

第五条　建筑业企业职工每年必须接受一次专门的安全培训。

（一）企业法定代表人、项目经理每年接受安全培训的时间，不得少于30学时；

（二）企业专职安全管理人员除按照建教（1991）522号文《建设企事业单位关键岗位持证上岗管理规定》的要求，取得岗位合格证书并持证上岗外，每年还必须接受安全专业技术业务培训，时间不得少于40学时；

（三）企业其他管理人员和技术人员每年接受安全培训的时间，不得少于20学时；

（四）企业特殊工种（包括电工、焊工、架子工、司炉工、爆破工、机械操作工、起重工、塔吊司机及指挥人员、人货两用电梯司机等）在通过专业技术培训并取得岗位操作证后，每年仍须接受有针对性的安全培训，时间不得少于20学时；

（五）企业其他职工每年接受安全培训的时间，不得少于15学时；

（六）企业待岗、转岗、换岗的职工，在重新上岗前，必须接受一次安全培训，时间不得少于20学时。

第六条　建筑业企业新进场的工人，必须接受公司、项目（或工区、工程处、施工队，下同）、班组的三级安全培训教育，经考核合格后，方能上岗。

（一）公司安全培训教育的主要内容是：国家和地方有关安全生产的方针、政策、法规、标准、规范、规程和企业的安全规章制度等。培训教育的时间不得少于15学时。

（二）项目安全培训教育的主要内容是：工地安全制度、施工现场环境、工程施工特点及可能存在的不安全因素等。培训教育的时间不得少于15学时。

（三）班组安全培训教育的主要内容是：本工种的安全操作规程、事故安全案例、劳动纪律和岗位讲评等。培训教育的时间不得少于20学时。

第三章　安全培训教育的实施与管理

第七条　实行安全培训教育登记制度。建筑业企业必须建立职工的安全培训教育档案，没有接受安全培训教育的职工，不得在施工现场从事作业或者管理活动。

第八条　县级以上地方人民政府建设行政主管部门制订本行政区域内建筑业企业职工安全培训教育规划和年度计划，并组织实施。省、自治区、直辖市的建筑业企业职工安全培训教育规划和年度计划，应当报建设部建设教育主管部门和建筑安全主管部门备案。

国务院有关专业部门负责组织制订所属建筑业企业职工安全培训教育规划和年度计划，并组织实施。

第九条　有条件的大中型建筑业企业，经企业所在地的建设行政主管部门或者授权所属的建筑安全监督管理机构审核确认后，可以对本企业的职工进行安全培训工作，并接受企业所在地的建设行政主管部门或者建筑安全监督管理机构的指导和监督。其他建筑业企业职工的安全培训工作，由企业所在地建设行政主管部门或者建筑安全监督管理机构负责组织。

建筑业企业法定代表人、项目经理的安全培训工作，由企业所在地的建设行政主管部门或者建筑安全监督管理机构负责组织。

第十条　实行总分包的工程项目，总包单位要负责统一管理分包单位的职工安全培训教育工作。分包单位要服从总包单位的统一管理。

第十一条　从事建筑业企业职工安全培训工作的人员，应当具备下列条件：

（一）具有中级以上专业技术职称；

（二）有五年以上施工现场经验或者从事建筑安全教学、法规等方面工作五年以上的人员；

（三）经建筑安全师资格培训合格，并获得培训资格证书。

第十二条　建筑业企业职工的安全培训，应当使用经建设部教育主管部门和建筑安全主管部门统一审定的培训大纲和教材。

第十三条　建筑业企业职工的安全培训教育经费，从企业职工教育经费中列支。

2.5.4　补充说明

1. 本检查项目有 5 个控制点，全数检查。

2. 建立安全教育培训制度，安全管理人员施工人员进场、变换工种、"四新"教育，施工管理人员和专职安全员安全培训，培训教育必须考核。

2.6　应 急 救 援

2.6.1　条文

1. 工程项目部应针对工程特点，进行重大危险源的辨识。应制定防触电、防坍塌、防高处坠落、防起重及机械伤害、防火灾、防物体打击等主要内容的专项应急救援预案，并对施工现场易发生重大安全事故的部位、环节进行监控；

2. 施工现场应建立应急救援组织，培训、配备应急救援人员，定期组织员工进行应急救援演练；

3. 按应急救援预案要求，应配备应急救援器材和设备。

2.6.2　条文说明

重大危险源的辨识应根据工程特点和施工工艺，对施工中可能造成重大人身伤害的危险因素、危险部位、危险作业列为重大危险源并进行公示，并以此为基础编制应急救援预案和控制措施。

项目应定期组织综合或专项的应急救援演练。对难以进行现场演练的预案，可按演练程序和内容采取室内桌牌式模拟演练。

按照工程的不同情况和应急救援预案要求，应配备相应的应急救援器材，包括：急救箱、氧气袋、担架、应急照明灯具、消防器材、通信器材、机械、设备、材料、工具、车辆、备用电源等。

2.6.3 依据及条文摘录

【依据一】《中华人民共和国安全生产法》

【条文摘录】

第三十三条 生产经营单位对重大危险源应当登记建档,进行定期检测、评估、监控,并制定应急预案,告知从业人员和相关人员在紧急情况下应当采取的应急措施。

生产经营单位应当按照国家有关规定将本单位重大危险源及有关安全措施、应急措施报有关地方人民政府负责安全生产监督管理的部门和有关部门备案。

第六十九条 危险物品的生产、经营、储存单位以及矿山、建筑施工单位应当建立应急救援组织;生产经营规模较小,可以不建立应急救援组织的,应当指定兼职的应急救援人员。

第八十五条 生产经营单位有下列行为之一的,责令限期改正;逾期未改正的,责令停产停业整顿,可以并处二万元以上十万元以下的罚款;造成严重后果,构成犯罪的,依照刑法有关规定追究刑事责任:

(一)生产、经营、储存、使用危险物品,未建立专门安全管理制度、未采取可靠的安全措施或者不接受有关主管部门依法实施的监督管理的;

(二)对重大危险源未登记建档,或者未进行评估、监控,或者未制定应急预案的。

第九十六条 本法下列用语的含义:

重大危险源,是指长期地或者临时地生产、搬运、使用或者储存危险物品,且危险物品的数量等于或者超过临界量的单元(包括场所和设施)。

【依据二】《生产安全事故应急预案管理办法》国家安全监管总局令第 17 号

【条文摘录】

第九条 对于某一种类的风险,生产经营单位应当根据存在的重大危险源和可能发生的事故类型,制定相应的专项应急预案。

专项应急预案应当包括危险性分析、可能发生的事故特征、应急组织机构与职责、预防措施、应急处置程序和应急保障等内容。

第十二条 应急预案应当包括应急组织机构和人员的联系方式、应急物资储备清单等附件信息。附件信息应当经常更新,确保信息准确有效。

2.6.4 补充说明

1. 本检查项目有 4 个控制点,全数检查。
2. 针对危险源做应急预案,<u>重点监控</u>,建立组织,配备人员和设备,定期演练。
3. 本检查项目为新增内容,建立应急机制,预防安全事故。

2.7 分包单位安全管理

2.7.1 条文

1. 总包单位应对承揽分包工程的分包单位进行资质、安全生产许可证和相关人员安全生产资格的审查；

2. 当总包单位与分包单位签订分包合同时，应签订安全生产协议书，明确双方的安全责任；

3. 分包单位应按规定建立安全机构，配备专职安全员。

2.7.2 条文说明

分包单位安全员的配备应按住房和城乡建设部的规定，专业分包至少 1 人；劳务分包的工程 50 人以下的至少 1 人；50～200 人的至少 2 人；200 人以上的至少 3 人。

分包单位应根据每天工作任务的不同特点，对施工作业人员进行班前安全交底。

2.7.3 依据及条文摘录

【依据一】《建设工程安全生产管理条例》

【条文摘录】

第二十四条 建设工程实行施工总承包的，由总承包单位对施工现场的安全生产负总责。

总承包单位应当自行完成建设工程主体结构的施工。

总承包单位依法将建设工程分包给其他单位的，分包合同中应当明确各自的安全生产方面的权利、义务。总承包单位和分包单位对分包工程的安全生产承担连带责任。

分包单位应当服从总承包单位的安全生产管理，分包单位不服从管理导致生产安全事故的，由分包单位承担主要责任。

第四十一条 生产经营单位不得将生产经营项目、场所、设备发包或者出租给不具备安全生产条件或者相应资质的单位或者个人。

生产经营项目、场所有多个承包单位、承租单位的，生产经营单位应当与承包单位、承租单位签订专门的安全生产管理协议，或者在承包合同、租赁合同中约定各自的安全生产管理职责；生产经营单位对承包单位、承租单位的安全生产工作统一协调、管理。

【依据二】《房屋建筑和市政基础设施工程施工分包管理办法》部令［2004］第 124 号

【条文摘录】

第四条 本办法所称施工分包，是指建筑业企业将其所承包的房屋建筑和市政基础设施工程中的专业工程或者劳务作业发包给其他建筑业企业完成的活动。

第五条 房屋建筑和市政基础设施工程施工分包分为专业工程分包和劳务作业分包。

本办法所称专业工程分包，是指施工总承包企业（以下简称专业分包工程发包人）将其所承包工程中的专业工程发包给具有相应资质的其他建筑业企业（以下简称专业分包工程承包人）完成的活动。

本办法所称劳务作业分包，是指施工总承包企业或者专业承包企业（以下简称劳务作业发包人）将其承包工程中的劳务作业发包给劳务分包企业（以下简称劳务作业承包人）完成的活动。

第八条 分包工程承包人必须具有相应的资质，并在其资质等级许可的范围内承揽业务。

严禁个人承揽分包工程业务。

第十一条 分包工程发包人应当设立项目管理机构，组织管理所承包工程的施工活动。

项目管理机构应当具有与承包工程的规模、技术复杂程度相适应的技术、经济管理人员。其中，项目负责人、技术负责人、项目核算负责人、质量管理人员、安全管理人员必须是本单位的人员。具体要求由省、自治区、直辖市人民政府建设行政主管部门规定。

前款所指本单位人员，是指与本单位有合法的人事或者劳动合同、工资以及社会保险关系的人员。

第十七条　分包工程发包人对施工现场安全负责，并对分包工程承包人的安全生产进行管理。专业分包工程承包人应当将其分包工程的施工组织设计和施工安全方案报分包工程发包人备案，专业分包工程发包人发现事故隐患，应当及时作出处理。

分包工程承包人就施工现场安全向分包工程发包人负责，并应当服从分包工程发包人对施工现场的安全生产管理。

【依据三】《建筑施工企业安全生产管理机构设置及专职安全生产管理人员配备办法》的通知（建质［2008］91号）

【条文摘录】

第十四条　分包单位配备项目专职安全生产管理人员应当满足下列要求：

（一）专业承包单位应当配置至少1人，并根据所承担的分部分项工程的工程量和施工危险程度增加。

（二）劳务分包单位施工人员在50人以下的，应当配备1名专职安全生产管理人员；50人～200人的，应当配备2名专职安全生产管理人员；200人及以上的，应当配备3名及以上专职安全生产管理人员，并根据所承担的分部分项工程施工危险实际情况增加，不得少于工程施工人员总人数的5‰。

2.7.4　补充说明

1. 本检查项目有4个控制点，发生时检查。
2. 安全生产资格审查不合格的，禁止承包工程。
3. 签订安全生产协议书，明确双方的安全责任，按法律规定，各负其责。
4. 分包单位建立安全管理机构，负责分包范围内的安全管理。
5. 本检查项目为新增内容，强调总包对分包的管理，明确双方责任。

2.8　持　证　上　岗

2.8.1　条文

1. 从事建筑施工的项目经理、专职安全员和特种作业人员，必须经行业主管部门培训考核合格，取得相应资格证书，方可上岗作业；
2. 项目经理、专职安全员和特种作业人员应持证上岗。

2.8.2　条文说明

项目经理、安全员、特种作业人员应进行登记造册，资格证书复印留查，并按规定年限进行延期审核。

2.8.3 依据及条文摘录

【依据一】《建设工程安全生产管理条例》

【条文摘录】

第二十五条 垂直运输机械作业人员、安装拆卸工、爆破作业人员、起重信号工、登高架设作业人员等特种作业人员，必须按照国家有关规定经过专门的安全作业培训，并取得特种作业操作资格证书后，方可上岗作业。

第三十六条 施工单位的主要负责人、项目负责人、专职安全生产管理人员应当经建设行政主管部门或者其他有关部门考核合格后方可任职。

施工单位应当对管理人员和作业人员每年至少进行一次安全生产教育培训，其教育培训情况记入个人工作档案。安全生产教育培训考核不合格的人员，不得上岗。

【依据二】《注册建造师管理规定》部令［2006］153 号

【条文摘录】

第三条 本规定所称注册建造师，是指通过考核认定或考试合格取得中华人民共和国建造师资格证书（以下简称资格证书），并按照本规定注册，取得中华人民共和国建造师注册证书（以下简称注册证书）和执业印章，担任施工单位项目负责人及从事相关活动的专业技术人员。

未取得注册证书和执业印章的，不得担任大中型建设工程项目的施工单位项目负责人，不得以注册建造师的名义从事相关活动。

第二十条 取得资格证书的人员应当受聘于一个具有建设工程勘察、设计、施工、监理、招标代理、造价咨询等一项或者多项资质的单位，经注册后方可从事相应的执业活动。

担任施工单位项目负责人的，应当受聘并注册于一个具有施工资质的企业。

第二十一条 注册建造师的具体执业范围按照《注册建造师执业工程规模标准》执行。

注册建造师不得同时在两个及两个以上的建设工程项目上担任施工单位项目负责人。

注册建造师可以从事建设工程项目总承包管理或施工管理，建设工程项目管理服务，建设工程技术经济咨询，以及法律、行政法规和国务院建设主管部门规定的其他业务。

第二十二条 建设工程施工活动中形成的有关工程施工管理文件，应当由注册建造师签字并加盖执业印章。

施工单位签署质量合格的文件上，必须有注册建造师的签字盖章。

【依据三】《建筑施工特种作业人员管理规定》（建质［2008］75 号）

【条文摘录】

第三条 建筑施工特种作业包括：

（一）建筑电工；

（二）建筑架子工；

（三）建筑起重信号司索工；

（四）建筑起重机械司机；

（五）建筑起重机械安装拆卸工；

（六）高处作业吊篮安装拆卸工；

（七）经省级以上人民政府建设主管部门认定的其他特种作业。

第四条　建筑施工特种作业人员必须经建设主管部门考核合格，取得建筑施工特种作业人员操作资格证书（以下简称"资格证书"），方可上岗从事相应作业。

2.8.4　补充说明

1. 本检查项目有 2 个控制点，全数检查。
2. 项目经理资质已取消，项目经理是一个岗位名称，应由注册建造师担任。

2.9　生产安全事故处理

2.9.1　条文

1. 当施工现场发生生产安全事故时，施工单位应按规定及时报告；
2. 施工单位应按规定对生产安全事故进行调查分析，制定防范措施；
3. 应依法为施工作业人员办理保险。

2.9.2　条文说明

工程项目发生的各种安全事故应进行登记报告，并按规定进行调查、处理、制定预防措施，建立事故档案。重伤以上事故，按国家有关调查处理规定进行登记建档。

2.9.3　依据及条文摘录

【依据一】《中华人民共和国安全生产法》

【条文摘录】

第七十条　生产经营单位发生生产安全事故后，事故现场有关人员应当立即报告本单位负责人。

单位负责人接到事故报告后，应当迅速采取有效措施，组织抢救，防止事故扩大，减少人员伤亡和财产损失，并按照国家有关规定立即如实报告当地负有安全生产监督管理职责的部门，不得隐瞒不报、谎报或者拖延不报，不得故意破坏事故现场、毁灭有关证据。

第七十三条　事故调查处理应当按照实事求是、尊重科学的原则，及时、准确地查清事故原因，查明事故性质和责任，总结事故教训，提出整改措施，并对事故责任者提出处理意见。事故调查和处理的具体办法由国务院制定。

第七十四条　生产经营单位发生生产安全事故，经调查确定为责任事故的，除了应当查明事故单位的责任并依法予以追究外，还应当查明对安全生产的有关事项负有审查批准和监督职责的行政部门的责任，对有失职、渎职行为的，依照本法第七十七条的规定追究法律责任。

【依据二】《建设工程安全生产管理条例》

【条文摘录】

第三十八条　施工单位应当为施工现场从事危险作业的人员办理意外伤害保险。

意外伤害保险费由施工单位支付。实行施工总承包的，由总承包单位支付意外伤害保险费。意外伤害保险期限自建设工程开工之日起至竣工验收合格止。

2.9.4 补充说明

1. 本检查项目有 3 个控制点，新增了为施工人员办理保险的内容，全数检查。

2. 施工人员和施工单位应主动报告，积极配合调查，主动采取预防措施。

3. "四不放过"原则是安全生产事故处理的基本原则，即：坚持事故原因未查清不放过、责任人员未处理不放过、整改措施未落实不放过、有关人员未受到教育不放过。

2.10 安 全 标 志

2.10.1 条文

1. 施工现场入口处及主要施工区域、危险部位应设置相应的安全警示标志牌；

2. 施工现场应绘制安全标志布置图；

3. 应根据工程部位和现场设施的变化，调整安全标志牌设置；

4. 施工现场应设置重大危险源公示牌。

2.10.2 条文说明

施工现场安全标志的设置应根据工程部位进行调整。主要包括：基础施工、主体施工、装修施工三个阶段。

对夜间施工或人员经常通行的危险区域、设施，应安装灯光示警标志。

按照危险源辨识的情况，施工现场应设置重大危险源公示牌。

安全标志如图 2.10.2 所示。

2.10.3 依据及条文摘录

【依据一】《建设工程安全生产管理条例》

【条文摘录】

第二十八条 施工单位应当在施工现场入口处、施工起重机械、临时用电设施、脚手架、出入通道口、楼梯口、电梯井口、孔洞口、桥梁口、隧道口、基坑边沿、爆破物及有害危险气体和液体存放处等危险部位，设置明显的安全警示标志。安全警示标志必须符合国家标准。

施工单位应当根据不同施工阶段和周围环境及季节、气候的变化，在施工现场采取相应的安全施工措施。施工现场暂时停止施工的，施工单位应当做好现场防护，所需费用由责任方承担，或者按照合同约定执行。

【依据二】《安全标志及其使用导则》GB 2894—2008

【条文摘录】

全文依据

重大危险源公示牌

以上现场危险源存在造成人身伤害的危险，请进入施工现场的人员遵守现场安全管理条例，正确佩戴好安全防护用品，并尽量不要进入危险区域和在危险区域内停留。

图 2.10.2 安全标志

2.10.4 补充说明

1. 本检查项目有 4 个控制点，全数检查。

2. 三阶段施工内容和现场环境不同，危险源和安全管理重点有区别，所以要调整安全标志设置。

3.《标准》2011 版对此检查项目作了细化，增加了重大危险源公示牌、灯光示警标志的内容。

第3章 文 明 施 工

文明施工检查评分表

序号	检查项目		扣 分 标 准	应得分数	扣减分数	实得分数
1		现场围挡	市区主要路段的工地未设置封闭围挡或围挡高度小于2.5m，扣5～10分 一般路段的工地未设置封闭围挡或围挡高度小于1.8m，扣5～10分 围挡未达到坚固、稳定、整洁、美观，扣5～10分	10		
2		封闭管理	施工现场进出口未设置大门，扣10分 未设置门卫室扣5分 未建立门卫值守管理制度或未配备门卫值守人员，扣2～6分 施工人员进入施工现场未佩戴工作卡，扣2分 施工现场出入口未标有企业名称或标识，扣2分 未设置车辆冲洗设施，扣3分	10		
3	保证项目	施工场地	施工现场主要道路及材料加工区地面未进行硬化处理，扣5分 施工现场道路不畅通、路面不平整坚实，扣5分 施工现场未采取防尘措施，扣5分 施工现场未设置排水设施或排水不通畅、有积水，扣5分 未采取防止泥浆、污水、废水污染环境措施，扣2～10分 未设置吸烟处、随意吸烟，扣5分 温暖季节未进行绿化布置，扣3分	10		
4		材料管理	建筑材料、构件、料具未按总平面布局码放，扣4分 材料码放不整齐、未标明名称、规格，扣2分 施工现场材料存放未采取防火、防锈蚀、防雨措施，扣3～10分 建筑物内施工垃圾的清运未使用器具或管道运输，扣5分 易燃易爆物品未分类储藏在专用库房、未采取防火措施，扣5～10分	10		
5		现场办公与住宿	施工作业区、材料存放区与办公、生活区未采取隔离措施，扣6分 宿舍、办公用房防火等级不符合有关消防安全技术规范要求，扣10分 在施工程、伙房、库房兼做住宿，扣10分 宿舍未设置可开启式窗户，扣4分 宿舍未设置床铺、床铺超过2层或通道宽度小于0.9m，扣2～6分 宿舍人均面积或人员数量不符合规范要求，扣5分 冬季宿舍内未采取采暖和防一氧化碳中毒措施，扣5分 夏季宿舍内未采取防暑降温和防蚊蝇措施，扣5分 生活用品摆放混乱、环境卫生不符合要求，扣3分	10		

序号	检查项目		扣 分 标 准	应得分数	扣减分数	实得分数
6	保证项目	现场防火	施工现场未制定消防安全管理制度、消防措施，扣10分 施工现场的临时用房和作业场所的防火设计不符合规范要求，扣10分 施工现场消防通道、消防水源的设置不符合规范要求，扣5~10分 施工现场灭火器材布局、配置不合理或灭火器材失效，扣5分 未办理动火审批手续或未指定动火监护人员，扣5~10分	10		
		小计		60		
7	一般项目	综合治理	生活区未设置供作业人员学习和娱乐场所，扣2分 施工现场未建立治安保卫制度或责任未分解到人，扣3~5分 施工现场未制定治安防范措施，扣5分	10		
8		公示标牌	大门口处设置的公示标牌内容不齐全，扣2~8分 标牌不规范、不整齐，扣3分 未设置安全标语，扣3分 未设置宣传栏、读报栏、黑板报，扣2~4分	10		
9		生活设施	未建立卫生责任制度，扣5分 食堂与厕所、垃圾站、有毒有害场所的距离不符合规范要求，扣2~6分 食堂未办理卫生许可证或未办理炊事人员健康证，扣5分 食堂使用的燃气罐未单独设置存放间或存放间通风条件不良，扣2~4分 食堂未配备排风、冷藏、消毒、防鼠、防蚊蝇等设施，扣4分 厕所内的设施数量和布局不符合规范要求，扣2~6分 厕所卫生未达到规定要求，扣4分 不能保证现场人员卫生饮水，扣5分 未设置淋浴室或淋浴室不能满足现场人员需求，扣4分 生活垃圾未装容器或未及时清理，扣3~5分	10		
10		社区服务	夜间未经许可施工，扣8分 施工现场焚烧各类废弃物，扣8分 施工现场未制定防粉尘、防噪声、防光污染等措施，扣5分 未制定施工不扰民措施，扣5分	10		
		小计		40		
检查项目合计				100		

3.1 现 场 围 挡

3.1.1 条文

1. 市区主要路段的工地应设置高度不小于2.5m的封闭围挡；

2. 一般路段的工地应设置高度不小于 1.8m 的封闭围挡；

3. 围挡应坚固、稳定、整洁、美观。

3.1.2 条文说明

工地必须沿四周连续设置封闭围挡，围挡材料应选用砌体、金属板材等硬性材料，并做到坚固、稳定、整洁和美观。

现场围挡如图 3.1.2 所示。

图 3.1.2 现场围挡

3.1.3 依据及条文摘录

【依据一】《施工现场临时建筑物技术规范》JGJ/T 188—2009

【条文摘录】

7.7 围挡

7.7.1 围挡宜选用彩钢板、砌体等硬质材料搭设，并应保证施工作业人员和周边行人的安全。

7.7.2 在软土地基上、深基坑影响范围内、城市主干道、流动人员较密集地区及高度超过 2m 的围挡应选用彩钢板。

7.7.3 彩钢板围挡应符合下列规定：

1 围挡的高度不宜超过 2.5m；

2 当高度超过 1.5m 时，宜设置斜撑，斜撑与水平地面的夹角宜为 45°；

3 立柱的间距不宜大于 3.6m；

4 横梁与立柱之间应采用螺栓可靠连接；

5 围挡应采取抗风措施。

7.7.4 砌体围挡的高厚比、强度应符合现行国家标准《砌体结构设计规范》GB 50003 的规定。

7.7.5 砌体围挡的结构构造应符合下列规定：

1 砌体围挡不应采用空斗墙砌筑方式；

2 砌体围挡厚度不宜小于 200mm，并应在两端设置壁柱，壁柱尺寸不宜小于 370mm×490mm，壁柱间距不应大于 5.0m；

3 单片砌体围挡长度大于 30m 时，宜设置变形缝，变形缝两侧均应设置端柱；

4 围挡顶部应采取防雨水渗透措施；

5 壁柱与墙体间应设置拉结钢筋，拉结钢筋直径不应小于 6mm，间距不应大于 500mm，伸入两侧墙内的长度均不应小于 1000mm。

【依据二】《建筑施工现场环境与卫生标准》JGJ 146—2004

【条文摘录】

2.0.2 施工现场必须采用封闭围挡，高度不得小于 1.8m。（强制性条文）

3.1.4　补充说明

1. 本检查项目有 3 个控制点，全数检查。
2. 建筑施工现场必须设置封闭围挡，高度、质量、观感应符合要求。

3.2　封 闭 管 理

3.2.1　条文

1. 施工现场进出口应设置大门，并应设置门卫值班室；
2. 应建立门卫职守管理制度，并应配备门卫职守人员；
3. 施工人员进入施工现场应佩戴工作卡；
4. 施工现场出入口应标有企业名称或标识，并应设置车辆冲洗设施。

3.2.2　条文说明

现场进出口应设置大门、门卫室、企业名称或标识、车辆冲洗设施等，并严格执行门卫制度，持工作卡进出现场。

工地大门如图 3.2.2 所示。

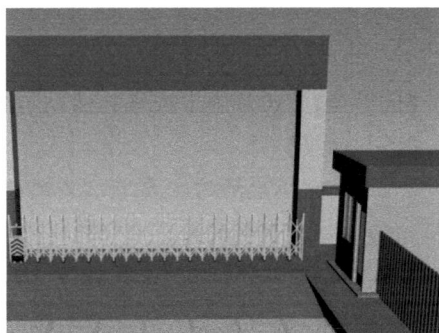

图 3.2.2　工地大门

3.2.3　依据及条文摘录

【依据】《建筑施工现场环境与卫生标准》JGJ 146—2004

【条文摘录】

3.1.4　从事土方、渣土和施工垃圾运输应采用密闭式运输车辆或采取覆盖措施；施工现场出入口处应采取保证车辆清洁的措施。

3.2.4　补充说明

1. 本检查项目有 6 个控制点，全数检查。
2. 门卫职守制度保障施工现场封闭管理。
3. 《标准》2011 年版增加了设置车辆冲洗设施的内容。

3.3　施 工 场 地

3.3.1　条文

1. 施工现场的主要道路及材料加工区地面应进行硬化处理；
2. 施工现场道路应畅通，路面应平整坚实；
3. 施工现场应有防止扬尘措施；

4. 施工现场应设置排水设施，且排水通畅无积水；

5. 施工现场应有防止泥浆、污水、废水污染环境的措施；

6. 施工现场应设置专门的吸烟处，严禁随意吸烟；

7. 温暖季节应有绿化布置。

图 3.3.2　场地硬化

3.3.2　条文说明

现场主要道路必须采用混凝土、碎石或其他硬质材料进行硬化处理，做到畅通、平整，其宽度应能满足施工及消防等要求。

对现场易产生扬尘污染的路面、裸露地面及存放的土方等，应采取合理、严密的防尘措施。

场地硬化如图 3.3.2 所示。

3.3.3　依据及条文摘录

【依据一】《建筑施工现场环境与卫生标准》JGJ 146—2004

【条文摘录】

3.1.1　施工现场的主要道路必须进行硬化处理，土方应集中堆放。裸露的场地和集中堆放的土方应采取覆盖、固化或绿化等措施。（强制性条文）

3.1.2　拆除建筑物、构筑物时，应采用隔离、洒水等措施，并应在规定期限内将废弃物清理完毕。

3.1.3　施工现场土方作业应采取防止扬尘措施。

3.1.4　从事土方、渣土和施工垃圾运输应采用密闭式运输车辆或采取覆盖措施；施工现场出入口处应采取保证车辆清洁的措施。

3.1.5　施工现场的材料和大模板等存放场地必须平整坚实。水泥和其他易飞扬的细颗粒建筑材料应密闭存放或采取覆盖等措施。

3.1.6　施工现场混凝土搅拌场所采取封闭、降尘措施。

3.2.1　施工现场应设置排水沟及沉淀池，施工污水经沉淀后方可排入市政污水管网或河流。

3.2.2　施工现场存放的油料和化学溶剂等物品应设有专门的库房、地面应做防渗漏处理。废弃的油料和化学溶剂应集中处理，不得随意倾倒。

3.2.3　食堂应设置隔油池，并应及时清理。

3.2.4　厕所的化粪池应做抗渗处理。

3.2.5　食堂、盥洗室、淋浴间的下水管线应设置过滤网，并应与市政污水管线连接，保证排水通畅。

3.3　防治施工噪声污染

3.3.1　施工现场应按照现行国家标准《建筑施工场界噪声限值及其测量方法》GB 12523～12524 制定降噪措施，并可由施工企业自行对施工现场的噪声值进行检测和记录。

3.3.2　施工现场的强噪声设备宜设置在远离居民区的一侧，并应采取降低噪声措施。

3.3.3 对因生产工艺要求或其他特殊需要,确需在夜间进行超过噪声标准施工的,施工前建设单位应向有关部门提出申请,经批准后方可进行夜间施工。

3.3.4 运输材料的车辆进入施工现场,严禁鸣笛,装卸材料应做到轻拿轻放。

【依据二】《建设工程施工现场消防安全技术规范》GB 50720—2011

【条文摘录】

6.4.5 施工现场严禁吸烟。

3.3.4 补充说明

1. 本检查项目有 7 个控制点,全数检查。

2. 施工场地布置要符合消防、环保的规定。

3. 《标准》2011 年版对路面硬化的区域作了具体要求,增加了防尘的要求。

3.4 材 料 管 理

3.4.1 条文

1. 建筑材料、构件、料具应按总平面布局进行码放;

2. 材料应码放整齐,并应标明名称、规格等;

3. 施工现场材料码放应采取防火、防锈蚀、防雨等措施;

4. 建筑物内施工垃圾的清运,应采用器具或管道运输,严禁随意抛掷;

5. 易燃易爆物品应分类储藏在专用库房内,并应制定防火措施。

3.4.2 条文说明

应根据施工现场实际面积及安全消防要求,合理布置材料的存放位置,并码放整齐。

现场存放的材料(如:钢筋、水泥等),为了达到质量和环境保护的要求,应有防雨水浸泡、防锈蚀和防止扬尘等措施。

建筑物内施工垃圾的清运,为防止造成人员伤亡和环境污染,必须要采用合理容器或管道运输,严禁凌空抛掷。

现场易燃易爆物品必须严格管理,在使用和储藏过程中,必须有防暴晒、防火等保护措施,并应间距合理、分类存放。

料具码放如图 3.4.2 所示。

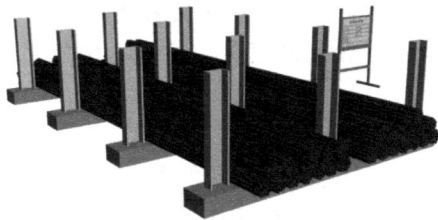

图 3.4.2 料具码放

3.4.3 依据及条文摘录

【依据一】《建筑施工现场环境与卫生标准》JGJ 146—2004

【条文摘录】

3.1.7 建筑物内施工垃圾的清运,必须采用相应容器或管道运输,严禁凌空抛掷。(强制性条文)

【依据二】《建设工程施工现场消防安全技术规范》GB 50720—2011

【条文摘录】

6.2　可燃物及易燃易爆危险品管理

6.2.1　用于在建工程的保温、防水、装饰及防腐等材料的燃烧性等级应符合要求。

6.2.2　可燃材料及易燃易爆危险品应按计划限量进场。进场后，可燃材料宜存放于库房内，露天存放时，应分类成垛堆放，垛高不应超过 2m，单垛体积不应超过 50m³，垛与垛之间的最小间距不应小于 2m，且应采用为燃或难燃材料覆盖；易燃易爆危险品应分类专库储存，库房内应通风良好，并应设置严禁明火标志。

6.2.3　室内使用油漆及其有机溶剂、乙二胺、冷底子油等易挥发产生易燃气体的物资作业时，应保持室内良好通风，作业场所严禁明火，并应避免产生静电。

6.2.4　施工产生的可燃、易燃建筑垃圾应及时处理。

3.4.4　补充说明

1. 本检查项目有 5 个控制点，全数检查。
2. 《标准》2011 年版增加防火、防锈蚀、防雨措施的要求。

3.5　现场办公与住宿

3.5.1　条文

1. 施工作业、材料存放区与办公、生活区应划分清晰，并应采取相应的隔离措施；
2. 在建工程内、伙房、库房不得兼做宿舍；
3. 宿舍、办公用房的防火等级应符合规范要求；
4. 宿舍应设置可开启式窗户，床铺不得超过 2 层，通道宽度不应小于 0.9m；
5. 宿舍内住宿人员人均面积不应小于 2.5m²，且不得超过 16 人；
6. 冬季宿舍内应有采暖和防一氧化碳中毒措施；
7. 夏季宿舍内应有防暑降温和防蚊蝇措施；
8. 生活用品应摆放整齐，环境卫生应良好。

3.5.2　条文说明

为了保证住宿人员的人身安全，在建工程内、伙房、库房严禁兼做员工的宿舍。

施工现场应做到作业区、材料区与办公区、生活区进行明显的划分，并应有隔离措施；如因现场狭小，不能达到安全距离的要求，必须对办公区、生活区采取可靠的防护措施。

宿舍内严禁使用通铺，床铺不应超过 2 层，为了达到安全和消防的要求，宿舍内应有必要的生活空间，居住人员不得超过 16 人，通道宽度不应小于 0.9m，人均使用面积不应小于 2.5m²。

3.5.3　依据及条文摘录

【依据一】《建筑施工现场环境与卫生标准》JGJ 146—2004

【条文摘录】

摘录一：

2.0.1 施工现场的施工区域应与办公、生活区划分清晰，并应采取相应的隔离措施。

摘录二：

4.1.5 宿舍内应保证有必要的生活空间，室内净高不得小于2.4m，通道宽度不得小于0.9m，每间宿舍居住人员不得超过16人。

4.1.6 施工现场宿舍必须设置可开启式窗户，宿舍内的床铺不得超过2层，严禁使用通铺。（强制性条文）

4.1.7 宿舍内应设置生活用品专柜，有条件的宿舍宜设置生活用品储藏室。

4.1.8 宿舍内应设置垃圾桶，宿舍外宜设置鞋柜或鞋架，生活区内应提供为作业人员晾晒衣物的场地。

4.2.1 施工现场应设专职或兼职保洁员，负责卫生清扫和保洁。

4.2.2 办公区和生活区应采取灭鼠、蚊、蝇、蟑螂等措施，并应定期投放和喷洒药物。

【依据二】《建设工程安全生产管理条例》

【条文摘录】

第二十九条 施工单位应当将施工现场的办公、生活区与作业区分开设置，并保持安全距离；办公、生活区的选址应当符合安全性要求。职工的膳食、饮水、休息场所等应当符合卫生标准。施工单位不得在尚未竣工的建筑物内设置员工集体宿舍。

施工现场临时搭建的建筑物应当符合安全使用要求。施工现场使用的装配式活动房屋应当具有产品合格证。

【依据三】《施工现场临时建筑物技术规范》JGJ/T 188—2009

【条文摘录】

摘录一：

5.3.2 宿舍应符合下列规定：

1 宿舍内应保证必要的生活空间，人均使用面积不宜小于2.5m²，室内净高不应低于2.5m。每间宿舍居住人数不宜超过16人。

2 宿舍内应设置单人铺，层铺的搭设不应超过2层。

3 宿舍内宜配置生活用品专柜，宿舍门外宜配置鞋柜或鞋架。

摘录二：

6.0.2 临时建筑的耐火等级、最多允许层数、最大允许长度、防火分区的最大允许建筑面积应符合表6.0.2的规定。

临时建筑的耐火等级、最多允许层数、最大允许长度、
防火分区的最大允许建筑面积 表6.0.2

临时建筑	耐火等级	最多允许层数	最大允许长度（m）	防火分区的最大允许建筑面积（m²）
宿舍	四级	2	60	600
办公用房	四级	2	60	600
食堂	四级	1	60	600

3.5.4　补充说明

1. 本检查项目有 9 个控制点，全数检查。
2. 对施工现场办公、住宿条件的规定，保证安全，并符合消防、环保卫生的规定。
3. 《标准》2011 年版增加了消防和必要空间的要求。

3.6　现　场　防　火

3.6.1　条文

1. 施工现场应建立消防安全管理制度、制定消防措施；
2. 施工现场临时用房和作业场所的防火设计应符合规范要求；
3. 施工现场应设置消防通道、消防水源，并应符合规范要求；
4. 施工现场灭火器材应保证可靠有效，布局配置应符合规范要求；
5. 明火作业应履行动火审批手续，配备动火监护人员。

3.6.2　条文说明

现场临时用房和设施，包括：办公用房、宿舍、厨房操作间、食堂、锅炉房、库房、变配电房、围挡、大门、材料堆场及其加工场、固定动火作业场、作业棚、机具棚等设施，在防火设计上，必须达到有关消防安全技术规范的要求。

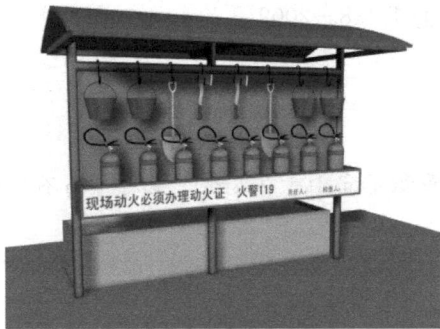

图 3.6.2　消防器材

现场木料、保温材料、安全网等易燃材料必须实行入库、合理存放，并配备相应、有效、足够的消防器材。

为了保证现场防火安全，动火作业前必须履行动火审批程序，经监护和主管人员确认、同意，消防设施到位后，方可施工。

消防器材如图 3.6.2 所示。

3.6.3　依据及条文摘录

【依据一】《建设工程安全生产管理条例》

【条文摘录】

第三十一条　施工单位应当在施工现场建立消防安全责任制度，确定消防安全责任人，制定用火、用电、使用易燃易爆材料等各项消防安全管理制度和操作规程，设置消防通道、消防水源，配备消防设施和灭火器材，并在施工现场入口处设置明显标志。

【依据二】《建设工程施工现场消防安全技术规范》GB 50720—2011

【条文摘录】

摘录一：

4　建筑防火

4.1　一般规定

4.1.1 临时用房和在建工程应采取可靠的防火分隔和安全疏散等防火技术措施。

4.1.2 临时用房的防火设计应根据其使用性质及火灾危险性等情况进行确定。

4.1.3 在建工程防火设计应根据施工性质、建筑高度、建筑规模及结构特点等情况进行确定。

4.2 临时用房防火

4.2.1 办公用房、宿舍的防火设计应符合下列规定：

1 建筑构件的燃烧性能应为 A 级，当采用金属夹芯板材时，其芯材的燃烧性能等级应为 A 级。（强制性条文）

2 层数不应超过 3 层，每层建筑面积不应大于 300m²。

3 层数为 3 层或每层建筑面积大于 200m² 时，应至少设置 2 部疏散楼梯，房间疏散门至疏散楼梯的最大距离不应大于 25m。

4 单面布置用房时，疏散走道的净宽度不应小于 1m；双面布置用房时，疏散走道的净宽度不应小于 1.5m。

5 疏散楼梯的净宽度不应小于疏散走道的净宽度。

6 宿舍房间的建筑面积不应大于 30m²，其他房间的建筑面积不宜大于 100m²。

7 房间内任一点至最近散门的距离不应大于 15m，房门的净宽度不应大于 0.8m；房间超过 50m² 时，房门净宽度不应小于 1.2m。

8 隔墙应从楼地面基层隔断至顶板基层底面。

4.2.2 发电机房、变配电房、厨房操作间、锅炉房、可燃材料库房和易燃易爆危险品库房的防火设计应符合下列规定：

1 建筑构件的燃烧性能等级应为 A 级。（强制性条文）

2 层数应为 1 层，建筑面积不应大于 200m²。

3 可燃材料库房单个房间的建筑面积不应超过 30m²，易燃易爆危险品库房单个房间的建筑面积不应超过 20m²。

4 房间内任一点至最近散门的距离不应大于 10m，房门的净宽度不应大于 0.8m。

4.2.3 其他防火设计应符合下列规定：

1 宿舍、办公用房不应与厨房操作间、锅炉房、变配电房等组合建造；

2 会议室、娱乐室等人员密集房间应设置在临时用房的一层，其疏散门应向疏散方向开启。

4.3 在建工程防火

4.3.1 在建工程作业场所的临时疏散通道应采用不燃或难燃材料建造，并应与在建工程结构施工同步设置，也可利用在建工程施工完毕的水平结构、楼梯。

4.3.2 在建工程内临时疏散通道的设置应符合下列规定：

1 疏散通道的耐火极限不应低于 0.5h。

2 设置在地面上的临时疏散通道，其净宽度不应小于 1.5m；利用在建工程施工完毕的水平结构、楼梯作临时疏散通道时，其净宽度不宜小于 1.0m；用于疏散的爬梯及设置在脚手架上的临时疏散通道，其净宽度不应小于 0.6m。

3 临时疏散通道为坡道，且坡度大于 250 时，应修建楼梯或台阶踏步或设置防滑条。

4 临时疏散通道不宜采用爬梯，确需采用时，应采取可靠固定措施。

5 疏散通道的侧面如为临空面，应沿临空面设置高度不小于1.2m的防护栏杆。

6 临时疏散通道搭设在脚手架上时，脚手架应采用不燃材料搭设。

7 临时疏散通道应设置明显的疏散指示标识。

8 临时疏散通道应设置照明设施。

4.3.3 既有建筑进行扩建、改建施工时，必须明确划分施工区和非施工区。施工区不得营业、使用和居住；非施工区继续营业、使用和居住时，应符合下列规定：

1 施工区和非施工区之间应采用不开设门、窗、洞口的耐火极限不低于3h的不燃烧体隔墙进行防火风隔。

2 非施工区内的消防设施应完好和有效，疏散通道应保持畅通，并应落实日常值班及消防安全管理制度。

3 施工区的消防安全应配有专人值守，发生火情应能立即处置。

4 施工单位应向居住和使用者进行消防宣传教育，告知建筑消防设施、疏散通道位置及使用方法，同时应组织疏散演练。

5 外脚手架搭设长度不应超过该建筑物外立面周长的1/2。

4.3.4 外脚手架、支模架等的架体宜采用不燃或难燃材料搭设，下列工程的外脚手架、支模架的架体，应采用不燃材料搭设：

1 高层建筑；

2 既有建筑的改造工程。

4.3.5 下列安全防护网应采用阻燃型安全防护网：

1 高层建筑外脚手架的安全防护网；

2 既有建筑外墙改造时，其外脚手架的安全防护网；

3 临时疏散通道的安全防护网。

4.3.6 作业场所应设置明显的疏散指示标志，其指示方向应指向最近的疏散通道入口。

4.3.7 作业层的醒目位置应设置安全疏散示意图。

5 临时消防设施

5.1 一般规定

5.1.1 施工现场应设置灭火器、临时消防给水系统和临时消防应急照明等临时消防设施。

5.1.2 临时消防设施的设置应与在建工程的施工保持同步。对于房屋建筑工程，临时消防设施的设置与在建工程主体结构施工进度的差距不应超过3层。

5.1.3 在建工程可利用已具备使用条件的永久性消防设施作为临时消防设施。当永久性消防设施无法满足使用要求时，应增设临时消防设施，并应符合本规范第5.2条至5.4条的有关规定。

5.1.4 施工现场的消火栓泵应采用专用消防配电线路。专用配电线路应自施工现场总配电箱的总断路器上端接入，并应保持连续不间断供电。

5.1.5 地下工程的施工作业场所宜配备防毒面具。

5.1.6 临时消防给水系统的贮水池、消火栓泵、室内消防竖管及水泵接合器等应设置醒目标识。

5.2 灭火器

5.2.1 在建工程及临时用房的下列场所应配置灭火器：

1 易燃易爆危险品存放及使用场所；

2 动火作业场所；

3 可燃材料存放、加工及使用场所；

4 厨房操作间、锅炉房、发电机房、变配电房、设备用房、办公用房、宿舍等临时用房；

5 其他具有火灾危险的场所。

5.2.2 施工现场灭火器配置应符合下列规定：

1 灭火器的类型应与配备场所可能发生的火灾类型相匹配；

2 灭火器的最低配置标准应符合表5.2.2-1的规定；

灭火器最低配置标准 表 5.2.2-1

项　　目	固体物质火灾		液体或可熔化固体物质火灾、气体火灾	
	单具灭火器最小灭火级别	单位灭火级别最大保护面积 m²/A	单具灭火器最小灭火级别	单位灭火级别最大保护面积 m²/B
易燃易爆物品存放库房及使用场所	3A	50	89B	0.5
固定动火作业场所	3A	50	89B	0.5
临时动火作业点	2A	50	55B	0.5
可燃材料存放、加工及使用场所	2A	75	55B	1.0
厨房操作间、锅炉房	2A	75	55B	1.0
自备发电机房	2A	75	55B	1.0
变、配电房	2A	75	55B	1.0
办公用房、宿舍	1A	100	—	—

3 灭火器的配置数量应按现行国家标准《建筑灭火器配置设计规范》GB 50140 的有关规定经计算确定，且每个场所的灭火器数量不应少于2具；

4 灭火器的最大保护距离应符合表5.2.2-2的规定。

灭火器的最大保护距离（m） 表 5.2.2-2

灭火器配置场所	固体物质火灾	液体或可熔化固体物质火灾、气体类火灾
易燃易爆物品存放及使用场所	15	9
固定动火作业场所	15	9
临时动火作业点	10	6
可燃材料存放、加工及使用场所	20	12
厨房操作间、锅炉房	20	12
发电机房、变配电房	20	12
办公用房、宿舍等	25	—

5.3 临时消防给水系统

5.3.1 施工现场或其附近应设有稳定、可靠的水源，并应能满足施工现场临时消防用水的需要。

消防水源可采用市政给水管网或天然水源，采用天然水源时，应有可靠措施确保冰冻季节、枯水期最低水位时顺利取水，并满足消防用水量的要求。

5.3.2 临时消防用水量应为临时室外消防用水量与临时室内消防用水量之和。

5.3.3 临时室外消防用水量应按临时用房和在建工程临时室外消防用水量的较大者确定，施工现场火灾次数可按同时发生1次考虑。

5.3.4 临时用房建筑面积之和大于1000m²或在建工程（单体）体积大于10000m³时，应设置临时室外消防给水系统。当施工现场处于市政消火栓的150m保护范围内，且市政消火栓的数量满足室外消防用水量要求时，可不设置临时室外消防给水系统。

5.3.5 临时用房的临时室外消防用水量不应小于表5.3.5的规定：

临时用房的临时室外消防用水量 表5.3.5

临时用房建筑面积之和	火灾延续时间 (h)	单位时间灭火用水量 (L/s)	每支水枪最小流量 (L/s)
1000m²＜面积≤5000m²	1	10	5
面积＞5000m²		15	5

5.3.6 在建工程的临时室外消防用水量不应小于表5.3.6的规定：

在建工程的临时室外消防用水量 表5.3.6

在建工程（单体）体积	火灾延续时间 (h)	单位时间灭火用水量 (L/s)	每支水枪最小流量 (L/s)
10000m³＜体积≤30000m³	1	15	5
体积＞50000m³	2	20	5

5.3.7 施工现场的临时室外消防给水系统的设置应符合下列要求：

1 给水管网宜布置成环状；

2 临时室外消防给水主干管的管径，应根据施工现场临时消防用水量和干管内水流计算速度计算确定，且不应小于DN100；

3 室外消火栓沿在建工程、临时用房、可燃材料堆场及其加工场均匀布置，与在建工程、临时用房和可燃材料堆场及其加工场的外边线距离不应小于5.0m；

4 消火栓的间距不应大于120m；

5 消火栓的最大保护半径不应大于150m。

5.3.8 建筑高度大于24m或体积超过30000m³（单体）的在建工程，应设置临时室内消防给水系统。

5.3.9 在建工程的临时室内消防用水量不应小于表5.3.9的规定：

在建工程的临时室内消防用水量
表 5.3.9

在建工程体积（单体）	火灾延续时间（h）	单位时间灭火用水量（L/s）	每支水枪最小流量（L/s）
24m＜建筑高度≤50m 或 30000m³＜体积≤50000m³	1	10	5
50m＜建筑高度或 50000m³＜体积	1	15	5

5.3.10 在建工程临时室内消防竖管的设置应符合下列规定：

1 消防竖管的设置位置应便于消防人员操作，其数量不应少于2根，当结构封顶时，应将消防竖管设置成环状；

2 消防竖管的管径应根据室内消防用水量、竖管给水压力或流速进行计算确定，且管径不应小于DN100。

5.3.11 设置室内消防给水系统的在建工程，应设置消防水泵接合器。消防水泵接合器应设置在室外便于消防车取水的部位，与室外消火栓或消防水池取水口的距离宜为15m至40m。

5.3.12 设置临时室内消防给水系统的在建工程，各结构层均应设置室内消火栓接口及消防软管接口，并应符合下列要求：

1 消火栓接口及软管接口应设置在位置明显且易于操作的部位；

2 在消火栓接口的前端设置截止阀；

3 消火栓接口或软管接口的间距，多层建筑不应大于50m；高层建筑不应大于30m。

5.3.13 在建工程结构施工完毕的每层楼梯处应设置消防水枪、水带及软管，且每个设置点不应少于2套。

5.3.14 建筑高度超过100m的在建工程，应在适当楼层增设临时中转水池及加压水泵。中转水池的有效容积不应少于10m³，上下两个中转水池的高差不应超过100m。

5.3.15 临时消防给水系统的给水压力应满足消防水枪充实水柱长度不小于10m的要求；给水压力不能满足现场消防给水系统的给水压力要求时，应设置加压水泵。加压水泵应按照一用一备的要求进行配置，消火栓泵宜设置自动启动装置。

5.3.16 当外部消防水源不能满足施工现场的临时消防用水量要求时，应在施工现场设置临时贮水池。临时贮水池宜设置在便于消防车取水的部位，其有效容积不应小于施工现场火灾延续时间内一次灭火的全部消防用水量。

5.3.17 施工现场临时消防给水系统可与施工现场生产、生活给水系统合并设置，但应保证施工现场生产、生活用水达到最大小时用水量时，仍能满足全部消防用水量。当不能满足上述要求时，应设置将施工现场生产、生活用水转为消防用水的应急阀门。

生产、生活用水转为消防用水的应急阀门不应超过2个，阀门应设置在易于操作的场所，并应有明显标识。

5.3.18 寒冷和严寒地区的现场临时消防给水系统应有防冻措施。

5.4 应急照明

5.4.1 施工现场的下列场所应配备临时应急照明。

1 自备发电机房及变、配电房；

47

2　水泵房；

3　无天然采光的作业场所及疏散通道；

4　高度超过 100m 的在建工程的室内疏散通道；

5　发生火灾时仍需坚持工作的其他场所。

5.4.2　作业场所应急照明的照度值不应低于正常工作所需照度值的 90%，疏散通道的照度值不应小于 0.5lx。

5.4.3　临时消防应急照明灯具宜选用自备电源的应急照明灯具，自备电源的连续供电时间不应小于 60min。

摘录二：

6.3.1　施工现场用火，应符合下列规定：

1　动火作业应办理动火许可证，动火许可证的签发人收到动火申请后，应前往现场查验并确认动火作业的防火措施落实后，再签发动火许可证。

2　动火操作人员应具有相应资格。

3　焊接、切割、烘烤或加热等动火作业前，应对作业现场的可燃物进行清理；作业现场及其附近无法移走的可燃物应采用不燃材料覆盖或隔离。（强制性条文）

4　施工作业安排时，宜将动火作业安排在使用可燃建筑材料施工作业之前进行。确需在可燃建筑材料施工作业之后进行动火作业的，应采取可靠的防火保护措施。

5　裸露的可燃材料上严禁直接进行动火作业。（强制性条文）

6　焊接、切割、烘烤或加热等动火作业应配备灭火器材，并应设置动火监护人进行现场监护，每个动火作业点均应设置 1 个监护人。

7　五级（含五级）以上风力时，应停止焊接、切割等室外动火作业，确需动火作业时，应采取可靠的挡风措施。

8　动火作业后，应对现场进行检查，并应在确认无火灾危险后，动火操作人员再离开。

9　具有火灾、爆炸危险的场所严禁明火。（强制性条文）

10　施工现场不应采用明火取暖。

11　厨房操作间炉灶使用完毕后，应将炉火熄灭，排油烟机及油烟管道应定期清理油垢。

3.6.4　补充说明

1. 本检查项目有 5 个控制点，全数检查。

2. 对施工现场消防管理的全部规定，制度建立、防火设计、消防通道和消防水源、灭火器材、动火管理五类检查内容，必须符合规范规定。

3.《标准》2011 年版按《建设工程施工现场消防安全技术规范》GB 50720—2011 的规定全面细化了防火要求。

3.7　综　合　治　理

3.7.1　条文

1. 生活区内应设置供作业人员学习和娱乐的场所；

2. 施工现场应建立治安保卫制度、责任分解落实到人；

3. 施工现场应制定治安防范措施。

学习场所如图 3.7.1 所示。

图 3.7.1 学习场所

3.7.2 依据及条文摘录

【依据】《建筑施工现场环境与卫生标准》JGJ 146—2004

【条文摘录】

摘录一：

4.1.1 施工现场应设置办公室、宿舍、食堂、厕所、淋浴间、开水房、文体活动室、密闭式垃圾站（或容器）及盥洗设施等临时设施。临时设施所用建筑材料应符合环保、消防要求。

摘录二：

4.1.20 文体活动室应配备电视机、书报、杂志等文体活动设施、用品。

3.7.3 补充说明

1. 本检查项目有 3 个控制点，全数检查。

2. 治安保卫制度必须符合国家治安管理法律法规的规定，制定防范措施，责任到人。

3.8 公 示 标 牌

3.8.1 条文

1. 大门口处应设置公示标牌，主要内容应包括：工程概况牌、消防保卫牌、安全生产牌、文明施工牌、管理人员名单及监督电话牌、施工现场总平面图；

    2. 标牌应规范、整齐、统一；

    3. 施工现场应有安全标语；

    4. 应有宣传栏、读报栏、黑板报。

3.8.2　条文说明

    施工现场的进口处应有明显的公示标牌，如果认为内容还应增加，可结合本地区、本企业及本工程特点进行要求。

    公示标牌如图 3.8.2 所示。

图 3.8.2　公示标牌

3.8.3　依据及条文摘录

    【依据】《建筑施工现场环境与卫生标准》JGJ 146—2004

    【条文摘录】

    2.0.3　施工现场出入口应标有企业名称或企业标识。主要出入口明显处应设置工程概况牌，大门内应有施工现场总平面图和安全生产、消防保卫、环境保护、文明施工等制度牌。

3.8.4　补充说明

    1. 本检查项目有 4 个控制点，全数检查。

    2. 公示标牌应观感良好，具有公示、宣传的作用，体现文明施工。

3.9　生　活　设　施

3.9.1　条文

    1. 应建立卫生责任制度并落实到人；

    2. 食堂与厕所、垃圾站、有毒有害场所等污染源的距离应符合规范要求；

    3. 食堂必须有卫生许可证，炊事人员必须持身体健康证上岗；

    4. 食堂使用的燃气罐应单独设置存放间，存放间应通风良好，并严禁存放其他物品；

    5. 食堂的卫生环境应良好，且应配备必要的排风、冷藏、消毒、防鼠、防蚊蝇等设施；

6. 厕所内的设施数量和布局应符合规范要求；

7. 厕所必须符合卫生要求；

8. 必须保证现场人员卫生饮水；

9. 应设置淋浴室，且能满足现场人员需求；

10. 生活垃圾应装入密闭式容器内，并应及时清理。

3.9.2 条文说明

食堂与厕所、垃圾站等污染及有毒有害场所的间距必须大于 15m，并应设置在上述场所的上风侧（地区主导风向）。

食堂必须经相关部门审批，颁发卫生许可证和炊事人员的身体健康证。

食堂使用的煤气罐应进行单独存放，不能与其他物品混放，且存放间有良好的通风条件。

食堂应设专人进行管理和消毒，门扇下方设防鼠挡板，操作间设清洗池、消毒池、隔油池、排风、防蚊蝇等设施，储藏间应配有冰柜等冷藏设施，防止食物变质。

厕所的蹲位和小便槽应满足现场人员数量的需求，高层建筑或作业面积大的场地应设置临时性厕所，并由专人及时进行清理。

现场的淋浴室应能满足作业人员的需求，淋浴室与人员的比例宜大于 1:20。

现场应针对生活垃圾建立卫生责任制，使用合理、密封的容器，指定专人负责生活垃圾的清运工作。

生活设施如图 3.9.2-1、图 3.9.2-2、图 3.9.2-3 所示。

图 3.9.2-1　生活设施-食堂

图 3.9.2-2　生活设施-盥洗室

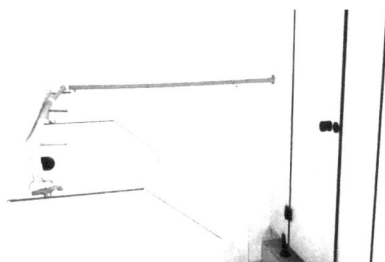

图 3.9.2-3　生活设施-厕所

3.9.3 依据及条文摘录

【**依据**】《建筑施工现场环境与卫生标准》JGJ 146—2004

【**条文摘录**】

4 环境卫生

4.1 临时设施

4.1.1 施工现场应设置办公室、宿舍、食堂、厕所、淋浴间、开水房、文体活动室、密闭式垃圾站（或容器）及盥洗设施等临时设施。临时设施所用建筑材料应符合环保、消防要求。

4.1.2 办公区和生活区应设密闭式垃圾容器。

4.1.3 办公室内布局应合理，文件资料宜归类存放，并应保持室内清洁卫生。

4.1.4 施工现场应配备常用药及绷带、止血带、颈托、担架等急救器材。

4.1.5 宿舍内应保证有必要的生活空间，室内净高不得小于2.4m，通道宽度不得小于0.9m，每间宿舍居住人员不得超过16人。

4.1.6 施工现场宿舍必须设置可开启式窗户，宿舍内的床铺不得超过2层，严禁使用通铺。（强调性条文）

4.1.7 宿舍内应设置生活用品专柜，有条件的宿舍宜设置生活用品储藏室。

4.1.8 宿舍内应设置垃圾桶，宿舍外宜设置鞋柜或鞋架，生活区内应提供为作业人员晾晒衣物的场地。

4.1.9 食堂应设置在远离厕所、垃圾站、有毒有害场所等污染源的地方。

4.1.10 食堂应设置独立的制作间，储藏间，门扇下方应设不低于0.2m的防鼠挡板。

制作间灶台及其周边应贴瓷砖，所贴瓷砖高度不宜小于1.5m，地面应做硬化和防滑处理。

粮食存放台距墙和地面应大于0.2m。

4.1.11 食堂应配备必要的排风设施和冷藏设施。

4.1.12 食堂的燃气罐应单独设置存放间，存放间应通风良好并严禁存放其他物品。

4.1.13 食堂制作间的炊具宜存放在封闭的橱柜内，刀、盆、案板等炊具应生熟分开。食品应有遮盖，遮盖物品应有正反面标识。各种佐料和副食应存放在密闭器皿内，并应有标识。

4.1.14 食堂外应设置密闭式泔水桶，并应及时清运。

4.1.15 施工现场应设置水冲式或移动式厕所，厕所地面应硬化，门窗应齐全。蹲位之间宜设置隔板，隔板高度不宜低于0.9m。

4.1.16 厕所大小应根据作业人员的数量设置。高层建筑施工超过8层以后，每隔四层宜设置临时厕所。厕所应设专人负责清扫、消毒，化粪池应及时清掏。

4.1.17 淋浴间内应设置满足需要的淋浴喷头，可设置储衣柜或挂衣架。

4.1.18 盥洗设施应设置满足作业人员使用的盥洗池，并应使用节水龙头。

4.1.19 生活区应设置开水炉、电热水器或饮用水保温桶；施工区应配备流动保温水桶。

4.1.20 文体活动室应配备电视机、书报、杂志等文体活动设施、用品。

4.2 卫生与防疫

4.2.1 施工现场应设专职或兼职保洁员，负责卫生清扫和保洁。

4.2.2 办公区和生活区应采取灭鼠、蚊、蝇、蟑螂等措施，并应定期投放和喷洒药物。

4.2.3 食堂必须有卫生许可证，炊事人员必须持身体健康证上岗。（强制性条文）

4.2.4 炊事人员上岗应穿戴洁净的工作服、工作帽和口罩，并应保持个人卫生、不得穿工作服出食堂，非炊事人员不得随意进入制作间。

4.2.5 食堂的炊具、餐具和公用饮水器具必须清洗消毒。

4.2.6 施工现场应加强食品、原料的进货管理，食堂严禁出售变质食品。

4.2.7 施工现场作业人员发生法定传染病、食物中毒或急性职业中毒时，必须在2小时内向施工现场所在地建设行政主管部门和有关部门报告，并应积极配合调查处理。

4.2.8 现场施工人员患有法定传染病时，应及时进行隔离，并由卫生防疫部门进行处置。

3.9.4 补充说明

1. 本检查项目有 10 个控制点，全数检查。

2. 施工现场生活设置的规定，根本目的是保障人员健康。必须符合规范规定，同时要符合当地卫生管理部门的相关规定。

3.《标准》2011 年版按《建筑施工现场环境与卫生标准》JGJ 146—2004 的规定，细化了生活设施的卫生要求。

3.10 社 区 服 务

3.10.1 条文

1. 夜间施工前，必须经批准后方可进行施工；
2. 施工现场严禁焚烧各类废弃物；
3. 施工现场应制定防粉尘、防噪声、防光污染等措施；
4. 应制定施工不扰民措施。

3.10.2 条文说明

为了保护环境，施工现场严禁焚烧各类废弃物（包括：生活垃圾、废旧的建筑材料等），应进行及时的清运。

施工活动泛指施工、拆除、清理、运输及装卸等动态作业活动，在动态作业活动中，应有防粉尘、防噪声和防光污染等措施。

3.10.3 依据及条文摘录

【依据】《建筑施工现场环境与卫生标准》JGJ 146—2004

【条文摘录】

摘录一：

2.0.5 在工程的施工组织设计中应有防治大气、水土、噪声污染和改善环境卫生的有效措施。

摘录二：

3 环境保护

3.1 防治大气污染

3.1.1 施工现场的主要道路必须进行硬化处理，土方应集中堆放。裸露的场地和集中堆放的土方应采取覆盖、固化或绿化等措施。（强制性条文）

3.1.2 拆除建筑物、构筑物时，应采用隔离、洒水等措施，并应在规定期限内将废弃物清理完毕。

3.1.3 施工现场土方作业应采取防止扬尘措施。

3.1.4 从事土方、渣土和施工垃圾运输应采用密闭式运输车辆或采取覆盖措施；施工现场出入口处应采取保证车辆清洁的措施。

3.1.5 施工现场的材料和大模板等存放场地必须平整坚实。水泥和其他易飞扬的细颗粒建筑材料应密闭存放或采取覆盖等措施。

3.1.6 施工现场混凝土搅拌场所应采取封闭、降尘措施。

3.1.7 建筑物内施工垃圾的清运，必须采用相应容器或管道运输，严禁凌空抛掷。（强制性条文）

3.1.8 施工现场应设置密闭式垃圾站，施工垃圾、生活垃圾应分类存放，并应及时清运出场。

3.1.9 城区、旅游景点、疗养区、重点文物保护地及人口密集区的施工现场应使用清洁能源。

3.1.10 施工现场的机械设备、车辆的尾气排放应符合国家环保排放标准的要求。

3.1.11 施工现场严禁焚烧各类废弃物。（强制性条文）

3.2 防治水土污染

3.2.1 施工现场应设置排水沟及沉淀池，施工污水经沉淀后方可排入市政污水管网或河流。

3.2.2 施工现场存放的油料和化学溶剂等物品应设有专门的库房，地面应做防渗漏处理。废弃的油料和化学溶剂应集中处理，不得随意倾倒。

3.2.3 食堂应设置隔油池，并应及时清理。

3.2.4 厕所的化粪池应做抗渗处理。

3.2.5 食堂、盥洗室、淋浴间的下水管线应设置过滤网，并应与市政污水管线连接，保证排水通畅。

3.3 防治施工噪声污染

3.3.1 施工现场应按照现行国家标准《建筑施工场界噪声限值及其测量方法》GB 12523～12524制定降噪措施，并可由施工企业自行对施工现场的噪声值进行监测和记录。

3.3.2 施工现场的强噪声设备宜设置在远离居民区的一侧，并应采取降低噪声措施。

3.3.3 对因生产工艺要求或其他特殊需要，确需在夜间进行超过噪声标准施工的，施工前建设单位应向有关部门提出申请，经批准后方可进行夜间施工。

3.3.4 运输材料的车辆进入施工现场，严禁鸣笛，装卸材料应做到轻拿轻放。

3.10.4 补充说明

1. 本检查项目有 4 个控制点，全数检查。
2. 制定措施，防污染，不扰民。

第4章　扣件式钢管脚手架

扣件式钢管脚手架检查评分表

序号	检查项目		扣　分　标　准	应得分数	扣减分数	实得分数
1	保证项目	施工方案	架体搭设未编制专项施工方案或未按规定审核、审批，扣10分 架体结构设计未进行设计计算，扣10分 架体搭设超过规范允许高度，专项施工方案未按规定组织专家论证，扣10分	10		
2		立杆基础	立杆基础不平、不实、不符合专项施工方案要求，扣5～10分 立杆底部缺少底座、垫板或垫板的规格不符合规范要求，每处扣2～5分 未按规范要求设置纵、横向扫地杆，扣5～10分 扫地杆的设置和固定不符合规范要求，扣5分 未采取排水措施，扣8分	10		
3		架体与建筑结构拉结	架体与建筑结构拉结方式或间距不符合规范要求，每处扣2分 架体底层第一步纵向水平杆处未按规定设置连墙件或未采用其他可靠措施固定，每处扣2分 搭设高度超过24m的双排脚手架，未采用刚性连墙件与建筑结构可靠连接，扣10分	10		
4		杆件间距与剪刀撑	立杆、纵向水平杆、横向水平杆间距超过设计或规范要求，每处扣2分 未按规定设置纵向剪刀撑或横向斜撑，每处扣5分 剪刀撑未沿脚手架高度连续设置或角度不符合规范要求，扣5分 剪刀撑斜杆的接长或剪刀撑斜杆与架体杆件固定不符合规范要求，每处扣2分	10		
5		脚手板与防护栏杆	脚手板未满铺或铺设不牢、不稳，扣5～10分 脚手板规格或材质不符合规范要求，扣5～10分 架体外侧未设置密目式安全网封闭或网间连接不严，扣5～10分 作业层防护栏杆不符合规范要求，扣5分 作业层未设置高度不小于180mm的挡脚板，扣3分	10		
6		交底与验收	架体搭设前未进行交底或交底未有文字记录，扣5～10分 架体分段搭设、分段使用未进行分段验收，扣5分 架体搭设完毕未办理验收手续，扣10分 验收内容未进行量化，或未经责任人签字确认，扣5分	10		
		小计		60		

续表

序号	检查项目	扣 分 标 准	应得分数	扣减分数	实得分数
7	横向水平杆设置	未在立杆与纵向水平杆交点处设置横向水平杆，每处扣2分 未按脚手板铺设的需要增加设置横向水平杆，每处扣2分 双排脚手架横向水平杆只固定一端，每处扣2分 单排脚手架横向水平杆插入墙内小于180mm，每处扣2分	10		
8	杆件连接	纵向水平杆搭接长度小于1m或固定不符合要求，每处扣2分 立杆除顶层顶步外采用搭接，每处扣4分 扣件紧固力矩小于40N·m或大于65N·m，每处扣2分	10		
9	层间防护	作业层脚手板下未采用安全平网兜底或作业层以下每隔10m未采用安全平网封闭，扣5分 作业层与建筑物之间未按规定进行封闭，扣5分	10		
10	构配件材质	钢管直径、壁厚、材质不符合要求，扣5~10分 钢管弯曲、变形、锈蚀严重，扣10分 扣件未进行复试或技术性能不符合标准，扣5分	5		
11	通道	未设置人员上下专用通道，扣5分 通道设置不符合要求，扣2分	5		
	小计		40		
检查项目合计			100		

注：序号7~11为一般项目。

4.1 施 工 方 案

4.1.1 条文

1. 架体搭设应编制专项施工方案，结构设计应进行计算，并按规定进行审核、审批；
2. 当架体搭设超过规范允许高度时，应组织专家对专项施工方案进行论证。

4.1.2 条文说明

搭设高度超过规范要求的脚手架应编制专项施工方案，基础、连墙件应经设计计算，专项施工方案经审批后实施；搭设高度超过50m的架体，必须采取加强措施，专项施工方案必须经专家论证。

4.1.3 依据及条文摘录

【依据】《危险性较大的分部分项工程安全管理办法》[2009]87号部令
【条文摘录】

第五条 施工单位应当在危险性较大的分部分项工程施工前编制专项方案；对于超过一定规模的危险性较大的分部分项工程，施工单位应当组织专家对专项方案进行论证。超过一定规模的危险性较大的分部分项工程范围见附件二。

附件一：危险性较大的分部分项工程范围

五、脚手架工程

（一）搭设高度 24m 及以上的落地式钢管脚手架工程。

附件二：超过一定规模的危险性较大的分部分项工程范围

四、脚手架工程

（一）搭设高度 50m 及以上落地式钢管脚手架工程。

4.1.4　补充说明

1. 本检查项目有 3 个控制点，全数检查。

2. 方案编制应符合工程实际的要求和《建筑施工扣件式钢管脚手架安全技术规范》JGJ 130—2011 的规定，方案审批应符合《危险性较大的分部分项工程安全管理办法》（［2009］87 号部令）的规定。

3.《标准》2011 年版增加了危险性较大的分部分项工程安全专项方案的有关内容。

4.2　立　杆　基　础

4.2.1　条文

1. 立杆基础应按方案要求平整、夯实，并应采取排水措施，立杆底部设置的垫板、底座应符合规范要求；

2. 架体应在距立杆底端高度不大于 200mm 处设置纵、横向扫地杆，并应用直角扣件固定在立杆上，横向扫地杆应设置在纵向扫地杆的下方。

4.2.2　条文说明

基础土层、排水设施、扫地杆设置对脚手架基础稳定性有着重要影响；脚手架基础应采取防止积水浸泡的措施，减少或消除在搭设和使用过程中由于地基不均匀沉降导致的架体变形。

立杆基础如图 4.2.2 示意。

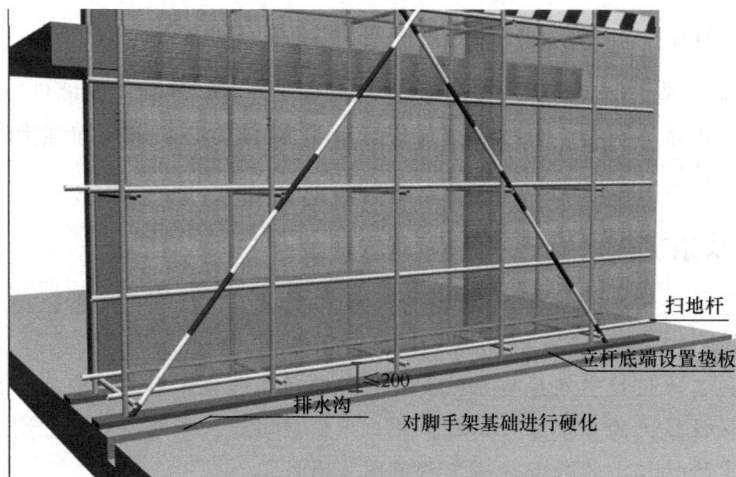

图 4.2.2　立杆基础

4.2.3 依据及条文摘录

【依据】《建筑施工扣件式钢管脚手架安全技术规范》JGJ 130—2011

【条文摘录】

摘录一：

7.1.4 应清除搭设场地杂物，平整搭设场地，并应使排水畅通。

摘录二：

7.2.3 立杆垫板或底座底面标高宜高于自然地坪 50mm～100mm。

摘录三：

7.3.3 底座安放应符合下列规定：

1 底座、垫板均应准确地放在定位线上；

2 垫板应采用长度不少于 2 跨、厚度不小于 50mm、宽度不小 200mm 的木垫板。

摘录四：

8.2.4 脚手架搭设的技术要求、允许偏差与检验方法，应符合表 8.2.4 的规定。

脚手架搭设的技术要求、允许偏差与检验方法（节选）　　　表 8.2.4

项次	项目		技术要求	允许偏差 △ (mm)	示意图	检查方法 与工具
1	地基 基础	表面	坚实平整	—	—	观察
		排水	不积水			
		垫板	不晃动			
		底座	不滑动			
			不沉降	—10		

摘录五：

6.3.2 脚手架必须设置纵、横向扫地杆。纵向扫地杆应采用直角扣件固定在距钢管底端不大于 200mm 处的立杆上。横向扫地杆应采用直角扣件固定在紧靠纵向扫地杆下方的立杆上。

4.2.4 补充说明

1. 本检查项目有 5 个控制点，全数检查；《标准》2011 年版删掉了木脚手架的有关内容。

4.3 架体与建筑结构拉结

4.3.1 条文

1. 架体与建筑结构拉结应符合规范要求；

2. 连墙件应从架体底层第一步纵向水平杆处开始设置，当该处设置有困难时应采取其他可靠措施固定；

3. 对搭设高度超过 24m 的双排脚手架，应采用刚性连墙件与建筑结构可靠拉结。

4.3.2 条文说明

脚手架拉结形式、拉结部位对架体整体刚度有重要影响；脚手架与建筑物进行拉结可以防止因风荷载而发生的架体倾翻事故，减小立杆的计算长度，提高承载能力，保证脚手架的整体稳定性；连墙杆应靠近节点位置从架体底部第一步横向水平杆开始设置。

4.3.3　依据及条文摘录

【依据】《建筑施工扣件式钢管脚手架安全技术规范》JGJ 130—2011

【条文摘录】

6.4.3　连墙件的布置应符合下列规定：

1　应靠近主节点设置，偏离主节点的距离不应大于 300mm；

2　应从底层第一步纵向水平杆处开始设置，当该处设置有困难时，应采用其他可靠措施固定；

3　应优先采用菱形布置，或采用方形、矩形布置。

6.4.4　开口型脚手架的两端必须设置连墙件，连墙件的垂直间距不应大于建筑物的层高，并且不应大于 4m。（强制性条文）

6.4.5　连墙件中的连墙杆应呈水平设置，当不能水平设置时，应向脚手架一端下斜连接。

6.4.6　连墙件必须采用可承受拉力和压力的构造。对高度 24m 以上的双排脚手架，应采用刚性连墙件与建筑物连接。

6.4.7　当脚手架下部暂不能设连墙件时应采取防倾覆措施。当搭设抛撑时，抛撑应采用通长杆件，并用旋转扣件固定在脚手架上，与地面的倾角应在 45°～60°之间；连接点中心至主节点的距离不应大于 300mm。抛撑应在连墙件搭设后方可拆除。

6.4.8　架高超过 40m 且有风涡流作用时，应采取抗上升翻流作用的连墙措施。

4.3.4　补充说明

1. 本检查项目有 3 个控制点，全数检查。

2. 《标准》2011 年版按《建筑施工扣件式钢管脚手架安全技术规范》JGJ 130—2011的规定，对内容进行了更新并细化。

4.4　杆件间距与剪刀撑

4.4.1　条文

1. 架体立杆、纵向水平杆、横向水平杆间距应符合设计和规范要求；
2. 纵向剪刀撑及横向斜撑的设置应符合规范要求；
3. 剪刀撑杆件的接长、剪刀撑斜杆与架体杆件的固定应符合规范要求。

4.4.2　条文说明

纵向水平杆设在立杆内侧，可以减少横向水平杆跨度，接长立杆和安装剪刀撑时比较方便，对高处作业更为安全。

杆件与剪刀撑如图 4.4.2 示意。

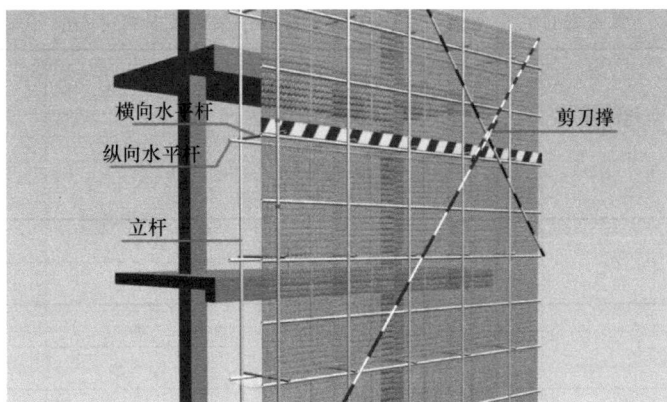

图 4.4.2 杆件与剪刀撑

4.4.3 依据及条文摘录

【依据】《建筑施工扣件式钢管脚手架安全技术规范》JGJ 130—2011

【条文摘录】

摘录一：

6.1 常用单、双排脚手架设计尺寸

6.1.1 常用密目式安全立网全封闭单、双排脚手架结构的设计尺寸，可按表 6.1.1-1、表 6.1.1-2 采用。

常用密目式安全立网全封闭式双排脚手架的设计尺寸（m）   表 6.1.1-1

连墙件设置	立杆横距 l_b	步距 h	下列荷载时的立杆纵距 l_a				脚手架允许搭设高度$[H]$
			$2+0.35$ (kN/m²)	$2+2+2×0.35$ (kN/m²)	$3+0.35$ (kN/m²)	$3+2+2×0.35$ (kN/m²)	
二步三跨	1.05	1.50	2.0	1.5	1.5	1.5	50
		1.80	1.8	1.5	1.5	1.5	32
	1.30	1.50	1.8	1.50	1.5	1.5	50
		1.80	1.8	1.2	1.5	1.2	30
	1.55	1.50	1.8	1.5	1.5	1.5	38
		1.80	1.8	1.2	1.5	1.2	22
三步三跨	1.05	1.50	2.0	1.5	1.5	1.5	43
		1.80	1.8	1.2	1.5	1.2	24
	1.30	1.50	1.8	1.5	1.5	1.2	30
		1.80	1.8	1.2	1.5	1.2	17

注：1 表中所示 $2+2+2×0.35$(kN/m²)，包括下列荷载：$2+2$(kN/m²)为二层装修作业层施工荷载标准值；$2×0.35$(kN/m²)为二层作业层脚手板自重荷载标准值。

2 作业层横向水平杆间距，应按不大于 $l_a/2$ 设置。

3 地面粗糙度为 B 类，基本风压 $w_0=0.4$kN/m²。

常用密目式安全立网全封闭式单排脚手架的设计尺寸(m)　　表 6.1.1-2

连墙件设置	立杆横距 l_b	步距 h	下列荷载时的立杆纵距 l_a		脚手架允许搭设高度 $[H]$
			2+0.35 (kN/m²)	3+0.35 (kN/m²)	
二步三跨	1.20	1.50	2.0	1.8	24
		1.80	1.5	1.2	24
	1.40	1.50	1.8	1.5	24
		1.80	1.5	1.2	24
三步三跨	1.20	1.50	2.0	1.8	24
		1.80	1.2	1.2	24
	1.40	1.50	1.8	1.5	24
		1.80	1.2	1.2	24

注：同表 6.1.1-1。

摘录二：

6.6.1　双排脚手架应设置剪刀撑与横向斜撑，单排脚手架应设置剪刀撑。

6.6.2　单、双排脚手架剪刀撑的设置应符合下列规定：

1　每道剪刀撑跨越立杆的根数应按表 6.6.2 的规定确定。每道剪刀撑宽度不应小于 4 跨，且不应小于 6m，斜杆与地面的倾角应在 45°～60°之间；

剪刀撑跨越立杆的最多根数　　表 6.6.2

剪刀撑斜杆与地面的倾角 α	45°	50°	60°
剪刀撑跨越立杆的最多根数 n	7	6	5

2　剪刀撑斜杆的接长应采用搭接或对接，搭接应符合本规范第 6.3.6 条第 2 款的规定；

3　剪刀撑斜杆应用旋转扣件固定在与之相交的横向水平杆的伸出端或立杆上，旋转扣件中心线至主节点的距离不应大于 150mm。

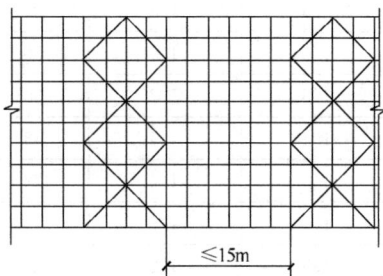

图 6.6.3　高度 24m 以下剪刀撑布置

6.6.3　高度在 24m 及以上的双排脚手架应在外侧全立面连续设置剪刀撑；高度在 24m 以下的单、双排脚手架，均必须在外侧两端、转角及中间间隔不超过 15m 的立面上，各设置一道剪刀撑，并应由底至顶连续设置(图 6.6.3)。(强制性条文)

6.6.4　双排脚手架横向斜撑的设置应符合下列规定：

1　横向斜撑应在同一节间，由底至顶层呈之字形连续布置，斜撑的固定应符合本规范第 6.5.2 条第 2 款的规定；

2　高度在 24m 以下的封闭型双排脚手架可不设横向斜撑，高度在 24m 以上的封闭型脚手架，除拐角应设置横向斜撑外，中间应每隔 6 跨距设置一道。

6.6.5 开口型双排脚手架的两端均必须设置横向斜撑。(强制性条文)

摘录三:

6.5.2 单、双排脚手架门洞桁架的构造应符合下列规定:

2 斜腹杆宜采用旋转扣件固定在与之相交的横向水平杆的伸出端上,旋转扣件中心线至主节点的距离不宜大于150mm。当斜腹杆在1跨内跨越2个步距(图6.5.1A型)时,宜在相交的纵向水平杆处,增设一根横向水平杆,将斜腹杆固定在其伸出端上。

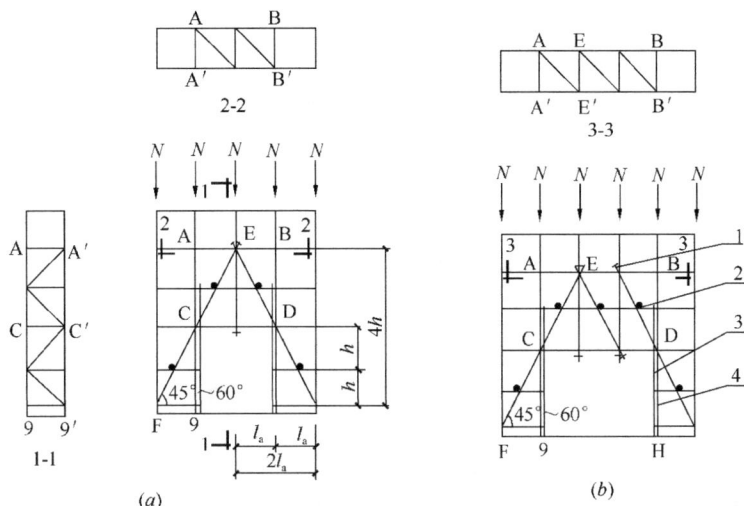

图 6.5.1 门洞处上升斜杆、平行弦杆桁架(一)
1—防滑扣件;2—增设的横向水平杆;3—副立杆;4—主立杆
(a)挑空一根立杆A型;(b)挑空二根立杆A型

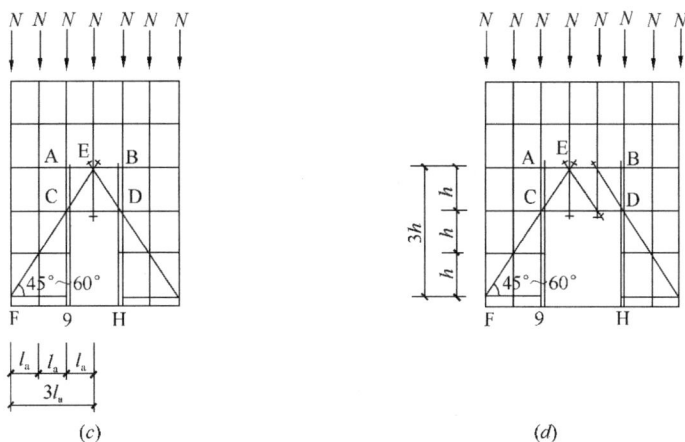

图 6.5.1 门洞处上升斜杆、平行弦杆桁架(二)
1—防滑扣件;2—增设的横向水平杆;3—副立杆;4—主立杆
(c)挑空一根立杆B型;(d)挑空二根立杆B型

4.4.4 补充说明

1. 本检查项目有4个控制点,全数检查;

2.《标准》2011年版按《建筑施工扣件式钢管脚手架安全技术规范》JGJ 130—2011 的规定,对内容进行了更新并细化。

4.5　脚手板与防护栏杆

4.5.1　条文

1. 脚手板材质、规格应符合规范要求，铺板应严密、牢靠；
2. 架体外侧应采用密目式安全网封闭，网间连接应严密；
3. 作业层应按规范要求设置防护栏杆；
4. 作业层外侧应设置高度不小于 180mm 的挡脚板。

4.5.2　条文说明

架体使用的脚手板宽度、厚度以及木材类型应符合规范要求，通过限定脚手板的对接和搭接尺寸，控制探头板长度，以防止脚手板倾翻或滑脱。

脚手板与防护栏杆如图 4.5.2 示意。

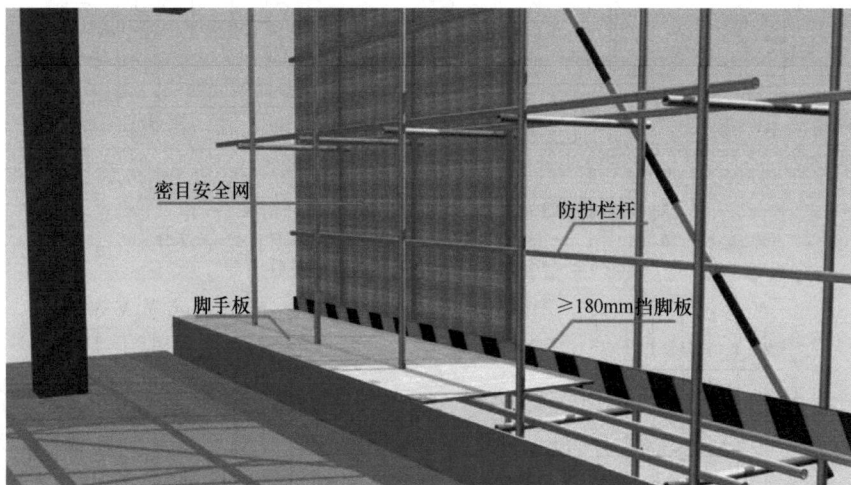

图 4.5.2　脚手板与防护栏杆

4.5.3　依据及条文摘录

【依据】《建筑施工扣件式钢管脚手架安全技术规范》JGJ 130—2011

【条文摘录】

摘录一：

3.3　脚手板

3.3.1　脚手板可采用钢、木、竹材料制作，单块脚手板的质量不宜大于 30kg。

3.3.2　冲压钢脚手板的材质应符合现行国家标准《碳素结构钢》GB/T 700 中 Q235 级钢的规定。

3.3.3　木脚手板材质应符合现行国家标准《木结构设计规范》GB 50005 中 Ⅱ_a 级材质的规定。脚手板厚度不应小于 50mm，两端宜各设置直径不小于 4mm 的镀锌钢丝箍两道。

3.3.4 竹脚手板宜采用由毛竹或楠竹制作的竹串片板、竹笆板；竹串片脚手板应符合现行行业标准《建筑施工木脚手架安全技术规范》JGJ 164 的相关规定。

摘录二：

6.2.4 脚手板的设置应符合下列规定：

1 作业层脚手板应铺满、铺稳、铺实。

2 冲压钢脚手板、木脚手板、竹串片脚手板等，应设置在三根横向水平杆上。当脚手板长度小于 2m 时，可采用两根横向水平杆支承，但应将脚手板两端与横向水平杆可靠固定，严防倾翻。脚手板的铺设应采用对接平铺或搭接铺设。脚手板对接平铺时，接头处应设两根横向水平杆，脚手板外伸长度应取 130mm～150mm，两块脚手板外伸长度的和不应大于 300mm[图 6.2.4(a)]；脚手板搭接铺设时，接头应支在横向水平杆上，搭接长度不应小于 200mm，其伸出横向水平杆的长度不应小于 100mm[图 6.2.4(b)]。

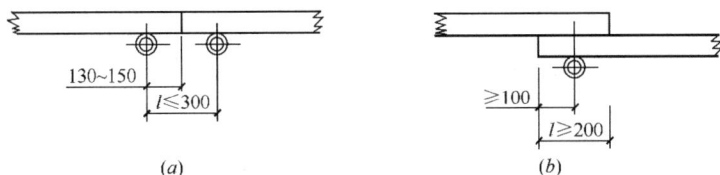

图 6.2.4 脚手板对接、搭接构造
(a) 脚手板对接；(b) 脚手板搭接

3 竹笆脚手板应按其主竹筋垂直于纵向水平杆方向铺设，且应对接平铺，四个角应用直径不小于 1.2mm 的镀锌钢丝固定在纵向水平杆上。

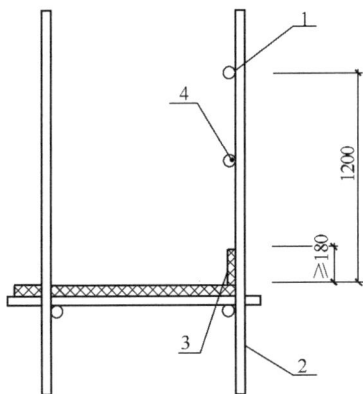

图 7.3.12 栏杆与挡脚板构造
1—上栏杆；2—外立杆；
3—挡脚板；4—中栏杆

4 作业层端部脚手板探头长度应取 150mm，其板的两端均应固定于支承杆件上。

摘录三：

9.0.12 单、双排脚手架、悬挑式脚手架沿架体外围应用密目式安全网全封闭，密目式安全网宜设置在脚手架外立杆的内侧，并应与架体绑扎牢固。

摘录四：

7.3.12 作业层、斜道的栏杆和挡脚板的搭设应符合下列规定（图 7.3.12）：

1 栏杆和挡脚板均应搭设在外立杆的内侧；

2 上栏杆上皮高度应为 1.2m；

3 挡脚板高度不应小于 180mm；

4 中栏杆应居中设置。

4.5.4 补充说明

1. 本检查项目有 6 个控制点，全数检查。

2.《标准》2011 年版按《建筑施工扣件式钢管脚手架安全技术规范》JGJ 130—2011 的规定，对内容进行了更新并细化。

4.6 交 底 与 验 收

4.6.1 条文

1. 架体搭设前应进行安全技术交底，并应有文字记录；
2. 当架体分段搭设、分段使用时，应进行分段验收；
3. 搭设完毕应办理验收手续，验收应有量化内容并经责任人签字确认。

4.6.2 条文说明

脚手架在搭设前，施工负责人应按照方案结合现场作业条件进行细致的安全技术交底；脚手架搭设完毕或分段搭设完毕，应由施工负责人组织有关人员进行检查验收，验收内容应包括用数据衡量合格与否的项目，确认符合要求后，才可投入使用或进入下一阶段作业。

4.6.3 依据及条文摘录

【依据】《建筑施工扣件式钢管脚手架安全技术规范》JGJ 130—2011
【条文摘录】
摘录一：
7.1.1 脚手架搭设前，应按专项施工方案向施工人员进行交底。
摘录二：
8.2.1 脚手架及其地基基础应在下列阶段进行检查与验收：
1 基础完工后及脚手架搭设前；
2 作业层上施加荷载前；
3 每搭设完 6m～8m 高度后；
4 达到设计高度后；
5 遇有六级强风及以上风或大雨后，冻结地区解冻后；
6 停用超过一个月。
8.2.2 应根据下列技术文件进行脚手架检查、验收：
1 本规范第 8.2.3 条～第 8.2.5 条的规定；
2 专项施工方案及变更文件；
3 技术交底文件；
4 构配件质量检查表（本规范附录 D 表 D）。
8.2.3 脚手架使用中，应定期检查下列要求内容：
1 杆件的设置和连接，连墙件、支撑、门洞桁架等的构造应符合本规范和专项施工方案的要求；
2 地基应无积水，底座应无松动，立杆应无悬空；
3 扣件螺栓应无松动；
4 高度在 24m 以上的双排、满堂脚手架，其立杆的沉降与垂直度的偏差应符合本规范表 8.2.4 项次 1、2 的规定；高度在 20m 以上的满堂支撑架，其立杆的沉降与垂直度的偏差应符合本规范表 8.2.4 项次 1、3 的规定；

    5 安全防护措施应符合本规范要求；

    6 应无超载使用。

  8.2.4 脚手架搭设的技术要求、允许偏差与检验方法，应符合表 8.2.4 的规定。

脚手架搭设的技术要求、允许偏差与检验方法　　　　表 8.2.4

项次	项目	技术要求		允许偏差 Δ (mm)	示意图			检查方法 与工具
1	地基基础	表面	坚实平整	—	—			观察
		排水	不积水					
		垫板	不晃动					
		底座	不滑动					
			不沉降	−10				
2	单、双排与满堂脚手架立杆垂直度	最后验收立杆垂直度 (20～50)m	—	±100				用经纬仪或吊线和卷尺
		下列脚手架允许水平偏差（mm）						
		搭设中检查偏差的高度（m）		总高度				
				50m	40m	20m		
		$H=2$		±7	±7	±7		
		$H=10$		±20	±25	±50		
		$H=20$		±40	±50	±100		
		$H=30$		±60	±75			
		$H=40$		±80	±100			
		$H=50$		±100				
		中间档次用插入法						
3	满堂支撑架立杆垂直度	最后验收垂直度 30m	—	±90				用经纬仪或吊线和卷尺
		下列满堂支撑架允许水平偏差（mm）						
		搭设中检查偏差的高度（m）		总高度				
				30m				
		$H=2$		±7				
		$H=10$		±30				
		$H=20$		±60				
		$H=30$		±90				
		中间档次用插入法						
4	单双排、满堂脚手架间距	步距		±20	—			钢板尺
		纵距		±50				
		横距		±20				

项次	项目		技术要求	允许偏差 Δ (mm)	示意图	检查方法与工具
5	满堂支撑架间距	步距	—	±20	—	钢板尺
		立杆间距	—	±30		
6	纵向水平杆高差	一根杆的两端	—	±20	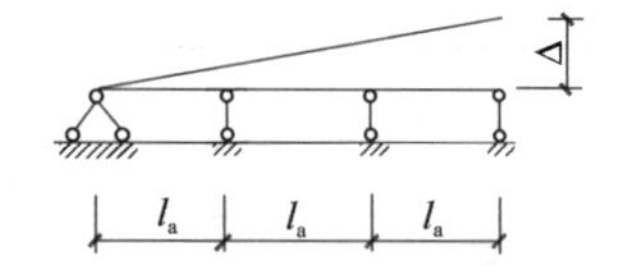	水平仪或水平尺
		同跨内两根纵向水平杆高差	—	±10	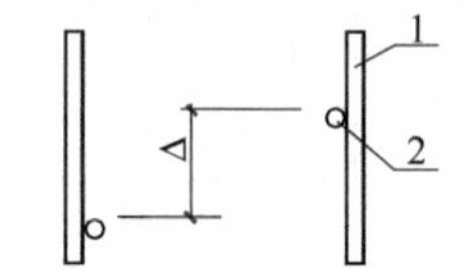	
7	剪刀撑斜杆与地面的倾角		45°~60°	—	—	角尺
8	脚手板外伸长度	对接	a=(130~150)mm l≤300mm	—	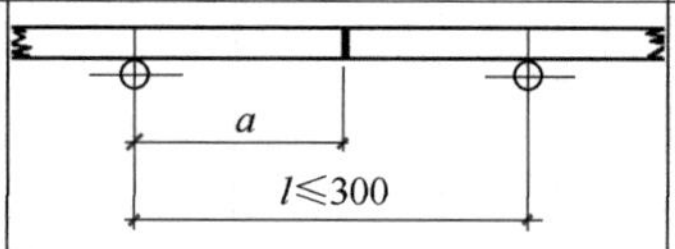	卷尺
		搭接	a≥100mm l≥200mm	—	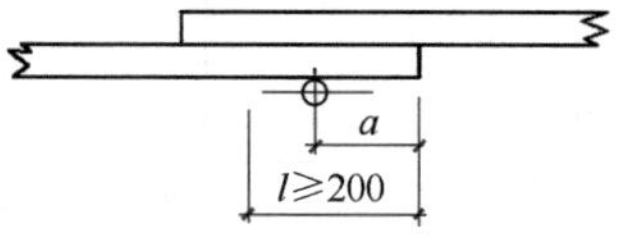	卷尺
9	扣件安装	主节点处各扣件中心点相互距离	a≤150mm	—	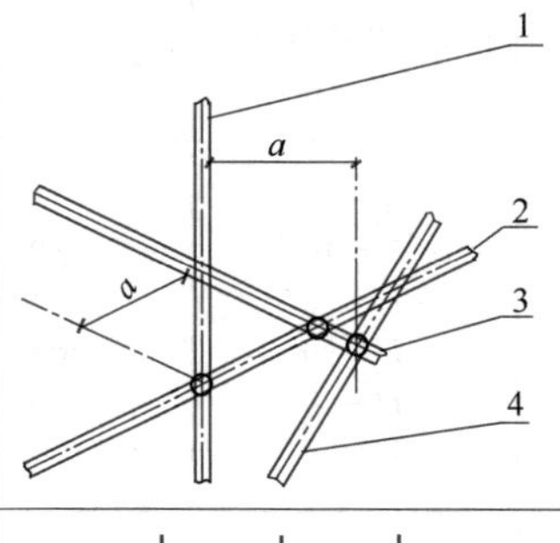	钢板尺
		同步立杆上两个相隔对接扣件的高差	a≥500mm	—	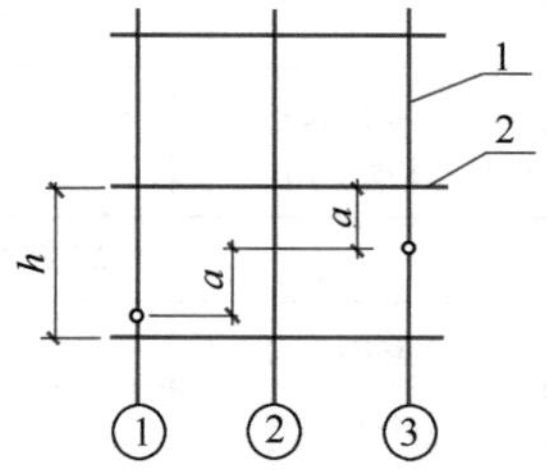	钢卷尺
		立杆上的对接扣件至主节点的距离	a≤h/3	—		钢卷尺
		纵向水平杆上的对接扣件至主节点的距离	a≤l_a/3	—	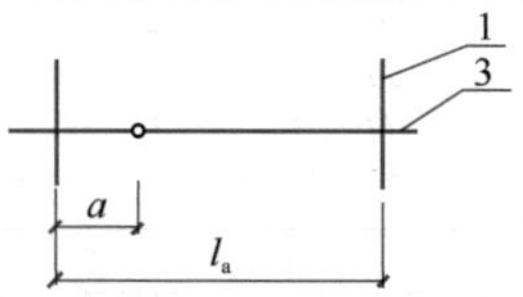	钢卷尺
		扣件螺栓拧紧扭力矩	(40~65) N·m	—	—	扭力板手

注：图中 1—立杆；2—纵向水平杆；3—横向水平杆；4—剪刀撑。

8.2.5 安装后的扣件螺栓拧紧扭力矩应采用扭力板手检查，抽样方法应按随机分布原则进行。抽样检查数目与质量判定标准，应按表8.2.5的规定确定。不合格的应重新拧紧至合格。

扣件拧紧抽样检查数目及质量判定标准 表8.2.5

项次	检查项目	安装扣件数量（个）	抽检数量（个）	允许的不合格数量（个）
1	连接立杆与纵（横）向水平杆或剪刀撑的扣件；接长立杆、纵向水平杆或剪刀撑的扣件	51～90	5	0
		91～150	8	1
		151～280	13	1
		281～500	20	2
		501～1200	32	3
		1201～3200	50	5
2	连接横向水平杆与纵向水平杆的扣件（非主节点处）	51～90	5	1
		91～150	8	2
		151～280	13	3
		281～500	20	5
		501～1200	32	7
		1201～3200	50	10

摘录三：
附录D 构配件质量检查表

构配件质量检查表 表D

项目	要 求	抽检数量	检查方法
钢管	应有产品质量合格证、质量检验报告	750根为一批，每批抽取1根	检查资料
	钢管表面应平直光滑，不应有裂缝、结疤、分层、错位、硬弯、毛刺、压痕、深的划道及严重锈蚀等缺陷，严禁打孔；钢管使用前必须涂刷防锈漆	全数	目测
钢管外径及壁厚	外径48.3mm，允许偏差±0.5mm；壁厚3.6mm，允许偏差±0.36，最小壁厚3.24mm	3%	游标卡尺测量
扣件	应有生产许可证、质量检测报告、产品质量合格证、复试报告	《钢管脚手架扣件》GB 15831规定	检查资料
	不允许有裂缝、变形、螺栓滑丝；扣件与钢管接触部位不应有氧化皮；活动部位应能灵活转动，旋转扣件两旋转面间隙应小于1mm；扣件表面应进行防锈处理	全数	目测
扣件螺栓拧紧扭力矩	扣件螺栓拧紧扭力矩值不应小于40N·m，且不应大于65N·m	按8.2.5条	扭力板手

项目	要　求	抽检数量	检查方法
可调托撑	可调托撑受压承载力设计值不应小于 40 kN。应有产品质量合格证、质量检验报告	3‰	检查资料
	可调托撑螺杆外径不得小于 36mm，可调托撑螺杆与螺母旋合长度不得少于 5 扣，螺母厚度不小于 30mm。插入立杆内的长度不得小于 150mm。支托板厚不小于 5mm，变形不大于 1mm。螺杆与支托板焊接要牢固，焊缝高度不小于 6mm	3‰	游标卡尺、钢板尺测量
	支托板、螺母有裂缝的严禁使用	全数	目测
脚手板	新冲压钢脚手板应有产品质量合格证	—	检查资料
	冲压钢脚手板板面挠曲≤12mm（l≤4m）或≤16mm（l>4m）；板面扭曲≤5mm（任一角翘起）	3‰	钢板尺
	不得有裂纹、开焊与硬弯；新、旧脚手板均应涂防锈漆	全数	目测
	木脚手板材质应符合现行国家标准《木结构设计规范》GB 50005中 II_a 级材质的规定。扭曲变形、劈裂、腐朽的脚手板不得使用	全数	目测
	木脚手板的宽度不宜小于 200mm，厚度不应小于 50mm；板厚允许偏差－2mm	3‰	钢板尺
	竹脚手板宜采用由毛竹或楠竹制作的竹串片板、竹笆板	全数	目测
	竹串片脚手板宜采用螺栓将并列的竹片串连而成。螺栓直径宜为 3mm～10mm，螺栓间距宜为 500mm～600mm，螺栓离板端宜为 200mm～250mm，板宽 250mm，板长 2000mm、2500mm、3000mm	3‰	钢板尺

4.6.4　补充说明

1. 本检查项目有 4 个控制点，全数检查。
2. 施工前必须交底，并形成《安全技术交底》表。
3. 《标准》2011 年版要求验收有量化内容。

4.7　横向水平杆设置

4.7.1　条文

1. 横向水平杆应设置在纵向水平杆与立杆相交的主节点处，两端应与纵向水平杆固定；
2. 作业层应按铺设脚手板的需要增加设置横向水平杆；
3. 单排脚手架横向水平杆插入墙内不应小于 180mm。

4.7.2 条文说明

横向水平杆应紧靠立杆用十字扣件与纵向水平杆扣牢；主要作用是承受脚手板传来的荷载，增强脚手架横向刚度，约束双排脚手架里外两侧立杆的侧向变形，缩小立杆长细比，提高立杆的承载能力。

4.7.3 依据及条文摘录

【依据】《建筑施工扣件式钢管脚手架安全技术规范》JGJ 130—2011

【条文摘录】

6.2.2 横向水平杆的构造应符合下列规定：

1 作业层上非主节点处的横向水平杆，宜根据支承脚手板的需要等间距设置，最大间距不应大于纵距的 1/2；

2 当使用冲压钢脚手板、木脚手板、竹串片脚手板时，双排脚手架的横向水平杆两端均应采用直角扣件固定在纵向水平杆上；单排脚手架的横向水平杆的一端应用直角扣件固定在纵向水平杆上，另一端应插入墙内，插入长度不应小于 180mm；

3 当使用竹笆脚手板时，双排脚手架的横向水平杆的两端，应用直角扣件固定在立杆上；单排脚手架的横向水平杆的一端，应用直角扣件固定在立杆上，另一端插入墙内，插入长度不应小于 180mm。

4.7.4 补充说明

1. 本检查项目有 4 个控制点，全数检查。

2. 双排脚手架的横向水平杆两端均应采用直角扣件固定在纵向水平杆上，不应只固定一端。

3.《标准》2011 年版按《建筑施工扣件式钢管脚手架安全技术规范》JGJ 130—2011 的规定，对内容进行了更新并细化。

4.8 杆 件 连 接

4.8.1 条文

1. 纵向水平杆杆件宜采用对接，若采用搭接，其搭接长度不应小于 1m，且固定应符合规范要求；

2. 立杆除顶层顶步外，不得采用搭接；

3. 杆件对接扣件应交错布置，并符合规范要求；

4. 扣件紧固力矩不应小于 40N·m，且不应大于 65N·m。

4.8.2 依据及条文摘录

【依据】《建筑施工扣件式钢管脚手架安全技术规范》JGJ 130—2011

【条文摘录】

摘录一：

6.2.1　纵向水平杆的构造应符合下列规定：

2　纵向水平杆接长应采用对接扣件连接或搭接，并应符合下列规定：

2）搭接长度不应小于 1m，应等间距设置 3 个旋转扣件固定；端部扣件盖板边缘至搭接纵向水平杆杆端的距离不应小于 100mm。

摘录二：

6.3.5　单排、双排与满堂脚手架立杆接长除顶层顶步外，其余各层各步接头必须采用对接扣件连接。（强制性条文）

摘录三：

7.3.11　扣件安装应符合下列规定：

2　螺栓拧紧扭力矩不应小于 40N·m，且不应大于 65N·m。

4.8.3　补充说明

1. 本检查项目有 3 个控制点，全数检查。

2. 杆件对接扣件的布置应符合《建筑施工扣件式钢管脚手架安全技术规范》JGJ 130—2011 的规定。

3. 《标准》2011 年版按《建筑施工扣件式钢管脚手架安全技术规范》JGJ 130—2011 的规定，对内容进行了更新并细化；删掉木脚手架的有关内容。

4.9　层　间　防　护

4.9.1　条文

1. 作业层脚手板下应采用安全平网兜底，以下每隔 10m 应采用安全平网封闭；

2. 作业层里排架体与建筑物之间应采用脚手板或安全平网封闭。

层间防护如图 4.9.1 所示。

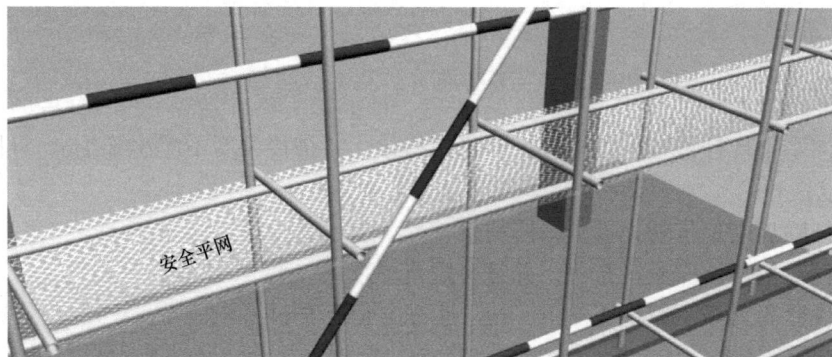

图 4.9.1　层间防护

4.9.2 依据及条文摘录

【依据】《建筑施工扣件式钢管脚手架安全技术规范》JGJ 130—2011

【条文摘录】

9.0.11 脚手板应铺设牢靠、严实，并应用安全网双层兜底。施工层以下每隔10m应用安全网封闭。

4.9.3 补充说明

1. 本检查项目有2个控制点，全数检查。

4.10 构 配 件 材 质

4.10.1 条文

1. 钢管直径、壁厚、材质应符合规范要求；
2. 钢管弯曲、变形、锈蚀应在规范允许范围内；
3. 扣件应进行复试且技术性能符合规范要求。

钢管、扣件如图4.10.1-1、图4.10.1-2所示。

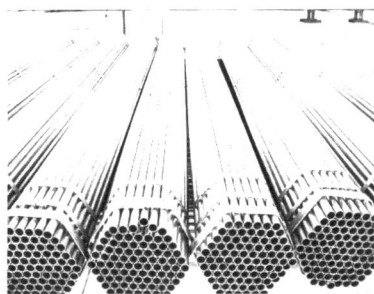

图 4.10.1-1 钢管　　　　　　　图 4.10.1-2 钢管

4.10.2 依据及条文摘录

【依据】《建筑施工扣件式钢管脚手架安全技术规范》JGJ 130—2011

【条文摘录】

摘录一：

3.1.1 脚手架钢管应采用现行国家标准《直缝电焊钢管》GB/T 13793或《低压流体输送用焊接钢管》GB/T 3091中规定的Q235普通钢管，钢管的钢材质量应符合现行国家标准《碳素结构钢》GB/T 700中Q235级钢的规定。

摘录二：

8.1.1 新钢管的检查应符合下列规定：

1 应有产品质量合格证;

2 应有质量检验报告,钢管材质检验方法应符合现行国家标准《金属材料 室温拉伸试验方法》GB/T 228 的有关规定,其质量应符合本规范第 3.1.1 条的规定;

3 钢管表面应平直光滑,不应有裂缝、结疤、分层、错位、硬弯、毛刺、压痕和深的划道;

4 钢管外径、壁厚、端面等的偏差,应分别符合本规范表 8.1.8 的规定;

5 钢管应涂有防锈漆。

8.1.2 旧钢管的检查应符合下列规定:

1 表面锈蚀深度应符合本规范表 8.1.8 序号 3 的规定。锈蚀检查应每年一次。检查时,应在锈蚀严重的钢管中抽取三根,在每根锈蚀严重的部位横向截断取样检查,当锈蚀深度超过规定值时不得使用;

2 钢管弯曲变形应符合本规范表 8.1.8 序号 4 的规定。

8.1.4 扣件进入施工现场应检查产品合格证,并应进行抽样复试,技术性能应符合现行国家标准《钢管脚手架扣件》GB 15831 的规定。扣件在使用前应逐个挑选,有裂缝、变形、螺栓出现滑丝的严禁使用。(强制性条文)

摘录三:

8.1.8 构配件允许偏差应符合表 8.1.8 的规定。

构配件允许偏差 表 8.1.8

序号	项 目	允许偏差 Δ (mm)	示 意 图	检查工具
1	焊接钢管尺寸(mm) 外径 48.3 壁厚 3.6	± 0.5 ± 0.36		游标卡尺
2	钢管两端面切斜偏差	1.70		塞尺、拐角尺
3	钢管外表面锈蚀深度	$\leqslant 0.18$		游标卡尺
4	钢管弯曲 ①各种杆件钢管的端部弯曲 $l \leqslant 1.5m$	$\leqslant 5$		钢板尺
	②立杆钢管弯曲 $3m < l \leqslant 4m$ $4m < l \leqslant 6.5m$	$\leqslant 12$ $\leqslant 20$		
	③水平杆、斜杆的钢管弯曲 $l \leqslant 6.5m$	$\leqslant 30$		

续表

序号	项 目	允许偏差 Δ（mm）	示 意 图	检查工具
5	冲压钢脚手板 ①板面挠曲 $l{\leqslant}4m$ $l{>}4m$	≤12 ≤16		钢板尺
	②板面扭曲（任一角翘起）	≤5		
6	可调托撑支托板变形	1.0		钢板尺、塞尺

4.10.3 补充说明

1. 本检查项目有 3 个控制点，全数检查。

2.《标准》2011 年版按《建筑施工扣件式钢管脚手架安全技术规范》JGJ 130—2011 的规定，对内容进行了更新并细化，增加了扣件进场抽样复试的内容。

4.11 通 道

4.11.1 条文

1. 架体应设置供人员上下的专用通道；

2. 专用通道的设置应符合规范要求。

通道设置如图 4.11.1 所示。

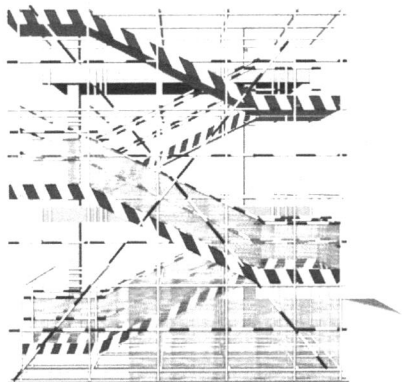

图 4.11-1 通道设置

4.11.2　依据及条文摘录

【依据】《建筑施工扣件式钢管脚手架安全技术规范》JGJ 130—2011

【条文摘录】

摘录一：

6.7　斜道

6.7.1　人行并兼作材料运输的斜道的形式宜按下列要求确定：

1　高度不大于6m的脚手架，宜采用一字形斜道；

2　高度大于6m的脚手架，宜采用之字形斜道。

6.7.2　斜道的构造应符合下列规定：

1　斜道应附着外脚手架或建筑物设置；

2　运料斜道宽度不应小于1.5m，坡度不应大于1：6；人行斜道宽度不应小于1m，坡度不应大于1：3；

3　拐弯处应设置平台，其宽度不应小于斜道宽度；

4　斜道两侧及平台外围均应设置栏杆及挡脚板。栏杆高度应为1.2m，挡脚板高度不应小于180mm；

5　运料斜道两端、平台外围和端部均应按本规范第6.4.1条～第6.4.6条的规定设置连墙件；每两步应加设水平斜杆；应按本规范第6.6.2条～第6.6.5条的规定设置剪刀撑和横向斜撑。

摘录二：

6.4.1　脚手架连墙件设置的位置、数量应按专项施工方案确定。

6.4.2　脚手架连墙件数量的设置除应满足本规范的计算要求外，还应符合表6.4.2的规定。

连墙件布置最大间距 表 6.4.2

搭设方法	高度	竖向间距 (h)	水平间距 (l_a)	每根连墙件覆盖面积 （m^2）
双排落地	≤50m	$3h$	$3l_a$	≤40
双排悬挑	>50m	$2h$	$3l_a$	≤27
单排	≤24m	$3h$	$3l_a$	≤40

注：h—步距；l_a—纵距。

6.4.3　连墙件的布置应符合下列规定：

1　应靠近主节点设置，偏离主节点的距离不应大于300mm；

2　应从底层第一步纵向水平杆处开始设置，当该处设置有困难时，应采用其他可靠措施固定；

3　应优先采用菱形布置，或采用方形、矩形布置。

6.4.4　开口型脚手架的两端必须设置连墙件，连墙件的垂直间距不应大于建筑物的

层高，并且不应大于4m。（强制性条文）

6.4.5　连墙件中的连墙杆应呈水平设置，当不能水平设置时，应向脚手架一端下斜连接。

6.4.6　连墙件必须采用可承受拉力和压力的构造。对高度24m以上的双排脚手架，应采用刚性连墙件与建筑物连接。

摘录三：

6.6.2　单、双排脚手架剪刀撑的设置应符合下列规定：

1　每道剪刀撑跨越立杆的根数应按表6.6.2的规定确定。每道剪刀撑宽度不应小于4跨，且不应小于6m，斜杆与地面的倾角应在45°～60°之间；

剪刀撑跨越立杆的最多根数　　　　　　　　　　表6.6.2

剪刀撑斜杆与地面的倾角 α	45°	50°	60°
剪刀撑跨越立杆的最多根数 n	7	6	5

2　剪刀撑斜杆的接长应采用搭接或对接，搭接应符合本规范第6.3.6条第2款的规定；

3　剪刀撑斜杆应用旋转扣件固定在与之相交的横向水平杆的伸出端或立杆上，旋转扣件中心线至主节点的距离不应大于150mm。

6.6.3　高度在24m及以上的双排脚手架应在外侧全立面连续设置剪刀撑；高度在24m以下的单、双排脚手架，均必须在外侧两端、转角及中间间隔不超过15m的立面上，各设置一道剪刀撑，并应由底至顶连续设置（图6.6.3）。（强制性条文）

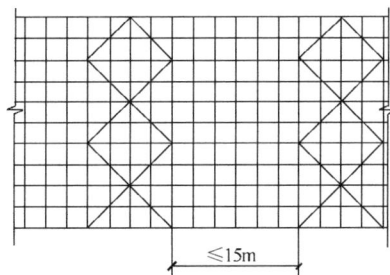

图6.6.3　高度24m以下剪刀撑布置

6.6.4　双排脚手架横向斜撑的设置应符合下列规定：

1　横向斜撑应在同一节间，由底至顶层呈之字型连续布置，斜撑的固定应符合本规范第6.5.2条第2款的规定；

2　高度在24m以下的封闭型双排脚手架可不设横向斜撑，高度在24m以上的封闭型脚手架，除拐角应设置横向斜撑外，中间应每隔6跨距设置一道。

6.6.5　开口型双排脚手架的两端均必须设置横向斜撑。（强制性条文）

摘录四：

6.7.3　斜道脚手板构造应符合下列规定：

1　脚手板横铺时，应在横向水平杆下增设纵向支托杆，纵向支托杆间距不应大于500mm；

2　脚手板顺铺时，接头应采用搭接，下面的板头应压住上面的板头，板头的凸棱处应采用三角木填顺；

3　人行斜道和运料斜道的脚手板上应每隔 250mm～300mm 设置一根防滑木条，木条厚度应为 20mm～30mm。

4.11.3　补充说明

1. 本检查项目有 2 个控制点，全数检查。

第5章 门式钢管脚手架

门式钢管脚手架检查评分表

序号	检查项目		扣 分 标 准	应得分数	扣减分数	实得分数
1	保证项目	施工方案	未编制专项施工方案或未进行设计计算，扣10分 专项施工方案未按规定审核、审批，扣10分 架体搭设超过规范允许高度，专项施工方案未组织专家论证，扣10分	10		
2		架体基础	架体基础不平、不实、不符合专项施工方案要求，扣5～10分 架体底部未设置垫板或垫板的规格不符合要求，扣2～5分 架体底部未按规范要求设置底座，每处扣2分 架体底部未按规范要求设置扫地杆，扣5分 未采取排水措施，扣8分	10		
3		架体稳定	架体与建筑物结构拉结方式或间距不符合规范要求，每处扣2分 未按规范要求设置剪刀撑，扣10分 门架立杆垂直偏差超过规范要求，扣5分 交叉支撑的设置不符合规范要求，每处扣2分	10		
4		杆件锁臂	未按规定组装或漏装杆件、锁臂，扣2～6分 未按规范要求设置纵向水平加固杆，扣10分 扣件与连接的杆件参数不匹配，每处扣2分	10		
5		脚手板	脚手板未满铺或铺设不牢、不稳，扣5～10分 脚手板规格或材质不符合要求，扣5～10分 采用挂扣式钢脚手板时挂钩未挂扣在横向水平杆上或挂钩未处于锁住状态，每处扣2分	10		
6		交底与验收	架体搭设前未进行交底或交底未有文字记录，扣5～10分 架体分段搭设、分段使用未办理分段验收，扣6分 架体搭设完毕未办理验收手续，扣10分 验收内容未进行量化，或未经责任人签字确认，扣5分	10		
		小计		60		

续表

序号	检查项目		扣　分　标　准	应得分数	扣减分数	实得分数
7	一般项目	架体防护	作业层防护栏杆不符合规范要求，扣 5 分 作业层未设置高度不小于 180mm 的挡脚板，扣 3 分 架体外侧未设置密目式安全网封闭或网间连接不严，扣 5～10 分 作业层脚手板下未采用安全平网兜底或作业层以下每隔 10m 未采用安全平网封闭，扣 5 分	10		
8		构配件材质	杆件变形、锈蚀严重，扣 10 分 门架局部开焊，扣 10 分 构配件的规格、型号、材质或产品质量不符合规范要求，扣 5～10 分	10		
9		荷载	施工荷载超过设计规定，扣 10 分 荷载堆放不均匀，每处扣 5 分	10		
10		通道	未设置人员上下专用通道，扣 10 分 通道设置不符合要求，扣 5 分	10		
		小计		40		
检查项目合计				100		

5.1　施　工　方　案

5.1.1　条文

1. 架体搭设应编制专项施工方案，结构设计应进行计算，并按规定进行审核、审批；
2. 当架体搭设超过规范允许高度时，应组织专家对专项施工方案进行论证。

5.1.2　条文说明

搭设高度超过规范要求的脚手架应编制专项施工方案，基础、连墙件应经设计计算，专项施工方案经审批后实施；搭设超过规范允许高度的架体，必须采取加强措施，所以专项方案必须经专家论证。

5.1.3　依据及条文摘录

【依据一】《危险性较大的分部分项工程安全管理办法》［2009］87 号部令
【条文摘录】
第五条　施工单位应当在危险性较大的分部分项工程施工前编制专项方案；对于超过一定规模的危险性较大的分部分项工程，施工单位应当组织专家对专项方案进行论证。超过一定规模的危险性较大的分部分项工程范围见附件二。

附件一：危险性较大的分部分项工程范围

五、脚手架工程

（一）搭设高度 24m 及以上的落地式钢管脚手架工程。

附件二：超过一定规模的危险性较大的分部分项工程范围

四、脚手架工程

（一）搭设高度 50m 及以上落地式钢管脚手架工程。

【依据二】《建筑施工门式钢管脚手架安全技术规范》JGJ 128—2010

【条文摘录】

5.1.3 门式脚手架的搭设高度除应满足设计计算条件外，不宜超过表 5.1.3 的规定。

门式钢管脚手架搭设高度　　　　　　　　　表 5.1.3

序　号	搭设方式	施工荷载标准值 ΣQ_k（kN/m²）	搭设高度（m）
1	落地、密目式安全网全封闭	≤3.0	≤55
2		>3.0 且≤5.0	≤40
3	悬挑、密目式安全立网全封闭	≤3.0	≤24
4		>3.0 且≤5.0	≤18

注：表内数据适用于重现期为 10 年、基本风压值 w_0≤0.45kN/m² 的地区，对于 10 年重现期、基本风压值 w_0>0.45kN/m² 的地区应按实际计算确定。

5.1.4 补充说明

1. 本检查项目有 3 个控制点，全数检查。

2. 方案编制应符合工程实际的要求和《建筑施工门式钢管脚手架安全技术规范》JGJ 128—2010 的规定，方案审批应符合《危险性较大的分部分项工程安全管理办法》（〔2009〕87 号部令）的规定。

3. 《标准》2011 年版增加了危险性较大的分部分项工程安全专项方案的有关内容。

5.2 架 体 基 础

5.2.1 条文

1. 立杆基础应按方案要求平整、夯实，并应采取排水措施；

2. 架体底部应设置垫板和立杆底座，并应符合规范要求；

3. 架体扫地杆设置应符合规范要求。

5.2.2 条文说明

基础土层、排水设施、扫地杆设置对脚手架基础稳定性有着重要影响；脚手架基础应采取防止积水浸泡的措施，减少或消除在搭设和使用过程中由于地基不均匀沉降导致的架体变形。

架体基础如图 5.2.2 所示。

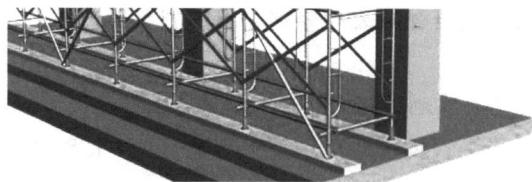

图 5.2.2　架体基础

5.2.3　依据及条文摘录

【依据】《建筑施工门式钢管脚手架安全技术规范》JGJ 128—2010
【条文摘录】

摘录一：

6.8.2　门式脚手架与模板支架的搭设场地必须平整坚实，并应符合下列规定：

1　回填土应分层回填，逐层夯实；

2　场地排水应顺畅，不应有积水。（强制性条文）

6.8.3　搭设门式脚手架的地面标高宜高于自然地坪标高 50mm～100mm。

6.8.4　当门式脚手架与模板支架搭设在楼面等建筑结构上时，门架立杆下宜铺设垫板。

摘录二：

7.1.4　对搭设场地应进行清理、平整，并应做好排水。

摘录三：

6.2.6　底部门架的立杆下端宜设置固定底座或可调底座。

6.2.7　可调底座和可调托座的调节螺杆直径不应小于 35mm，可调底座的调节螺杆伸出长度不应大于 200mm。

摘录四：

6.3.4　门式脚手架的底层门架下端应设置纵、横向通长的扫地杆。纵向扫地杆应固定在距门架立杆底端不大于 200mm 处的门架立杆上，横向扫地杆宜固定在紧靠纵向扫地杆下方的门架立杆上。

5.2.4　补充说明

1. 本检查项目有 5 个控制点，全数检查。

2.《标准》2011 年版按《建筑施工门式钢管脚手架安全技术规范》JGJ 128—2010 的规定，对内容进行了更新并细化。

5.3　架　体　稳　定

5.3.1　条文

1. 架体与建筑物结构拉结应符合规范要求；

2. 架体剪刀撑斜杆与地面夹角应在 45°～60°之间，应采用旋转扣件与立杆固定，剪刀撑设置应符合规范要求；

3. 门架立杆的垂直偏差应符合规范要求；

4. 交叉支撑的设置应符合规范要求。

5.3.2 条文说明

连墙件、剪刀撑、加固杆件、立杆偏差对架体整体刚度有着重要影响；连墙件的设置应按规范要求间距从底层第一步架开始，随脚手架搭设同步进行不得漏设；剪刀撑、加固杆件位置应准确，角度应合理，连接应可靠，并连续设置形成闭合圈，以提高架体的纵向刚度。

架体设置如图 5.3.2 所示。

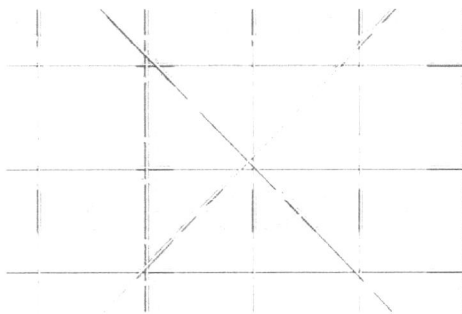

图 5.3.2 架体设置

5.3.3 依据及条文摘录

【依据】《建筑施工门式钢管脚手架安全技术规范》JGJ 128—2010

【条文摘录】

摘录一：

6.5 连墙件

6.5.1 连墙件设置的位置、数量应按专项施工方案确定，并应按确定的位置设置预埋件。

6.5.2 连墙件的设置除应满足本规范的计算要求外，尚应满足表 6.5.2 的要求。

连墙件最大间距或最大覆盖面积 表 6.5.2

序号	脚手架搭设方式	脚手架高度（m）	连墙件间距（m）		每根连墙件覆盖面积（m²）
			竖向	水平向	
1	落地、密目式安全网全封闭	≤40	3h	3l	≤40
2			2h	3l	≤27
3		>40			
4	悬挑、密目式安全网全封闭	≤40	3h	3l	≤40
5		40～60	2h	3l	≤27
6		>60	2h	2l	≤20

注：1. 序号 4～6 为架体位于地面上高度；

2. 按每根连墙件覆盖面积选择连墙件设置时，连墙件的竖向间距不应大于 6m；

3. 表中 h 为步距；l 为跨距。

6.5.3 在门式脚手架的转角处或开口型脚手架端部，必须增设连墙件，连墙件的垂直间距不应大于建筑物的层高。且不应大于 4.0m。（强制性条文）

6.5.4　连墙件应靠近门架的横杆设置，距门架横杆不宜大于 200mm。连墙件应固定在门架的立杆上。

6.5.5　连墙件宜水平设置，当不能水平设置时，与脚手架连接的一端，应低于与建筑结构连接的一端，连墙杆的坡度宜小于 1：3。

摘录二：

6.3.2　剪刀撑的构造应符合下列规定（图 6.3.2）：

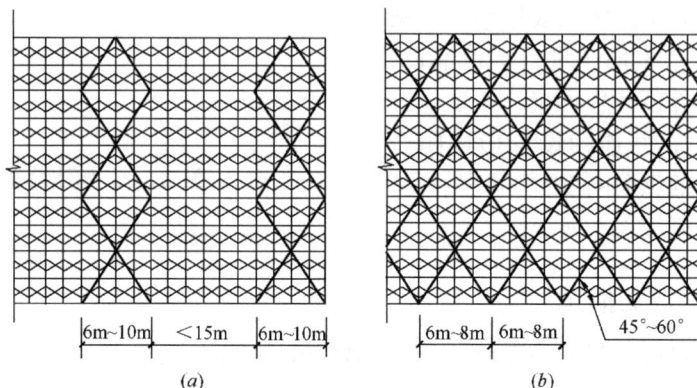

图 6.3.2　剪刀撑设置示意图

（a）、（b）脚手架搭设高度 24m 及以下、超过 24m 时剪刀撑设置

1　剪刀撑斜杆与地面的倾角宜为 45°～60°；

2　剪刀撑应采用旋转扣件与门架立杆扣紧；

3　剪刀撑斜杆应采用搭接接长，搭接长度不宜小于 1000mm，搭接处应采用 3 个及以上旋转扣件扣紧；

4　每道剪刀撑的宽度不应大于 6 个跨距，且不应大于 10m；也不应小于 4 个跨距，且不应小于 6m。设置连续剪刀撑的斜杆水平间距宜为 6m～8m。

摘录三：

6.1.3　上下榀门架立杆应在同一轴线位置上，门架立杆轴线的对接偏差不应大于 2mm。

摘录四：

6.2.2　门架的两侧应设置交叉支撑，并应与门架立杆上的锁销锁牢。

5.3.4　补充说明

1. 本检查项目有 4 个控制点，全数检查。

2.《标准》2011 年版按《建筑施工门式钢管脚手架安全技术规范》JGJ 128—2010 的规定，对内容进行了更新并细化。

5.4　杆　件　锁　臂

5.4.1　条文

1. 架体杆件、锁臂应按规范要求进行组装；

2. 应按规范要求设置纵向水平加固杆；

3. 架体使用的扣件规格应与连接杆件相匹配。

5.4.2 条文说明

门架杆件与配件的规格应配套统一，并应符合标准，杆件、构配件尺寸误差在允许的范围之内；搭设时各种组合情况下，门架与配件均能处于良好的连接、锁紧状态。

杆件锁臂如图 5.4.2 所示。

图 5.4.2 杆件锁臂

5.4.3 依据及条文摘录

【依据】《建筑施工门式钢管脚手架安全技术规范》JGJ 128—2010

【条文摘录】

摘录一：

3.0.6 交叉支撑、锁臂、连接棒等配件与门架相连时，应有防止退出的止退机构，当连接棒与锁臂一起应用时，连接棒可不受此限。脚手板、钢梯与门架相连的挂扣，应有防止脱落的扣紧机构。

摘录二：

6.1.1 门架应能配套使用，在不同组合情况下，均应保证连接方便、可靠，且应具有良好的互换性。

摘录三：

6.2.4 门式脚手架或模板支架上下榀门架间应设置锁臂，当采用插销式或弹销式连接棒时，可不设锁臂。

摘录四：

7.3.2 搭设门架及配件除应符合本规范第 6 章的规定外，尚应符合下列要求：

2 连接门架的锁臂、挂钩必须处于锁住状态。

摘录五：

6.3.3 门式脚手架应在门架两侧的立杆上设置纵向水平加固杆，并应采用扣件与门架立杆扣紧。水平加固杆设置应符合下列要求：

1 在顶层、连墙件设置层必须设置；

2 当脚手架每步铺设挂扣式脚手板时，至少每 4 步应设置一道，并宜在有连墙件的水平层设置；

3 当脚手架搭设高度小于或等于 40m 时，至少每两步门架应设置一道；当脚手架搭设高度大于 40m 时，每步门架应设置一道；

4 在脚手架的转角处、开口型脚手架端部的两个跨距内，每步门架应设置一道；

5 悬挑脚手架每步门架应设置一道；

6 在纵向水平加固杆设置层面上应连续设置。

摘录六：

7.3.5　加固杆、连墙件等杆件与门架采用扣件连接时，应符合下列规定：

1　扣件规格应与所连接钢管的外径相匹配。

5.4.4　补充说明

1. 本检查项目有 3 个控制点，全数检查。

2. 《标准》2011 年版按《建筑施工门式钢管脚手架安全技术规范》JGJ 128—2010 的规定，对内容进行了更新并细化。

5.5　脚　手　板

5.5.1　条文

1. 脚手板材质、规格应符合规范要求；

2. 脚手板应铺设严密、平整、牢固；

3. 挂扣式钢脚手板的挂扣必须完全挂扣在水平杆上，挂钩应处于锁住状态。

5.5.2　条文说明

当使用与门架配套的挂扣式脚手板时，应有防止脚手板松动或脱落的措施。

5.5.3　依据及条文摘录

【依据】《建筑施工门式钢管脚手架安全技术规范》JGJ 128—2010

【条文摘录】

6.2.5　门式脚手架作业层应连续满铺与门架配套的挂扣式脚手板，并应有防止脚手板松动或脱落的措施。当脚手板上有孔洞时，孔洞的内切圆直径不应大于 25mm。

5.5.4　补充说明

1. 本检查项目有 3 个控制点，全数检查。

2. 《标准》2011 年版按《建筑施工门式钢管脚手架安全技术规范》JGJ 128—2010 的规定，对内容进行了更新并细化，增加了挂扣式钢脚手板的有关内容。

5.6　交　底　与　验　收

5.6.1　条文

1. 架体搭设前应进行安全技术交底，并应有文字记录；

2. 当架体分段搭设、分段使用时，应进行分段验收；

3. 搭设完毕应办理验收手续，验收应有量化内容并经责任人签字确认。

5.6.2 条文说明

脚手架在搭设前,施工负责人应按照方案结合现场作业条件进行细致的安全技术交底;脚手架搭设完毕或分段搭设完毕,应由施工负责人组织有关人员进行检查验收,验收内容应包括用数据衡量合格与否的项目,确认符合要求后,才可投入使用或进入下一阶段作业。

5.6.3 依据及条文摘录

【依据】《建筑施工门式钢管脚手架安全技术规范》JGJ 128—2010

【条文摘录】

摘录一:

7.1.1 门式脚手架与模板支架搭设与拆除前,应向搭拆和使用人员进行安全技术交底。

摘录二:

8.2.1 搭设前,对门式脚手架或模板支架的地基与基础应进行检查,经验收合格后方可搭设。

8.2.2 门式脚手架搭设完毕或每搭设 2 个楼层高度,满堂脚手架、模板支架搭设完毕或每搭设 4 步高度,应对搭设质量及安全进行一次检查,经检验合格后方可交付使用或继续搭设。

5.6.4 补充说明

1 本检查项目有 4 个控制点,全数检查。

2 施工前必须交底,并形成《安全技术交底》表。

3 《标准》2011 年版要求验收有量化内容。

5.7 架 体 防 护

5.7.1 条文

1. 作业层应按规范要求设置防护栏杆;

2. 作业层外侧应设置高度不小于 180mm 的挡脚板;

3. 架体外侧应采用密目式安全网进行封闭,网间连接应严密;

4. 架体作业层脚手板下应采用安全平网兜底,以下每隔 10m 应采用安全平网封闭。

5.7.2 条文说明

作业层的防护栏杆、挡脚板、安全网应按规范要求正确设置,以防止作业人员坠落和作业面上的物料滚落。

架体防护如图 5.7.2 所示。

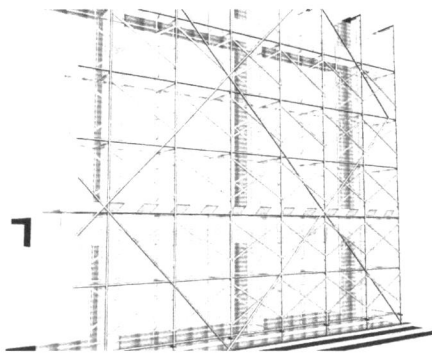

图 5.7.2 架体防护

5.7.3　依据及条文摘录

【依据】《建筑施工门式钢管脚手架安全技术规范》JGJ 128—2010

【条文摘录】

摘录一：

7.3.2　搭设门架及配件除应符合本规范第 6 章的规定外，尚应符合下列要求：

4　在施工作业层外侧周边应设置 180mm 高的挡脚板和两道栏杆，上道栏杆高度应为 1.2m，下道栏杆应居中设置。挡脚板和栏杆均应设置在门架立杆的内侧。

摘录二：

9.0.12　门式脚手架外侧应设置密目式安全网，网间应严密，防止坠物伤人。

5.7.4　补充说明

1. 本检查项目有 4 个控制点，全数检查。

2.《标准》2011 年版按《建筑施工门式钢管脚手架安全技术规范》JGJ 128—2010 的规定，对内容进行了更新并细化。

5.8　构 配 件 材 质

5.8.1　条文

1. 门架不应有严重的弯曲、锈蚀和开焊；
2. 门架及构配件的规格、型号、材质应符合规范要求。

5.8.2　依据及条文摘录

【依据】《建筑施工门式钢管脚手架安全技术规范》JGJ 128—2010

【条文摘录】

3　构配件

3.0.1　门架与配件的钢管应采用现行国家标准《直缝电焊钢管》GB/T 13793 或《低压流体输送用焊接钢管》GB/T 3091 中规定的普通钢管，其材质应符合现行国家标准《碳素结构钢》GB/T 700 中 Q235 级钢的规定。门架与配件的性能、质量及型号的表述方法应符合现行行业产品标准《门式钢管脚手架》JG 13 的规定。

3.0.2　周转使用的门架与配件应按本规范附录 A 的规定进行质量类别判定与处置。

3.0.3　门架立杆加强杆的长度不应小于门架高度的 70%；门架宽度不得小于 800mm，且不宜大于 1200mm。

3.0.4　加固杆钢管应符合现行国家标准《直缝电焊钢管》GB/T 13793 或《低压流体输送用焊接钢管》GB/T 3091 中规定的普通钢管，其材质应符合现行国家标准《碳素结构钢》GB/T 700 中 Q235 级钢的规定。宜采用直径 $\phi 42 \times 2.5$mm 的钢管，也可采用直径 $\phi 48 \times 3.5$mm 的钢管；相应的扣件规格也应分别为 $\phi 42$、$\phi 48$ 或 $\phi 42/\phi 48$。

3.0.5 门架钢管平直度允许偏差不应大于管长的 1/500，钢管不得接长使用，不应使用带有硬伤或严重锈蚀的钢管。门架立杆、横杆钢管壁厚的负偏差不应超过 0.2mm。钢管壁厚存在负偏差时，宜选用热镀锌钢管。

3.0.6 交叉支撑、锁臂、连接棒等配件与门架相连时，应有防止退出的止退机构，当连接棒与锁臂一起应用时，连接棒可不受此限。脚手板、钢梯与门架相连的挂扣，应有防止脱落的扣紧机构。

3.0.7 底座、托座及其可调螺母应采用可锻铸铁或铸钢制作，其材质应符合现行国家标准《可锻铸铁件》GB/T 9440 中 KTH-330-08 或《一般工程用铸造碳钢件》GB/T 11352 中 ZG 230-450 的规定。

3.0.8 扣件应采用可锻铸铁或铸钢制作，其质量和性能应符合现行国家标准《钢管脚手架扣件》GB 15831 的要求。连接外径为 $\phi42/\phi48$ 钢管的扣件应有明显标记。

3.0.9 连墙件宜采用钢管或型钢制作，其材质应符合现行国家标准《碳素结构钢》GB/T 700 中 Q 235 级钢或《低合金高强度结构钢》GB/T 1591 中 Q345 级钢的规定。

5.8.3 补充说明

1 本检查项目有 3 个控制点，全数检查。

2 《标准》2011 年版按《建筑施工门式钢管脚手架安全技术规范》JGJ 128—2010 的规定，对内容进行了更新并细化。

5.9 荷 载

5.9.1 条文

1 架体上的施工荷载应符合设计和规范要求；

2 施工均布荷载、集中荷载应在设计允许范围内。

5.9.2 依据及条文摘录

【依据】《建筑施工门式钢管脚手架安全技术规范》JGJ 128—2010

【条文摘录】

4.2.2 结构与装修用的门式脚手架作业层上的施工均布荷载标准值，应根据实际情况确定，且不应低于表 4.2.2 的规定。

施工均布荷载标准值　　　　表 4.2.2

序号	门式脚手架用途	施工均布荷载标准值（kN/m²）
1	结构	3.0
2	装修	2.0

注：1 表中施工均布荷载标准值为一个操作层上相邻两榀门架间的全部施工荷载除以门架纵距与门架宽度的乘积；

2 斜梯施工均布荷载标准值不应低于 2kN/m²。

4.2.3　当在门式脚手架上同时有 2 个及以上操作层作业时，在同一个门架跨距内各操作层的施工均布荷载标准值总和不得超过 5.0kN/m²。

5.9.3　补充说明

1. 本检查项目有 2 个控制点，全数检查。

2.《标准》新旧版本要求一致，但施工荷载计算按《建筑施工门式钢管脚手架安全技术规范》JGJ 128—2010 的规定。

5.10　通　　道

5.10.1　条文

1　架体应设置供人员上下的专用通道；

2　专用通道的设置应符合规范要求。

5.10.2　依据及条文摘录

【依据】《建筑施工门式钢管脚手架安全技术规范》JGJ 128—2010

【条文摘录】

摘录一：

6.6　通道口

6.6.1　门式脚手架通道口高度不宜大于 2 个门架高度，宽度不宜大于 1 个门架跨距。

6.6.2　门式脚手架通道口应采取加固措施，并应符合下列规定：

1　当通道口宽度为一个门架跨距时，在通道口上方的内外侧应设置水平加固杆，水平加固杆应延伸至通道口两侧各一个门架跨距，并在两个上角内外侧应加设斜撑杆[图 6.6.2(a)]；

2　当通道口宽为两个及以上跨距时，在通道口上方应设置经专门设计和制作的托架梁，并应加强两侧的门架立杆[图 6.6.2(b)]。

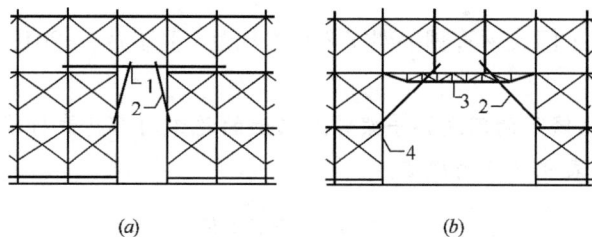

图 6.6.2　通道口加固示意

(a)、(b) 通道口宽度为一个门架跨距、两个及以上门架跨距加固示意

1—水平加固杆；2—斜撑杆；3—托架梁；4—加强杆

摘录二：

6.7　斜梯

6.7.1　作业人员上下脚手架的斜梯应采用挂扣式钢梯，并宜采用"之"字形设置，一个梯段宜跨越两步或三步门架再行转折。

6.7.2　钢梯规格应与门架规格配套，并应与门架挂扣牢固。

6.7.3　钢梯应设栏杆扶手、挡脚板。

5.10.3　补充说明

1. 本检查项目有 2 个控制点，全数检查。

2.《标准》新旧版本表述一致，应按《建筑施工门式钢管脚手架安全技术规范》JGJ 128—2010 的规定检查专用通道设置。

第6章 碗扣式钢管脚手架

碗扣式钢管脚手架检查评分表

序号	检查项目		扣 分 标 准	应得分数	扣减分数	实得分数
1		施工方案	未编制专项施工方案或未进行设计计算，扣10分 专项施工方案未按规定审核、审批，扣10分 架体搭设超过规范允许高度，专项施工方案未组织专家论证，扣10分	10		
2		架体基础	基础不平、不实，不符合专项施工方案要求，扣5～10分 架体底部未设置垫板或垫板的规格不符合要求，扣2～5分 架体底部未按规范要求设置底座，每处扣2分 架体底部未按规范要求设置扫地杆，扣5分 未采取排水措施，扣8分	10		
3	保证项目	架体稳定	架体与建筑结构未按规范要求拉结，每处扣2分 架体底层第一步水平杆处未按规范要求设置连墙件或未采用其他可靠措施固定，每处扣2分 连墙件未采用刚性杆件，扣10分 未按规范要求设置竖向专用斜杆或八字形斜撑，扣5分 专用斜杆两端未固定在纵、横向水平杆与立杆汇交的碗扣节点处，每处扣2分 专用斜杆或八字形斜撑未沿脚手架高度连续设置或角度不符合要求，扣5分	10		
4		杆件锁件	立杆间距、水平杆步距超过设计或规范要求，每处扣2分 未按专项施工方案设计的步距在立杆连接碗扣节点处设置纵、横向水平杆，每处扣2分 架体搭设高度超过24 m时，顶部24m以下的连墙件层未按规定设置水平斜杆，扣10分 架体组装不牢或上碗扣紧固不符合要求，每处扣2分	10		
5		脚手板	脚手板未满铺或铺设不牢、不稳，扣5～10分 脚手板规格或材质不符合要求，扣5～10分 采用挂扣式钢脚手板时挂钩未挂扣在横向水平杆上或挂钩未处于锁住状态，每处扣2分	10		
6		交底与验收	架体搭设前未进行交底或交底未有文字记录，扣5～10分 架体分段搭设、分段使用未进行分段验收，扣5分 架体搭设完毕未办理验收手续，扣10分 验收内容未进行量化，或未经责任人签字确认，扣5分	10		
		小计		60		

续表

序号	检查项目		扣 分 标 准	应得分数	扣减分数	实得分数
7	一般项目	架体防护	架体外侧未采用密目式安全网封闭或网间连接不严，扣5~10分 作业层防护栏杆不符合规范要求，扣5分 作业层外侧未设置高度不小于180mm的挡脚板，扣3分 作业层脚手板下未采用安全平网兜底或作业层以下每隔10m未采用安全平网封闭，扣5分	10		
8		构配件材质	杆件弯曲、变形、锈蚀严重，扣10分 钢管、构配件的规格、型号、材质或产品质量不符合规范要求，扣5~10分	10		
9		荷载	施工荷载超过设计规定，扣10分 荷载堆放不均匀，每处扣5分	10		
10		通道	未设置人员上下专用通道，扣10分 通道设置不符合要求，扣5分	10		
		小计		40		
检查项目合计				100		

6.1 施 工 方 案

6.1.1 条文

1. 架体搭设应编制专项施工方案，结构设计应进行计算，并按规定进行审核、审批；
2. 当架体搭设超过规范允许高度时，应组织专家对专项施工方案进行论证。

6.1.2 条文说明

搭设高度超过规范要求的脚手架应编制专项施工方案，基础、连墙件应经设计计算，专项施工方案经审批后实施；搭设超过规范允许高度的架体，必须采取加强措施，所以专项方案必须经专家论证。

6.1.3 依据及条文摘录

【依据一】《危险性较大的分部分项工程安全管理办法》［2009］87号部令
【条文摘录】
第五条 施工单位应当在危险性较大的分部分项工程施工前编制专项方案；对于超过一定规模的危险性较大的分部分项工程，施工单位应当组织专家对专项方案进行论证。超过一定规模的危险性较大的分部分项工程范围见附件二。

附件一：危险性较大的分部分项工程范围

五、脚手架工程

（一）搭设高度24m及以上的落地式钢管脚手架工程。

附件二：超过一定规模的危险性较大的分部分项工程范围

四、脚手架工程

（一）搭设高度 50m 及以上落地式钢管脚手架工程。

【依据二】《建筑施工碗扣式钢管脚手架安全技术规范》JGJ 166—2008

【条文摘录】

摘录一：

1.0.4　碗扣式钢管脚手架必须编制专项设计方案。双排脚手架高度在 24m 及以下时，可按构造要求搭设；模板支撑架和高度超过 24m 的双排脚手架应按本规范进行结构设计和计算。

摘录二：

7.1.1　双排脚手架及模板支撑架施工前必须编制专项施工方案，并经批准后，方可实施。

6.1.4　补充说明

1. 本检查项目有 3 个控制点，全数检查。

2. 方案编制应符合工程实际的要求和《建筑施工碗扣式脚手架安全技术规范》JGJ 166—2008 的规定，方案审批应符合《危险性较大的分部分项工程安全管理办法》（［2009］87 号部令）的规定。

6.2　架　体　基　础

6.2.1　条文

1. 立杆基础应按方案要求平整、夯实，并应采取排水措施，立杆底部设置的垫板和底座应符合规范要求；

2. 架体纵横向扫地杆距立杆底端高度不应大于 350mm。

6.2.2　条文说明

基础土层、排水设施、扫地杆设置对脚手架基础稳定性有着重要影响；脚手架基础应采取防止积水浸泡的措施，减少或消除在搭设和使用过程中由于地基不均匀沉降导致的架体变形。

架体基础如图 6.2.2 所示。

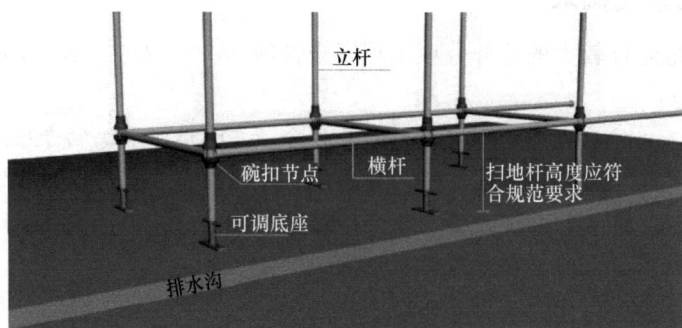

图 6.2.2　架体基础

6.2.3 依据及条文摘录

【依据】《建筑施工碗扣式钢管脚手架安全技术规范》JGJ 166—2008

【条文摘录】

摘录一：

7.1.6 脚手架搭设场地必须平整、坚实、有排水措施。

7.2 地基与基础处理

7.2.1 脚手架基础必须按专项施工方案进行施工，按基础承载力要求进行验收。（强制性条文）

7.2.2 当地基高低差较大时，可利用立杆0.6m节点位差进行调整。

7.2.3 土层地基上的立杆应采用可调底座和垫板。

7.2.4 双排脚手架立杆基础验收合格后，应按专项施工方案的设计进行放线定位。

摘录二：

6.1.4 双排脚手架首层立杆应采用不同的长度交错布置，底层纵、横向横杆作为扫地杆距地面高度应小于或等于350mm，严禁施工中拆除扫地杆，立杆应配置可调底座或固定底座（见图6.1.4）。（强制性条文）

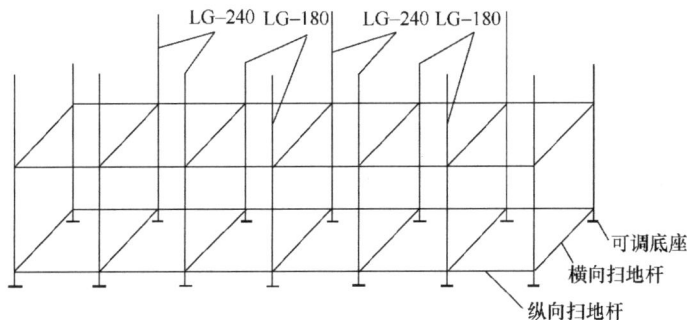

图6.1.4 首层立杆布置示意

6.2.4 补充说明

本检查项目有5个控制点，全数检查。

6.3 架 体 稳 定

6.3.1 条文

1. 架体与建筑结构拉结应符合规范要求，并应从架体底层第一步纵向水平杆处开始设置连墙件，当该处设置有困难时应采取其他可靠措施固定；

2. 架体拉结点应牢固可靠；

3. 连墙件应采用刚性杆件；

4. 架体竖向应沿高度方向连续设置专用斜杆或八字撑；

5. 专用斜杆两端应固定在纵横向水平杆的碗扣节点处；

6. 专用斜杆或八字形斜撑的设置角度应符合规范要求。

6.3.2　条文说明

连墙件、斜杆、八字撑对架体整体刚度有着重要影响；当采用旋转扣件作斜杆连接时应尽量靠近有横杆、立杆的碗扣节点，斜杆采用八字形布置的目的是为了避免钢管重叠，斜杆角度应与横杆、立杆对角线角度一致。

6.3.3　依据及条文摘录

【依据】《建筑施工碗扣式钢管脚手架安全技术规范》JGJ 166—2008

【条文摘录】

摘录一：

6.1.7　连墙件的设置应符合下列规定：

1　连墙件应呈水平设置，当不能呈水平设置时，与脚手架连接的一端应下斜连接；

2　每层连墙件应在同一平面，其位置应由建筑结构和风荷载计算确定，且水平间距不应大于 4.5m；

3　连墙件应设置在有横向横杆的碗扣节点处，当采用钢管扣件做连墙件时，连墙件应与立杆连接，连接点距碗扣节点距离不应大于 150mm；

4　连墙件应采用可承受拉、压荷载的刚性结构，连接应牢固可靠。（强制性条文）

摘录二：

6.1.5　双排脚手架专用外斜杆设置（见图 6.1.5）应符合下列规定：

1　斜杆应设置在有纵、横向横杆的碗扣节点上；

2　在封圈的脚手架拐角处及一字形脚手架端部应设置竖向通高斜杆；

3　当脚手架高度小于或等于 24m 时，每隔 5 跨应设置一组竖向通高斜杆；当脚手架高度大于 24m 时，每隔 3 跨应设置一组竖向通高斜杆；斜杆应对称设置；

4　当斜杆临时拆除时，拆除前应在相邻立杆间设置相同数量的斜杆。（强制性条文）

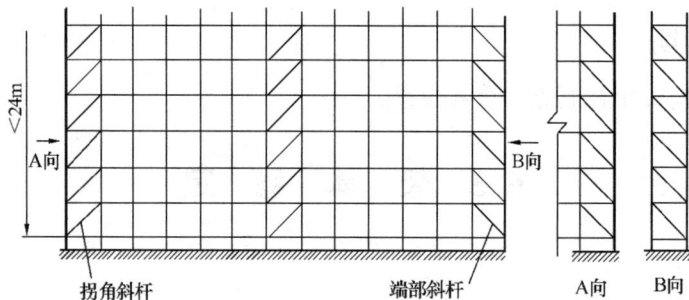

图 6.1.5　专用外斜杆设置示意

6.1.6　当采用钢管扣件作斜杆时应符合下列规定：

1　斜杆应每步与立杆扣接，扣接点距碗扣节点的距离不应大于 150mm；当出现不能与立杆扣接时，应与横杆扣接，扣件扭紧力矩应为 40~65N·m；

2　纵向斜杆应在全高方向设置成八字形且内外对称，斜杆间距不应大于 2 跨（见图 6.1.6）。（强制性条文）

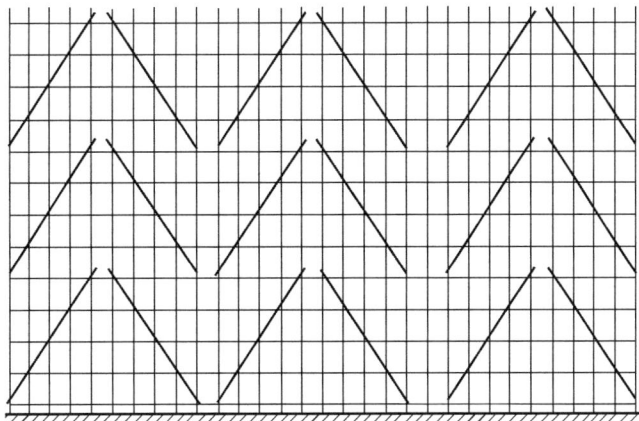

图 6.1.6　钢管扣件作斜杆设置

6.3.4　补充说明

本检查项目有 6 个控制点，全数检查。

6.4　杆　件　锁　件

6.4.1　条文

1. 架体立杆间距、水平杆步距应符合设计和规范要求；

2. 应按专项施工方案设计的步距在立杆连接碗扣节点处设置纵、横向水平杆；

3. 当架体搭设高度超过 24 m 时，顶部 24m 以下的连墙件应设置水平斜杆，并应符合规范要求；

4. 架体组装及碗扣紧固应符合规范要求。

6.4.2　条文说明

杆件间距、碗扣紧固、水平斜杆对架体稳定性有着重要影响；当架体高度超过 24m 时，在各连墙件层应增加水平斜杆，使纵横杆与斜杆形成水平桁架，使无连墙立杆构成支撑点，以保证立杆承载力及稳定性。

6.4.3　依据及条文摘录

【依据】《建筑施工碗扣式钢管脚手架安全技术规范》JGJ 166—2008

【条文摘录】

摘录一：

6.1.1　双排脚手架应按本规范构造要求搭设；当连墙件按二步三跨设置，二层装修作业层、二层脚手板、外挂密目安全网封闭，且符合下列基本风压值时，其允许搭设高度宜符合表 6.1.1 的规定。

双排落地脚手架允许搭设高度　　　表 6.1.1

步距（m）	横距（m）	纵距（m）	允许搭设高度（m）		
			基本风压值 w_0（kN/m²）		
			0.4	0.5	0.6
1.8	0.9	1.2	68	62	52
		1.5	51	43	36
	1.2	1.2	59	53	46
		1.5	41	34	26

注：本表计算风压高度变化系数，系按地面粗糙度为 C 类采用，当具体工程的基本风压值和地面粗糙度与此表不相符时，应另行计算。

摘录二：

6.1.8　当脚手架高度大于 24m 时，顶部 24m 以下所有的连墙件层必须设置水平斜杆，水平斜杆应设置在纵向横杆之下（见图 6.1.8）。（强制性条文）

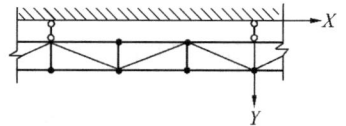

图 6.1.8　水平斜杆设置示意

摘录三：

3.3.7　架体组装质量应符合下列要求：

1　立杆的上碗扣应能上下窜动、转动灵活，不得有卡滞现象；

2　立杆与立杆的连接孔处应能插入 ϕ10mm 连接销；

3　碗扣节点上应在安装 1～4 个横杆时，上碗扣均能锁紧；

4　当搭设不少于二步三跨 1.8m×1.8m×1.2m（步距×纵距×横距）的整体脚手架时，每一框架内横杆与立杆的垂直度偏差应小于 5mm。

6.4.4　补充说明

本检查项目有 4 个控制点，全数检查。

6.5　脚　手　板

6.5.1　条文

1. 脚手板材质、规格应符合规范要求；
2. 脚手板应铺设严密、平整、牢固；
3. 挂扣式钢脚手板的挂扣必须完全挂扣在水平杆上，挂钩应处于锁住状态。

6.5.2　条文说明

使用的工具式钢脚手板必须有挂钩，并带有自锁装置与廊道横杆锁紧，防止松动脱落。

6.5.3 依据及条文摘录

【依据】《建筑施工碗扣式钢管脚手架安全技术规范》JGJ 166—2008

【条文摘录】

6.1.9 脚手板设置应符合下列规定：

1 工具式钢脚手板必须有挂钩，并带有自锁装置与廊道横杆锁紧，严禁浮放；

2 冲压钢脚手板、木脚手板、竹串片脚手板，两端应与横杆绑牢。作业层相邻两根廊道横杆间应加设间横杆，脚手板探头长度应小于或等于150mm。

6.5.4 补充说明

本检查项目有3个控制点，全数检查。

6.6 交 底 与 验 收

6.6.1 条文

1. 架体搭设前应进行安全技术交底，并应有文字记录；

2. 架体分段搭设、分段使用时，应进行分段验收；

3. 搭设完毕应办理验收手续，验收应有量化内容并经责任人签字确认。

6.6.2 条文说明

脚手架在搭设前，施工负责人应按照方案结合现场作业条件进行细致的安全技术交底；脚手架搭设完毕或分段搭设完毕，应由施工负责人组织有关人员进行检查验收，验收内容应包括用数据衡量合格与否的项目，确认符合要求后，才可投入使用或进入下一阶段作业。

6.6.3 依据及条文摘录

【依据】《建筑施工碗扣式钢管脚手架安全技术规范》JGJ 166—2008

【条文摘录】

摘录一：

7.1.2 双排脚手架搭设前，施工管理人员应按双排脚手架专项施工方案的要求对操作人员进行技术交底。

摘录二：

7.3.3 双排脚手架的搭设应分阶段进行，每段搭设后必须经检查验收合格后，方可投入使用。

6.6.4 补充说明

1. 本检查项目有4个控制点，全数检查。

2. 施工前必须交底，并形成《安全技术交底》表。

3. 新版要求验收有量化内容。

6.7　架　体　防　护

6.7.1　条文

1. 架体外侧应采用密目式安全网进行封闭，网间连接应严密；
2. 作业层应按规范要求设置防护栏杆；
3. 作业层外侧应设置高度不小于 180mm 的挡脚板；
4. 作业层脚手板下应采用安全平网兜底，以下每隔 10m 应采用安全平网封闭。

6.7.2　条文说明

作业层的防护栏杆、挡脚板、安全网应按规范要求正确设置，以防止作业人员坠落和作业面上的物料滚落。

架体防护如图 6.7.2 所示。

图 6.7.2　架体防护

6.7.3　依据及条文摘录

【依据】《建筑施工碗扣式钢管脚手架安全技术规范》JGJ 166—2008

【条文摘录】

7.3.8　作业层设置应符合下列规定：

1　脚手板必须铺满、铺实，外侧应设 180mm 挡脚板及 1200mm 高两道防护栏杆；

2　防护栏杆应在立杆 0.6m 和 1.2m 的碗扣接头处搭设两道。

6.7.4　补充说明

本检查项目有 4 个控制点，全数检查。

6.8 构配件材质

6.8.1 条文

1. 架体构配件的规格、型号、材质应符合规范要求；
2. 钢管不应有严重的弯曲、变形、锈蚀。

碗扣式钢管如图 6.8.1 所示。

6.8.2 依据及条文摘录

【依据】《建筑施工碗扣式钢管脚手架安全技术规范》JGJ 166—2008

【条文摘录】

3.1 碗扣节点

3.1.1 立杆的碗扣节点应由上碗扣、下碗扣、横杆接头和上碗扣限位销等构成（见图 3.1.1）。

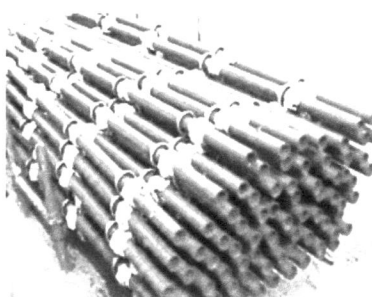

图 6.8.1 碗扣式钢管

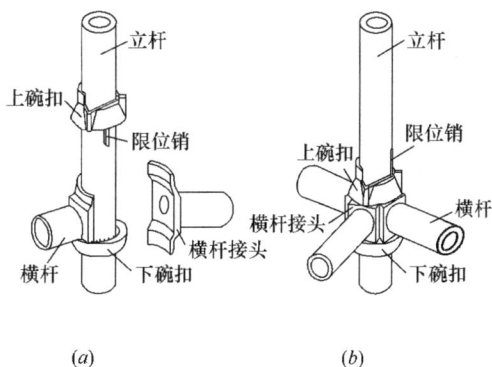

图 3.1.1 碗扣节点构成
（a）连接前；（b）连接后

3.1.2 立杆碗扣节点间距应按 0.6m 模数设置。

3.2 主要构配件材料要求

3.2.1 碗扣式钢管脚手架用钢管应符合现行国家标准《直缝电焊钢管》GB/T 13793、《低压流体输送用焊接钢管》GB/T 3091 中的 Q235A 级普通钢管的要求，其材质性能应符合现行国家标准《碳素结构钢》GB/T 700 的规定。

3.2.2 上碗扣、可调底座及可调托撑螺母应采用可锻铸铁或铸钢制造，其材料机械性能应符合现行国家标准《可锻铸铁件》GB 9440 中 KTH 330-08 及《一般工程用铸造碳钢件》GB 11352 中 ZG 272-500 的规定。

3.2.3 下碗扣、横杆接头、斜杆接头应采用碳素铸钢制造，其材料机械性能应符合现行国家标准《一般工程用铸造碳钢件》GB 11352 中 ZG 230-450 的规定。

3.2.4 采用钢板热冲压整体成型的下碗扣，钢板应符合现行国家标准《碳素结构钢》

GB/T 700中Q235A级钢的要求，板材厚度不得小于6mm，并应经600～650℃的时效处理。严禁利用废旧锈蚀钢板改制。（强制性条文）

3.2.5　碗扣式钢管脚手架主要构配件种类、规格及质量应符合表3.2.5的规定。

主要构配件种类、规格及质量　　　　　　表3.2.5

名　　称	常用型号	规格（mm）	理论质量（kg）
立杆	LG-120	φ48×1200	7.05
	LG-180	φ48×1800	10.19
	LG-240	φ48×2400	13.34
	LG-300	φ48×3000	16.48
横杆	HG-30	φ48×300	1.32
	HG-60	φ48×600	2.47
	HG-90	φ48×900	3.63
	HG-120	φ48×1200	4.78
	HG-150	φ48×1500	5.93
	HG-180	φ48×1800	7.08
间横杆	JHG-90	φ48×900	4.37
	JHG-120	φ48×1200	5.52
	JHG-120+30	φ48×(1200+300)用于窄挑梁	6.85
	JHG-120+60	φ48×(1200+600)用于宽挑梁	8.16
专用外斜杆	XG-0912	φ48×1500	6.33
	XG-1212	φ48×1700	7.03
	XG-1218	φ48×2160	8.66
	XG-1518	φ48×2340	9.30
	XG-1818	φ48×2550	10.04
专用斜杆	ZXG-0912	φ48×1270	5.89
	ZXG-0918	φ48×1750	7.73
	ZXG-1212	φ48×1500	6.76
	ZXG-1218	φ48×1920	8.37
窄挑梁	TL-30	宽度300	1.53
宽挑梁	TL-60	宽度600	8.60
立杆连接销	LLX	φ10	0.18
可调底座	KTZ-45	T38×6 可调范围≤300	5.82
	KTZ-60	T38×6 可调范围≤450	7.12
	KTZ-75	T38×6 可调范围≤600	8.50
可调托撑	KTC-45	T38×6 可调范围≤300	7.01
	KTC-60	T38×6 可调范围≤450	8.31
	KTC-75	T38×6 可调范围≤600	9.69
脚手板	JB-120	1200×270	12.80
	JB-150	1200×270	15.00
	JB-180	1800×270	17.90

3.3 制作质量要求

3.3.1 碗扣式钢管脚手架钢管规格应为 $\phi48mm \times 3.5mm$，钢管壁厚应为 $3.5^{+0.25}_{0}mm$。

3.3.2 立杆连接处外套管与立杆间隙应小于或等于 2mm，外套管长度不得小于 160mm，外伸长度不得小于 110mm。

3.3.3 钢管焊接前应进行调直除锈，钢管直线度应小于 $1.5L/1000$（L 为使用钢管的长度）。

3.3.4 焊接应在专用工装上进行。

3.3.5 主要构配件的制作质量及形位公差要求，应符合本规范附录 A 的规定。

3.3.6 构配件外观质量应符合下列要求：

1 钢管应平直光滑、无裂纹、无锈蚀、无分层、无结巴、无毛刺等，不得采用横断面接长的钢管；

2 铸造件表面应光整，不得有砂眼、缩孔、裂纹、浇冒口残余等缺陷，表面粘砂应清除干净；

3 冲压件不得有毛刺、裂纹、氧化皮等缺陷；

4 各焊缝应饱满，焊药应清除干净，不得有未焊透、夹砂、咬肉、裂纹等缺陷；

5 构配件防锈漆涂层应均匀，附着应牢固；

6 主要构配件上的生产厂标识应清晰。

3.3.7 架体组装质量应符合下列要求：

1 立杆的上碗扣应能上下串动、转动灵活，不得有卡滞现象；

2 立杆与立杆的连接孔处应能插入 $\phi10mm$ 连接销；

3 碗扣节点上应在安装 1~4 个横杆时，上碗扣均能锁紧；

4 当搭设不少于二步三跨 1.8m×1.8m×1.2m（步距×纵距×横距）的整体脚手架时，每一框架内横杆与立杆的垂直度偏差应小于 5mm。

3.3.8 可调底座底板的钢板厚度不得小于 6mm，可调托撑钢板厚度不得小于 5mm。

3.3.9 可调底座及可调托撑丝杆与调节螺母啮合长度不得少于 6 扣，插入立杆内的长度不得小于 150mm。

3.3.10 主要构配件性能指标应符合下列要求：

1 上碗扣抗拉强度不应小于 30kN；

2 下碗扣组焊后剪切强度不应小于 60kN；

3 横杆接头剪切强度不应小于 50kN；

4 横杆接头焊接剪切强度不应小于 25kN；

5 底座抗压强度不应小于 100kN。

3.3.11 主要构配件强度试验方法应符合本规范附录 B 的规定。

6.8.3 补充说明

本检查项目有 2 个控制点，全数检查。

6.9　荷　　载

6.9.1　条文

1. 架体上的施工荷载应符合设计和规范要求；
2. 施工均布荷载、集中荷载应在设计允许范围内。

6.9.2　依据及条文摘录

【依据】《建筑施工碗扣式钢管脚手架安全技术规范》JGJ 166—2008

【条文摘录】

摘录一：

9.0.1　作业层上的施工荷载应符合设计要求，不得超载，不得在脚手架上集中堆放模板、钢筋等物料。

摘录二：

4.2.3　双排脚手架施工荷载标准值可按下列规定采用：

1　作业层均布施工荷载标准值（Q）根据脚手架的用途，应按表 4.2.3 采用。

作业层均布施工荷载标准值　　　　　　　　表 4.2.3

脚手架用途	荷载标准值（kN/m²）
结构脚手架	3.0
装修脚手架	2.0

2　双排脚手架作业层不宜超过 2 层。

6.9.3　补充说明

本检查项目有 2 个控制点，全数检查。

6.10　通　　道

6.10.1　条文

1. 架体应设置供人员上下的专用通道；
2. 专用通道的设置应符合规范要求。

6.10.2　依据及条文摘录

【依据】《建筑施工碗扣式钢管脚手架安全技术规范》JGJ 166—2008

【条文摘录】

6.1.10　人行通道坡度宜小于或等于 1∶3，并应在通道脚手板下增设横杆，通道可折线上升（见图 6.1.10）。

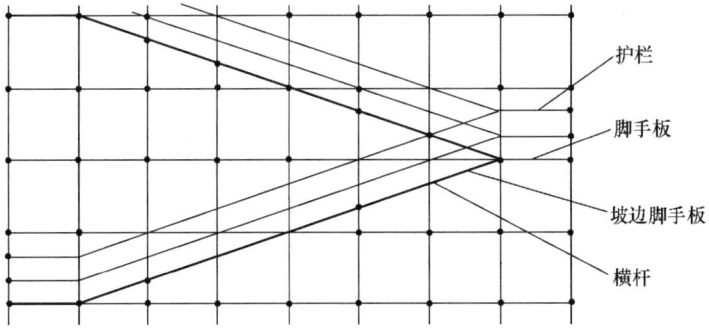

图 6.1.10　人行通道设置

6.10.3　补充说明

本检查项目有 2 个控制点，全数检查。

第7章 承插型盘扣式钢管脚手架

承插型盘扣式钢管脚手架检查评分表

序号	检查项目		扣 分 标 准	应得分数	扣减分数	实得分数
1	保证项目	施工方案	未编制专项施工方案或未进行设计计算，扣10分 专项施工方案未按规定审核、审批，扣10分	10		
2		架体基础	架体基础不平、不实、不符合专项施工方案要求，扣5~10分 架体立杆底部缺少垫板或垫板的规格不符合规范要求，每处扣2分 架体立杆底部未按要求设置底座，每处扣2分 未按规范要求设置纵、横向扫地杆，扣5~10分 未采取排水措施，扣8分	10		
3		架体稳定	架体与建筑结构未按规范要求拉结，每处扣2分 架体底层第一步水平杆处未按规范要求设置连墙件或未采用其他可靠措施固定，每处扣2分 连墙件未采用刚性杆件，扣10分 未按规范要求设置竖向斜杆或剪刀撑，扣5分 竖向斜杆两端未固定在纵、横向水平杆与立杆汇交的盘扣节点处，每处扣2分 斜杆或剪刀撑未沿脚手架高度连续设置或角度不符合规范的要求，扣5分	10		
4		杆件设置	架体立杆间距、水平杆步距超过设计或规范要求，每处扣2分 未按专项施工方案设计的步距在立杆连接盘处设置纵、横向水平杆，每处扣2分 双排脚手架的每步水平杆层，当无挂扣钢脚手板时未按规范要求设置水平斜杆，扣5~10分	10		
5		脚手板	脚手板不满铺或铺设不牢、不稳，扣5~10分 脚手板规格或材质不符合要求，扣5~10分 采用挂扣式钢脚手板时挂钩未挂扣在水平杆上或挂钩未处于锁住状态，每处扣2分	10		
6		交底与验收	架体搭设前未进行交底或交底未有文字记录，扣5~10分 架体分段搭设、分段使用未进行分段验收，扣5分 架体搭设完毕未办理验收手续，扣10分 验收内容未进行量化，或未经责任人签字确认，扣5分	10		
	小计			60		

序号	检查项目		扣 分 标 准	应得分数	扣减分数	实得分数
7	一般项目	架体防护	架体外侧未采用密目式安全网封闭或网间连接不严，扣5～10分 作业层防护栏杆不符合规范要求，扣5分 作业层外侧未设置高度不小于180mm的挡脚板，扣3分 作业层脚手板下未采用安全平网兜底或作业层以下每隔10m未采用安全平网封闭，扣5分	10		
8		杆件连接	立杆竖向接长位置不符合要求，每处扣2分 剪刀撑的斜杆接长不符合要求，扣8分	10		
9		构配件材质	钢管、构配件的规格、型号、材质或产品质量不符合规范要求，扣5分 钢管弯曲、变形、锈蚀严重，扣10分	10		
10		通道	未设置人员上下专用通道，扣10分 通道设置不符合要求，扣5分	10		
		小计		40		
检查项目合计				100		

7.1 施 工 方 案

7.1.1 条文

1. 架体搭设应编制专项施工方案，结构设计应进行计算；
2. 专项施工方案应按规定进行审核、审批。

7.1.2 条文说明

搭设高度超过规范要求的脚手架应编制专项施工方案，基础、连墙件应经设计计算，专项施工方案经审批后实施；搭设超过规范允许高度的架体，必须采取加强措施，所以专项方案必须经专家论证。

7.1.3 依据及条文摘录

【依据一】《危险性较大的分部分项工程安全管理办法》[2009] 87号部令
【条文摘录】
第五条 施工单位应当在危险性较大的分部分项工程施工前编制专项方案；对于超过一定规模的危险性较大的分部分项工程，施工单位应当组织专家对专项方案进行论证。超过一定规模的危险性较大的分部分项工程范围见附件二。
附件一：危险性较大的分部分项工程范围

五、脚手架工程

（六）新型及异型脚手架工程。

【依据二】《建筑施工承插型盘扣式钢管支架安全技术规范》JGJ 231—2010

【条文摘录】

7.1.1　模板支架及脚手架施工前应根据施工对象情况、地基承载力、搭设高度，按本规程的基本要求编制专项施工方案，并应经审核批准后实施。

7.1.4　补充说明

1. 本检查项目有 2 个控制点，全数检查。

2. 方案编制应符合工程实际的要求和《建筑施工承插型盘扣式钢管支架安全技术规范》JGJ 231—2010 的规定，方案审批应符合《危险性较大的分部分项工程安全管理办法》（［2009］87 号部令）的规定。

7.2　架　体　基　础

7.2.1　条文

1. 立杆基础应按方案要求平整、夯实，并应采取排水措施；

2. 立杆底部应设置垫板和可调底座，并应符合规范要求；

3. 架体纵、横向扫地杆设置应符合规范要求。

7.2.2　条文说明

基础土层、排水设施、扫地杆设置对脚手架基础稳定性有着重要影响；脚手架基础应采取防止积水浸泡的措施，减少或消除在搭设和使用过程中由于地基不均匀沉降导致的架体变形。

架体基础如图 7.2.2 所示。

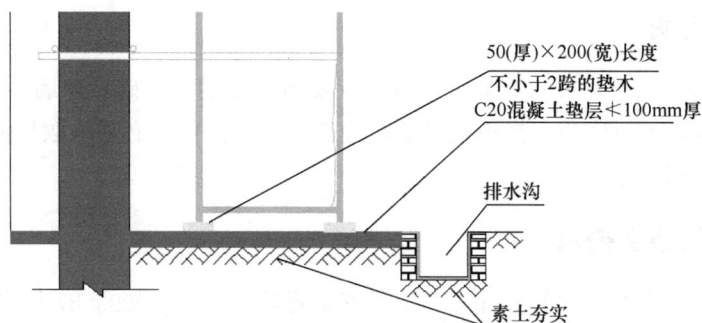

图 7.2.2　架体基础

7.2.3　依据及条文摘录

【依据】《建筑施工承插型盘扣式钢管支架安全技术规范》JGJ 231—2010

【条文摘录】

7.3 地基与基础

7.3.1 模板支架与脚手架基础应按专项施工方案进行施工，并应按基础承载力要求进行验收。

7.3.2 土层地基上的立杆应采用可调底座和垫板，垫板的长度不宜少于2跨。

7.3.3 当地基高差较大时，可利用立杆0.5m节点位差配合可调底座进行调整（图7.3.3）。

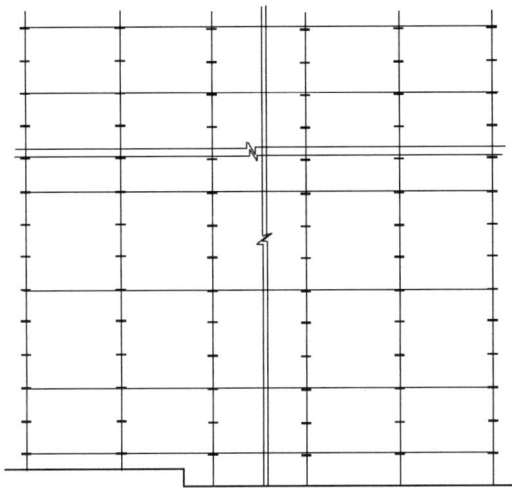

图 7.3.3 可调底座调整立杆连接盘示意

7.3.4 模板支架及脚手架应在地基基础验收合格后搭设。

7.2.4 补充说明

本检查项目有5个控制点，全数检查。

7.3 架 体 稳 定

7.3.1 条文

1. 架体与建筑结构拉结应符合规范要求，并应从架体底层第一步水平杆处开始设置连墙件，当该处设置有困难时应采取其他可靠措施固定；

2. 架体拉结点应牢固可靠；

3. 连墙件应采用刚性杆件；

4. 架体竖向斜杆、剪刀撑的设置应符合规范要求；

5. 竖向斜杆的两端应固定在纵、横向水平杆与立杆汇交的盘扣节点处；

6. 斜杆及剪刀撑应沿脚手架高度连续设置，角度应符合规范要求。

7.3.2 条文说明

拉结点、剪刀撑、竖向斜杆的设置对脚手架整体稳定有着重要影响；当脚手架下部暂时不能设置连墙件时，宜外扩搭设多排脚手架并设置斜杆形成外侧斜面状附加梯形架，以保证架体稳定。

架体与结构拉结如图 7.3.2 所示。

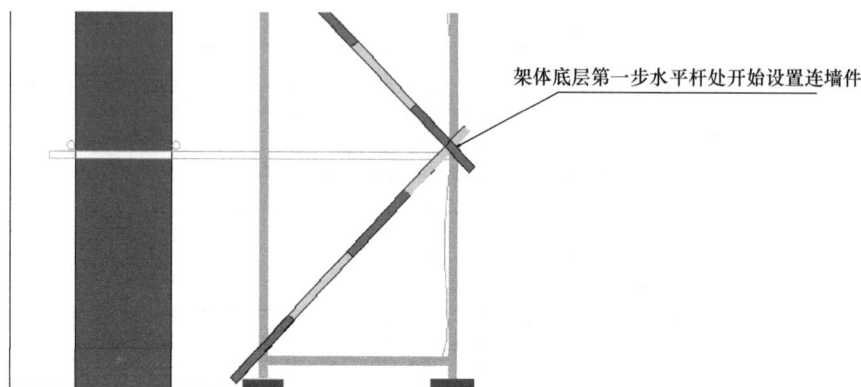

架体底层第一步水平杆处开始设置连墙件

图 7.3.2 架体与结构拉结

7.3.3 依据及条文摘录

【依据】《建筑施工承插型盘扣式钢管支架安全技术规范》JGJ 231—2010

【条文摘录】

摘录一：

6.2.7 连墙件的设置应符合下列规定：

1 连墙件必须采用可承受拉压荷载的刚性杆件，连墙件与脚手架立面及墙体应保持垂直，同一层连墙件宜在同一平面，水平间距不应大于 3 跨，与主体结构外侧面距离不宜大于 300mm；

2 连墙件应设置在有水平杆的盘扣节点旁，连接点至盘扣节点距离不应大于 300mm；采用钢管扣件作连墙杆时，连墙杆应采用直角扣件与立杆连接；

3 当脚手架下部暂不能搭设连墙件时，宜外扩搭设多排脚手架并设置斜杆形成外侧斜面状附加梯形架，待上部连墙件搭设后方可拆除附加梯形架。

摘录二：

6.2.3 双排脚手架的斜杆或剪刀撑设置应符合下列要求：

沿架体外侧纵向每 5 跨每层应设置一根竖向斜杆（图 6.2.3-1）或每 5 跨间应设置扣件钢管剪刀撑（图 6.2.3-2），端跨的横向每层应设置竖向斜杆。

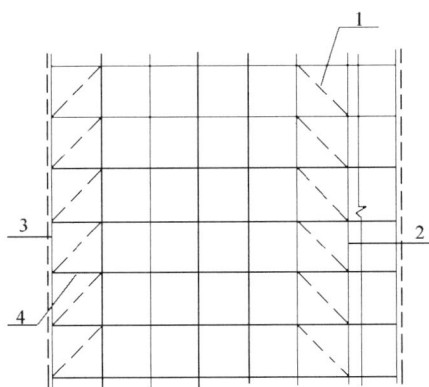

图 6.2.3-1 每 5 跨每层设斜杆   图 6.2.3-2 每 5 跨设扣件钢管剪刀撑

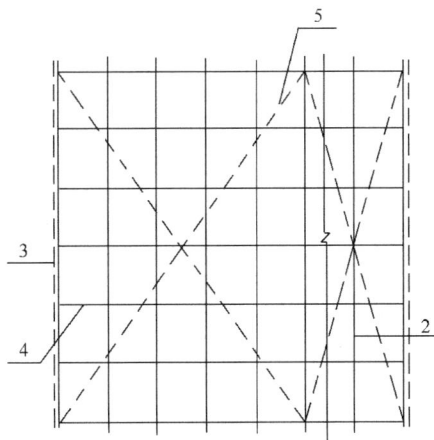

1—斜杆；2—立杆；3—两端竖向斜杆；4—水平杆；5—扣件钢管剪刀撑

7.3.4 补充说明

本检查项目有 6 个控制点，全数检查。

7.4 杆 件 设 置

7.4.1 条文

1. 架体立杆间距、水平杆步距应符合设计和规范要求；
2. 应按专项施工方案设计的步距在立杆连接插盘处设置纵、横向水平杆；
3. 当双排脚手架的水平杆层未设挂扣式钢脚手板时，应按规范要求设置水平斜杆。

7.4.2 条文说明

承插型盘扣式钢管支架各杆件、构配件应按规范要求设置；盘扣插销外表面应与水平杆和斜杆端扣接内表面吻合，使用不小于 0.5kg 锤子击紧插销，保证插销尾部外露不小于 15mm；作业面无挂扣钢脚手板时，应设置水平斜杆以保证平面刚度。

7.4.3 依据及条文摘录

【依据】《建筑施工承插型盘扣式钢管支架安全技术规范》JGJ 231—2010

【条文摘录】

摘录一：

6.2.1 用承插型盘扣式钢管支架搭设双排脚手架时，搭设高度不宜大于 24m。可根据使用要求选择架体几何尺寸，相邻水平杆步距宜选用 2m，立杆纵距宜选用 1.5m 或 1.8m，且不宜大于 2.1m，立杆横距宜选用 0.9m 或 1.2m。

摘录二：

6.2.6 对双排脚手架的每步水平杆层，当无挂扣钢脚手架板加强水平层刚度时，应每5跨设置水平斜杆（图6.2.6）。

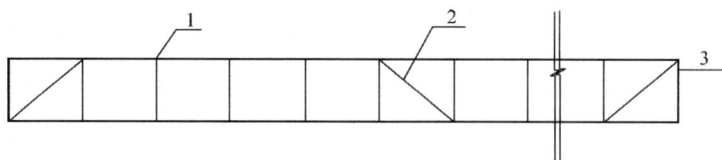

图6.2.6 双排脚手架水平斜杆设置
1—立杆；2—水平斜杆；3—水平杆

7.4.4 补充说明

本检查项目有3个控制点，全数检查。

7.5 脚 手 板

7.5.1 条文

1. 脚手板材质、规格应符合规范要求；
2. 脚手板应铺设严密、平整、牢固；
3. 挂扣式钢脚手板的挂扣必须完全挂扣在水平杆上，挂钩应处于锁住状态。

7.5.2 条文说明

使用的挂扣式钢脚手板必须有挂钩，并带有自锁装置，防止松动脱落。

7.5.3 依据及条文摘录

【依据】《建筑施工承插型盘扣式钢管支架安全技术规范》JGJ 231—2010
【条文摘录】
摘录一：
表A-2 主要构配件的制作质量及形位公差要求（节选）

主要构配件的制作质量及形位公差要求　　　　　　表A-2

构配件名称	检查项目	公称尺寸（mm）	允许偏差（mm）	检查量具
挂扣式钢脚手板	挂钩圆心间距	—	±2	钢卷尺
	宽度	—	±3	钢卷尺
	高度	—	±2	钢卷尺

摘录二：

6.2.8 作业层设置应符合下列规定：

1 钢脚手架的挂钩必须完全扣在水平杆上，挂钩必须处于锁住状态，作业层脚手板应满铺；

2 作业层的脚手板架体外侧应设挡脚板、防护栏杆，并应在脚手架外侧立面满挂密目安全网；防护上栏杆宜设置在离作业层高度为1000mm处，防护中栏杆宜设置在离作业层高度为 500mm 处；

3 当脚手架作业层与主体结构外侧面间间隙较大时，应设置挂扣在连接盘上的悬挑三脚架，并应铺放能形成脚手架内侧封闭的脚手板。

7.5.4 补充说明

本检查项目有 3 个控制点，全数检查。

7.6 交底与验收

7.6.1 条文

1. 架体搭设前应进行安全技术交底，并应有文字记录；
2. 架体分段搭设、分段使用时，应进行分段验收；
3. 搭设完毕应办理验收手续，验收应有量化内容并经责任人签字确认。

7.6.2 条文说明

脚手架在搭设前，施工负责人应按照方案结合现场作业条件进行细致的安全技术交底；脚手架搭设完毕或分段搭设完毕，应由施工负责人组织有关人员进行检查验收，验收内容应包括用数据衡量合格与否的项目，确认符合要求后，才可投入使用或进入下一阶段作业。

7.6.3 依据及条文摘录

【依据】《建筑施工承插型盘扣式钢管支架安全技术规范》JGJ 231—2010

【条文摘录】

摘录一：

7.1.2 搭设操作人员必须经过专业技术培训和专业考试合格后，持证上岗。模板支架及脚手架搭设前，施工管理人员应按专项施工方案的要求对操作人员进行技术和安全作业交底。

摘录二：

7.5.7 脚手架可分段搭设、分段使用，应由施工管理人员组织验收，并应确认符合方案要求后使用。

摘录三：

8.0.3 脚手架应根据下列情况按进度分阶段进行检查和验收：

1 基础完工后脚手架搭设前；

2 首段高度达到 6m 时；

3 架体随施工进度逐层升高时；

4 搭设高度达到设计高度后。

摘录四：

8.0.6 模板支架和双排外脚手架验收后应形成记录，记录表应符合本规程附录 E 的要求。

双排外脚手架施工验收记录表 表 E-2

项目名称										
搭设部位				高度		跨度			最大荷载	
搭设班组				班组长						
操作人员持证人数				证书符合性						
专项方案编审程序符合性				技术交底情况				安全交底情况		
钢管支架	进场前质量验收情况									
	材质、规格与方案的符合性									
	使用前质量检测情况									
	外观质量检查情况									

检查内容		允许偏差 （mm）	方案要求 （mm）	实际情况 （mm）					符合性
立杆垂直度≤L/500且±50		±5							
水平杆水平度		±5							
可调底座	垂直度	±5							
	插入立杆深度≥150	−5							
立杆组合对角线长度		±6							
立杆	纵向间距								
	横向间距								
	竖向接长位置								
	基础承载力								
水平杆	纵、横向水平杆设置								
	纵向步距								
	横向步距								
	插销销紧情况								
竖向斜杆	拐角处设置情况								
	其他部位								
剪刀撑	垂直纵、横向设置								
连墙件设置									
扫地杆设置									
护栏设置									
脚手板设置									
挡脚板设置									
人行梯架设置									
其 他									

施工单位检查结论	结论： 检查人员：	检查日期： 年 月 日 项目技术负责人： 项目经理：
监理单位验收结论	结论： 专业监理工程师：	验收日期： 年 月 日 总监理工程师：

7.6.4 补充说明

1. 本检查项目有 4 个控制点，全数检查。
2. 施工前必须交底，并形成《安全技术交底》表。
3. 新版要求验收有量化内容。

7.7 架 体 防 护

7.7.1 条文

1. 架体外侧应采用密目式安全网进行封闭，网间连接应严密；
2. 作业层应按规范要求设置防护栏杆；
3. 作业层外侧应设置高度不小于 180mm 的挡脚板；
4. 作业层脚手板下应采用安全平网兜底，以下每隔 10m 应采用安全平网封闭。

7.7.2 条文说明

作业层的防护栏杆、挡脚板、安全网应按规范要求正确设置，以防止作业人员坠落和作业面上的物料滚落。

架体防护如图 7.7.2 所示。

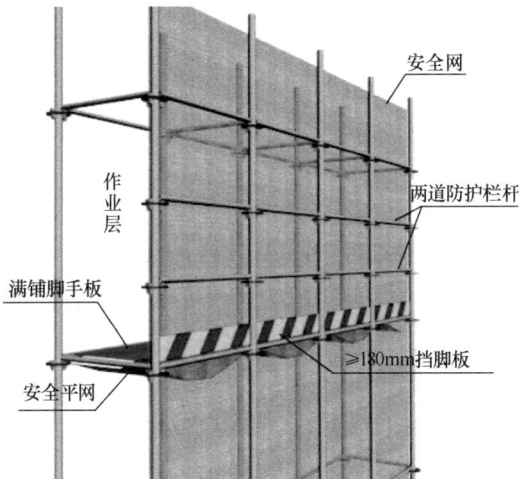

图 7.7.2 架体防护

7.7.3 依据及条文摘录

【依据】《建筑施工承插型盘扣式钢管支架安全技术规范》JGJ 231—2010

【条文摘录】

摘录一：

6.2.8 作业层设置应符合下列规定：

1　钢脚手板的挂钩必须完全扣在水平杆上，挂钩必须处于锁住状态，作业层脚手板应满铺；

2　作业层的脚手板架体外侧应设挡脚板、防护栏杆，并应在脚手架外侧立面满挂密目安全网；防护上栏杆宜设置在离作业层高度为 1000mm 处，防护中栏杆宜设置在离作业层高度为 500mm 处；

3　当脚手架作业层与主体结构外侧面间间隙较大时，应设置挂扣在连接盘上的悬挑三脚架，并应铺放能形成脚手架内侧封闭的脚手板。

摘录二：

7.5.3　作业层设置应符合下列要求：

1　应满铺脚手板；

2　外侧应设挡脚板和防护栏杆，防护栏杆可在每层作业面立杆的 0.5m 和 1.0m 的盘扣节点处布置上、中两道水平杆，并应在外侧满挂密目安全网；

3　作业层与主体结构间的空隙应设置内侧防护网。

7.7.4　补充说明

本检查项目有 4 个控制点，全数检查。

7.8　杆　件　连　接

7.8.1　条文

1. 立杆的接长位置应符合规范要求；
2. 剪刀撑的接长应符合规范要求。

7.8.2　条文说明

当搭设悬挑式脚手架时，由于同一步架体立杆的接头部位全部位于同一水平面内，为增强架体刚度，立杆的接长部位必须采用专用的螺栓配件进行固定。

7.8.3　依据及条文摘录

【依据】《建筑施工承插型盘扣式钢管支架安全技术规范》JGJ 231—2010

【条文摘录】

摘录一：

6.2.2　脚手架首层立杆应采用不同长度的立杆交错布置，错开立杆竖向距离不应小于 500mm，当需设置人行通道时，应符合本规程第 6.2.4 条的规定，立杆底部应配置可调底座。

摘录二：

6.2.3　双排脚手架的斜杆或剪刀撑设置应符合下列要求：

沿架体外侧纵向每 5 跨每层应设置一根竖向斜杆（图 6.2.3-1）或每 5 跨间应设置扣件钢管剪刀撑（图 6.2.3-2），端跨的横向每层应设置竖向斜杆。

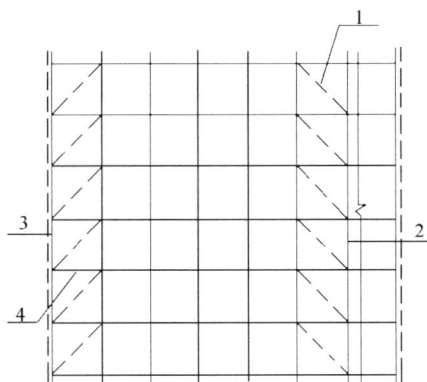

图 6.2.3-1 每5跨每层设斜杆　　　　图 6.2.3-2 每5跨设扣件钢管剪刀撑

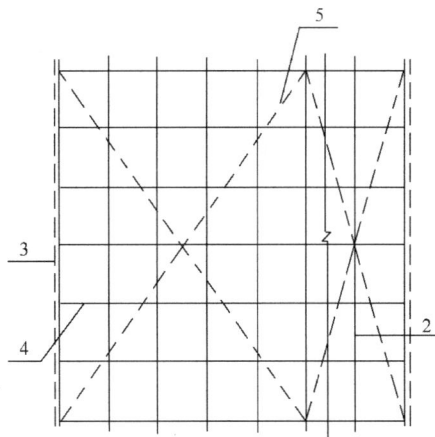

1—斜杆；2—立杆；3—两端竖向斜杆；4—水平杆；5—扣件钢管剪刀撑

7.8.4 补充说明

本检查项目有2个控制点，全数检查。

7.9 构 配 件 材 质

7.9.1 条文

1. 架体构配件的规格、型号、材质应符合规范要求；

2. 钢管不应有严重的弯曲、变形、锈蚀。

杆件及盘扣如图 7.9.1 所示。

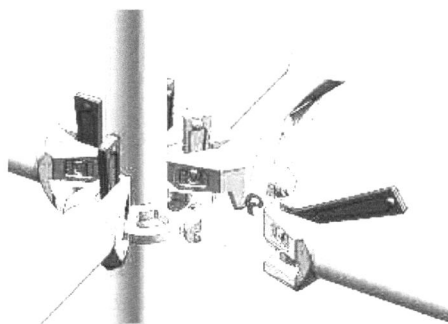

图 7.9.1 杆件及盘扣

7.9.2 依据及条文摘录

【依据】《建筑施工承插型盘扣式钢管支架安全技术规范》JGJ 231—2010

【条文摘录】

3.2.1 承插型盘扣式钢管支架的构配件除有特殊要求外，其材质应符合现行国家标准《低合金高强度结构钢》GB/T 1591、《碳素结构钢》GB/T 700 以及《一般工程用铸造

117

碳钢件》GB/T 11352 的规定，各类支架主要构配件材质应符合表 3.2.1 的规定。

承插型盘扣式钢管支架主要构配件材质 表 3.2.1

立杆	水平杆	竖向斜杆	水平斜杆	扣接头	立杆连接套管	可调底座、可调托座	可调螺母	连接盘、插销
Q345A	Q235A	Q195	Q235B	ZG230-450	ZG230-450 或 20 号无缝钢管	Q235B	ZG270-500	ZG230-450 或 Q235B

3.2.2 钢管外径允许偏差应符合表 3.2.2 的规定，钢管壁厚允许偏差应为±0.1mm。

钢管外径允许偏差（mm） 表 3.2.2

外径 D	外径允许偏差
33、38、42、48	+0.2，−0.1
60	+0.3，−0.1

3.2.3 连接盘、扣接头、插销以及可调螺母的调节手柄采用碳素铸钢制造时，其材料机械性能不得低于现行国家标准《一般工程用铸造碳钢件》GB/T 11352 中牌号为 ZG 230-450 的屈服强度、抗拉强度、延伸率的要求。

7.9.3 补充说明

本检查项目有 2 个控制点，全数检查。

7.10 通 道

7.10.1 条文

1. 架体应设置供人员上下的专用通道；
2. 专用通道的设置应符合规范要求。

7.10.2 依据及条文摘录

【依据】《建筑施工承插型盘扣式钢管支架安全技术规范》JGJ 231—2010
【条文摘录】
摘录一：

6.2.5 当设置双排脚手架人行通道时，应在通道上部架设支撑横梁，横梁截面大小应按跨度以及承受的荷载计算确定，通道两侧脚手架应加设斜杆；洞口顶部应铺设封闭的防护板，两侧应设置安全网；通行机动车的洞口，必须设置安全警示和防撞设施。

摘录二：

6.2.9 挂扣式钢梯宜设置在尺寸不小于 0.9m×1.8m 的脚手架框架内，钢梯宽度应为廊道宽度的 1/2，钢梯可在一个框架高度内折线上升；钢架拐弯处应设置钢脚手板及扶手杆。

7.10.3 补充说明

本检查项目有 2 个控制点，全数检查。

第8章 满堂脚手架

满堂脚手架检查评分表

序号	检查项目		扣 分 标 准	应得分数	扣减分数	实得分数
1		施工方案	未编制专项施工方案或未进行设计计算，扣10分 专项施工方案未按规定审核、审批，扣10分	10		
2		架体基础	架体基础不平、不实、不符合专项施工方案要求，扣5~10分 架体底部未设置垫板或垫板的规格不符合规范要求，每处扣2~5分 架体底部未按规范要求设置底座，每处扣2分 架体底部未按规范要求设置扫地杆，扣5分 未采取排水措施，扣8分	10		
3	保证项目	架体稳定	架体四周与中间未按规范要求设置竖向剪刀撑或专用斜杆，扣10分 未按规范要求设置水平剪刀撑或专用水平斜杆，扣10分 架体高宽比超过规范要求时未采取与结构拉结或其他可靠的稳定措施，扣10分	10		
4		杆件锁件	架体立杆间距、水平杆步距超过设计和规范要求每处扣2分 杆件接长不符合要求，每处扣2分 架体搭设不牢或杆件结点紧固不符合要求，每处扣2分	10		
5		脚手板	脚手板不满铺或铺设不牢、不稳，扣5~10分 脚手板规格或材质不符合要求，扣5~10分 采用挂扣式钢脚手板时挂钩未挂扣在水平杆上或挂钩未处于锁住状态，每处扣2分	10		
6		交底与验收	架体搭设前未进行交底或交底未有文字记录，扣5~10分 架体分段搭设、分段使用未进行分段验收，扣5分 架体搭设完毕未办理验收手续，扣10分 验收内容未进行量化，或未经责任人签字确认，扣5分	10		
		小计		60		
7		架体防护	作业层防护栏杆不符合规范要求，扣5分 作业层外侧未设置高度不小于180mm挡脚板，扣3分 作业层脚手板下未采用安全平网兜底或作业层以下每隔10m未采用安全平网封闭，扣5分	10		
8	一般项目	构配件材质	钢管、构配件的规格、型号、材质或产品质量不符合规范要求，扣5~10分 杆件弯曲、变形、锈蚀严重，扣10分	10		
9		荷载	架体的施工荷载超过设计和规范要求，扣10分 荷载堆放不均匀，每处扣5分	10		
10		通道	未设置人员上下专用通道，扣10分 通道设置不符合要求，扣5分	10		
		小计		40		
检查项目合计				100		

8.1 施 工 方 案

8.1.1 条文

1. 架体搭设应编制专项施工方案，结构设计应进行计算；
2. 专项施工方案应按规定进行审核、审批。

8.1.2 条文说明

搭设、拆除满堂式脚手架应编制专项施工方案，方案经审批后实施；搭设超过规范允许高度的满堂脚手架，必须采取加强措施，所以专项方案必须经专家论证。

8.1.3 依据及条文摘录

【依据】《危险性较大的分部分项工程安全管理办法》［2009］87 号部令
【条文摘录】
第五条 施工单位应当在危险性较大的分部分项工程施工前编制专项方案；对于超过一定规模的危险性较大的分部分项工程，施工单位应当组织专家对专项方案进行论证。超过一定规模的危险性较大的分部分项工程范围见附件一。

附件一：危险性较大的分部分项工程范围

三、模板工程及支撑体系

（三）承重支撑体系：用于钢结构安装等满堂支撑体系。

五、脚手架工程

（五）自制卸料平台、移动操作平台工程。

附件二：超出一定规模的危险性较大的分部分项工程范围

二、模板工程及支撑体系

（三）承重支撑体系：用于钢结构安装等满堂支撑体系，承受单点集中荷载700kg以上。

8.1.4 补充说明

1. 本检查项目有 2 个控制点，全数检查。
2. 方案编制应符合工程实际的要求和选用脚手架类型对应的规范的规定，方案审批应符合《危险性较大的分部分项工程安全管理办法》（［2009］87 号部令）的规定。脚手架规范包括《建筑施工扣件式钢管脚手架安全技术规范》JGJ 130—2011、《建筑施工门式钢管脚手架安全技术规范》JGJ 128—2010、《建筑施工碗扣式钢管脚手架安全技术规范》JGJ 166—2008 和《建筑施工承插型盘扣式钢管支架安全技术规范》JGJ 231—2010。

8.2 架 体 基 础

8.2.1 条文

1. 架体基础应按方案要求平整、夯实，并应采取排水措施；

2. 架体底部应按规范要求设置垫板和底座，垫板规格应符合规范要求；

3. 架体扫地杆设置应符合规范要求。

8.2.2 条文说明

基础土层、排水设施、扫地杆设置对脚手架基础稳定性有着重要影响；脚手架基础应采取防止积水浸泡的措施，减少或消除在搭设和使用过程中由于地基不均匀沉降导致的架体变形。

架体基础如图 8.2.2 所示。

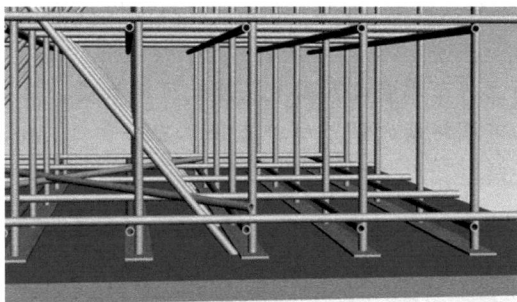

图 8.2.2 架体基础

8.2.3 依据及条文摘录

【依据一】《建筑施工扣件式钢管脚手架安全技术规范》JGJ 130—2011

【条文摘录】

摘录一：

8.2.4 脚手架搭设的技术要求、允许偏差与检验方法，应符合表 8.2.4 的规定。

脚手架搭设的技术要求、允许偏差与检验方法（节选）　　　　表 8.2.4

项次	项目		技术要求	允许偏差 （mm）	示意图	检查方法 与工具
1	地基基础	表面	坚实平整	—	—	观察
		排水	不积水			
		垫板	不晃动			
		底座	不滑动			
			不沉降	—10		

摘录二：

6.3.1 每根立杆底部宜设置底座或垫板。

摘录三：

7.3.3 底座安放应符合下列规定：

1 底座、垫板均应准确地放在定位线上；

2 垫板应采用长度不少于 2 跨、厚度不小于 50mm、宽度不小 200mm 的木垫板。

摘录四：

6.3.2 脚手架必须设置纵、横向扫地杆。纵向扫地杆应采用直角扣件固定在距钢管底端不大于 200mm 处的立杆上。横向扫地杆应采用直角扣件固定在紧靠纵向扫地杆下方的立杆上。

【依据二】《建筑施工门式钢管脚手架安全技术规范》JGJ 128—2010

【条文摘录】

摘录一：

6.8.2　门式脚手架与模板支架的搭设场地必须平整坚实，并应符合下列规定：

1　回填土应分层回填，逐层夯实；

2　场地排水应顺畅，不应有积水。（强制性条文）

6.8.3　搭设门式脚手架的地面标高宜高于自然地坪标高 50mm～100mm。

6.8.4　当门式脚手架与模板支架搭设在楼面等建筑结构上时，门架立杆下宜铺设垫板。

摘录二：

6.2.6　底部门架的立杆下端宜设置固定底座或可调底座。

6.2.7　可调底座和可调托座的调节螺杆直径不应小于 35mm，可调底座的调节螺杆伸出长度不应大于 200mm。

摘录三：

6.10.6　在满堂脚手架的底层门架立杆上应分别设置纵向、横向扫地杆，并应采用扣件与门架立杆扣紧。

8.2.4　补充说明

本检查项目有 5 个控制点，全数检查。

8.3　架 体 稳 定

8.3.1　条文

1. 架体四周与中部应按规范要求设置竖向剪刀撑或专用斜杆；
2. 架体应按规范要求设置水平剪刀撑或水平斜杆；
3. 当架体高宽比大于规范规定时应按规范要求与建筑结构拉结或采取增加架体宽度、设置钢丝绳张拉固定等稳定措施。

8.3.2　条文说明

架体中剪刀撑、斜杆、连墙件等加强杆件的设置对整体刚度有着重要影响；增加竖向、水平剪刀撑，可增加架体刚度，提高脚手架承载力，在竖向剪刀撑顶部交点平面设置一道水平连续剪刀撑，可使架体结构稳固；增加连墙件也可以提高架体承载力；在有空间部位，也可超出顶部加载区域投影范围向外延伸布置 2～3 跨，以提高架体高宽比，达到提升架体强度的目的。

剪刀撑设置如图 8.3.2 所示。

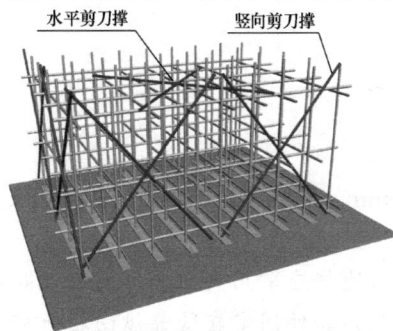

图 8.3.2　剪刀撑设置

8.3.3 依据及条文摘录

【依据一】《建筑施工扣件式钢管脚手架安全技术规范》JGJ 130—2011

【条文摘录】

6.8.4 满堂脚手架应在架体外侧四周及内部纵、横向每6m至8m由底至顶设置连续竖向剪刀撑。当架体搭设高度在8m以下时,应在架顶部设置连续水平剪刀撑;当架体搭设高度在8m及以上时,应在架体底部、顶部及竖向间隔不超过8m分别设置连续水平剪刀撑。水平剪刀撑宜在竖向剪刀撑斜杆相交平面设置。剪刀撑宽度应为6m～8m。

6.8.5 剪刀撑应用旋转扣件固定在与之相交的水平杆或立杆上,旋转扣件中心线至主节点的距离不宜大于150mm。

6.8.6 满堂脚手架的高宽比不宜大于3,当高宽比大于2时,应在架体的外侧四周和内部水平间隔6m～9m,竖向间隔4m～6m设置连墙件与建筑结构拉结,当无法设置连墙件时,应采取设置钢丝绳张拉固定等措施。

【依据二】《建筑施工门式钢管脚手架安全技术规范》JGJ 128—2010

【条文摘录】

摘录一:

6.3.2 剪刀撑的构造应符合下列规定(图6.3.2):

1 剪刀撑斜杆与地面的倾角宜为45°～60°;

2 剪刀撑应采用旋转扣件与门架立杆扣紧;

3 剪刀撑斜杆应采用搭接接长,搭接长度不宜小于1000mm,搭接处应采用3个及以上旋转扣件扣紧;

4 每道剪刀撑的宽度不应大于6个跨距,且不应大于10m;也不应小于4个跨距,且不应小于6m。设置连续剪刀撑的斜杆水平间距宜为6m～8m。

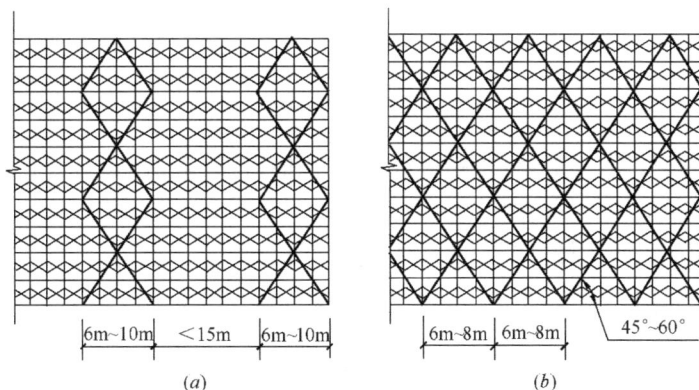

图6.3.2 剪刀撑设置示意图

(a)、(b) 脚手架搭设高度24m及以下、超过24m时剪刀撑设置

摘录二:

6.10.5 满堂脚手架的剪刀撑设置(图6.10.5)除应符合本规范第6.3.2条的规定外,尚应符合下列要求:

1 搭设高度12m及以下时,在脚手架的周边应设置连续竖向剪刀撑;在脚手架的内

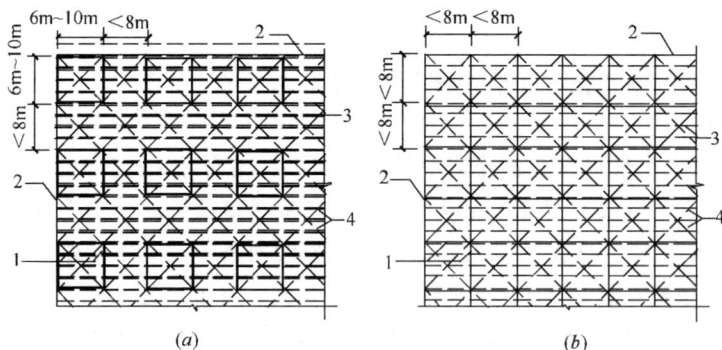

图 6.10.5 剪刀撑设置示意图

(a) 搭设高度 12m 及以下时剪刀撑设置；(b) 搭设高度超过 12m 时剪刀撑设置

1—竖向剪刀撑；2—周边竖向剪刀撑；3—门架；4—水平剪刀撑

部纵向、横向间隔不超过 8m 应设置一道竖向剪刀撑；在顶层应设置连续的水平剪刀撑；

2 搭设高度超过 12m 时，在脚手架的周边和内部纵向、横向间隔不超过 8m 应设置连续竖向剪刀撑；在顶层和竖向每隔 4 步应设置连续的水平剪刀撑；

3 竖向剪刀撑应由底至顶连续设置。

摘录三：

6.10.2 满堂脚手架的高宽比不应大于 4，搭设高度不宜超过 30m。

8.3.4 补充说明

本检查项目有 3 个控制点，全数检查。

8.4 杆 件 锁 件

8.4.1 条文

1. 架体立杆件间距，水平杆步距应符合设计和规范要求；
2. 杆件的接长应符合规范要求；
3. 架体搭设应牢固，杆件节点应按规范要求进行紧固。

8.4.2 条文说明

满堂式脚手架的搭设应符合施工方案及相关规范的要求，各杆件的连接节点应紧固应可靠，保证架体的有效传力。

8.4.3 依据及条文摘录

【依据一】《建筑施工扣件式钢管脚手架安全技术规范》JGJ 130—2011

【条文摘录】

摘录一：

6.8.1 常用敞开式满堂脚手架结构的设计尺寸，可按表6.8.1采用。

常用敞开式满堂脚手架结构的设计尺寸 表6.8.1

序号	步距 (m)	立杆间距 (m)	支架高宽 比不大于	下列施工荷载时最大允许高度（m）	
				2（kN/m²）	3（kN/m²）
1		1.2×1.2	2	17	9
2	1.7～1.8	1.0×1.0	2	30	24
3		0.9×0.9	2	36	36
4		1.3×1.3	2	18	9
5	1.5	1.2×1.2	2	23	16
6		1.0×1.0	2	36	31
7		0.9×0.9	2	36	36
8		1.3×1.3	2	20	13
9	1.2	1.2×1.2	2	24	19
10		1.0×1.0	2	36	32
11		0.9×0.9	2	36	36
12	0.9	1.0×1.0	2	36	33
13		0.9×0.9	2	36	36

注：1 最少跨数应符合本规范附录C表C-1规定；
　　2 脚手板自重标准值取0.35kN/m²；
　　3 地面粗糙度为B类，基本风压 $w_0=0.35kN/m^2$；
　　4 立杆间距不小于1.2m×1.2m，施工荷载标准值不小于3kN/m²时，立杆上应增设防滑扣件，防滑扣件应安装牢固，且顶紧立杆与水平杆连接的扣件。

摘录二：

附录C表C-1

满堂脚手架立杆计算长度系数 表C-1

步距 (m)	立杆间距（m）			
	1.3×1.3	1.2×1.2	1.0×1.0	0.9×0.9
	高宽比不大于2	高宽比不大于2	高宽比不大于2	高宽比不大于2
	最少跨数4	最少跨数4	最少跨数4	最少跨数5
1.8	—	2.176	2.079	2.017
1.5	2.569	2.505	2.377	2.335
1.2	3.011	2.971	2.825	2.758
0.9	—	—	3.571	3.482

注：1 步距两级之间计算长度系数按线性插入值；
　　2 立杆间距两级之间，纵向间距与横向间距不同时，计算长度系数按较大间距对应的计算长度系数取值。立杆间距两级之间值，计算长度系数取两级对应的较大的 μ 值。要求高宽比相同。
　　3 高宽比超过表中规定时，应按本规范6.8.6条执行。

摘录三：

6.8.6 满堂脚手架的高宽比不宜大于3，当高宽比大于2时，应在架体的外侧四周和内部水平间隔6m～9m，竖向间隔4m～6m设置连墙件与建筑结构拉结，当无法设置连墙件时，应采取设置钢丝绳张拉固定等措施。

摘录四：

6.8.3 满堂脚手架立杆的构造应符合本规范第6.3.1条～第6.3.3条的规定；立杆接长接头必须采用对接扣件连接。立杆对接扣件布置应符合本规范第6.3.6条第1款的规定。水平杆的连接应符合本规范第6.2.1条第2款的有关规定，水平杆长度不宜小于3跨。

摘录五：

6.3.1 每根立杆底部宜设置底座或垫板。

6.3.2 脚手架必须设置纵、横向扫地杆。纵向扫地杆应采用直角扣件固定在距钢管底端不大于200mm处的立杆上。横向扫地杆采用直角扣件固定在紧靠纵向扫地杆下方的立杆上。

6.3.3 脚手架立杆基础不在同一高度上时，必须将高处的纵向扫地杆向低处延长两跨与立杆固定，高低差不应大于1m。靠边坡上方的立杆轴线到边坡的距离不应小于500mm（图6.3.3）。（强制性条文）

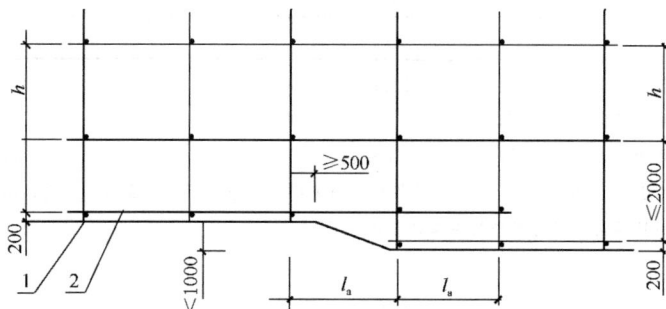

图6.3.3 纵、横向扫地杆构造
1—横向扫地杆；2—纵向扫地杆

摘录六：

6.3.6 脚手架立杆的对接、搭接应符合下列规定：

1 当立杆采用对接接长时，立杆的对接扣件应交错布置，两根相邻立杆的接头不应设置在同步内，同步内隔一根立杆的两个相隔接头在高度方向错开的距离不宜小于500mm；各接头中心至主节点的距离不宜大于步距的1/3。

摘录七：

6.2.1 纵向水平杆的构造应符合下列规定：

1 纵向水平杆应设置在立杆内侧，单根杆长度不应小于3跨；

2 纵向水平杆接长应采用对接扣件连接或搭接，并应符合下列规定：

1) 两根相邻纵向水平杆的接头不应设置在同步或同跨内；不同步或不同跨两个相邻接头在水平方向错开的距离不应小于500mm；各接头中心至最近主节点的距离不应大于纵距的1/3（图6.2.1）；

2) 搭接长度不应小于1m，应等间距设置3个旋转扣件固定；端部扣件盖板边缘至搭接纵向水平杆杆端的距离不应小于100mm。

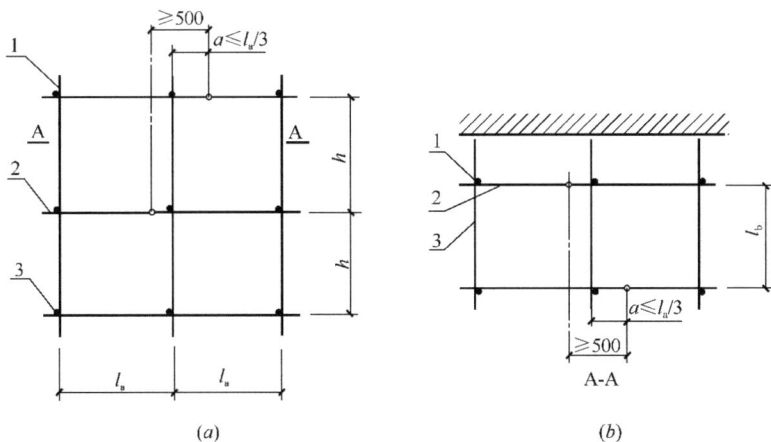

图 6.2.1 纵向水平杆对接接头布置

(a) 接头不在同步内（立面）；(b) 接头不在同跨内（平面）

1—立杆；2—纵向水平杆；3—横向水平杆

【依据二】《建筑施工门式钢管脚手架安全技术规范》JGJ 128—2010

【条文摘录】

6.10.1 满堂脚手架的门架跨距和间距应根据实际荷载计算确定，门架净间距不宜超过1.2m。

6.10.4 满堂脚手架在每步门架两侧立杆上应设置纵向、横向水平加固杆，并应采用扣件与门架立杆扣紧。

8.4.4 补充说明

本检查项目有3个控制点，全数检查。

8.5 脚 手 板

8.5.1 条文

1. 作业层脚手板应满铺，铺稳、铺牢；
2. 脚手板的材质、规格应符合规范要求；
3. 挂扣式钢脚手板的挂扣应完全挂扣在水平杆上，挂钩处应处于锁住状态。

8.5.2 条文说明

使用的挂扣式钢脚手板必须有挂钩，并带有自锁装置，防止松动脱落。

8.5.3 依据及条文摘录

【依据一】《建筑施工扣件式钢管脚手架安全技术规范》JGJ 130—2011

【条文摘录】

摘录一：

6.2.4 脚手板的设置应符合下列规定：

1 作业层脚手板应铺满、铺稳、铺实；

2 冲压钢脚手板、木脚手板、竹串片脚手板等，应设置在三根横向水平杆上。当脚手板长度小于2m时，可采用两根横向水平杆支承，但应将脚手板两端与横向水平杆可靠固定，严防倾翻。脚手板的铺设应采用对接平铺或搭接铺设。脚手板对接平铺时，接头处应设两根横向水平杆，脚手板外伸长度应取130mm～150mm，两块脚手板外伸长度的和不应大于300mm［图6.2.4（a）］；脚手板搭接铺设时，接头应支在横向水平杆上，搭接长度不应小于200mm，其伸出横向水平杆的长度不应小于100mm［图6.2.4（b）］；

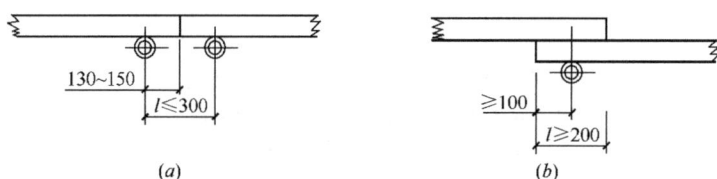

图6.2.4 脚手板对接、搭接构造
（a）脚手板对接；（b）脚手板搭接

3 竹笆脚手板应按其主竹筋垂直于纵向水平杆方向铺设，且应对接平铺，四个角应用直径不小于1.2mm的镀锌钢丝固定在纵向水平杆上。

4 作业层端部脚手板探头长度应取150mm，其板的两端均应固定于支承杆件上。

摘录二：

6.8.10 满堂脚手架操作层支撑脚手板的水平杆间距不应大于1/2跨距；脚手板的铺设应符合本规范第6.2.4条的规定。

【依据二】《建筑施工门式钢管脚手架安全技术规范》JGJ 128—2010

【条文摘录】

6.10.7 满堂脚手架顶部作业区应满铺脚手板，并应采用可靠的连接方式与门架横杆固定。操作平台上的孔洞应按现行行业标准《建筑施工高处作业安全技术规范》JGJ 80的规定防护。操作平台周边应设置栏杆和挡脚板。

8.5.4 补充说明

本检查项目有3个控制点，全数检查。

8.6 交 底 与 验 收

8.6.1 条文

1. 架体搭设前应进行安全技术交底，并应有文字记录；

2. 架体分段搭设、分段使用时，应进行分段验收；

3. 搭设完毕应办理验收手续,验收应有量化内容并经责任人签字确认。

8.6.2 条文说明

脚手架在搭设前,施工负责人应按照方案结合现场作业条件进行细致的安全技术交底;脚手架搭设完毕或分段搭设完毕,应由施工负责人组织有关人员进行检查验收,验收内容应包括用数据衡量合格与否的项目,确认符合要求后,才可投入使用或进入下一阶段作业。

8.6.3 依据及条文摘录

【依据一】《建筑施工扣件式钢管脚手架安全技术规范》JGJ 130—2011
【条文摘录】
摘录一:

7.1.1 脚手架搭设前,应按专项施工方案向施工人员进行交底。

摘录二:

8.2.1 脚手架及其地基基础应在下列阶段进行检查与验收:

1 基础完工后及脚手架搭设前;

2 作业层上施加荷载前;

3 每搭设完 6m~8m 高度后;

4 达到设计高度后;

5 遇有六级强风及以上风或大雨后,冻结地区解冻后;

6 停用超过一个月。

8.2.2 应根据下列技术文件进行脚手架检查、验收:

1 本规范第 8.2.3 条~第 8.2.5 条的规定;

2 专项施工方案及变更文件;

3 技术交底文件;

4 构配件质量检查表(本规范附录 D 表 D,见本书第 4.6.3 条)。

8.2.3 脚手架使用中,应定期检查下列要求内容:

1 杆件的设置和连接,连墙件、支撑、门洞桁架等的构造应符合本规范和专项施工方案的要求;

2 地基应无积水,底座应无松动,立杆应无悬空;

3 扣件螺栓应无松动;

4 高度在 24m 以上的双排、满堂脚手架,其立杆的沉降与垂直度的偏差应符合本规范表 8.2.4(见本书第 4.6.3 条)项次 1、2 的规定;高度在 20m 以上的满堂支撑架,其立杆的沉降与垂直度的偏差应符合本规范表 8.2.4 项次 1、3 的规定;

5 安全防护措施应符合本规范要求;

6 应无超载使用。

【依据二】《建筑施工门式钢管脚手架安全技术规范》JGJ 128—2010
【条文摘录】
摘录一:

7.1.1 门式脚手架与模板支架搭设与拆除前，应向搭拆和使用人员进行安全技术交底。

摘录二：

8.2.1 搭设前，对门式脚手架或模板支架的地基与基础应进行检查，经验收合格后方可搭设。

8.2.2 门式脚手架搭设完毕或每搭设 2 个楼层高度，满堂脚手架、模板支架搭设完毕或每搭设 4 步高度，应对搭设质量及安全进行一次检查，经检验合格后方可交付使用或继续搭设。

8.6.4 补充说明

1. 本检查项目有 4 个控制点，全数检查。
2. 施工前必须交底，并形成《安全技术交底》表。
3. 《标准》2011 年版要求验收有量化内容。

8.7 架 体 防 护

8.7.1 条文

1. 作业层应按规范要求设置防护栏杆；
2. 作业层外侧应设置高度不小于 180mm 的挡脚板；
3. 作业层脚手板下应采用安全平网兜底，以下每隔 10m 应采用安全平网封闭。

8.7.2 条文说明

作业层的防护栏杆、挡脚板、安全网应按规范要求正确设置，以防止作业人员坠落和作业面上的物料滚落。

8.7.3 依据及条文摘录

【依据一】《建筑施工扣件式钢管脚手架安全技术规范》JGJ 130—2011

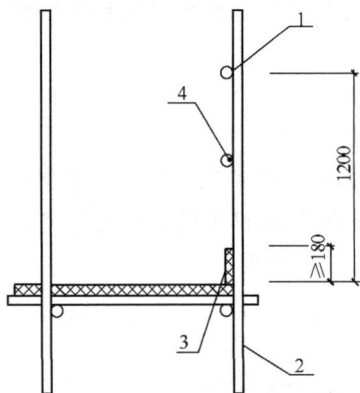

图 7.3.12 栏杆与挡脚板构造
1—上栏杆；2—外立杆；3—挡脚板；4—中栏杆

【条文摘录】

摘录一：

7.3.12 作业层、斜道的栏杆和挡脚板的搭设应符合下列规定（图 7.3.12）：

1 栏杆和挡脚板均应搭设在外立杆的内侧；

2 上栏杆上皮高度应为 1.2m；

3 挡脚板高度不应小于 180mm；

4 中栏杆应居中设置。

摘录二：

9.0.11 脚手板应铺设牢靠、严实，并应用安全网双层兜底。施工层以下每隔 10m 应用安全网封闭。

【依据二】《建筑施工门式钢管脚手架安全技术规

范》JGJ 128—2010

【条文摘录】

7.3.2 搭设门架及配件除应符合本规范第6章的规定外，尚应符合下列要求：

4 在施工作业层外侧周边应设置180mm高的挡脚板和两道栏杆，上道栏杆高度应为1.2m，下道栏杆应居中设置。挡脚板和栏杆均应设置在门架立杆的内侧。

8.7.4 补充说明

本检查项目有3个控制点，全数检查。

8.8 构 配 件 材 质

8.8.1 条文

1. 架体构配件的规格、型号、材质应符合规范要求；
2. 杆件的弯曲、变形和锈蚀应在规范允许范围内。

8.8.2 依据及条文摘录

【依据一】《建筑施工扣件式钢管脚手架安全技术规范》JGJ 130—2011

【条文摘录】

8.1.1 新钢管的检查应符合下列规定：

1 应有产品质量合格证；

2 应有质量检验报告，钢管材质检验方法应符合现行国家标准《金属材料 室温拉伸试验方法》GB/T 228的有关规定，其质量应符合本规范第3.1.1条的规定；

3 钢管表面应平直光滑，不应有裂缝、结疤、分层、错位、硬弯、毛刺、压痕和深的划道；

4 钢管外径、壁厚、端面等的偏差，应分别符合本规范表8.1.8（见本书第4.10.3条）的规定；

5 钢管应涂有防锈漆。

8.1.2 旧钢管的检查应符合下列规定：

1 表面锈蚀深度应符合本规范表8.1.8序号3的规定。锈蚀检查应每年一次。检查时，应在锈蚀严重的钢管中抽取三根，在每根锈蚀严重的部位横向截断取样检查，当锈蚀深度超过规定值时不得使用；

2 钢管弯曲变形应符合本规范表8.1.8序号4的规定。

8.1.4 扣件进入施工现场应检查产品合格证，并应进行抽样复试，技术性能应符合现行国家标准《钢管脚手架扣件》GB 15831的规定。扣件在使用前应逐个挑选，有裂缝、变形、螺栓出现滑丝的严禁使用。（强制性条文）

【依据二】《建筑施工门式钢管脚手架安全技术规范》JGJ 128—2010

【条文摘录】

3. 构配件

3.0.1 门架与配件的钢管应采用现行国家标准《直缝电焊钢管》GB/T 13793 或《低压流体输送用焊接钢管》GB/T 3091 中规定的普通钢管，其材质应符合现行国家标准《碳素结构钢》GB/T 700 中 Q235 级钢的规定。门架与配件的性能、质量及型号的表述方法应符合现行行业产品标准《门式钢管脚手架》JG 13 的规定。

3.0.2 周转使用的门架与配件应按本规范附录 A 的规定进行质量类别判定与处置。

3.0.3 门架立杆加强杆的长度不应小于门架高度的 70%；门架宽度不得小于 800mm，且不宜大于 1200mm。

3.0.4 加固杆钢管应符合现行国家标准《直缝电焊钢管》GB/T 13793 或《低压流体输送用焊接钢管》GB/T 3091 中规定的普通钢管，其材质应符合现行国家标准《碳素结构钢》GB/T 700 中 Q235 级钢的规定。宜采用直径 $\phi42\times2.5mm$ 的钢管，也可采用直径 $\phi48\times3.5mm$ 的钢管；相应的扣件规格也应分别为 $\phi42$、$\phi48$ 或 $\phi42/\phi48$。

3.0.5 门架钢管平直度允许偏差不应大于管长的 1/500，钢管不得接长使用，不应使用带有硬伤或严重锈蚀的钢管。门架立杆、横杆钢管壁厚的负偏差不应超过 0.2mm。钢管壁厚存在负偏差时，宜选用热镀锌钢管。

3.0.6 交叉支撑、锁臂、连接棒等配件与门架相连时，应有防止退出的止退机构，当连接棒与锁臂一起应用时，连接棒可不受此限。脚手板、钢梯与门架相连的挂扣，应有防止脱落的扣紧机构。

3.0.7 底座、托座及其可调螺母应采用可锻铸铁或铸钢制作，其材质应符合现行国家标准《可锻铸铁件》GB/T 9440 中 KTH-330-08 或《一般工程用铸造碳钢件》GB/T 11352 中 ZG230-450 的规定。

3.0.8 扣件应采用可锻铸铁或铸钢制作，其质量和性能应符合现行国家标准《钢管脚手架扣件》GB 15831 的要求。连接外径为 $\phi42/\phi48$ 钢管的扣件应有明显标记。

3.0.9 连墙件宜采用钢管或型钢制作，其材质应符合现行国家标准《碳素结构钢》GB/T 700 中 Q235 级钢或《低合金高强度结构钢》GB/T 1591 中 Q345 级钢的规定。

8.8.3 补充说明

本检查项目有 2 个控制点，全数检查。

8.9 荷 载

8.9.1 条文

1. 架体上的施工荷载应符合设计和规范要求；
2. 施工均布荷载、集中荷载应在设计允许范围内。

8.9.2 依据及条文摘录

【依据一】《建筑施工扣件式钢管脚手架安全技术规范》JGJ 130—2011
【条文摘录】
4.2.2 单、双排与满堂脚手架作业层上的施工荷载标准值应根据实际情况确定，且不应低于表4.2.2的规定。

施工均布荷载标准值　　　　　表4.2.2

类　　别	标准值（kN/m²）
装修脚手架	2.0
混凝土、砌筑结构脚手架	3.0
轻型钢结构及空间网格结构脚手架	2.0
普通钢结构脚手架	3.0

注：斜道上的施工均布荷载标准值不应低于2.0 kN/m²。

【依据二】《建筑施工门式钢管脚手架安全技术规范》JGJ 128—2010

【条文摘录】

4.2.4　满堂脚手架作业层的施工均布荷载，存放的材料、机具等可变荷载的标准值应根据实际情况确定，并应符合下列规定：

1　用于装饰施工时，不应小于2.0kN/m²；

2　用于结构施工时，不应小于3.0kN/m²。

8.9.3　补充说明

本检查项目有2个控制点，全数检查。

8.10　通　　道

8.10.1　条文

1. 架体应设置供人员上下的专用通道；
2. 专用通道的设置应符合规范要求。

8.10.2　依据及条文摘录

【依据一】《建筑施工扣件式钢管脚手架安全技术规范》JGJ 130—2011

【条文摘录】

6.7　斜道

6.7.1　人行并兼作材料运输的斜道的形式宜按下列要求确定：

1　高度不大于6m的脚手架，宜采用一字形斜道；

2　高度大于6m的脚手架，宜采用之字形斜道。

6.7.2　斜道的构造应符合下列规定：

1　斜道应附着外脚手架或建筑物设置；

2　运料斜道宽度不应小于1.5m，坡度不应大于1：6；人行斜道宽度不应小于1m，坡度不应大于1：3；

3　拐弯处应设置平台，其宽度不应小于斜道宽度；

4　斜道两侧及平台外围均应设置栏杆及挡脚板。栏杆高度应为1.2m，挡脚板高度不应小于180mm。

5 运料斜道两端、平台外围和端部均应按本规范第 6.4.1 条～第 6.4.6 条（见本书第 4.11.3 条）的规定设置连墙件；每两步应加设水平斜杆；应按本规范第 6.6.2 条～第 6.6.5 条（见本书第 4.11.3 条）的规定设置剪刀撑和横向斜撑。

【依据二】《建筑施工门式钢管脚手架安全技术规范》JGJ 128—2010

【条文摘录】

摘录一：

6.7.1 作业人员上下脚手架的斜梯应采用挂扣式钢梯，并宜采用"之"字形设置，一个梯段宜跨越两步或三步门架再行转折。

6.7.2 钢梯规格应与门架规格配套，并应与门架挂扣牢固。

6.7.3 钢梯应设栏杆扶手、挡脚板。

摘录二：

6.10.9 满堂脚手架中间设置通道口时，通道口底层门架可不设垂直通道方向的水平加固杆和扫地杆，通道口上部两侧应设置斜撑杆，并应按现行行业标准《建筑施工高处作业安全技术规范》JGJ 80 的规定在通道口上部设置防护层。

8.10.3 补充说明

本检查项目有 2 个控制点，全数检查。

第9章 悬挑式脚手架

悬挑式脚手架检查评分表

序号	检查项目		扣 分 标 准	应得分数	扣减分数	实得分数
1	保证项目	施工方案	未编制专项施工方案或未进行设计计算，扣10分 专项施工方案未按规定审核、审批，扣10分 架体搭设超过规范允许高度，专项施工方案未按规定组织专家论证，扣10分	10		
2		悬挑钢梁	钢梁截面高度未按设计确定或截面形式不符合设计和规范要求，扣10分 钢梁固定段长度小于悬挑段长度的1.25倍，扣5分 钢梁外端未设置钢丝绳或钢拉杆与上一层建筑结构拉结，每处扣2分 钢梁与建筑结构锚固处结构强度、锚固措施不符合设计和规范要求，每处扣5分 钢梁间距未按悬挑架体立杆纵距设置，扣5分	10		
3		架体稳定	立杆底部与悬挑钢梁连接处未采取可靠固定措施，每处扣2分 承插式立杆接长未采取螺栓或销钉固定，每处扣2分 纵横向扫地杆的设置不符合规范要求，扣5～10分 未在架体外侧设置连续式剪刀撑，扣10分 未按规定设置横向斜撑，扣5分 架体未按规定与建筑结构拉结，每处扣5分	10		
4		脚手板	脚手板规格、材质不符合要求，扣5～10分 脚手板未满铺或铺设不严、不牢、不稳，扣5～10分	10		
5		荷载	脚手架施工荷载超过设计规定，扣10分 施工荷载堆放不均匀，每处扣5分	10		
6		交底与验收	架体搭设前未进行交底或交底未有文字记录，扣5～10分 架体分段搭设、分段使用未进行分段验收，扣6分 架体搭设完毕未办理验收手续，扣10分 验收内容未进行量化，或未经责任人签字确认，扣5分	10		
		小计		60		

续表

序号	检查项目	扣　分　标　准	应得分数	扣减分数	实得分数
7	杆件间距	立杆间距超、纵向水平杆步距超过设计或规范要求，每处扣 2 分 未在立杆与纵向水平杆交点处设置横向水平杆，每处扣 2 分 未按脚手板铺设的需要增加设置横向水平杆，每处扣 2 分	10		
8	架体防护	作业层防护栏杆不符合规范要求，扣 5 分 作业层架体外侧未设置高度不小于 180mm 的挡脚板，扣 3 分 架体外侧未采用密目式安全网封闭或网间不严，扣 5～10 分	10		
9	层间防护	作业层脚手板下未采用安全平网兜底或作业层以下每隔 10m 未采用安全平网封闭，扣 5 分 作业层与建筑物之间未进行封闭，扣 5 分 架体底层沿建筑结构边缘，悬挑钢梁与悬挑钢梁之间未采取封闭措施或封闭不严，扣 2～8 分 架体底层未进行封闭或封闭不严，扣 2～10 分	10		
10	构配件材质	型钢、钢管、构配件规格及材质不符合规范要求，扣 5～10 分 型钢、钢管、构配件弯曲、变形、锈蚀严重，扣 10 分	10		
	小计		40		
检查项目合计			100		

注：序号 7～10 检查项目属于一般项目。

9.1　施　工　方　案

9.1.1　条文

1. 架体搭设应编制专项施工方案，结构设计应进行计算；
2. 架体搭设超过规范允许高度，专项施工方案应按规定组织专家论证；
3. 专项施工方案应按规定进行审核、审批。

9.1.2　条文说明

搭设、拆除悬挑式脚手架应编制专项施工方案，悬挑钢梁、连墙件应经设计计算，专项施工方案经审批后实施；搭设高度超过规范要求的悬挑架体，必须采取加强措施，所以专项方案必须经专家论证。

9.1.3　依据及条文摘录

【依据】《危险性较大的分部分项工程安全管理办法》[2009] 87 号部令
【条文摘录】
第五条施工单位应当在危险性较大的分部分项工程施工前编制专项方案；对于超过一定规模的危险性较大的分部分项工程，施工单位应当组织专家对专项方案进行论证。超过一定规模的危险性较大的分部分项工程范围见附件二。

附件一：危险性较大的分部分项工程范围

五、脚手架工程

（三）悬挑式脚手架工程。

附件二：超过一定规模的危险性较大的分部分项工程范围

四、脚手架工程

（三）架体高度20m及以上悬挑式脚手架工程。

9.1.4 补充说明

1. 本检查项目有3个控制点，全数检查。

2. 方案编制应符合工程实际的要求和《建筑施工扣件式钢管脚手架安全技术规范》JGJ 130—2011、《建筑施工门式钢管脚手架安全技术规范》JGJ 128—2010 的规定，方案审批应符合《危险性较大的分部分项工程安全管理办法》[2009] 87 号部令的规定。

3. 《标准》2011 年版增加了危险性较大的分部分项工程安全专项方案的有关内容。

9.2 悬 挑 钢 梁

9.2.1 条文

1. 钢梁截面尺寸应经设计计算确定，且截面形式应符合设计和规范要求；

2. 钢梁锚固端长度不应小于悬挑长度的 1.25 倍；

3. 钢梁锚固处结构强度、锚固措施应符合设计和规范要求；

4. 钢梁外端应设置钢丝绳或钢拉杆与上层建筑结构拉结；

5. 钢梁间距应按悬挑架体立杆纵距设置。

9.2.2 条文说明

悬挑钢梁的选型计算、锚固长度、设置间距、斜拉措施等对悬挑架体稳定有着重要影响；型钢悬挑梁宜采用双轴对称截面的型钢，现场多使用工字钢；悬挑钢梁前端应采用吊拉卸荷，结构预埋吊环应使用 HPB235 级钢筋制作，但钢丝绳、钢拉杆卸荷不参与悬挑钢梁受力计算。

9.2.3 依据及条文摘录

【依据一】《建筑施工扣件式钢管脚手架安全技术规范》JGJ 130—2011

【条文摘录】

摘录一：

6.10.2 型钢悬挑梁宜采用双轴对称截面的型钢。悬挑钢梁型号及锚固件应按设计确定，钢梁截面高度不应小于 160mm。悬挑梁尾端应在两处及以上固定于钢筋混凝土梁板结构上。锚固型钢悬挑梁的 U 形钢筋拉环或锚固螺栓直径不宜小于 16mm（图 6.10.2）。

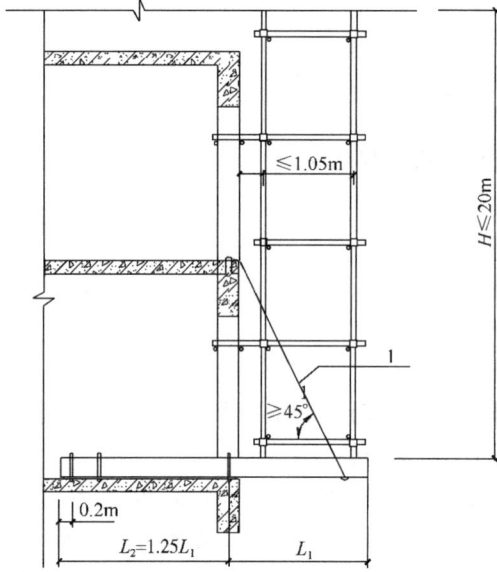

图 6.10.2 型钢悬挑脚手架构造
1—钢丝绳或钢拉杆

6.10.4 每个型钢悬挑梁外端宜设置钢丝绳或钢拉杆与上一层建筑结构斜拉结。钢丝绳、钢拉杆不参与悬挑钢梁受力计算；钢丝绳与建筑结构拉结的吊环应使用 HPB235 级钢筋，其直径不宜小于 20mm，吊环预埋锚固长度应符合现行国家标准《混凝土结构设计规范》GB 50010 中钢筋锚固的规定（图 6.10.2）。

6.10.5 悬挑钢梁悬挑长度应按设计确定，固定段长度不应小于悬挑段长度的 1.25 倍。型钢悬挑梁固定端应采用 2 个（对）及以上 U 形钢筋拉环或锚固螺栓与建筑结构梁板固定，U 形钢筋拉环或锚固螺栓应预埋至混凝土梁、板底层钢筋位置，并应与混凝土梁、板底层钢筋焊接或绑扎牢固，其锚固长度应符合现行国家标准《混凝土结构设计规范》GB 50010 中钢筋锚固的规定（图 6.10.5-1、图 6.10.5-2、图 6.10.5-3）。

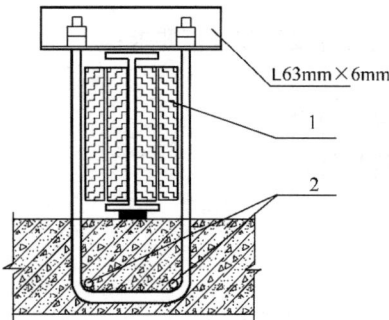

图 6.10.5-1 悬挑钢梁 U 形螺栓固定构造
1—木楔侧向楔紧；2—两根 1.5m
长直径 18mmHRB335 钢筋

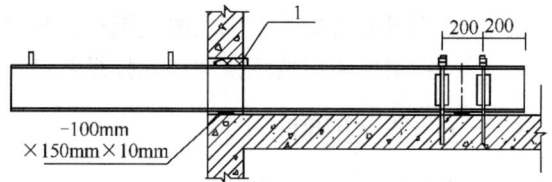

图 6.10.5-2 悬挑钢梁穿墙构造
1—木楔楔紧

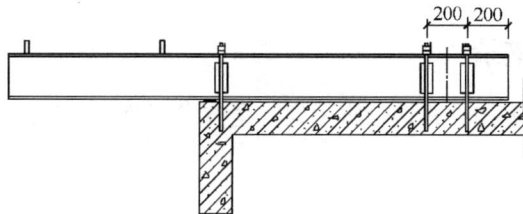

图 6.10.5-3 悬挑钢梁楼面构造

摘录二：

6.10.12 锚固型钢的主体结构混凝土强度等级不得低于 C20。

摘录三：

6.10.9 悬挑梁间距应按悬挑架架体立杆纵距设置，每一纵距设置一根。

【依据二】《建筑施工门式钢管脚手架安全技术规范》JGJ 128—2010

【条文摘录】

摘录一：

6.9.2 型钢悬挑梁锚固段长度应不小于悬挑段长度的 1.25 倍，悬挑支承点应设置在建筑结构的梁板上，不得设置在外伸阳台或悬挑楼板上（有加固措施的除外）（图6.9.2）。

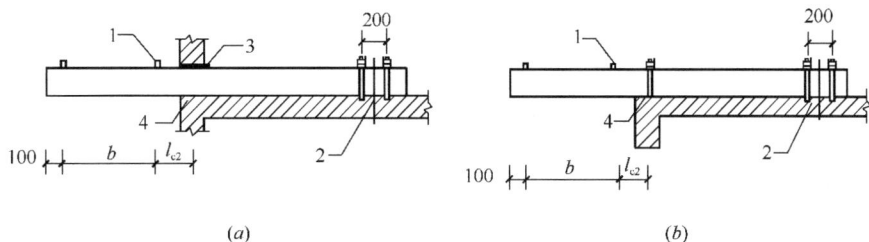

图 6.9.2 型钢悬挑梁在主体结构上的设置

（a）型钢悬挑梁穿墙设置；（b）型钢悬挑梁楼面设置

1—DN25 短钢管与钢梁焊接；2—锚固段压点；3—木楔；

4—钢板（150mm×100mm×10mm）

6.9.3 型钢悬挑梁宜采用双轴对称截面的型钢。

6.9.4 型钢悬挑梁的锚固段压点应采用不少于 2 个（对）的预埋 U 形钢筋拉环或螺栓固定；锚固位置的楼板厚度不应小于 100mm，混凝土强度不应低于 20MPa。U 形钢筋拉环或螺栓应埋设在梁板下排钢筋的上边，并与结构钢筋焊接或绑扎牢固，锚固长度应符合现行国家标准《混凝土结构设计规范》GB 50010 中钢筋锚固的规定（图6.9.4）。

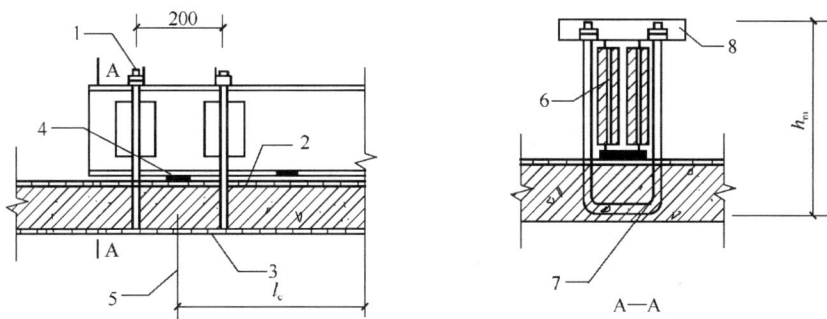

图 6.9.4 型钢悬挑梁与楼板固定

1—锚固螺栓；2—负弯矩钢筋；3—建筑结构楼板；4—钢板；5—锚固螺栓中心；

6—木楔；7—锚固钢筋（2ϕ18 长 1500mm）；8—角钢

摘录二：

6.9.11 每个型钢悬挑梁外端宜设置钢丝绳或钢拉杆与上一层建筑结构斜拉结（图6.9.11），钢丝绳、钢拉杆不得作为悬挑支撑结构的受力构件。

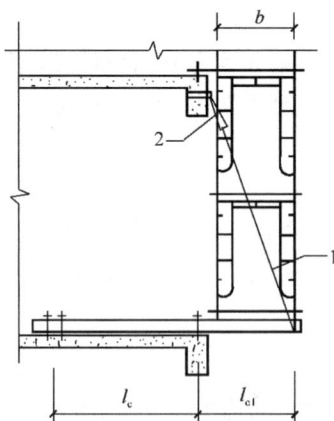

图 6.9.11 型钢悬挑梁端钢丝绳与建筑结构拉结

1—钢丝绳；2—花篮螺栓

摘录三：

6.9.1 悬挑脚手架的悬挑支承结构应根据施工方案布设，其位置应与门架立杆位置对应，每一跨距宜设置一根型钢悬挑梁，并应按确定的位置设置预埋件。

9.2.4 补充说明

1. 本检查项目有 5 个控制点，全数检查。

2. 《标准》2011 年版按《建筑施工扣件式钢管脚手架安全技术规范》JGJ 130—2011 和《建筑施工门式钢管脚手架安全技术规范》JGJ 128—2010 的规定，对内容进行了更新并细化。

9.3 架 体 稳 定

9.3.1 条文

1. 立杆底部应与钢梁连接柱固定；

2. 承插式立杆接长应采用螺栓或销钉固定；

3. 纵横向扫地杆的设置应符合规范要求；

4. 剪刀撑应沿悬挑架体高度连续设置，角度应为 $45°\sim60°$；

5. 架体应按规定设置横向斜撑；

6. 架体应采用刚性连墙件与建筑结构拉结，设置的位置、数量应符合设计和规范要求。

9.3.2 条文说明

立杆在悬挑钢梁上的定位点可采取竖直焊接长 0.2m、直径 25mm～30mm 的钢筋或短管等方式；在架体内侧及两端设置横向斜杆并与主体结构加强连接；连墙件偏离主节点的距离不能超过 300mm，目的在于增强对架体横向变形的约束能力。

9.3.3 依据及条文摘录

【依据一】《建筑施工扣件式钢管脚手架安全技术规范》JGJ 130—2011

【条文摘录】

摘录一:

6.10.7 型钢悬挑梁悬挑端应设置能使脚手架立杆与钢梁可靠固定的定位点,定位点离悬挑梁端部不应小于100mm。

摘录二:

6.3.2 脚手架必须设置纵、横向扫地杆。纵向扫地杆应采用直角扣件固定在距钢管底端不大于200mm处的立杆上。横向扫地杆应采用直角扣件固定在紧靠纵向扫地杆下方的立杆上。

摘录三:

6.10.10 悬挑架的外立面剪刀撑应自下而上连续设置。剪刀撑设置应符合本规范第6.6.2条的规定,横向斜撑设置应符合规范第6.6.5条的规定。

摘录四:

6.6.2 单、双排脚手架剪刀撑的设置应符合下列规定:

1 每道剪刀撑跨越立杆的根数应按表6.6.2的规定确定。每道剪刀撑宽度不应小于4跨,且不应小于6m,斜杆与地面的倾角应在45°~60°之间。

剪力撑跨越立杆的最多根数 表6.6.2

剪刀撑斜杆与地面的倾角 a	45°	50°	60°
剪刀撑跨越立杆的最多根数 n	7	6	5

2 剪刀撑斜杆的接长应采用搭接或对接,搭接应符合本规范第6.3.6条第2款(见本书第4.6.3条)的规定。

3 剪刀撑斜杆应用旋转扣件固定在与之相交的横向水平杆的伸出端或立杆上,旋转扣件中心线至主节点的距离不应大于150mm。

摘录五:

6.6.5 开口型双排脚手架的两端均必须设置横向斜撑。(强制性条文)

摘录六:

6.4 连墙件

6.4.1 脚手架连墙件设置的位置、数量应按专项施工方案确定。

6.4.2 脚手架连墙件数量的设置除应满足本规范的计算要求外,还应符合表6.4.2的规定。

连墙件布置最大间距 表6.4.2

搭设方法	高度	竖向间距 (h)	水平间距 (l_a)	每根连墙件覆盖面积 (m²)
双排落地	≤50m	$3h$	$3l_a$	≤40
双排悬挑	>50m	$2h$	$3l_a$	≤27
单排	≤24m	$3h$	$3l_a$	≤40

注:h—步距;l_a—纵距。

6.4.3 连墙件的布置应符合下列规定:

1 应靠近主节点设置，偏离主节点的距离不应大于300mm；

2 应从底层第一步纵向水平杆处开始设置，当该处设置有困难时，应采用其他可靠措施固定；

3 应优先采用菱形布置，或采用方形、矩形布置。

6.4.4 开口型脚手架的两端必须设置连墙件，连墙件的垂直间距不应大于建筑物的层高，并且不应大于4m。（强制性条文）

6.4.5 连墙件中的连墙杆应呈水平设置，当不能水平设置时，应向脚手架一端下斜连接。

6.4.6 连墙件必须采用可承受拉力和压力的构造。对高度24m以上的双排脚手架，应采用刚性连墙件与建筑物连接。

6.4.7 当脚手架下部暂不能设连墙件时应采取防倾覆措施。当搭设抛撑时，抛撑应采用通长杆件，并用旋转扣件固定在脚手架上，与地面的倾角应在45°～60°之间；连接点中心至主节点的距离不应大于300mm。抛撑应在连墙件搭设后方可拆除。

6.4.8 架高超过40m且有风涡流作用时，应采取抗上升翻流作用的连墙措施。

【依据二】《建筑施工门式钢管脚手架安全技术规范》JGJ 128—2010

【条文摘录】

摘录一：

6.9.8 悬挑脚手架底层门架立杆与型钢悬挑梁应可靠连接，不得滑动或窜动。型钢梁上应设置固定连接棒与门架立杆连接，连接棒的直径不应小于25mm，长度不应小于100mm，应与型钢梁焊接牢固。

6.9.9 悬挑脚手架的底层门架两侧立杆应设置纵向扫地杆，并应在脚手架的转角处、两端和中间间隔不超过15m的底层门架上各设置一道单跨距的水平剪刀撑，剪刀撑斜杆应与门架立杆底部扣紧。

摘录二：

6.5 连墙件

6.5.1 连墙件设置的位置、数量应按专项施工方案确定，并应按确定的位置设置预埋件。

6.5.2 连墙件的设置除应满足本规范的计算要求外，尚应满足表6.5.2的要求。

连墙件最大间距或最大覆盖面积 表6.5.2

序号	脚手架搭设方式	脚手架高度 (m)	连墙件间距（m）		每根连墙件覆盖面积 (m²)
			竖向	水平向	
1	落地、密目式安全网全封闭	≤40	3h	3l	≤40
2		>40	2h	3l	≤27
3					
4	悬挑、密目式安全网全封闭	≤40	3h	3l	≤40
5		40～60	2h	3l	≤27
6		>60	2h	2l	≤20

注：1 序号4～6为架体位于地面上高度；

2 按每根连墙件覆盖面积选择连墙件设置时，连墙件的竖向间距不应大于6m；

3 表中h为步距；l为跨距。

6.5.3 在门式脚手架的转角处或开口型脚手架端部，必须增设连墙件，连墙件的垂直间距不应大于建筑物的层高，且不应大于4.0m。(强制性条文)

6.5.4 连墙件应靠近门架的横杆设置，距门架横杆不宜大于200mm。连墙件应固定在门架的立杆上。

6.5.5 连墙件宜水平设置，当不能水平设置时，与脚手架连接的一端，应低于与建筑结构连接的一端，连墙杆的坡度宜小于1：3。

【依据三】《建筑施工承插型盘扣式钢管支架安全技术规程》JGJ 231—2010

【条文摘录】

7.5.6 当搭设悬挑外脚手架时，立杆的套管连接接长部位应采用螺栓作为立杆连接件固定。

9.3.4 补充说明

1. 本检查项目有6个控制点，全数检查。

2. 《标准》2011年版按《建筑施工扣件式钢管脚手架安全技术规范》JGJ 130—2011和《建筑施工门式钢管脚手架安全技术规范》JGJ 128—2010的规定，对内容进行更新并细化。

9.4 脚 手 板

9.4.1 条文

1. 脚手板材质、规格应符合规范要求；
2. 脚手板铺设应严密、牢固，探出横向水平杆长度不应大于150mm。

9.4.2 条文说明

架体使用的脚手板宽度、厚度以及材质，类型应符合规范要求，通过限定脚手板的对接和搭接尺寸，控制探头板长度，以防止脚手板倾翻或滑脱。

9.4.3 依据及条文摘录

【依据一】《建筑施工扣件式钢管脚手架安全技术规范》JGJ 130—2011

【条文摘录】

摘录一：

3.3 脚手板

3.3.1 脚手板可采用钢、木、竹材料制作，单块脚手板的质量不宜大于30kg。

3.3.2 冲压钢脚手板的材质应符合现行国家标准《碳素结构钢》GB/T 700中Q235级钢的规定。

3.3.3 木脚手板材质应符合现行国家标准《木结构设计规范》GB 50005中II_a级材质的规定。脚手板厚度不应小于50mm，两端宜各设置直径不小于4mm的镀锌钢丝箍两道。

3.3.4 竹脚手板宜采用由毛竹或楠竹制作的竹串片板、竹笆板；竹串片脚手板应符合现行行业标准《建筑施工木脚手架安全技术规范》JGJ 164 的相关规定。

摘录二：

6.2.4 脚手板的设置应符合下列规定：

1 作业层脚手板应铺满、铺稳、铺实；

2 冲压钢脚手板、木脚手板、竹串片脚手板等，应设置在三根横向水平杆上。当脚手板长度小于 2m 时，可采用两根横向水平杆支承，但应将脚手板两端与横向水平杆可靠固定，严防倾翻。脚手板的铺设应采用对接平铺或搭接铺设。脚手板对接平铺时，接头处应设两根横向水平杆，脚手板外伸长度应取 130mm ～150mm，两块脚手板外伸长度的和不应大于 300mm［图 6.2.4 (a)］；脚手板搭接铺设时，接头应支在横向水平杆上，搭接长度不应小于 200mm，其伸出横向水平杆的长度不应小于 100mm［图 6.2.4 (b)］。

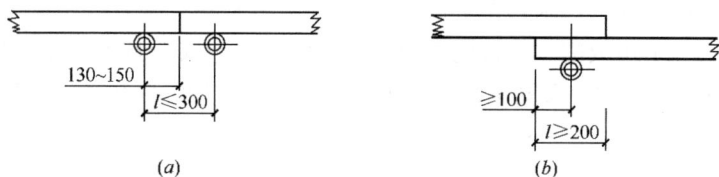

图 6.2.4 脚手板对接、搭接构造
(a) 脚手板对接；(b) 脚手板搭接

3 竹笆脚手板应按其主竹筋垂直于纵向水平杆方向铺设，且应对接平铺，四个角应用直径不小于 1.2mm 的镀锌钢丝固定在纵向水平杆上。

4 作业层端部脚手板探头长度应取 150mm，其板的两端均应固定于支承杆件上。

【依据二】《建筑施工门式钢管脚手架安全技术规范》JGJ 128—2010

【条文摘录】

6.2.5 门式脚手架作业层应连续满铺与门架配套的挂扣式脚手板，并应有防止脚手板松动或脱落的措施。当脚手板上有孔洞时，孔洞的内切圆直径不应大于 25mm。

9.4.4 补充说明

1. 本检查项目有 3 个控制点，全数检查。

2. 《标准》2011 年版按《建筑施工扣件式钢管脚手架安全技术规范》JGJ 130—2011 和《建筑施工门式钢管脚手架安全技术规范》JGJ 128—2010 的规定，对内容进行了更新并细化。

9.5 荷 载

9.5.1 条文

架体上施工荷载应均匀，并不应超过设计和规范要求。

9.5.2 条文说明

架体上的荷载应均匀布置，均布荷载、集中荷载应在设计允许范围内。

9.5.3 依据及条文摘录

【依据一】《建筑施工扣件式钢管脚手架安全技术规范》JGJ 130—2011

【条文摘录】

9.0.5 作业层上的施工荷载应符合设计要求，不得超载。不得将模板支架、缆风绳、泵送混凝土和砂浆的输送管等固定在架体上；严禁悬挂起重设备，严禁拆除或移动架体上安全防护设施。（强制性条文）

【依据二】《建筑施工门式钢管脚手架安全技术规范》JGJ 128—2010

【条文摘录】

9.0.3 门式脚手架与模板支架作业层上严禁超载。（强制性条文）

9.0.4 严禁将模板支架、缆风绳、混凝土泵管、卸料平台等固定在门式脚手架上。（强制性条文）

9.5.4 补充说明

1. 本检查项目有 2 个控制点，全数检查。

2. 荷载计算按《建筑施工扣件式钢管脚手架安全技术规范》JGJ 130—2011 和《建筑施工门式钢管脚手架安全技术规范》JGJ 128—2010 的有关规定执行。

9.6 交 底 与 验 收

9.6.1 条文

1. 架体搭设前应进行安全技术交底，并应有文字记录；

2. 架体分段搭设、分段使用时，应进行分段验收；

3. 搭设完毕应办理验收手续，验收应有量化内容并经责任人签字确认。

9.6.2 条文说明

脚手架在搭设前，施工负责人应按照方案结合现场作业条件进行细致的安全技术交底；脚手架搭设完毕或分段搭设完毕，应由施工负责人组织有关人员进行检查验收，验收内容应包括用数据衡量合格与否的项目，确认符合要求后，才可投入使用或进入下一阶段作业。

9.6.3 依据及条文摘录

【依据一】《建筑施工扣件式钢管脚手架安全技术规范》JGJ 130—2011

【条文摘录】

摘录一：

7.1.1 脚手架搭设前，应按专项施工方案向施工人员进行交底。

摘录二：

8.2.1 脚手架及其地基基础应在下列阶段进行检查与验收：

1 基础完工后及脚手架搭设前；

2 作业层上施加荷载前；

3 每搭设完 6m～8m 高度后；

4 达到设计高度后；

5 遇有六级强风及以上风或大雨后，冻结地区解冻后；

6 停用超过一个月。

8.2.2 应根据下列技术文件进行脚手架检查、验收：

1 本规范第 8.2.3 条～第 8.2.5 条的规定；

2 专项施工方案及变更文件；

3 技术交底文件；

4 构配件质量检查表（本规范附录 D 表 D，见本书第 4.6.3 条）。

8.2.3 脚手架使用中，应定期检查下列要求内容：

1 杆件的设置和连接，连墙件、支撑、门洞桁架等的构造应符合本规范和专项施工方案的要求；

2 地基应无积水，底座应无松动，立杆应无悬空；

3 扣件螺栓应无松动；

4 高度在 24m 以上的双排、满堂脚手架，其立杆的沉降与垂直度的偏差应符合本规范表 8.2.4（见本书第 4.6.3 条）项次 1、2 的规定；高度在 20m 以上的满堂支撑架，其立杆的沉降与垂直度的偏差应符合本规范表 8.2.4 项次 1、3 的规定；

5 安全防护措施应符合本规范要求；

6 应无超载使用。

【依据二】《建筑施工门式钢管脚手架安全技术规范》JGJ 128—2010

【条文摘录】

摘录一：

7.1.1 门式脚手架与模板支架搭设与拆除前，应向搭拆和使用人员进行安全技术交底。

摘录二：

8.2.1 搭设前，对门式脚手架或模板支架的地基与基础应进行检查，经验收合格后方可搭设。

8.2.2 门式脚手架搭设完毕或每搭设 2 个楼层高度，满堂脚手架、模板支架搭设完毕或每搭设 4 步高度，应对搭设质量及安全进行一次检查，经检验合格后方可交付使用或继续搭设。

9.6.4 补充说明

1. 本检查项目有 4 个控制点，全数检查。

2. 施工前必须交底，并形成《安全技术交底》表。

3. 《标准》2011 年版要求验收有具体量化内容。

9.7 杆 件 间 距

9.7.1 条文

1. 立杆纵、横向间距、纵向水平杆步距应符合设计和规范要求；
2. 作业层应按脚手板铺设的需要增加横向水平杆。

9.7.2 依据及条文摘录

【依据】《建筑施工扣件式钢管脚手架安全技术规范》JGJ 130—2011

【条文摘录】

摘录一：

6.1 常用单、双排脚手架设计尺寸

6.1.1 常用密目式安全立网全封闭单、双排脚手架结构的设计尺寸，可按表6.1.1-1、表6.1.1-2采用。

常用密目式安全立网全封闭式双排脚手架的设计尺寸（m） 表 6.1.1-1

连墙件设置	立杆横距 l_b	步距 h	下列荷载时的立杆纵距 l_a				脚手架允许搭设高度 $[H]$
			2+0.35 （kN/m²）	2+2+2×0.35 （kN/m²）	3+0.35 （kN/m²）	3+2+2×0.35 （kN/m²）	
二步三跨	1.05	1.50	2.0	1.5	1.5	1.5	50
		1.80	1.8	1.5	1.5	1.5	32
	1.30	1.50	1.8	1.5	1.5	1.5	50
		1.80	1.8	1.2	1.5	1.2	30
	1.55	1.50	1.8	1.5	1.5	1.5	38
		1.80	1.8	1.2	1.5	1.2	22
三步三跨	1.05	1.50	2.0	1.5	1.5	1.5	43
		1.80	1.8	1.2	1.5	1.2	24
	1.30	1.5	1.8	1.5	1.5	1.2	30
		1.80	1.8	1.2	1.5	1.2	17

注：1 表中所示 2+2+2×0.35 （kN/m²），包括下列荷载：2+2 （kN/m²）为二层装修作业层施工荷载标准值；2×0.35 （kN/m²）为二层作业层脚手板自重荷载标准值。

2 作业层横向水平杆间距，应按不大于 $l_a/2$ 设置。

3 地面粗糙度为 B 类，基本风压 $w_0 = 0.4kN/m^2$。

摘录二：

6.2.2 横向水平杆的构造应符合下列规定：

1 作业层上非主节点处的横向水平杆，宜根据支承脚手板的需要等间距设置，最大间距不应大于纵距的 1/2。

9.7.3 补充说明

1. 本检查项目有 3 个控制点，全数检查。

2. 《标准》2011 年版按《建筑施工扣件式钢管脚手架安全技术规范》JGJ 130—2011 和《建筑施工门式钢管脚手架安全技术规范》JGJ 128—2010 的规定，对内容进行了更新并细化。

9.8 架体防护

9.8.1 条文

1. 作业层应按规范要求设置防护栏杆；

2. 作业层外侧应设置高度不小于 180mm 的挡脚板；

3. 架体外侧应采用密目式安全网封闭，网间连接应严密。

9.8.2 条文说明

作业层的防护栏杆、挡脚板、安全网应按规范要求正确设置，以防止作业人员坠落和作业面上的物料滚落。

9.8.3 依据及条文摘录

【依据一】《建筑施工扣件式钢管脚手架安全技术规范》JGJ 130—2011

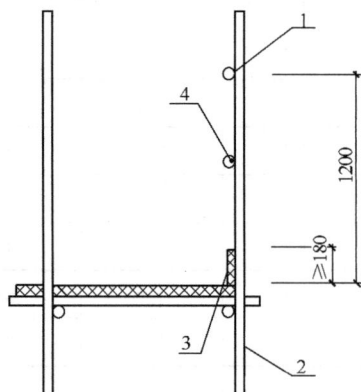

图 7.3.12　栏杆与挡脚板构造

1—上栏杆；2—外立杆；3—挡脚板；4—中栏杆

【条文摘录】

摘录一：

7.3.12　作业层、斜道的栏杆和挡脚板的搭设应符合下列规定（图 7.3.12）：

1　栏杆和挡脚板均应搭设在外立杆的内侧；

2　上栏杆上皮高度应为 1.2m；

3　挡脚板高度不应小于 180mm；

4　中栏杆应居中设置。

摘录二：

9.0.12　单、双排脚手架、悬挑式脚手架沿架体外围应用密目式安全网全封闭，密目式安全网宜设置在脚手架外立杆的内侧，并应与架体绑扎牢固。

【依据二】《建筑施工门式钢管脚手架安全技术规范》JGJ 128—2010

【条文摘录】

摘录一：

7.3.2　搭设门架及配件除应符合本规范第 6 章的规定外，尚应符合下列要求：

4　在施工作业层外侧周边应设置 180mm 高的挡脚板和两道栏杆，上道栏杆高度应为 1.2m，下道栏杆应居中设置。挡脚板和栏杆均应设置在门架立杆的内侧。

摘录二：

9.0.12 门式脚手架外侧应设置密目式安全网，网间应严密，防止坠物伤人。

9.8.4 补充说明

1. 本检查项目有 3 个控制点，全数检查。

2. 《标准》2011 年版按《建筑施工扣件式钢管脚手架安全技术规范》JGJ 130—2011 和《建筑施工门式钢管脚手架安全技术规范》JGJ 128—2010 的规定，对内容进行了更新并细化。

9.9 层 间 防 护

9.9.1 条文

1. 架体作业层脚手板下应采用安全平网兜底，以下每隔 10m 应采用安全平网封闭；

2. 作业层里排架体与建筑物之间应采用脚手板或安全平网封闭；

3. 架体底层沿建筑结构边缘在悬挑钢梁与悬挑钢梁之间应采取措施封闭；

4. 架体底层应进行封闭。

层间防护如图 9.9.1 所示。

图 9.9.1 层间防护

9.9.2 依据及条文摘录

【依据一】《建筑施工扣件式钢管脚手架安全技术规范》JGJ 130—2011

【条文摘录】

9.0.11 脚手板应铺设牢靠、严实，并应用安全网双层兜底。施工层以下每隔 10m 应用安全网封闭。

【依据二】《建筑施工门式钢管脚手架安全技术规范》JGJ 128—2010

【条文摘录】

6.9.12 悬挑脚手架在底层应铺满脚手板，并应将脚手板与型钢梁连接牢固。

9.9.3 补充说明

1. 本检查项目有 4 个控制点，全数检查。

2.《标准》2011 年版按《建筑施工扣件式钢管脚手架安全技术规范》JGJ 130—2011 和《建筑施工门式钢管脚手架安全技术规范》JGJ 128—2010 的规定，对内容进行了更新并细化。

9.10 构 配 件 材 质

图 9.10.1 型钢

9.10.1 条文

1. 型钢、钢管、构配件规格材质应符合规范要求；

2. 型钢、钢管弯曲、变形、锈蚀应在规范允许范围内。

型钢如图 9.10.1 所示。

9.10.2 依据及条文摘录

【依据一】《建筑施工扣件式钢管脚手架安全技术规范》JGJ 130—2011

【条文摘录】

摘录一：

3 构配件

3.1 钢管

3.1.1 脚手架钢管应采用现行国家标准《直缝电焊钢管》GB/T 13793 或《低压流体输送用焊接钢管》GB/T 3091 中规定的 Q235 普通钢管；钢管的钢材质量应符合现行国家标准《碳素结构钢》GB/T 700 中 Q235 级钢的规定。

3.1.2 脚手架钢管宜采用 $\phi 48.3 \times 3.6$ 钢管。每根钢管的最大质量不应大于 25.8kg。

3.2 扣件

3.2.1 扣件应采用可锻铸铁或铸钢制作，其质量和性能应符合现行国家标准《钢管脚手架扣件》GB 15831 的规定。采用其他材料制作的扣件，应经试验证明其质量符合该标准的规定后方可使用。

摘录二：

3.5 悬挑脚手架用型钢

3.5.1 悬挑脚手架用型钢的材质应符合现行国家标准《碳素结构钢》GB/T 700 或《低合金高强度结构钢》GB/T 1591 的规定。

3.5.2 用于固定型钢悬挑梁的 U 形钢筋拉环或锚固螺栓材质应符合现行国家标准《钢筋混凝土用钢 第 1 部分：热轧光圆钢筋》GB 1499.1 中 HPB235 级钢筋的规定。

摘录三：

8.1.8 构配件允许偏差应符合表 8.1.8（见本书第 4.10.3 条）的规定。

【依据二】《建筑施工门式钢管脚手架安全技术规范》JGJ 128—2010

【条文摘录】

摘录一：

3. 构配件

3.0.1 门架与配件的钢管应采用现行国家标准《直缝电焊钢管》GB/T 13793 或《低压流体输送用焊接钢管》GB/T 3091 中规定的普通钢管，其材质应符合现行国家标准《碳素结构钢》GB/T 700 中 Q 235 级钢的规定。门架与配件的性能、质量及型号的表述方法应符合现行行业产品标准《门式钢管脚手架》JG 13 的规定。

3.0.2 周转使用的门架与配件应按本规范附录 A 的规定进行质量类别判定与处置。

3.0.3 门架立杆加强杆的长度不应小于门架高度的 70%；门架宽度不得小于 800mm，且不宜大于 1200mm。

3.0.4 加固杆钢管应符合现行国家标准《直缝电焊钢管》GB/T 13793 或《低压流体输送用焊接钢管》GB/T 3091 中规定的普通钢管，其材质应符合现行国家标准《碳素结构钢》GB/T 700 中 Q235 级钢的规定。宜采用直径 $\phi42\times2.5$mm 的钢管，也可采用直径 $\phi48\times3.5$mm 的钢管；相应的扣件规格也应分别为 $\phi42$、$\phi48$ 或 $\phi42/\phi48$。

3.0.5 门架钢管平直度允许偏差不应大于管长的 1/500，钢管不得接长使用，不应使用带有硬伤或严重锈蚀的钢管。门架立杆、横杆钢管壁厚的负偏差不应超过 0.2mm。钢管壁厚存在负偏差时，宜选用热镀锌钢管。

3.0.6 交叉支撑、锁臂、连接棒等配件与门架相连时，应有防止退出的止退机构，当连接棒与锁臂一起应用时，连接棒可不受此限。脚手板、钢梯与门架相连的挂扣，应有防止脱落的扣紧机构。

3.0.7 底座、托座及其可调螺母应采用可锻铸铁或铸钢制作，其材质应符合现行国家标准《可锻铸铁件》GB/T 9440 中 KTH-330-08 或《一般工程用铸造碳钢件》GB/T 11352 中 ZG230-450 的规定。

3.0.8 扣件应采用可锻铸铁或铸钢制作，其质量和性能应符合现行国家标准《钢管脚手架扣件》GB 15831 的要求。连接外径为 $\phi42/\phi48$ 管的扣件应有明显标记。

3.0.9 连墙件宜采用钢管或型钢制作，其材质应符合现行国家标准《碳素结构钢》GB/T 700 中 Q235 级钢或《低合金高强度结构钢》GB/T 1591 中 Q345 级钢的规定。

3.0.10 悬挑脚手架的悬挑梁或悬挑桁架宜采用型钢制作，其材质应符合现行国家标准《碳素结构钢》GB/T 700 中 Q 235B 级钢或《低合金高强度结构钢》GB/T 1591 中 Q345 级钢的规定。用于固定型钢悬挑梁或悬挑桁架的 U 形钢筋拉环或锚固螺栓材质应符合现行国家标准《钢筋混凝土用钢 第 1 部分：热轧光圆钢筋》GB 1499.1 中 HPB235 级钢筋或《钢筋混凝土用钢 第 2 部分：热轧带肋钢筋》GB 1499.2 中 HRB335 级钢筋的规定。

3.0.11 门架、配件及扣件的计算用表可按本规范附录 B 的规定采用。

摘录二：

附录 A 门架、配件质量分类

A.1 门架与配件质量类别及处理规定

A.1.1 周转使用的门架与配件可分为 A、B、C、D 四类，并应符合下列规定：

1 A类：有轻微变形、损伤、锈蚀。经清除粘附砂浆泥土等污物，除锈、重新油漆等保养工作后可继续使用。

2 B类：有一定程度变形或损伤（如弯曲、下凹），锈蚀轻微。应经矫正、平整、更换部件、修复、补焊、除锈、油漆等修理保养后继续使用。

3 C类：锈蚀较严重。应抽样进行荷载试验后确定能否使用，试验应按现行行业产品标准《门式钢管脚手架》JG 13 中的有关规定进行。经试验确定可使用者，应按B类要求经修理保养后使用；不能使用者，则按D类处理。

4 D类：有严重变形、损伤或锈蚀。不得修复，应报废处理。

A.2 质量类别判定

A.2.1 周转使用的门架与配件质量类别判定应按表 A.2.1-1～表 A.2.1-5 的规定划分。

门架质量分类 表 A 2.1-1

部位及项目		A类	B类	C类	D类
立杆	弯曲（门架平面外）	≤4mm	>4mm	—	—
	裂纹	无	微小		有
	下凹	无	轻微	较严重	≥4mm
	壁厚	≥2.2mm	—		<2.2mm
	端面不平整	≤0.3mm			>0.3mm
	锁销损坏	无	损伤或脱落		
	锁销间距	±1.5mm	>1.5mm <−1.5mm		
	锈蚀	无或轻微	有	较严重（鱼鳞状）	深度≥0.3mm
	立杆（中—中）尺寸变形	±5mm	>5mm <−5mm		
	下部堵塞	无或轻微	较严重	—	—
	立杆下部长度	≤400mm	>400mm		
横杆	弯曲	无或轻微	严重		
	裂纹	无	轻微	—	有
	下凹	无或轻微	≤3mm	—	>3mm
	锈蚀	无或轻微	有	较严重	深度≥0.3mm
	壁厚	≥2mm			<2mm
加强杆	弯曲	无或轻微	有		
	裂纹	无	有	—	—
	下凹	无或轻微	有		
	锈蚀	无或轻微	有	较严重	深度≥0.3mm
其他	焊接脱落	无	轻微缺陷	严重	—

脚手板质量分类 表 A.2.1-2

	部位及项目	A 类	B 类	C 类	D 类
脚手板	裂纹	无	轻微	较严重	严重
	下凹	无或轻微	有	较严重	—
	锈蚀	无或轻微	有	较严重	深度≥0.2mm
	面板厚	≥1.0mm	—	—	<1.0mm
搭钩零件	裂纹	无	—	—	有
	锈蚀	无或轻微	有	较严重	深度≥0.2mm
	铆钉损坏	无	损伤、脱落	—	—
	弯曲	无	轻微	—	严重
	下凹	无	轻微	—	严重
	锁扣损坏	无	脱落、损伤	—	—
其他	脱焊	无	轻微	—	严重
	整体变形、翘曲	无	轻微	—	严重

交叉支撑质量分类 表 A.2.1-3

部位及项目	A 类	B 类	C 类	D 类
弯曲	≤3mm	<3mm	—	—
端部孔周裂纹	无	轻微	—	严重
下凹	无或轻微	有	—	严重
中部铆钉脱落	无	有	—	—
锈蚀	无或轻微	有	—	严重

连接棒质量分类 表 A.2.1-4

部位及项目	A 类	B 类	C 类	D 类
弯曲	无或轻微	有	—	严重
锈蚀	无或轻微	有	较严重	深度≥0.2mm
凸环脱落	无	轻微	—	—
凸环倾斜	≤0.3mrn	>0.3mm	—	—

可调底座、可调托座质量分类 表 A.2.1-5

	部位及项目	A 类	B 类	C 类	D 类
螺杆	螺牙缺损	无或轻微	有	—	严重
	弯曲	无	轻微	—	严重
	锈蚀	无或轻微	有	较严重	严重
扳手、螺母	扳手断裂	无	轻微	—	—
	螺母转动困难	无	轻微	—	严重
	锈蚀	无或轻微	有	较严重	严重

部位及项目		A类	B类	C类	D类
底板	翘曲	无或轻微	有	—	—
	与螺杆不垂直	无或轻微	有	—	—
	锈蚀	无或轻微	有	较严重	严重

A.2.2 根据本规范附录A第A.2.1条表A.2.1-1～表A.2.1-5的规定，周转使用的门架与配件质量类别判定应符合下列规定：

1 A类：表中所列A类项目全部符合；

2 B类：表中所列B类项目有一项和一项以上符合，但不应有C类和D类中任一项；

3 C类：表中C类项目有一项和一项以上符合，但不应有D类中任一项；

4 D类：表中D类项目有任一项符合。

A.3 标志

A.3.1 门架及配件挑选后，应按质量分类和判定方法分别做上标志。

A.3.2 门架及配件分类经维修、保养、修理后必须标明"检验合格"的明显标志和检验日期，不得与未经检验和处理的门架及配件混放或混用。

A.4 抽样检查

A.4.1 抽样方法：C类品中，应采用随机抽样方法，不得挑选。

A.4.2 样本数量：C类样品中，门架或配件总数小于或等于300件时，样本数不得少于3件；大于300件时，样本数不得少于5件。

A.4.3 样品试验：试验项目及试验方法应符合现行行业产品标准《门式钢管脚手架》JG13的有关规定。

摘录三：

附录B 计算用表

B.0.1 门架几何尺寸及杆件规格应符合下列规定。

1 MF1219系列门架几何尺寸及杆件规格应符合表B.0.1-1的规定。

MF1219系列门架几何尺寸及杆件规格　　　　　　　表B.0.1-1

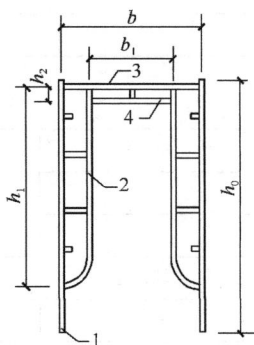

1—立杆；
2—立杆加强杆；
3—横杆；
4—横杆加强杆

门架代号		MF1219	
门架几何尺寸 （mm）	h_2	80	100
	h_0	1930	1900
	b	1219	1200
	b_1	750	800
	h_1	1536	1550
杆件外径 壁厚 （mm）	1	$\phi 42.0 \times 2.5$	$\phi 48.0 \times 3.5$
	2	$\phi 26.8 \times 2.5$	$\phi 26.8 \times 2.5$
	3	$\phi 42.0 \times 2.5$	$\phi 48.0 \times 3.5$
	4	$\phi 26.8 \times 2.5$	$\phi 26.8 \times 2.5$

注：表中门架代号含义同现行行业产品标准《门式钢管脚手架》JG13。

2 MF0817、MF1017 系列门架几何尺寸及杆件规格应符合表 B.0.1-2 的规定。

MF0817、MF1017 系列门架几何尺寸及杆件规格　　　　表 B.0.1-2

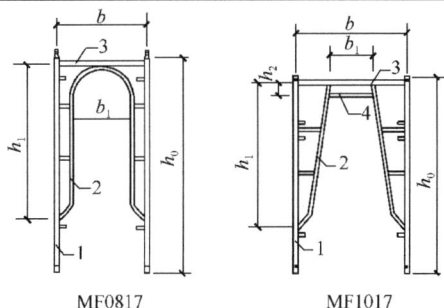

1—立杆；

2—立杆加强杆；

3—横杆；

4—横杆加强杆

MF0817　　　　MF1017

门架代号		MF0817	MF1017
门架几何尺寸 （mm）	h_2	—	114
	h_0	1750	1750
	b	758	1018
	b_1	510	402
	h_1	1260	1291
杆件外径壁厚 （mm）	1	$\phi 42.0 \times 2.5$	
	2	$\phi 26.8 \times 2.2$	
	3	$\phi 42.0 \times 2.5$	
	4	$\phi 26.8 \times 2.2$	

注：表中门架代号含义同现行行业产品标准《门式钢管脚手架》JG 13。

B.0.2　扣件规格及重量应符合表 B.0.2 的规定。

扣件规格及重量　　　　表 B.0.2

	规　　格	重量（标准值）（kN/个）
直角扣件	GKZ48、GKZ48/42、GKZ42	0.0135
旋转扣件	GKU48、GKU48/42、GKU42	0.0145

B.0.3　门架、配件重量宜符合下列规定：

1　MF1219 系列门架、配件重量宜符合表 B.0.3-1 的规定。

MF1219 系列门架、配件重量　　　　　　　　　　表 B.0.3-1

名　称	单　位	代　号	重量（标准值）(kN)
门架（φ42）	榀	MF1219	0.224
门架（φ42）	榀	MF1217	0.205
门架（φ48）	榀	MF1219	0.270
交叉支撑	副	G1812	0.040
脚手板	块	P1805	0.184
连接棒	个	J220	0.006
锁臂	副	L700	0.0085
固定底座	个	FS100	0.010
可调底座	个	AS400	0.035
可调托座	个	AU400	0.045
梯形架	榀	1F1212	0.133
承托架	榀	BF617	0.209
梯子	副	S1819	0.272

注：表中门架与配件的代号同现行行业产品标准《门式钢管脚手架》JG 13。

2　MF0817、MF1017 系列门架、配件重量宜符合表 B.0.3-2 的规定。

MF0817、MF1017 系列门架、配件重量　　　　　表 B.0.3-2

名　称	单　位	代　号	重量（标准值）(kN)
门架	榀	MF0817	0.153
门架	榀	MF1017	0.165
交叉支撑	副	G1812、G1512	0.040
脚手板	块	P1806、P1804、P1803	0.195、0.168、0.148
连接棒	个	J220	0.006
安全插销	个	C080	0.001
固定底座	个	FS100	0.010
可调底座	个	AS400	0.035
可调托座	个	AU400	0.045
梯形架	榀	LF1012、LF1009、LF1006	11.1、9.60、8.20
三角托	个	T0404	0.209
梯子	副	S1817	0.250

注：表中门架与配件的代号同现行行业产品标准《门式钢管脚手架》JG 13。

B.0.4　门式脚手架用钢管截面几何特性应符合表8.0.4的规定。

门式脚手架用钢管截面几何特性　　　　　　　　　　表 B.0.4

钢管外径 d（mm）	壁 厚 t（mm）	截面积 A （cm²）	截面惯性矩 I（cm⁴）	截面模量 W（cm³）	截面回转半径 i（cm）	每米长重量 （标准值）（N/m）
51	3.0	4.52	13.08	5.13	1.67	35.48
48.0	3.5	4.89	12.19	5.08	1.58	38.40
42.7	2.4	3.04	6.19	2.90	1.43	23.86
42.4	2.6	3.25	6.40	3.05	1.41	25.52
42.4	2.4	3.02	6.05	2.86	1.42	23.68
42.0	2.5	3.10	6.08	2.83	1.40	24.34
34.0	2.2	2.20	2.79	1.64	1.13	17.25
27.2	1.9	1.51	1.22	0.89	0.90	11.85
26.9	2.6	1.98	1.48	1.10	0.86	15.58
26.9	2.4	1.83	1.40	1.04	0.87	14.50
26.8	2.5	1.91	1.42	1.06	0.86	14.99
26.8	2.2	1.70	1.30	0.97	0.87	13.35

B.0.5　一榀门架的稳定承载力设计值应符合下列规定：

1　MF1219系列一榀门架的稳定承载力应符合表8.0.5-1的规定。

MF1219系列一榀门架的稳定承载力设计值　　　　　表 B.0.5-1

门 架 代 号		MF1219	
		$\phi42.0$	$\phi48.0$
门架高度 h_0（mm）		1930	1900
立杆加强杆高度 h_1（mm）		1536	1550
立杆换算截面回转半径 i（cm）		1.525	1.652
立杆长细比 λ	$H\leqslant40m$	148	135
	$40<H\leqslant55m$	154	140
立杆稳定系数 φ	$H\leqslant40m$	0.316	0.371
	$40<H\leqslant55m$	0.294	0.349
钢材强度设计值 f（N/mm²）		205	205
门架稳定承载力设计值 N^d （kN）	$H\leqslant40m$	40.16	74.38
	$40m<H\leqslant55m$	37.37	69.97

注：1 本表门架稳定承载力系根据本规范表 B.0.1-1 的门架计算，当采用的门架几何尺寸及杆件规格与本规范表
　　 B.0.1-1 不符合时应另行计算；

　　 2 表中 H 代表脚手架搭设高度。

2 MF0817、MF1017系列一榀门架的稳定承载力应符合表B.0.5-2的规定：

MF0817、MF1017系列一榀门架的稳定承载力设计值 表B.0.5-2

门架代号		MF0817	MF1017
		$\phi 42.0$	$\phi 42.0$
门架高度 h_0（mm）		1750	1750
立杆加强杆高度 h_1（mm）		1260	1291
立杆换算截面回转半径 i（cm）		4.428	1.507
立杆长细比 λ	$H \leqslant 40m$	138.71	136
	$40 < H \leqslant 55m$	144.64	142
立杆稳定系数 φ	$H \leqslant 40m$	0.354	0.367
	$40 < H \leqslant 55m$	0.329	0.340
钢材强度设计值 f（N/mm²）		205	205
门架稳定承载力设计值 N^d（kN）	$H \leqslant 40m$	44.89	46.60
	$40m < H \leqslant 55m$	41.81	43.21

注：1 本表门架稳定承载力系根据本规范表B.0.1-2的门架计算，当采用的门架几何尺寸及杆件规格与本规范表B.0.1-2不符合时应另行计算；

2 表中 H 代表脚手架搭设高度。

B.0.6 轴心受压构件的稳定系数 φ（Q235钢）应符合表8.0.6的规定。

轴心受压构件的稳定系数 φ（Q235钢） 表B.0.6

λ	0	1	2	3	4	5	6	7	8	9
0	1.000	0.997	0.995	0.992	0.989	0.987	0.984	0.981	0.979	0.976
10	0.974	0.971	0.968	0.966	0.963	0.960	0.958	0.955	0.952	0.949
20	0.947	0.944	0.941	0.938	0.936	0.933	0.930	0.927	0.924	0.921
30	0.918	0.915	0.912	0.909	0.906	0.903	0.899	0.896	0.893	0.889
40	0.886	0.882	0.879	0.875	0.872	0.868	0.864	0.861	0.858	0.855
50	0.852	0.849	0.846	0.843	0.839	0.836	0.832	0.829	0.825	0.822
60	0.818	0.814	0.810	0.806	0.802	0.797	0.793	0.789	0.784	0.779
70	0.775	0.770	0.765	0.760	0.755	0.750	0.744	0.739	0.733	0.728
80	0.722	0.716	0.710	0.704	0.698	0.692	0.686	0.680	0.673	0.667
90	0.661	0.654	0.648	0.641	0.634	0.626	0.618	0.611	0.603	0.595
100	0.588	0.580	0.573	0.566	0.558	0.551	0.544	0.537	0.530	0.523
110	0.516	0.509	0.502	0.496	0.489	0.483	0.476	0.470	0.464	0.458
120	0.452	0.446	0.440	0.434	0.428	0.423	0.417	0.412	0.406	0.401
130	0.396	0.391	0.386	0.381	0.376	0.371	0.367	0.362	0.357	0.353
140	0.349	0.344	0.340	0.336	0.332	0.328	0.324	0.320	0.316	0.312
150	0.308	0.305	0.301	0.298	0.294	0.291	0.287	0.284	0.281	0.277

λ	0	1	2	3	4	5	6	7	8	9
160	0.274	0.271	0.268	0.265	0.262	0.259	0.256	0.253	0.251	0.248
170	0.245	0.243	0.240	0.237	0.235	0.232	0.230	0.227	0.225	0.223
180	0.220	0.218	0.216	0.214	0.211	0.209	0.207	0.205	0.203	0.201
190	0.199	0.197	0.195	0.193	0.191	0.189	0.188	0.186	0.184	0.182
200	0.180	0.179	0.177	0.175	0.174	0.172	0.171	0.169	0.167	0.166
210	0.164	0.163	0.161	0.160	0.159	0.157	0.156	0.154	0.153	0.152
220	0.150	0.149	0.148	0.146	0.145	0.144	0.143	0.141	0.140	0.139
230	0.138	0.137	0.136	0.135	0.133	0.132	0.131	0.130	0.129	0.128
240	0.127	0.126	0.125	0.124	0.123	0.122	0.121	0.120	0.119	0.118
250	0.117	—	—	—	—	—	—	—	—	—

9.10.3 补充说明

1. 本检查项目有 2 个控制点，全数检查。

2. 《标准》2011 年版按《建筑施工扣件式钢管脚手架安全技术规范》JGJ 130—2011 和《建筑施工门式钢管脚手架安全技术规范》JGJ 128—2010 的规定，对内容进行了更新并细化。

第10章 附着式升降脚手架

附着式升降脚手架检查评分表

序号	检查项目		扣 分 标 准	应得分数	扣减分数	实得分数
1	保证项目	施工方案	未编制专项施工方案或未进行设计计算，扣10分 专项施工方案未按规定审核、审批，扣10分 脚手架提升超过规定允许高度，专项施工方案未按规定组织专家论证，扣10分	10		
2		安全装置	未采用防坠落装置或技术性能不符合规范要求，扣10分 防坠落装置与升降设备未分别独立固定在建筑结构上，扣5分 防坠落装置未设置在竖向主框架处并与建筑结构附着，扣10分 未安装防倾覆装置或防倾覆装置不符合规范要求，扣5～10分 升降或使用工况，最上和最下两个防倾装置之间的最小间距不符合规范要求，扣8分 未安装同步控制装置或技术性能不符合规范要求，扣5～8分	10		
3		架体构造	架体高度大于5倍楼层高，扣10分 架体宽度大于1.2m，扣5分 直线布置的架体支承跨度大于7m或折线、曲线布置的架体支撑跨度大于5.4m，扣8分 架体的水平悬挑长度大于2m或大于跨度1/2，扣10分 架体悬臂高度大于架体高度2/5或大于6m，扣10分 架体全高与支撑跨度的乘积大于110m²，扣10分	10		
4		附着支座	未按竖向主框架所覆盖的每个楼层设置一道附着支座，扣10分 使用工况未将竖向主框架与附着支座固定，扣10分 升降工况未将防倾、导向装置设置在附着支座上，扣10分 附着支座与建筑结构连接固定方式不符合规范要求，扣5～10分	10		
5		架体安装	主框架与水平支承桁架的节点未采用焊接或螺栓连接，扣10分 各杆件轴线未汇交于节点，扣3分 水平支承桁架的上弦及下弦之间设置的水平支撑杆件未采用焊接或螺栓连接，扣5分 架体立杆底端未设置在水平支承桁架上弦杆件节点处，扣10分 竖向主框架组装高度低于架体高度，扣5分 架体外立面设置的连续剪刀撑未将竖向主框架、水平支承桁架和架体构架连成一体，扣8分	10		
6		架体升降	两跨及以上架体升降采用手动升降设备，扣10分 升降工况附着支座与建筑结构连接处混凝土强度未达到设计和规范要求，扣10分 升降工况架体上有施工荷载或有人员停留，扣10分	10		
		小计		60		

序号	检查项目		扣 分 标 准	应得分数	扣减分数	实得分数
7	一般项目	检查验收	主要构配件进场未进行验收，扣6分 分区段安装、分区段使用未进行分区段验收，扣8分 架体搭设完毕未办理验收手续，扣10分 验收内容未进行量化，或未经责任人签字确认，扣5分 架体提升前未有检查记录，扣6分 架体提升后、使用前未履行验收手续或资料不全，扣2～8分	10		
8		脚手板	脚手板未满铺或铺设不严、不牢，扣3～5分 作业层与建筑结构之间空隙封闭不严，扣3～5分 脚手板规格、材质不符合要求，扣5～10分	10		
9		架体防护	脚手架外侧未采用密目式安全网封闭或网间连接不严，扣5～10分 作业层防护栏杆不符合规范要求，扣5分 作业层未设置高度不小于180mm的挡脚板，扣3分	10		
10		安全作业	操作前未向有关技术人员和作业人员进行安全技术交底或交底未有文字记录，扣5～10分 作业人员未经培训或未定岗定责，扣5～10分 安装拆除单位资质不符合要求或特种作业人员未持证上岗，扣5～10分 安装、升降、拆除时未设置安全警戒区及专人监护，扣10分 荷载不均匀或超载，扣5～10分	10		
		小计		40		
检查项目合计				100		

10.1 施 工 方 案

10.1.1 条文

1. 附着式升降脚手架搭设作业应编制专项施工方案，结构设计应进行计算；
2. 专项施工方案应按规定进行审核、审批；
3. 脚手架提升超过规定允许高度，应组织专家对专项施工方案进行论证。

10.1.2 条文说明

搭设、拆除附着式升降脚手架应编制专项施工方案，竖向主框架、水平支撑桁架、附着支撑结构应经设计计算，专项施工方案经审批后实施；提升高度超过规定要求的附着架体，必须采取相应强化措施，所以专项方案必须经专家论证。

附着式升降脚手架结构如图10.1.2所示。

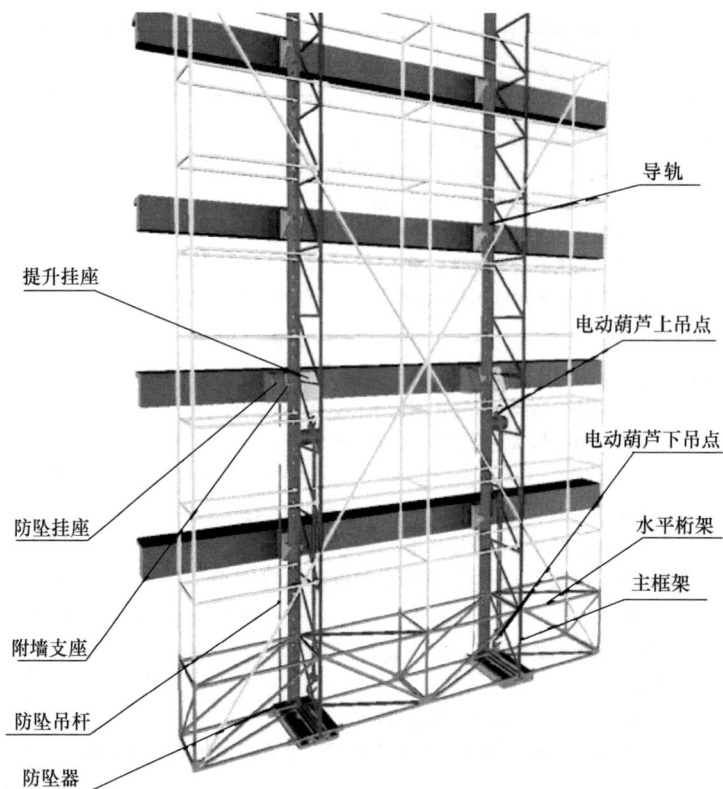

图 10.1.2　附着式升降脚手架结构

10.1.3　依据及条文摘录

【依据】《危险性较大的分部分项工程安全管理办法》[2009] 87 号部令

【条文摘录】

第五条施工单位应当在危险性较大的分部分项工程施工前编制专项方案；对于超过一定规模的危险性较大的分部分项工程，施工单位应当组织专家对专项方案进行论证。超过一定规模的危险性较大的分部分项工程范围见附件二。

附件一：危险性较大的分部分项工程范围

五、脚手架工程

（二）附着式整体和分片提升脚手架工程。

附件二：超过一定规模的危险性较大的分部分项工程范围

四、脚手架工程

（二）提升高度 150m 及以上附着式整体和分片提升脚手架工程。

【依据二】《建筑施工工具式脚手架安全技术规范》JGJ 202—2010

【条文摘录】

7.0.1　工具式脚手架安装前，应根据工程结构、施工环境等特点编制专项施工方案，并应经总承包单位技术负责人审批、项目总监理工程师审核后实施。（强制性条文）

10.1.4 补充说明

1. 本检查项目有 3 个控制点，全数检查。

2. 方案编制应符合工程实际的要求和《建筑施工工具式脚手架安全技术规范》JGJ 202—2010 的规定，方案审批应符合《危险性较大的分部分项工程安全管理办法》[2009] 87 号部令的规定。

3.《标准》2011 年版增加了危险性较大的分部分项工程安全专项方案的有关内容。

10.2 安 全 装 置

10.2.1 条文

1. 附着式升降脚手架应安装防坠落装置，技术性能应符合规范要求；

2. 防坠落装置与升降设备应分别独立固定在建筑结构上；

3. 防坠落装置应设置在竖向主框架处，与建筑结构附着；

4. 附着式升降脚手架应安装防倾覆装置，技术性能应符合规范要求；

5. 升降和使用工况时，最上和最下两个防倾装置之间最小间距应符合规范要求；

6. 附着式升降脚手架应安装同步控制装置，并应符合规范要求。

10.2.2 条文说明

在使用、升降工况下必须配置可靠的防倾覆、防坠落和同步升降控制等安全防护装置；防倾覆装置必须有可靠的刚度和足够的强度，其导向件应通过螺栓连接固定在附墙支座上，不能前后左右移动；为了保证防坠落装置的高度可靠性，因此必须使用机械式的全自动装置，严禁使用手动装置；同步控制装置是用来控制多个升降设备在同时升降时，出现不同步的状态的设施，防止升降设备因荷载不均衡而造成超载事故。

10.2.3 依据及条文摘录

【依据】《建筑施工工具式脚手架安全技术规范》JGJ 202—2010

【条文摘录】

4.5.1 附着式升降脚手架必须具有防倾覆、防坠落和同步升降控制的安全装置。（强制性条文）

4.5.2 防倾覆装置应符合下列规定：

1 防倾覆装置中应包括导轨和两个以上与导轨连接的可滑动的导向件；

2 在防倾导向件的范围内应设置防倾覆导轨，且应与竖向主框架可靠连接；

3 在升降和使用两种工况下，最上和最下两个导向件之间的最小间距不得小于 2.8m 或架体高度的 1/4；

4 应具有防止竖向主框架倾斜的功能；

5 应采用螺栓与附墙支座连接，其装置与导轨之间的间隙应小于 5mm。

4.5.3 防坠落装置必须符合下列规定：

1　防坠落装置应设置在竖向主框架处并附着在建筑结构上，每一升降点不得少于一个防坠落装置，防坠落装置在使用和升降工况下都必须起作用；

2　防坠落装置必须采用机械式的全自动装置，严禁使用每次升降都需重组的手动装置；

3　防坠落装置技术性能除应满足承载能力要求外，还应符合表4.5.3的规定。

防坠落装置技术性能　　　　　　　　　　　　　　　　　表4.5.3

脚手架类别	制动距离（mm）
整体式升降脚手架	≤80
单片式升降脚手架	≤150

4　防坠落装置应具有防尘、防污染的措施，并应灵敏可靠和运转自如；

5　防坠落装置与升降设备必须分别独立固定在建筑结构上；

6　钢吊杆式防坠落装置，钢吊杆规格应由计算确定，且不应小于ϕ25mm。（强制性条文）

4.5.4　同步控制装置应符合下列规定：

1　附着式升降脚手架升降时，必须配备有限制荷载或水平高差的同步控制系统。连续式水平支承桁架，应采用限制荷载自控系统；简支静定水平支承桁架，应采用水平高差同步自控系统；当设备受限时，可选择限制荷载自控系统。

2　限制荷载自控系统应具有下列功能：

1）当某一机位的荷载超过设计值的15%时，应采用声光形式自动报警和显示报警机位；当超过30%时，应能使该升降设备自动停机；

2）应具有超载、失载、报警和停机的功能。宜增设显示记忆和储存功能；

3）应具有自身故障报警功能，并应能适应施工现场环境；

4）性能应可靠、稳定，控制精度应在5%以内。

3　水平高差同步控制系统应具有下列功能：

1）当水平支承桁架两端高差达到30mm时，应能自动停机；

2）应具有显示各提升点的实际升高和超高的数据，并应有记忆和储存的功能；

3）不得采用附加重量的措施控制同步。

10.2.4　补充说明

1. 本检查项目有6个控制点，全数检查。

2.《标准》2011年版按《建筑施工工具式脚手架安全技术规范》JGJ 202—2010 的规定，对内容进行了更新并细化。

10.3　架　体　构　造

10.3.1　条文

1. 架体高度不应大于5倍楼层高度、宽度不应大于1.2m；

2. 直线布置的架体支承跨度不应大于7m，折线、曲线布置的架体支撑点处的架体外

侧距离不应大于 5.4m;

3. 架体水平悬挑长度不应大于 2m,且不应大于跨度的 1/2;

4. 架体悬臂高度不应大于架体高度的 2/5,且不应大于 6m;

5. 架体高度与支承跨度的乘积不应大于 110m²。

10.3.2 条文说明

附着式升降脚手架架体的整体性能要求较高,既要符合不倾斜、不坠落的安全要求,又要满足施工作业的需要;架体高度主要考虑了 3 层未拆模的层高和顶部 1.8m 防护栏杆的高度,以满足底层模板拆除作业时的外防护要求;限制支撑跨度是为了有效控制升降动力设备提升力的超载现象;安装附着式升降脚手架时,应同时控制高度和跨度,确保控制荷载和安全使用。

10.3.3 依据及条文摘录

【依据】《建筑施工工具式脚手架安全技术规范》JGJ 202—2010

【条文摘录】

4.4.2 附着式升降脚手架结构构造的尺寸应符合下列规定:

1 架体高度不得大于 5 倍楼层高;

2 架体宽度不得大于 1.2m;

3 直线布置的架体支承跨度不得大于 7m,折线或曲线布置的架体,相邻两主框架支撑点处的架体外侧距离不得大于 5.4m;

4 架体的水平悬挑长度不得大于 2m,且不得大于跨度的 1/2;

5 架体全高与支承跨度的乘积不得大于 110m²。(强制性条文)

4.4.8 架体悬臂高度不得大于架体高度的 2/5,且不得大于 6m。

10.3.4 补充说明

1. 本检查项目有 6 个控制点,全数检查。

2.《标准》2011 年版按《建筑施工工具式脚手架安全技术规范》JGJ 202—2010 的规定,对内容进行了更新并细化。

10.4 附 着 支 座

10.4.1 条文

1. 附着支座数量、间距应符合规范要求;

2. 使用工况应将主框架与附着支座固定;

3. 升降工况应将防倾、导向装置设置在附着支座上;

4. 附着支座与建筑结构连接固定方式应符合规范要求。

10.4.2 条文说明

附着支座是承受架体所有荷载并将其传递给建筑结构的构件,应于竖向主框架所覆盖的每一楼层处设置一道支座；使用工况时主要是保证主框架的荷载能直接有效的传递各附墙支座；附墙支座还应具有防倾覆和升降导向功能；附墙支座与建筑物连接，要考虑受拉端的螺母止退要求。

10.4.3　依据及条文摘录

【依据】《建筑施工工具式脚手架安全技术规范》JGJ 202—2010
【条文摘录】

4.4.5　附着支承结构应包括附墙支座、悬臂梁及斜拉杆，其构造应符合下列规定：

1　竖向主框架所覆盖的每个楼层处应设置一道附墙支座；

2　在使用工况时，应将竖向主框架固定于附墙支座上；

3　在升降工况时，附墙支座上应设有防倾、导向的结构装置；

4　附墙支座应采用锚固螺栓与建筑物连接，受拉螺栓的螺母不得少于两个或应采用弹簧垫圈加单螺母，螺杆露出螺母端部的长度不应少于3扣，并不得小于10mm，垫板尺寸应由设计确定，且不得小于100mm×100mm×10mm。（强制性条文）

10.4.4　补充说明

1. 本检查项目有4个控制点，全数检查。

2.《标准》2011年版按《建筑施工工具式脚手架安全技术规范》JGJ 202—2010的规定，对内容进行了更新并细化。

10.5　架 体 安 装

10.5.1　条文

1. 主框架和水平支承桁架的节点应采用焊接或螺栓连接，各杆件的轴线应汇交于节点；

2. 内外两片水平支承桁架的上弦和下弦之间应设置水平支撑杆件，各节点应采用焊接或螺栓连接；

3. 架体立杆底端应设在水平桁架上弦杆的节点处；

4. 竖向主框架组装高度应与架体高度相等；

5. 剪刀撑应沿架体高度连续设置，并应将竖向主框架、水平支承桁架和架体构架连成一体，剪刀撑斜杆水平夹角应为45°～60°。

10.5.2　条文说明

强调附着式升降脚手架的安装质量对后期的使用安全特别重要。

10.5.3　依据及条文摘录

【依据】《建筑施工工具式脚手架安全技术规范》JGJ 202—2010
【条文摘录】

摘录一：

4.4.3 附着式升降脚手架应在附着支承结构部位设置与架体高度相等的与墙面垂直的定型的竖向主框架，竖向主框架应是桁架或刚架结构，其杆件连接的节点应采用焊接或螺栓连接，并应与水平支承桁架和架体构架构成有足够强度和支撑刚度的空间几何不可变体系的稳定结构。竖向主框架结构构造（图 4.4.3）应符合下列规定：

1 竖向主框架可采用整体结构或分段对接式结构。结构形式应为竖向桁架或门型钢

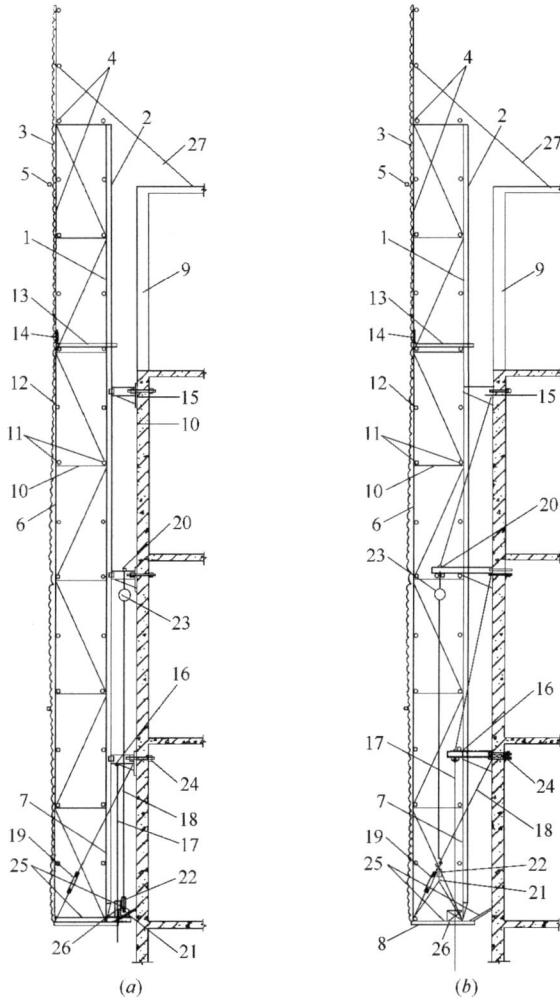

图 4.4.3 两种不同主框架的架体断面构造图

(a) 竖向主为单片式；(b) 竖向主框架为空间桁架式

1—竖向主框架；2—导轨；3—密目安全网；4—架体；5—剪刀撑（45°～60°）；6—立杆；7—水平支承桁架；8—竖向主框架底部托盘；9—正在施工层；10—架体横向水平杆；11—架体纵向水平杆；12—防护栏杆；13—脚手板；14—作业层挡脚板；15—附墙支座（含导向、防倾装置）；16—防坠装置上吊点；17—防坠吊杆；18—吊拉杆（定位）；19—花篮螺栓；20—升降上吊挂点；21—升降下吊挂点；22—荷载传感器；23—电动葫芦；24—锚固螺栓；25—底部脚手板及密封翻板；26—防坠装置；27—临时拉结

架形式等。各杆件的轴线应汇交于节点处，并应采用螺栓或焊接连接，如不交汇于一点，应进行附加弯矩验算。

4.4.4　在竖向主框架的底部应设置水平支承桁架，其宽度应与主框架相同，平行于墙面，其高度不宜小于 1.8m。水平支承桁架结构构造应符合下列规定：

1　桁架各杆件的轴线应相交于节点上，并宜采用节点板构造连接，节点板的厚度不得小于 6mm；

2　桁架上下弦应采用整根通长杆件或设置刚性接头；腹杆上下弦连接应采用焊接或螺栓连接；

3　桁架与主框架连接处的斜腹杆宜设计成拉杆；

4　架体构架的立杆底端应放置在上弦节点各轴线的交汇处；

5　内外两片水平桁架的上弦和下弦之间应设置水平支撑杆件，各节点应采用焊接或螺栓连接；

6　水平支承桁架的两端与主框架的连接，可采用杆件轴线交汇于一点，且能活动的铰接点；或可将水平支承桁架放在竖向主框架的底端的桁架底框中。

摘录二：

4.4.6　架体构架宜采用扣件式钢管脚手架，其结构构造应符合现行行业标准《建筑施工扣件式钢管脚手架安全技术规范》JGJ 130 的规定。架体构架应设置在两竖向主框架之间，并应以纵向水平杆与之相连，其立杆应设置在水平支承桁架的节点上。

摘录三：

4.4.12　架体外立面应沿全高连续设置剪刀撑，并应将竖向主框架、水平支承桁架和架体构架连成一体，剪刀撑斜杆水平夹角应为 45°～60°；应与所覆盖架体构架上每个主节点的立杆或横向水平杆伸出端扣紧；悬挑端应以竖向主框架为中心成对设置对称斜拉杆，其水平夹角不应小于 45°。

10.5.4　补充说明

1. 本检查项目有 6 个控制点，全数检查。
2. 《标准》2011 年版增加的内容。

10.6　架　体　升　降

10.6.1　条文

1. 两跨以上架体同时升降应采用电动或液压动力装置，不得采用手动装置；
2. 升降工况附着支座处建筑结构混凝土强度应符合设计和规范要求；
3. 升降工况架体上不得有施工荷载，严禁人员在架体上停留。

10.6.2　条文说明

升降操作是附着式脚手架使用安全的关键环节；仅当采用单跨式架体提升时，允许采用手动升降设备。

10.6.3 依据及条文摘录

【依据】《建筑施工工具式脚手架安全技术规范》JGJ 202—2010

【条文摘录】

摘录一：

4.7.1 附着式升降脚手架可采用手动、电动或液压三种升降形式，并应符合下列规定：

1 单跨架体升降时，可采用手动、电动或液压三种升降形式；

2 当两跨以上的架体同时整体升降时，应采用电动或液压设备。

摘录二：

4.4.5 附着支承结构应包括附墙支座、悬臂梁及斜拉杆，其构造应符合下列规定：

5 附墙支座支承在建筑物上连接处混凝土的强度应按设计要求确定，且不得小于C10。（强制性条文）

摘录三：

4.7.3 附着式升降脚手架的升降操作应符合下列规定：

2 操作人员不得停留在架体上；

3 升降过程中不得有施工荷载。

10.6.4 补充说明

1. 本检查项目有3个控制点，全数检查。

2.《标准》2010年版按《建筑施工工具式脚手架安全技术规范》JGJ 202—2010的规定，对内容进行了更新并细化。

10.7 检 查 验 收

10.7.1 条文

1. 动力装置、主要结构配件进场应按规定进行验收；

2. 架体分区段安装、分区段使用时，应进行分区段验收；

3. 架体安装完毕应按规定进行整体验收，验收应有量化内容并经责任人签字确认；

4. 架体每次升、降前应按规定进行检查，并应填写检查记录。

10.7.2 条文说明

附着式提升脚手架在组装前，施工负责人应按规范要求对各种构配件及动力装置、安全装置进行验收；组装搭设完毕或分段搭设完毕，应由施工负责人组织有关人员进行检查验收，验收内容应包括用数据衡量合格与否的项目，确认符合要求后，才可投入使用或进入下一阶段作业。

10.7.3 依据及条文摘录

【依据】《建筑施工工具式脚手架安全技术规范》JGJ 202—2010

【条文摘录】

摘录一：

7.0.9　进入施工现场的附着式升降脚手架产品应具有国务院建设行政主管部门组织鉴定或验收的合格证书，并应符合本规范的有关规定。

7.0.10　工具式脚手架的防坠落装置应经法定检测机构标定后方可使用；使用过程中，使用单位应定期对其有效性和可靠性进行检测。安全装置受冲击载荷后应进行解体检验。

摘录二：

7.0.20　工具式脚手架在施工现场安装完成后应进行整机检测。

摘录三：

8.1.2　附着式升降脚手架应在下列阶段进行检查与验收：

1　首次安装完毕；

2　提升或下降前；

3　提升、下降到位，投入使用前。

8.1.3　附着式升降脚手架首次安装完毕及使用前，应按表 8.1.3 的规定进行检验，合格后方可使用。

8.1.4　附着式升降脚手架提升、下降作业前应按表 8.1.4 的规定进行检验，合格后方可实施提升或下降作业。

附着式升降脚手架首次安装完毕及使用前检查验收表　　　　表 8.1.3

工程名称		结构形式	
建筑面积		机位布置情况	
总包单位		项目经理	
租赁单位		项目经理	
安拆单位		项目经理	

序号	检查项目		标　准	检查结果
1	证项目	竖向主框架	各杆件的轴线应汇交于节点处，并应采用螺栓或焊接连接，如不交汇于一点，应进行附加弯矩验算	
2			各节点应焊接或螺栓连接	
3			相邻竖向主框架的高差≤30mm	
4		水平支承桁架	桁架上、下弦应采用整根通长杆件，或设置刚性接头；腹杆上、下弦连接应采用焊接或螺栓连接	
5			桁架各杆件的轴线应相交于节点上，并宜用节点板构造连接，节点板的厚度不得小于6mm	
6		架体构造	空间几何不可变体系的稳定结构	
7		立杆支承位置	架体构架的立杆底端应放置在上弦节点各轴线的交汇处	

序号	检查项目		标　　准	检查结果
8		立杆间距	应符合现行行业标准《建筑施工扣件式钢管脚手架安全技术规范》JGJ 130中小于等于1.5m的要求	
9		纵向水平杆的步距	应符合现行行业标准《建筑施工扣件式钢管脚手架安全技术规范》JGJ 130中的小于等于1.8m的要求	
10		剪刀撑设置	水平夹角应满足45°～60°	
11		脚手板设置	架体底部铺设严密，与墙体无间隙，操作层脚手板应铺满、铺牢，孔洞直径小于25mm	
12		扣件拧紧力矩	40N·m～65N·m	
13	保证项目	附墙支座	每个竖向主框架所覆盖的每一楼层处应设置一道附墙支座	
14			使用工况，应将竖向主框架固定于附墙支座上	
15			升降工况，附墙支座上应设有防倾、导向的结构装置	
16			附墙支座应采用锚固螺栓与建筑物连接，受拉螺栓的螺母不得少于两个或采用单螺母加弹簧垫圈	
17			附墙支座支承在建筑物上连接处混凝土的强度应按设计要求确定，但不得小于C10	
18		架体构造尺寸	架高≤5倍层高	
19			架宽≤1.2m	
20			架体全高×支承跨度≤110m²	
21			支承跨度直线型≤7m	
22			支承跨度折线或曲线型架体，相邻两主框架支撑点处的架体外侧距离≤5.4m	
23			水平悬挑长度不大于2m，且不大于跨度的1/2	
24			升降工况上端悬臂高度不大于2/5架体高度且不大于6m	
25			水平悬挑端以竖向主框架为中心对称斜拉杆水平夹角≥45°	
26		防坠落装置	防坠落装置应设置在竖向主框架处并附着在建筑结构上	
27			每一升降点不得少于一个，在使用和升降工况下都能起作用	
28			防坠落装置与升降设备应分别独立固定在建筑结构上	
29			应具有防尘防污染的措施，并应灵敏可靠和运转自如	
30			钢吊杆式防坠落装置，钢吊杆规格应由计算确定，且不应小于$\phi25$mm	
31		防倾覆设置情况	防倾覆装置中应包括导轨和两个以上与导轨连接的可滑动的导向件	
32			在防倾导向件的范围内应设置防倾覆导轨，且应与竖向主框架可靠连接	
33			在升降和使用两种工况下，最上和最下两个导向件之间的最小间距不得小于2.8m或架体高度的1/4	
34			应具有防止竖向主框架倾斜的功能	
35			应用螺栓与附墙支座连接，其装置与导轨之间的间隙应小于5mm	

续表

序号	检查项目		标　准	检查结果
36	保证项目	同步装置设置情况	连续式水平支承桁架，应采用限制荷载自控系统	
37			简支静定水平支承桁架，应采用水平高差同步自控系统，若设备受限时可选择限制荷载自控系统	
38	一般项目	防护设施	密目式安全立网规格型号≥2000目/100cm², ≥3kg/张	
39			防护栏杆高度为1.2m	
40			挡脚板高度为180mm	
41			架体底层脚手板铺设严密，与墙体无间隙	

检查结论

检查人签字	总包单位	分包单位	租赁单位	安拆单位

符合要求，同意使用（　　）

不符合要求，不同意使用（　　）

总监理工程师（签字）：　　　　　　　　　　　　　　　　　　　　　　年　　月　　日

注：本表由施工单位填报，监理单位、施工单位、租赁单位、安拆单位各存一份。

附着式升降脚手架提升、下降作业前检查验收表 表8.1.4

工程名称		结构形式	
建筑面积		机位布置情况	
总包单位		项目经理	
租赁单位		项目经理	
安拆单位		项目经理	

序号	检查项目		标　准	检查结果
1	保证项目	支承结构与工程结构连接处混凝土强度	达到专项方案计算值，且≥C10	
2		附墙支座设置情况	每个竖向主框架所覆盖的每一楼层处应设置一道附墙支座	
3			附墙支座上应设有完整的防坠、防倾、导向装置	
4		升降装置设置情况	单跨升降式可采用手动葫芦；整体升降式应采用电动葫芦或液压设备；应启动灵敏，运转可靠，旋转方向正确；控制柜工作正常，功能齐备	

续表

序号	检查项目		标　　准	检查结果
5	保证项目	防坠落装置设置情况	防坠落装置应设置在竖向主框架处并附着在建筑结构上	
6			每一升降点不得少于一个，在使用和升降工况下都能起作用	
7			防坠落装置与升降设备应分别独立固定在建筑结构上	
8			应具有防尘防污染的措施，并应灵敏可靠和运转自如	
9			设置方法及部位正确，灵敏可靠，不应人为失效和减少	
10			钢吊杆式防坠落装置，钢吊杆规格应由计算确定，且不应小于 $\phi25mm$	
11		防倾覆装置设置情况	防倾覆装置中应包括导轨和两个以上与导轨连接的可滑动的导向件	
12			在防倾导向件的范围内应设置防倾导轨，且应与竖向主框架可靠连接	
13			在升降和使用两种工况下，最上和最下两个导向件之间的最小间距不得小于 2.8 m 或架体高度的 1/4	
14		建筑物的障碍物清理情况	无障碍物阻碍外架的正常滑升	
15		架体构架上的连墙杆	应全部拆除	
16		塔吊或施工电梯附墙装置	符合专项施工方案的规定	
17		专项施工方案	符合专项施工方案的规定	
18		操作人员	经过安全技术交底并持证上岗	
19		运行指挥人员、通讯设备	人员已到位，设备工作正常	
20		监督检查人员	总包单位和监理单位人员已到场	
21		电缆线路、开关箱	符合现行行业标准《施工现场临时用电安全技术规范》JGJ 46 中的对线路负荷计算的要求；设置专用的开关箱	

检查结论				

检查人签字	总包单位	分包单位	租赁单位	安拆单位

符合要求，同意使用（　　　）

不符合要求，不同意使用（　　　）

总监理工程师（签字）：　　　　　　　　　　　　　　　　　　　年　　月　　日

注：本表由施工单位填报，监理单位、施工单位、租赁单位、安拆单位各存一份。

10.7.4 补充说明

1. 本检查项目有 6 个控制点，全数检查。
2. 《标准》2011 年版增加了验收有量化内容、构配件进场验收的要求。

10.8 脚 手 板

10.8.1 条文

1. 脚手板应铺设严密、平整、牢固；
2. 作业层里排架体与建筑物之间应采用脚手板或安全平网封闭；
3. 脚手板材质、规格应符合规范要求。

10.8.2 依据及条文摘录

【依据】《建筑施工工具式脚手架安全技术规范》JGJ 202—2010
【条文摘录】
摘录一：

4.4.7 水平支承桁架最底层应设置脚手板，并应铺满铺牢，与建筑物墙面之间也应设置脚手板全封闭，宜设置可翻转的密封翻板。在脚手板的下面应采用安全网兜底。
摘录二：

4.4.14 附着式升降脚手架的安全防护措施应符合下列规定：

3 作业层应设置固定牢靠的脚手板，其与结构之间的间距应满足现行行业标准《建筑施工扣件式钢管脚手架安全技术规范》JGJ 130 的相关规定。

摘录三：

3.0.6 脚手板可采用钢、木、竹材料制作，其材质应符合下列规定：

1 冲压钢板和钢板网脚手板，其材质应符合现行国家标准《碳素结构钢》GB/T 700 中 Q235A 级钢的规定。新脚手板应有产品质量合格证；板面挠曲不得大于 12mm 和任一角翘起不得大于 5mm；不得有裂纹、开焊和硬弯。使用前应涂刷防锈漆。钢板网脚手板的网孔内切圆直径应小于 25mm。

2 竹脚手板包括竹胶合板、竹笆板和竹串片脚手板。可采用毛竹或楠竹制成；竹胶合板、竹笆板宽度不得小于 600mm，竹胶合板厚度不得小于 8mm，竹笆板厚度不得小于 6mm，竹串片脚手板厚度不得小于 50mm；不得使用腐朽、发霉的竹脚手板。

3 木脚手板应采用杉木或松木制作，其材质应符合现行国家标准《木结构设计规范》GB 50005 中 Ⅱ 级材质的规定。板宽度不得小于 200mm，厚度不得小于 50mm，两端应用直径为 4mm 镀锌铁丝各绑扎两道。

4 胶合板脚手板，应选用现行国家标准《胶合板 第 3 部分：普通胶合板通用技术条件》GB/T 9846.3 中的 Ⅱ 类普通耐水胶合板，厚度不得小于 18mm，底部木方间距不得大于 400mm，木方与脚手架杆件应用钢丝绑扎牢固，胶合板脚手板与木方应用钉子钉牢。

10.8.3 补充说明

1. 本检查项目有 3 个控制点，全数检查。

2. 控制点表述一致，对脚手板的要求按《建筑施工工具式脚手架安全技术规范》JGJ 202—2010 的规定执行。

10.9 架 体 防 护

10.9.1 条文

1. 架体外侧应采用密目式安全网封闭，网间连接应严密；

2. 作业层应按规范要求设置防护栏杆；

3. 作业层外侧应设置高度不小于 180mm 的挡脚板。

架体防护如图 10.9.1 所示。

图 10.9.1 架体防护

10.9.2 依据及条文摘录

【依据】《建筑施工工具式脚手架安全技术规范》JGJ 202—2010

【条文摘录】

4.4.14 附着式升降脚手架的安全防护措施应符合下列规定：

1 架体外侧应采用密目式安全立网全封闭，密目式安全立网的网目密度不应低于 2000 目/100cm²，且应可靠地固定在架体上；

2 作业层外侧应设置 1.2m 高的防护栏杆和 180mm 高的挡脚板；

10.9.3 补充说明

1. 本检查项目有 3 个控制点，全数检查。

2.《标准》2011 年版增加了设置挡脚板的要求。

10.10 安 全 作 业

10.10.1 条文

1. 操作前应对有关技术人员和作业人员进行安全技术交底，并应有文字记录；

2. 作业人员应经培训并定岗作业；

3. 安装拆除单位资质应符合要求，特种作业人员应持证上岗；

4. 架体安装、升降、拆除时应设置安全警戒区，并应设置专人监护；

5. 荷载分布应均匀，荷载最大值应在规范允许范围内。

10.10.2　依据及条文摘录

【依据】《建筑施工工具式脚手架安全技术规范》JGJ 202—2010

【条文摘录】

摘录一：

7.0.6　施工现场使用工具式脚手架应由总承包单位统一监督，并应符合下列规定：

1　安装、升降、使用、拆除等作业前，应向有关作业人员进行安全教育；并应监督对作业人员的安全技术交底；

2　应对专业承包人员的配备和特种作业人员的资格进行审查；

3　安装、升降、拆卸等作业时，应派专人进行监督。

摘录二：

7.0.5　工具式脚手架专业施工单位应设置专业技术人员、安全管理人员及相应的特种作业人员。特种作业人员应经专门培训，并应经建设行政主管部门考核合格，取得特种作业操作资格证书后，方可上岗作业。

摘录三：

7.0.3　总承包单位必须将工具式脚手架专业工程发包给具有相应资质等级的专业队伍，并应签订专业承包合同，明确总包、分包或租赁等各方的安全生产责任。（强制性条文）

摘录四：

7.0.12　安装、拆除时，在地面应设围栏和警戒标志，并应派专人看守，非操作人员不得入内。

摘录五：

7.0.14　作业层上的施工荷载应符合设计要求，不得超载。不得将模板支架、缆风绳、泵送混凝土和砂浆的输送管等固定在架体上；不得用其悬挂起重设备。

10.10.3　补充说明

1. 本检查项目有 5 个控制点，全数检查。

2. 《标准》2011 年版按《建筑施工工具式脚手架安全技术规范》JGJ 202—2010 的规定，删掉了"不按施工组织设计搭设的扣 10 分"和"升降时架体上有超过 2000N 重的设备的扣 10 分"的内容。

第11章 高处作业吊篮

高处作业吊篮检查评分表

序号	检查项目		扣 分 标 准	应得分数	扣减分数	实得分数
1	保证项目	施工方案	未编制专项施工方案或未对吊篮支架支撑处结构的承载力进行验算，扣10分 专项施工方案未按规定审核、审批，扣10分	10		
2		安全装置	未安装防坠安全锁或安全锁失灵，扣10分 防坠安全锁超过标定期限仍在使用，扣10分 未设置挂设安全带专用安全绳及安全锁扣或安全绳未固定在建筑物可靠位置，扣10分 吊篮未安装上限位装置或限位装置失灵，扣10分	10		
3		悬挂机构	悬挂机构前支架支撑在建筑物女儿墙上或挑檐边缘，扣10分 前梁外伸长度不符合产品说明书规定，扣10分 前支架与支撑面不垂直或脚轮受力，扣10分 上支架未固定在前支架调节杆与悬挑梁连接的节点处，扣5分 使用破损的配重块或采用其他替代物，扣10分 配重块未固定或重量不符合设计规定，扣10分	10		
4		钢丝绳	钢丝绳有断丝、松股、硬弯、锈蚀或有油污附着物，扣10分 安全钢丝绳规格、型号与工作钢丝绳不相同或未独立悬挂，扣10分 安全钢丝绳不悬垂，扣5分 电焊作业未对钢丝绳采取保护措施，扣5～10分	10		
5		安装作业	吊篮平台组装长度不符合产品说明书和规范要求，扣10分 吊篮组装的构配件不是同一生产厂家的产品，扣5～10分	10		
6		升降作业	操作升降人员未经培训合格，扣10分 吊篮内作业人员数量超过2人，扣10分 吊篮内作业人员未将安全带用安全锁扣挂置在独立设置的专用安全绳上，扣10分 作业人员未从地面进出吊篮，扣5分	10		
		小计		60		

续表

序号	检查项目		扣 分 标 准	应得分数	扣减分数	实得分数
7	一般项目	交底与验收	未履行验收程序，验收表未经责任人签字确认，扣5～10分 验收内容未进行量化，扣5分 每天班前班后未进行检查，扣5分 吊篮安装使用前未进行交底或交底未留有文字记录，扣5～10分	10		
8		安全防护	吊篮平台周边的防护栏杆或挡脚板的设置不符合规范要求，扣5～10分 多层或立体交叉作业未设置防护顶板，扣8分	10		
9		吊篮稳定	吊篮作业未采取防摆动措施，扣5分 吊篮钢丝绳不垂直或吊篮距建筑物空隙过大，扣5分	10		
10		荷载	施工荷载超过设计规定，扣10分 荷载堆放不均匀，扣5分	10		
		小计		40		
检查项目合计				100		

11.1 施 工 方 案

11.1.1 条文

1. 吊篮安装作业应编制专项施工方案，吊篮支架支撑处的结构承载力应经过验算；
2. 专项施工方案应按规定进行审核、审批。

11.1.2 条文说明

安装、拆除高处作业吊篮应编制专项施工方案，吊篮的支撑悬挂机构应经设计计算，专项施工方案经审批后实施。

11.1.3 依据及条文摘录

【依据一】《危险性较大的分部分项工程安全管理办法》[2009] 87 号部令
【条文摘录】
第五条 施工单位应当在危险性较大的分部分项工程施工前编制专项方案；对于超过一定规模的危险性较大的分部分项工程，施工单位应当组织专家对专项方案进行论证。超过一定规模的危险性较大的分部分项工程范围见附件二。
附件一：危险性较大的分部分项工程范围
五、脚手架工程

（四）吊篮脚手架工程。

【依据二】《建筑施工工具式脚手架安全技术规范》JGJ 202—2010

【条文摘录】

7.0.1　工具式脚手架安装前，应根据工程结构、施工环境等特点编制专项施工方案，并应经总承包单位技术负责人审批、项目总监理工程师审核后实施。（强制性条文）

11.1.4　补充说明

1. 本检查项目有 2 个控制点，全数检查。

2. 方案编制应符合工程实际的要求和《建筑施工工具式脚手架安全技术规范》JGJ 202—2010 的规定，方案审批应符合《危险性较大的分部分项工程安全管理办法》[2009] 87 号部令的规定。

3.《标准》2011 年版增加了危险性较大的分部分项工程安全专项方案的有关内容。

11.2　安　全　装　置

11.2.1　条文

1. 吊篮应安装防坠安全锁，并应灵敏有效；

2. 防坠安全锁不应超过标定期限；

3. 吊篮应设置为作业人员挂设安全带专用的安全绳和安全锁扣，安全绳应固定在建筑物可靠位置上，不得与吊篮上的任何部位连接；

4. 吊篮应安装上限位装置，并应保证限位装置灵敏可靠。

11.2.2　条文说明

安全装置包括防坠安全锁、安全绳、上限位装置；安全锁扣的配件应完整、齐全，规格和标识应清晰可辨；安全绳不得有松散、断股、打结现象，与建筑物固定位置应牢靠；安装上限位装置是为了防止吊篮在上升过程出现冒顶现象。

安全装置如图 11.2.2 所示。

11.2.3　依据及条文摘录

【依据一】《建筑施工工具式脚手架安全技术规范》JGJ 202—2010

【条文摘录】

图 11.2.2　安全装置

5.5.1　高处作业吊篮应设置作业人员专用的挂设安全带的安全绳及安全锁扣。安全绳应固定在建筑物可靠位置上不得与吊篮上任何部位有连接，并应符合下列规定：

1　安全绳应符合现行国家标准《安全带》GB 6095 的要求，其直径应与安全锁扣的规格相一致；

　　2　安全绳不得有松散、断股、打结现象；

　　3　安全锁扣的配件应完好、齐全，规格和方向标识应清晰可辨。

5.5.3　吊篮应安装上限位装置，宜安装下限位装置。

【依据二】《高处作业吊篮》GB 19155—2003

【条文摘录】

5.4.5.1　安全锁或具有相同作用的独立安全装置的功能应满足：

　　a）对离心触发式安全锁，悬吊平台运行速度达到安全锁锁绳速度时，即能自动锁住安全钢丝绳，使悬吊平台在 200mm 范围内停住；

　　b）对摆臂式防倾斜安全锁，悬吊平台工作时纵向倾斜角度不大于 8°时，能自动锁住并停止运行；

　　c）安全锁或具有相同作用的独立安全装置，在锁绳状态下应不能自动复位。

5.4.5.6　安全锁必须在有效标定期限内使用，有效标定期限不大于一年。

11.2.4　补充说明

　　1. 本检查项目有 4 个控制点，全数检查。

　　2.《标准》2011 年版按《建筑施工工具式脚手架安全技术规范》JGJ 202—2010 的规定，对内容进行了更新并细化。

11.3　悬 挂 机 构

11.3.1　条文

　　1. 悬挂机构前支架不得支撑在女儿墙及建筑物外挑檐边缘等非承重结构上；

　　2. 悬挂机构前梁外伸长度应符合产品说明书规定；

　　3. 前支架应与支撑面垂直，且脚轮不应受力；

　　4. 上支架应固定在前支架调节杆与悬挑梁连接的节点处；

　　5. 严禁使用破损的配重块或其他替代物；

　　6. 配重块应固定可靠，重量应符合设计规定。

11.3.2　条文说明

　　悬挂机构应按规范要求正确安装；女儿墙或建筑物挑檐边承受不了吊篮的荷载，因此不能作为悬挂机构的支撑点；悬挂机构的安装是吊篮的重点环节，应在专业人员的带领、指导下进行，以保证安装正确；悬挂机构上的脚轮是方便吊篮做平行位移而设置的，其本身承载能力有限，如吊篮荷载传递到脚轮就会产生集中荷载易对建筑物产生局部破坏。

　　悬挂机构如图 11.3.2 所示。

11.3.3　依据及条文摘录

　　【依据】《建筑施工工具式脚手架安全技术规范》JGJ 202—2010

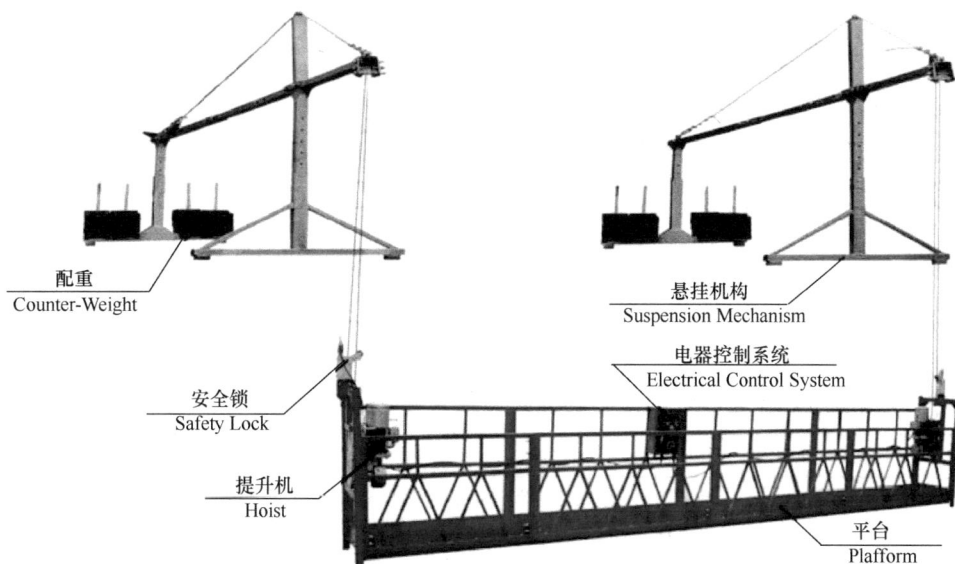

图 11.3.2 悬挂机构

【条文摘录】

摘录一：

5.4.7 悬挂机构前支架严禁支撑在女儿墙上、女儿墙外或建筑物挑檐边缘。(强制性条文)

5.4.8 前梁外伸长度应符合高处作业吊篮使用说明书的规定。

摘录二：

5.4.13 悬挂机构前支架应与支撑面保持垂直，脚轮不得受力。(强制性条文)

摘录三：

5.4.10 配重件应稳定可靠地安放在配重架上，并应有防止随意移动的措施。严禁使用破损的配重件或其他替代物。配重件的重量应符合设计规定。(强制性条文)

11.3.4 补充说明

1. 本检查项目有6个控制点，全数检查。

2. 《标准》2011年版按《建筑施工工具式脚手架安全技术规范》JGJ 202—2010规定，对内容进行了更新并细化。

11.4 钢 丝 绳

11.4.1 条文

1. 钢丝绳不应存断丝、断股、松股、锈蚀、硬弯及油污和附着物；

2. 安全钢丝绳应单独设置，型号规格应与工作钢丝绳一致；

3. 吊篮运行时安全钢丝绳应张紧悬垂；

4. 电焊作业时应对钢丝绳采取保护措施。

11.4.2　条文说明

钢丝绳的型号、规格应符合规范要求；在吊篮内施焊前，应提前采用石棉布将电焊火花迸溅范围进行遮挡，防止烧毁钢丝绳，同时防止发生触电事故。

11.4.3　依据及条文摘录

【依据一】《建筑施工工具式脚手架安全技术规范》JGJ 202—2010
【条文摘录】

摘录一：

表 8.2.2《高处作业吊篮使用验收表》保证项目第 5 条：

序号	检查部位		检 查 标 准	检查结果
5	保证项目	钢丝绳	动力钢丝绳、安全钢丝绳及索具的规格型号符合产品说明书要求	
			钢丝绳无断丝、断股、松股、硬弯、锈蚀，无油污和附着物	
			钢丝绳的安装稳妥可靠	

摘录二：

5.5.17　在吊篮内进行电焊作业时，应对吊篮设备、钢丝绳、电缆采取保护措施。不得将电焊机放置在吊篮内；电焊缆线不得与吊篮任何部位接触；电焊钳不得搭挂在吊篮上。

【依据二】《高处作业吊篮》GB 19155—2003
【条文摘录】

5.4.6.5　安全钢丝绳宜选用与工作钢丝绳相同的型号、规格，在正常运行时，安全钢丝绳应处于悬垂状态。

5.4.6.6　安全钢丝绳必须独立于工作钢丝绳另行悬挂。

11.4.4　补充说明

1. 本检查项目有 4 个控制点，全数检查。
2. 《标准》2011 年版增加了对钢丝绳的要求，内容按《建筑施工工具式脚手架安全技术规范》JGJ 202—2010 的规定执行。

11.5　安 装 作 业

11.5.1　条文

1. 吊篮平台的组装长度应符合产品说明书和规范要求；
2. 吊篮的构配件应为同一厂家的产品。

11.5.2　条文说明

安装前对提升机的检验以及吊篮构配件规格的统一对吊篮组装后安全使用有着重要

影响。

11.5.3 依据及条文摘录

【依据】《建筑施工工具式脚手架安全技术规范》JGJ 202—2010

【条文摘录】

摘录一：

表8.2.2《高处作业吊篮使用验收表》保证项目第2条：吊篮平台组装符合产品说明书要求。

摘录二：

5.4.4 高处作业吊篮所用的构配件应是同一厂家的产品。

11.5.4 补充说明

1. 本检查项目有2个控制点，全数检查。

2.《标准》2011年版增加的控制点。

11.6 升 降 作 业

11.6.1 条文

1. 必须由经过培训合格的人员操作吊篮升降；

2. 吊篮内的作业人员不应超过2人；

3. 吊篮内作业人员应将安全带使用安全锁扣正确挂置在独立设置的专用安全绳上；

4. 作业人员应从地面进出吊篮。

11.6.2 条文说明

考虑吊篮作业面小，出现坠落事故时尽量减少人员伤亡，将上人数量控制在2人以内。

吊篮升降作业如图11.6.2所示。

图11.6.2 吊篮升降作业

11.6.3 依据及条文摘录

【依据】《建筑施工工具式脚手架安全技术规范》JGJ 202—2010

【条文摘录】

摘录一：

7.0.5 工具式脚手架专业施工单位应设置专业技术人员、安全管理人员及相应的特种作业人员。特种作业人员应经专门培训，并应经建设行政主管部门考核合格，取得特种作业操作资格证书后，方可上岗作业。

摘录二：

5.5.8 吊篮内的作业人员不应超过2个。（强制性条文）

摘录三：

5.5.10 在吊篮内的作业人员应佩戴安全帽，系安全带，并应将安全锁扣正确挂置在独立设置的安全绳上。

摘录四：

5.5.9 吊篮正常工作时，人员应从地面进入吊篮内，不得从建筑物顶部、窗口等处或其他孔洞处出入吊篮。

11.6.4 补充说明

1. 本检查项目有 4 个控制点，全数检查。

2. 《标准》2011 年版按《建筑施工工具式脚手架安全技术规范》JGJ 202—2010 的规定，对控制点作了调整，增加了"吊篮内的作业人员不应超过 2 人"、"吊篮内作业人员应将安全带使用安全锁扣正确挂置在独立设置的专用安全绳上"和"作业人员应从地面进出吊篮"三个控制点，删掉了"升降作业时有其他人员在吊篮内停留"和"两片吊篮连在一起同时升降无同步装置或虽有但达不到同步的"两个控制点。

11.7 交 底 与 验 收

11.7.1 条文

1. 吊篮安装完毕，应按规范要求进行验收，验收表应由责任人签字确认；
2. 班前、班后应按规定对吊篮进行检查；
3. 吊篮安装、使用前对作业人员进行安全技术交底，并应有文字记录。

11.7.2 依据及条文摘录

【依据一】《建筑施工工具式脚手架安全技术规范》JGJ 202—2010
【条文摘录】
摘录一：

8.2.1 高处作业吊篮在使用前必须经过施工、安装、监理等单位的验收，未经验收或验收不合格的吊篮不得使用。（强制性条文）

8.2.2 高处作业吊篮应按表 8.2.2 的规定逐台逐项验收，并应经空载运行试验合格后，方可使用。

高处作业吊篮使用验收表 表 8.2.2

工程名称		结构形式	
建筑面积		机位布置情况	
总包单位		项目经理	
租赁单位		项目经理	
安拆单位		项目经理	

续表

序号	检查部位		检 查 标 准	检查结果
1	保证项目	悬挑机构	悬挑机构的连接销轴规格与安装孔相符并用锁定销可靠锁定	
			悬挑机构稳定，前支架受力点平整，结构强度满足要求	
			悬挑机构抗倾覆系数大于等于2，配重铁足量稳妥安放，锚固点结构强度满足要求	
2		吊篮平台	吊篮平台组装符合产品说明书要求	
			吊篮平台无明显变形和严重锈蚀及大量附着物	
			连接螺栓无遗漏并拧紧	
3		操控系统	供电系统符合施工现场临时用电安全技术规范要求	
			电气控制柜各种安全保护装置齐全、可靠，控制器件灵敏可靠	
			电缆无破损裸露，收放自如	
4		安全装置	安全锁灵敏可靠，在标定有效期内，离心触发式制动距离小于等于200mm，摆臂防倾3°～8°锁绳	
			独立设置锦纶安全绳，锦纶绳直径不小于16mm，锁绳器符合要求，安全绳与结构固定点的连接可靠。	
			行程限位装置是否正确稳固，灵敏可靠	
			超高限位器止挡安装在距顶端80cm处固定	
5		钢丝绳	动力钢丝绳、安全钢丝绳及索具的规格型号符合产品说明书要求	
			钢丝绳无断丝、断股、松股、硬弯、锈蚀，无油污和附着物	
			钢丝绳的安装稳妥可靠	
6	一般项目	技术资料	吊篮安装和施工组织方案	
			安装、操作人员的资格证书	
			防护架钢结构构件产品合格证	
			产品标牌内容完整（产品名称、主要技术性能、制造日期、出厂编号、制造厂名称）	
7		防护	施工现场安全防护措施落实，划定安全区，设置安全警示标识	

验收结论				

验收人签字	总包单位	分包单位	租赁单位	安拆单位

监理单位验收：

  符合验收程序，同意使用（   ）

  不符合验收程序，重新组织验收（   ）

总监理工程师（签字）：   年 月 日

注：本表由施工单位填报，监理单位、施工单位、租赁单位、安拆单位各存一份。

摘录二：

7.0.6 施工现场使用工具式脚手架应由总承包单位统一监督，并应符合下列规定：

1 安装、升降、使用、拆除等作业前，应向有关作业人员进行安全教育；并应监督对作业人员的安全技术交底。

【依据二】《高处作业吊篮》GB 19155—2003

【条文摘录】

9.2.3 每天工作前应经过安全检查员核实配重和检查悬挂机构。

9.2.4 每天工作前应进行空载运行，以确认设备处于正常状态。

11.7.3 补充说明

1. 本检查项目有 4 个控制点，全数检查。

2. 施工前必须交底，并形成《安全技术交底》表。

3.《标准》2011 年版要求验收应有具体量化内容。

11.8 安 全 防 护

11.8.1 条文

1. 吊篮平台周边的防护栏杆、挡脚板的设置应符合规范要求；

2. 上下立体交叉作业时吊篮应设置顶部防护板。

11.8.2 条文说明

安装防护棚的目的是为了防止高处坠物对吊篮内作业人员的伤害。

11.8.3 依据及条文摘录

【依据一】《高处作业吊篮》GB 19155—2003

【条文摘录】

5.4.2.5 悬吊平台四周应装有固定式的安全护栏，护栏应设有腹杆，工作面的护栏高度不应低于 0.8m，其余部位则不应低于 1.1m，护栏应能承受 1000N 的水平集中载荷。

5.4.2.6 悬吊平台内工作宽度不应小于 0.4m，并应设置防滑底板，底板有效面积不小于 $0.25m^2$/人，底板排水孔直径最大为 10mm。

5.4.2.7 悬吊平台底部四周应设有高度不小于 150mm 挡板，挡板与底板间隙不大于 5mm。

【依据二】《建筑施工工具式脚手架安全技术规范》JGJ 202—2010

【条文摘录】

5.5.2 吊篮宜安装防护棚，防止高处坠物造成作业人员伤害。

11.8.4 补充说明

1. 本检查项目有 2 个控制点，全数检查。

2.《标准》2011 年版按《建筑施工工具式脚手架安全技术规范》JGJ 202—2010 的规定，对内容进行了更新并细化。

11.9 吊　篮　稳　定

11.9.1 条文

1. 吊篮作业时应采取防止摆动的措施；
2. 吊篮与作业面距离应在规定要求范围内。

11.9.2 依据及条文摘录

【依据】《高处作业吊篮》GB 19155—2003

【条文摘录】

5.4.2.8 悬吊平台在工作中的纵向倾斜角度不应大于 8°。

5.4.2.11 悬吊平台应设有靠墙轮或导向装置或缓冲装置。

5.4.5.1 安全锁或具有相同作用的独立安全装置的功能应满足：

b) 对摆臂式防倾斜安全锁，悬吊平台工作时纵向倾斜角度不大于 8°时，能自动锁住并停止运行；

11.9.3 补充说明

1. 本检查项目有 2 个控制点，全数检查。
2. 新旧版本控制点含义一致。

11.10 荷　　载

11.10.1 条文

1. 吊篮施工荷载应符合设计要求；
2. 吊篮施工荷载应均匀分布。

11.10.2 条文说明

禁止吊篮作为垂直运输设备，是因为吊篮运送物料易超载，造成吊篮翻转或坠落事故。

11.10.3 依据及条文摘录

【依据】《建筑施工工具式脚手架安全技术规范》JGJ 202—2010

【条文摘录】

摘录一：

5.1.3 施工活荷载标准值 (q'_k)，宜按均布荷载考虑，应为 1kN/m²。

摘录二：

5.5.7 不得将吊篮作为垂直运输设备，不得采用吊篮运送物料。

11.10.4 补充说明

1. 本检查项目有 2 个控制点，全数检查。

2. 新旧版本要求一致，但施工荷载计算按《建筑施工工具式脚手架安全技术规范》JGJ 202—2010 的规定执行。

第12章 基 坑 工 程

基坑工程检查评分表

序号	检查项目		扣 分 标 准	应得分数	扣减分数	实得分数
1	保证项目	施工方案	基坑工程未编制专项施工方案，扣10分 专项施工方案未按规定审核、审批，扣10分 超过一定规模条件的基坑工程专项施工方案未按规定组织专家论证，扣10分 基坑周边环境或施工条件发生变化，专项施工方案未重新进行审核、审批，扣10分	10		
2		基坑支护	人工开挖的狭窄基槽，开挖深度较大或存在边坡塌方危险未采取支护措施，扣10分 自然放坡的坡率不符合专项施工方案和规范要求，扣10分 基坑支护结构不符合设计要求，扣10分 支护结构水平位移达到设计报警值未采取有效控制措施，扣10分	10		
3		降排水	基坑开挖深度范围内有地下水未采取有效的降排水措施，扣10分 基坑边沿周围地面未设排水沟或排水沟设置不符合规范要求，扣5分 放坡开挖对坡顶、坡面、坡脚未采取降排水措施，扣5~10分 基坑底四周未设排水沟和集水井或排除积水不及时，扣5~8分	10		
4		基坑开挖	支护结构未达到设计要求的强度提前开挖下层土方，扣10分 未按设计和施工方案的要求分层、分段开挖或开挖不均衡，扣10分 基坑开挖过程中未采取防止碰撞支护结构或工程桩的有效措施，扣10分 机械在软土场地作业，未采取铺设渣土、砂石等硬化措施，扣10分	10		
5		坑边荷载	基坑边堆置土、料具等荷载超过基坑支护设计允许要求，扣10分 施工机械与基坑边沿的安全距离不符合设计要求，扣10分	10		
6		安全防护	开挖深度2m及以上的基坑周边未按规范要求设置防护栏杆或栏杆设置不符合规范要求，扣5~10分 基坑内未设置供施工人员上下的专用梯道或梯道设置不符合规范要求，扣5~10分 降水井口未设置防护盖板或围栏，扣10分	10		
		小计		60		

续表

序号	检查项目		扣 分 标 准	应得分数	扣减分数	实得分数
7	一般项目	基坑监测	未按要求进行基坑工程监测，扣10分 基坑监测项目不符合设计和规范要求，扣5～10分 监测的时间间隔不符合监测方案要求或监测结果变化速率较大未加密观测次数，扣5～8分 未按设计要求提交监测报告或监测报告内容不完整，扣5～8分	10		
8		支撑拆除	基坑支撑结构的拆除方式、拆除顺序不符合专项施工方案要求，扣5～10分 机械拆除作业时，施工荷载大于支撑结构承载能力，扣10分 人工拆除作业时，未按规定设置防护设施，扣8分 采用非常规拆除方式不符合国家现行相关规范要求，扣10分	10		
9		作业环境	基坑内土方机械、施工人员的安全距离不符合规范要求，扣10分 上下垂直作业未采取防护措施，扣5分 在各种管线范围内挖土作业未设专人监护，扣5分 作业区光线不良，扣5分	10		
10		应急预案	未按要求编制基坑工程应急预案或应急预案内容不完整，扣5～10分 应急组织机构不健全或应急物资、材料、工具机具储备不符合应急预案要求，扣2～6分	10		
		小计		40		
检查项目合计				100		

12.1 施 工 方 案

12.1.1 条文

1. 基坑工程施工应编制专项施工方案，开挖深度超过 3m 或虽未超过 3m 但地质条件和周边环境复杂的基坑土方开挖、支护、降水工程，应单独编制专项施工方案；

2. 专项施工方案应按规定进行审核、审批；

3. 开挖深度超过 5m 的基坑土方开挖、支护、降水工程或开挖深度虽未超过 5m 但地质条件、周围环境复杂的基坑土方开挖、支护、降水工程专项施工方案，应组织专家进行论证；

4. 当基坑周边环境或施工条件发生变化时，专项施工方案，应重新进行审核、审批。

12.1.2 条文说明

在基坑支护土方作业施工前，应编制专项施工方案，并按有关程序进行审批后实施。危险性较大的基坑工程应编制安全专项方案，施工单位技术、质量、安全等专业部门进行审核，施工单位技术负责人签字，超过一定规模的必须经专家论证。

12.1.3 依据及条文摘录

【依据】《危险性较大的分部分项工程安全管理办法》[2009] 87 号部令

【条文摘录】

第五条 施工单位应当在危险性较大的分部分项工程施工前编制专项方案；对于超过一定规模的危险性较大的分部分项工程，施工单位应当组织专家对专项方案进行论证。

第八条 专项方案应当由施工单位技术部门组织本单位施工技术、安全、质量等部门的专业技术人员进行审核。经审核合格的，由施工单位技术负责人签字。实行施工总承包的，专项方案应当由总承包单位技术负责人及相关专业承包单位技术负责人签字。

不需专家论证的专项方案，经施工单位审核合格后报监理单位，由项目总监理工程师审核签字。

第九条 超过一定规模的危险性较大的分部分项工程专项方案应当由施工单位组织召开专家论证会。实行施工总承包的，由施工总承包单位组织召开专家论证会。

第十四条 施工单位应当严格按照专项方案组织施工，不得擅自修改、调整专项方案。如因设计、结构、外部环境等因素发生变化确需修改的，修改后的专项方案应当按本办法第八条重新审核。对于超过一定规模的危险性较大工程的专项方案，施工单位应当重新组织专家进行论证。

附件一：危险性较大的分部分项工程范围

一、基坑支护、降水工程

开挖深度超过 3m（含 3m）或虽未超过 3m 但地质条件和周边环境复杂的基坑（槽）支护、降水工程。

二、土方开挖工程

开挖深度超过 3m（含 3m）的基坑（槽）的土方开挖工程。

附件二：超过一定规模的危险性较大的分部分项工程范围

一、深基坑工程

（一）开挖深度超过 5m（含 5m）的基坑（槽）的土方开挖、支护、降水工程。

（二）开挖深度虽未超过 5m，但地质条件、周围环境和地下管线复杂，或影响毗邻建筑（构筑）物安全的基坑（槽）的土方开挖、支护、降水工程。

12.1.4 补充说明

1. 本检查项目有 4 个控制点，全数检查。

2. 方案编制应符合工程实际的要求，并做支护结构设计，方案审批应符合《危险性较大的分部分项工程安全管理办法》[2009] 87 号部令的规定。

3.《标准》2011 年版增加了危险性较大的分部分项工程安全专项方案的有关内容。

12.2 基 坑 支 护

12.2.1 条文

1. 人工开挖的狭窄基槽，开挖深度较大并存在边坡塌方危险时，应采取支护措施；

2. 地质条件良好、土质均匀且无地下水的自然放坡的坡率应符合规范要求；

3. 基坑支护结构应符合设计要求；

4. 基坑支护结构水平位移应在设计允许范围内。

12.2.2 条文说明

人工开挖的狭窄基槽，深度较大或土质条件较差，可能存在边坡塌方危险时，必须采取支护措施，支护结构应有足够的稳定性。

基坑支护结构必须经设计计算确定，支护结构产生的变形应在设计允许范围内。变形达到预警值时，应立即采取有效的控制措施。

12.2.3 依据及条文摘录

【依据一】《建筑施工土石方工程安全技术规范》JGJ 180—2009

【条文摘录】

6.3.4 对人工开挖的狭窄基槽或坑井，开挖深度较大并存在边坡塌方危险时，应采取支护措施。

6.3.5 地质条件良好、土质均匀且无地下水的自然放坡的坡率允许值应根据地方经验确定。当无经验时，可符合表6.3.5的规定。

自然放坡的坡率允许值   表6.3.5

边坡土体类别	状态	坡率允许值（高宽比）	
		坡高小于5m	坡高5m～10m
碎石土	密实	1∶0.35～1∶0.50	1∶0.50～1∶0.75
	中密	1∶0.50～1∶0.75	1∶0.75～1∶1.00
	稍密	1∶0.75～1∶1.00	1∶1.00～1∶1.25
黏性土	坚硬	1∶0.75～1∶1.00	1∶1.00～1∶1.25
	硬塑	1∶1.00～1∶1.25	1∶1.25～1∶1.50

注：1. 表中碎石土的充填物为坚硬或硬塑状态的黏性土；

2. 对于砂土填充或充填物为砂石的碎石土，其边坡坡率允许值应按自然休止角确定。

【依据二】《建筑基坑工程监测技术规范》GB 50497—2009

【条文摘录】

8.0.1 基坑工程监测必须确定监测报警值，监测报警值应满足基坑工程设计、地下结构设计以及周边环境中被保护对象的控制要求。监测报警值应由基坑工程设计方确定。

12.2.4 补充说明

1. 本检查项目有4个控制点，全数检查。

2. 《标准》2011年版增加了"人工开挖的狭窄基槽"的有关要求，增加了"设计报警值"的概念。

12.3 降 排 水

12.3.1 条文

1. 当基坑开挖深度范围内有地下水时，应采取有效的降排水措施；
2. 基坑边沿周围地面应设排水沟；放坡开挖时，应对坡顶、坡面、坡脚采取降排水措施；
3. 基坑底四周应按专项施工方案设排水沟和集水井，并应及时排除积水。

12.3.2 条文说明

在基坑施工过程中，必须设置有效的降排水措施以确保正常施工，深基坑边界上部必须设有排水沟，以防止雨水进入基坑，深基坑降水施工应分层降水，随时观测支护外观测井水位，防止临近建筑物等变形。

基坑排水沟设置如图 12.3.2 所示。

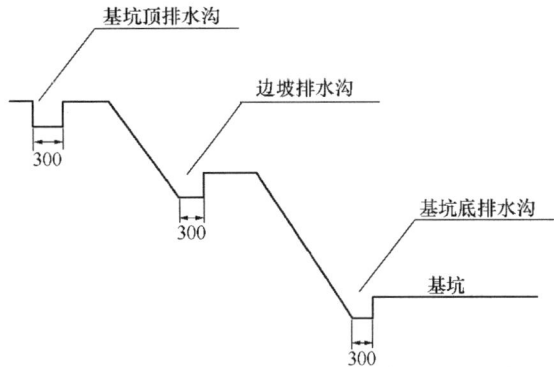

图 12.3.2 基坑排水沟设置

12.3.3 依据及条文摘录

【依据一】《建筑施工土石方工程安全技术规范》JGJ 180—2009

【条文摘录】

6.1.3 基坑开挖深度范围内有地下水时，应采取有效的地下水控制措施。

6.3.3 基坑边坡的顶部应设排水措施。基坑底四周宜设排水沟和集水井，并及时排除积水。基坑挖至坑底时应及时清理基底并浇筑垫层。

【依据二】《建筑基坑支护技术规程》JGJ 120—99

【条文摘录】

3.7.2 基坑边界周围地面应设排水沟，且应避免漏水、渗水进入坑内；放坡开挖时，应对坡顶、坡面、坡脚采取降排水措施。

12.3.4 补充说明

1. 本检查项目有 4 个控制点，全数检查。
2. 《标准》2011 年版对控制点进行了调整；降排水措施包括原《建筑施工安全检查标准》JGJ 59—99 中的深基础坑外排水中的防临近建筑物沉降的内容，并将其他排水要求细化。

12.4 基 坑 开 挖

12.4.1 条文

1. 基坑支护结构必须在达到设计要求的强度后，方可开挖下层土方，严禁提前开挖和超挖；

2. 基坑开挖应按设计和施工方案的要求，分层、分段、均衡开挖；

3. 基坑开挖应采取措施防止碰撞支护结构、工程桩或扰动基底原状土土层；

4. 当采用机械在软土场地作业时，应采取铺设渣土或砂石等硬化措施。

12.4.2 条文说明

基坑开挖必须按专项施工方案进行，并应遵循分层、分段、均衡挖土，保证土体受力均衡和稳定。

机械在软土场地作业应采用铺设砂石、铺垫钢板等硬化措施，防止机械发生倾覆事故。

12.4.3 依据及条文摘录

【依据一】《建筑施工土石方工程安全技术规范》JGJ 180—2009
【条文摘录】

6.1.1 基坑工程应按现行行业标准《建筑基坑支护技术规程》JGJ 120 进行设计；必须遵循先设计后施工的原则；应按设计和施工方案要求，分层、分段、均衡开挖。

6.3.2 基坑支护结构必须在达到设计要求的强度后，方可开挖下层土方，严禁提前开挖和超挖。施工过程中，严禁设备或重物碰撞支撑、腰梁、锚杆等基坑支护结构，亦不得在支护结构上放置或悬挂重物。（强制性条文）

6.3.6 在软土场地上挖土，当机械不能正常行走和作业时，应对挖土机械行走路线用铺设渣土或砂石等方法进行硬化。

【依据二】《建筑基坑支护技术规程》JGJ 120—99
3.7.4 软土基坑必须分层均衡开挖，层高不宜超过 1m。
3.7.5 基坑开挖过程中，应采取措施防止碰撞支护结构、工程桩或扰动基底原状土。

12.4.4 补充说明

1. 本检查项目有 4 个控制点，全数检查。

2. 《标准》2011 年版中本检查项目的控制点为对开挖方法、防碰撞结构措施、防倾覆措施的要求，《建筑施工安全检查标准》JGJ 59—99 中的对于机械和人员管理的条目调整到相应检查项目里。

12.5 坑 边 荷 载

12.5.1 条文

1. 基坑边堆置土、料具等荷载应在基坑支护设计允许范围内；
2. 施工机械与基坑边沿的安全距离应符合设计要求。

12.5.2 条文说明

基坑边沿堆置土、料具等荷载应在基坑支护设计允许范围内，施工机械与基坑边沿应保持安全距离，防止基坑支护结构超载。

12.5.3 依据及条文摘录

【依据】《建筑施工土石方工程安全技术规范》JGJ 180—2009
【条文摘录】
6.3.9 除基坑支护设计允许外，基坑边不得堆土、堆料、放置机具。

12.5.4 补充说明

1. 本检查项目有 2 个控制点，全数检查。
2. 新旧版本里本检查项目的控制点含义一致。

12.6 安 全 防 护

12.6.1 条文

1. 开挖深度超过 2m 及以上的基坑周边必须安装防护栏杆，防护栏杆的安装应符合规范要求；

2. 基坑内应设置供施工人员上下的专用梯道；梯道应设置扶手栏杆，梯道的宽度不应小于 1m，梯道搭设应符合规范要求；

3. 降水井口应设置防护盖板或围栏，并应设置明显的警示标志。

12.6.2 条文说明

基坑开挖深度达到 2m 及以上时，按高处作业安全技术规范要求，应在其边沿设置防护栏杆并设置专用梯道，防护栏杆及专用梯道的强度应符合规范要求，确保作业人员安全。

安全防护如图 12.6.2 所示。

12.6.3 依据及条文摘录

【依据】《建筑施工土石方工程安全技术规范》JGJ 180—2009
【条文摘录】

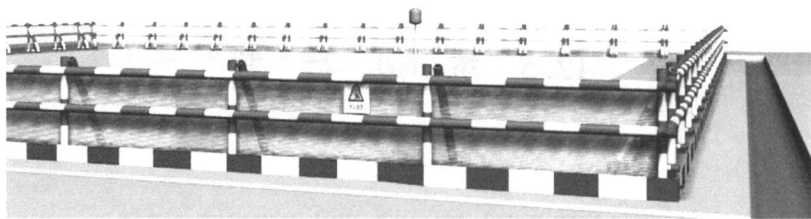

图 12.6.2 安全防护

摘录一：

6.2.1 开挖深度超过 2m 的基坑周边必须安装防护栏杆。防护栏杆应符合下列规定：

1 防护栏杆高度不应低于 1.2m；

2 防护栏杆应由横杆及立杆组成；横杆应设 2 道～3 道，下杆离地高度宜为 0.3m～0.6m，上杆离地高度宜为 1.2m～1.5m；立杆间距不宜大于 2.0m，立杆离坡边距离宜大于 0.5m；

3 防护栏杆宜加挂密目安全网和挡脚板；安全网应自上而下封闭设置；挡脚板高度不应小于 180mm，挡脚板下沿离地高度不应大于 10mm；

4 防护栏杆应安装牢固，材料应有足够的强度。

6.2.2 基坑内宜设置供施工人员上下的专用梯道。梯道应设扶手栏杆，梯道的宽度不应小于 1m。梯道的搭设应符合相关安全规范的要求。

摘录二：

6.3.10 采用井点降水时，井口应设置防护盖板或围栏，设置明显的警示标志。降水完成后，应及时将井填实。

12.6.4 补充说明

1. 本检查项目有 3 个控制点，全数检查。

2.《标准》2011 年版增加了关于"供施工人员上下的专用梯道或梯道设置"和"降水井口设置防护盖板或围栏"的要求。

12.7 基 坑 监 测

12.7.1 条文

1. 基坑开挖前应编制监测方案，并应明确监测项目、监测报警值、监测方法和监测点的布置、监测周期等内容；

2. 监测的时间间隔应根据施工进度确定；当监测结果变化速率较大时，应加密观测次数；

3. 基坑开挖监测工程中，应根据设计要求提交阶段性监测报告。

12.7.2 依据及条文摘录

【依据】《建筑基坑支护技术规程》JGJ 120—99

【条文摘录】

摘录一:

3.8.1 基坑开挖前应作出系统的开挖监控方案,监控方案应包括监控目的、监测项目、监控报警值、监测方法及精度要求、监测点的布置、监测周期、工序管理和记录制度以及信息反馈系统等。

摘录二:

3.8.7 各项监测的时间间隔可根据施工进程确定。当变形超过有关标准或监测结果变化速率较大时,应加密观测次数。当有事故征兆时,应连续监测。

3.8.8 基坑开挖监测过程中,应根据设计要求提交阶段性监测结果报告工程结束时应提交完整的监测报告,报告内容应包括:

1 工程概况;

2 监测项目和各测点的平面和立面布置图;

3 采用仪器设备和监测方法;

4 监测数据处理方法和监测结果过程曲线;

5 监测结果评价。

12.7.3 补充说明

1. 本检查项目有 4 个控制点,全数检查。

2.《标准》2011 年版增加了监测的时间间隔和设计要求提交阶段性监测报告两个控制点。

12.8 支 撑 拆 除

12.8.1 条文

1. 基坑支撑结构的拆除方式、拆除顺序应符合专项施工方案的要求;

2. 当采用机械拆除时,施工荷载应小于支撑结构承载能力;

3. 人工拆除时,应按规定设置防护设施;

4. 当采用爆破拆除、静力破碎等拆除方式时,必须符合国家现行相关规范的要求。

12.8.2 依据及条文摘录

【依据】《建筑拆除工程安全技术规范》JGJ 147—2004

【条文摘录】

4 安全施工管理

4.1 人工拆除

4.1.1 进行人工拆除作业时,楼板上严禁人员聚集或堆放材料,作业人员应站在稳定的结构或脚手架上操作,被拆除的构件应有安全的放置场所。

4.1.2 人工拆除施工应从上至下、逐层拆除分段进行,不得垂直交叉作业。作业面的孔洞应封闭。

4.1.3 人工拆除建筑墙体时,严禁采用掏掘或推倒的方法。

4.1.4　拆除建筑的栏杆、楼梯、楼板等构件，应与建筑结构整体拆除进度相配合，不得先行拆除。建筑的承重梁、柱，应在其所承载的全部构件拆除后，再进行拆除。

4.1.5　拆除梁或悬挑构件时，应采取有效的下落控制措施，方可切断两端的支撑。

4.1.6　拆除柱子时，应沿柱子底部剔凿出钢筋，使用手动倒链定向牵引，再采用气焊切割柱子三面钢筋，保留牵引方向正面的钢筋。

4.1.7　拆除管道及容器时，必须在查清残留物的性质，并采取相应措施确保安全后，方可进行拆除施工。

4.2　机械拆除

4.2.1　当采用机械拆除建筑时，应从上至下，逐层分段进行；应先拆除非承重结构，再拆除承重结构。拆除框架结构建筑，必须按楼板、次梁、主梁、柱子的顺序进行施工。对只进行部分拆除的建筑，必须先将保留部分加固，再进行分离拆除。

4.2.2　施工中必须由专人负责监测被拆除建筑的结构状态，做好记录。当发现有不稳定状态的趋势时，必须停止作业，采取有效措施，消除隐患。

4.2.3　拆除施工时，应按照施工组织设计选定的机械设备及吊装方案进行施工，严禁超载作业或任意扩大使用范围。供机械设备使用的场地必须保证足够的承载力。作业中机械不得同时回转、行走。

4.2.4　进行高处拆除作业时，以较大尺寸的构件或沉重的材料，必须采用起重机具及时吊下。拆卸下来的各种材料应及时清理，分类堆放在指定场所，严禁向下抛掷。

4.2.5　采用双机抬吊作业时，每台起重机载荷不得超过允许载荷的80%，且应对第一吊进行试吊作业，施工中必须保持两台起重机同步作业。

4.2.6　拆除吊装作业的起重机司机，必须严格执行操作规程。信号指挥人员必须按照现行国家标准《起重吊运指挥信号》GB 5082 的规定作业。

4.2.7　拆除钢屋架时，必须采用绳索将其拴牢，待起重机吊稳后，方可进行气焊切割作业。吊运过程中，应采用辅助措施使被吊物处于稳定状态。

4.2.8　拆除桥梁时应先拆除桥面的附属设施及挂件、护栏等。

4.3　爆破拆除

4.3.1　爆破拆除工程应根据周围环境作业条件、拆除对象、建筑类别、爆破规模，按照现行国家标准《爆破安全规程》GB 6722 将工程分为 A、B、C 三级，并采取相应的安全技术措施。爆破拆除工程应做出安全评估并经当地有关部门审核批准后方可实施。

4.3.2　从事爆破拆除工程的施工单位，必须持有工程所在地法定部门核发的《爆炸物品使用许可证》，承担相应等级的爆破拆除工程。爆破拆除设计人员应具有承担爆破拆除作业范围和相应级别的爆破工程技术人员作业证。从事爆破拆除施工的作业人员应持证上岗。

4.3.3　爆破器材必须向工程所在地法定部门申请《爆炸物品购买许可证》，到指定的供应点购买，爆破器材严禁赠送、转让、转卖、转借。

4.3.4　运输爆破器材时，必须向工程所在地法定部门申请领取《爆炸物品运输许可证》，派专职押运员押送，按照规定路线运输。

4.3.5　爆破器材临时保管地点，必须经当地法定部门批准。严禁同室保管与爆破器材无关的物品。

4.3.6　爆破拆除的预拆除施工应确保建筑安全和稳定。预拆除施工可采用机械和人工方法拆除非承重的墙体或不影响结构稳定的构件。

4.3.7 对烟囱、水塔类构筑物采用定向爆破拆除工程时，爆破拆除设计应控制建筑倒塌时的触地振动。必要时应在倒塌范围铺设缓冲材料或开挖防振沟。

4.3.8 为保护临近建筑和设施的安全，爆破振动强度应符合现行国家标准《爆破安全规程》GB 6722 的有关规定。建筑基础爆破拆除时，应限制一次同时使用的药量。

4.3.9 爆破拆除施工时，应对爆破部位进行覆盖和遮挡，覆盖材料和遮挡设施应牢固可靠。

4.3.10 爆破拆除应采用电力起爆网路和非电导爆管起爆网路。电力起爆网路的电阻和起爆电源功率，应满足设计要求；非电导爆管起爆应采用复式交叉封闭网路。爆破拆除不得采用导爆索网路或导火索起爆方法。

装药前，应对爆破器材进行性能检测。试验爆破和起爆网路模拟试验应在安全场所进行。

4.3.11 爆破拆除工程的实施应在工程所在地有关部门领导下成立爆破指挥部，应按照施工组织设计确定的安全距离设置警戒。

4.3.12 爆破拆除工程的实施除应符合本规范第 4.3 节的要求外，必须按照现行国家标准《爆破安全规程》GB 6722 的规定执行。

4.4 静力破碎

4.4.1 进行建筑基础或局部块体拆除时，宜采用静力破碎的方法。

4.4.2 采用具有腐蚀性的静力破碎剂作业时，灌浆人员必须戴防护手套和防护眼镜。孔内注入破碎剂后，作业人员应保持安全距离，严禁在注孔区域行走。

4.4.3 静力破碎剂严禁与其他材料混放。

4.4.4 在相邻的两孔之间，严禁钻孔与注入破碎剂同步进行施工。

4.4.5 静力破碎时，发生异常情况，必须停止作业。查清原因并采取相应措施确保安全后，方可继续施工。

4.5 安全防护措施

4.5.1 拆除施工采用的脚手架、安全网、必须由专业人员按设计方案搭设，由有在人员验收合格后方可使用。水平作业时，操作人员应保持安全距离。

4.5.2 安全防护设施验收时，应按类别逐项查验，并有验收记录。

4.5.3 作业人员必须配备相应的劳动保护用品，并正确使用。

4.5.4 施工单位必须依据拆除工程安全施工组织设计或安全专项施工方案，在拆除施工现场划定危险区域，并设置警戒线和相关的安全标志，应派专人监管。

4.5.5 施工单位必须落实防火安全责任制，建立义务消防组织，明确责任人，负责施工现场的日常防火安全管理工作。

5 安全技术管理

5.0.1 拆除工程开工前，应根据工程特点、构造情况、工程量等编制施工组织设计或安全专项施工方案，应经技术负责人和总监理工程师签字批准后实施。施工过程中，如需变更，应经原审批人批准，方可实施。

5.0.2 在恶劣的气候条件下，严禁进行拆除作业。

5.0.3 当日拆除施工结束后，所有机械设备应远离被拆除建筑。施工期间的临时设施，应与被拆除建筑保持安全距离。

5.0.4 从业人员应办理相关手续，签订劳动合同，进行安全培训，考试合格后方可上岗作业。

5.0.5 拆除工程施工前，必须对施工作业人员进行书面安全技术交底。

5.0.6 拆除工程施工必须建立安全技术档案，并应包括下列内容：

1 拆除工程施工合同及安全管理协议书；

2 拆除工程安全施工组织设计或安全专项施工方案；

3 安全技术交底；

4 脚手架及安全防护设施检查验收记录；

5 劳务用工合同及安全管理协议书；

6 机械租赁合同及安全管理协议书。

5.0.7 施工现场临时用电必须按照国家现行标准《施工现场临时用电安全技术规范》JGJ 46 的有关规定执行。

5.0.8 拆除工程施工过程中，当发生重大险情或生产安全事故时，应及时启动应急预案排除险情、组织抢救、保护事故现场，并向有关部门报告。

12.8.3 补充说明

1. 本检查项目有 4 个控制点，全数检查。

2.《标准》2011 年版增加的检查项目。

12.9 作 业 环 境

12.9.1 条文

1. 基坑内土方机械、施工人员的安全距离应符合规范要求；

2. 上下垂直作业应按规定采取有效的防护措施；

3. 在电力、通信、燃气、上下水等管线 2m 范围内挖土时，应采取安全保护措施，并应设专人监护；

4. 施工作业区域应采光良好，当光线较弱时应设置有足够照度的光源。

12.9.2 依据及条文摘录

【依据】《建筑施工土石方工程安全技术规范》JGJ 180—2009

【条文摘录】

摘录一：

3.1.7 配合机械设备作业的人员，应在机械设备的回转半径以外工作；当在回转半径内作业时，必须有专人协调指挥。

3.2.11 两台以上推土机在同一区域作业时，两机前后距离不得小于 8m，平行时左右距离不得小于 1.5m。

3.2.14 两台以上铲运机在同一区域作业时，自行式铲运机前后距离不得小于 20m

（铲土时不得小于10m），拖式铲运机前后距离不得小于10m（铲土时不得小于5m）；平行时左右距离均不得小于2m。

3.3.4 两台以上压路机在同一区域作业时，前后距离不得小于3m。

3.3.10 多台夯机同时作业时，其并列间距不宜小于5m，纵列间距不宜小于10m。

摘录二：

6.2.4 同一垂直作业面的上下层不宜同时作业。需同时作业时，上下层之间应采取隔离防护措施。

摘录三：

6.3.1 在电力管线、通信管线、燃气管线2m范围内及上下水管线1m范围内挖土时，应有专人监护。

摘录四：

6.3.11 施工现场应采用防水型灯具，夜间施工的作业面及进出道路应有足够的照明措施和安全警示标志。

12.9.3 补充说明

1. 本检查项目有4个控制点，全数检查。

2. 本检查项目是对机械和人工作业条件和防护的要求，《标准》2011年版增加了管线区域专人监护和安全距离的控制点。

12.10 应 急 预 案

12.10.1 条文

1. 基坑工程应按规范要求结合工程施工过程中可能出现的支护变形、漏水等影响基坑工程安全的不利因素制定应急预案；

2. 应急组织机构应健全，应急的物资、材料、工具、机具等品种、规格、数量应满足应急的需要，并应符合应急预案的要求。

12.10.2 依据及条文摘录

【依据一】《生产安全事故应急预案管理办法》国家安全监管总局令第17号

【条文摘录】

第九条 对于某一种类的风险，生产经营单位应当根据存在的重大危险源和可能发生的事故类型，制定相应的专项应急预案。

专项应急预案应当包括危险性分析、可能发生的事故特征、应急组织机构与职责、预防措施、应急处置程序和应急保障等内容。

第十二条 应急预案应当包括应急组织机构和人员的联系方式、应急物资储备清单等附件信息。附件信息应当经常更新，确保信息准确有效。

【依据二】《建筑施工土石方工程安全技术规范》JGJ 180—2009

【条文摘录】

6.1.4 基坑工程应编制应急预案。

12.10.3 补充说明

1. 本检查项目有 2 个控制点，全数检查。

2.《标准》2011 年版增加检查项目，对基坑工程做危险源辨识，针对不利因素制定应急预案，建立组织，配备人员和设备，定期演练。

第13章 模 板 支 架

模板支架检查评分表

序号	检查项目		扣分标准	应得分数	扣减分数	实得分数
1	保证项目	施工方案	未编制专项施工方案或结构设计未经计算，扣10分 专项施工方案未经审核、审批，扣10分 超规模模板支架专项施工方案未按规定组织专家论证，扣10分	10		
2		支架基础	基础不坚实平整、承载力不符合专项施工方案要求，扣5～10分 支架底部未设置垫板或垫板的规格不符合规范要求，扣5～10分 支架底部未按规范要求设置底座，每处扣2分 未按规范要求设置扫地杆，扣5分 未采取排水设施，扣5分 支架设在楼面结构上时，未对楼面结构的承载力进行验算或楼面结构下方未采取加固措施，扣10分	10		
3		支架构造	立杆纵、横间距大于设计和规范要求，每处扣2分 水平杆步距大于设计和规范要求，每处扣2分 水平杆未连续设置，扣5分 未按规范要求设置竖向剪刀撑或专用斜杆，扣10分 未按规范要求设置水平剪刀撑或专用水平斜杆，扣10分 剪刀撑或斜杆设置不符合规范要求，扣5分	10		
4		支架稳定	支架高宽比超过规范要求未采取与建筑结构刚性连接或增加架体宽度等措施，扣10分 立杆伸出顶层水平杆的长度超过规范要求，每处扣2分 浇筑混凝土未对支架的基础沉降、架体变形采取监测措施，扣8分	10		
5		施工荷载	荷载堆放不均匀，每处扣5分 施工荷载超过设计规定，扣10分 浇筑混凝土未对混凝土堆积高度进行控制，扣8分	10		
6		交底与验收	支架搭设、拆除前未进行交底或无文字记录，扣5～10分 架体搭设完毕未办理验收手续，扣10分 验收内容未进行量化，或未经责任人签字确认，扣5分	10		
		小计		60		
7	一般项目	杆件连接	立杆连接不符合规范要求，每处扣3分 水平杆连接不符合规范要求，每处扣3分 剪刀撑斜杆接长不符合规范要求，每处扣3分 杆件各连接点的紧固不符合规范要求，每处扣2分	10		
8		底座与托撑	螺杆直径与立杆内径不匹配，每处扣3分 螺杆旋入螺母内的长度或外伸长度不符合规范要求，每处扣3分	10		
9		构配件材质	钢管、构配件的规格、型号、材质不符合规范要求，扣5～10分 杆件弯曲、变形、锈蚀严重，扣10分	10		
10		支架拆除	支架拆除前未确认混凝土强度达到设计要求，扣10分 未按规定设置警戒区或未设置专人监护，扣5～10分	10		
		小计		40		
检查项目合计				100		

13.1 施 工 方 案

13.1.1 条文

1. 模板支架搭设应编制专项施工方案，结构设计应进行计算，并应按规定进行审核、审批；

2. 模板支架搭设高度8m及以上；跨度18m及以上，施工总荷载15kN/m² 及以上；集中线荷载20kN/m 及以上的专项施工方案，应按规定组织专家论证。

13.1.2 条文说明

模板支架搭设、拆除前应编制专项施工方案，对支架结构进行设计计算，并按程序进行审核、审批。

按照住房和城乡建设部建质［2009］38号文件要求，模板支架搭设高度8m及以上；跨度18m及以上，施工荷载15kN/m² 及以上；集中线荷载20kN/m 及以上的专项施工方案必须经专家论证。

13.1.3 依据及条文摘录

【依据】《危险性较大的分部分项工程安全管理办法》［2009］87号部令
【条文摘录】

第五条 施工单位应当在危险性较大的分部分项工程施工前编制专项方案；对于超过一定规模的危险性较大的分部分项工程，施工单位应当组织专家对专项方案进行论证。超过一定规模的危险性较大的分部分项工程范围见附件二。

附件一：危险性较大的分部分项工程范围

三、模板工程及支撑体系

（二）混凝土模板支撑工程：搭设高度5m及以上；搭设跨度10m及以上；施工总荷载10kN/m² 及以上；集中线荷载15kN/m² 及以上；高度大于支撑水平投影宽度且相对独立无联系构件的混凝土模板支撑工程。

附件二：超过一定规模的危险性较大的分部分项工程范围

二、模板工程及支撑体系

（二）混凝土模板支撑工程：搭设高度8m及以上；搭设跨度18m及以上，施工总荷载15kN/m² 及以上；集中线荷载20kN/m² 及以上。

13.1.4 补充说明

1. 本检查项目有3个控制点，全数检查。

2. 方案编制应根据工程实际要求和相关标准的规定。相关标准包括《建筑施工模板安全技术规范》JGJ 162—2008、《建筑施工扣件式钢管脚手架安全技术规范》JGJ 130—2011、《建筑施工门式钢管脚手架安全技术规范》JGJ 128—2010、《建筑施工碗扣式钢管脚手架安全技术规范》JGJ 166—2008和《建筑施工承插型盘扣式钢管支架安全技术规范》JGJ 231—2010 的规定。

3. 方案审批应符合《危险性较大的分部分项工程安全管理办法》[2009] 87 号部令的规定。

4. 《标准》2011 年版增加了危险性较大的分部分项工程安全专项方案的有关内容。

5. 采用门式钢管脚手架、碗扣式钢管脚手架、承插型盘扣式钢管脚手架做模板支架时，按对应技术规范进行检查。

13.2 支 架 基 础

13.2.1 条文

1. 基础应坚实、平整，承载力应符合设计要求，并应能承受支架上部全部荷载；

2. 支架底部应按规范要求设置底座、垫板，垫板规格应符合规范要求；

3. 支架底部纵、横向扫地杆的设置应符合规范要求；

4. 基础应设排水设施，并应排水畅通；

5. 当支架设在楼面结构上时，应对楼面结构强度进行验算，必要时应对楼面结构采取加固措施。

13.2.2 条文说明

支架基础承载力必须符合设计要求，应能承受支架上部全部荷载，必要时应进行夯实处理，并应设置排水沟、槽等设施。

支架底部应设置底座和垫板，垫板长度不小于 2 倍立杆纵距，宽度不小于 200mm，厚度不小于 50mm。

支架在楼面结构上应对楼面结构强度进行验算，必要时应对楼面结构采取加固措施。

13.2.3 依据及条文摘录

【依据一】《建筑施工模板安全技术规范》JGJ 162—2008

【条文摘录】

6.1.2 模板构造与安装应符合下列规定：

1 模板安装应按设计与施工说明书顺序拼装。木杆、钢管、门架等支架立柱不得混用。

2 竖向模板和支架立柱支承部分安装在基土上时，应加设垫板，垫板应有足够强度和支承面积，且应中心承载。基土应坚实，并应有排水措施。对湿陷性黄土应有防水措施；对特别重要的结构工程可采用混凝土、打桩等措施防止支架柱下沉。对冻胀性土应有防冻融措施。

3 当满堂或共享空间模板支架立柱高度超过 8m 时，若地基土达不到承载要求，无法防止立柱下沉，则应先施工地面下的工程，再分层回填夯实基土，浇筑地面混凝土垫层，达到强度后方可支模。

4 模板及其支架在安装过程中，必须设置有效防倾覆的临时固定设施。

【依据二】《建筑施工扣件式钢管脚手架安全技术规范》JGJ 130—2011

【条文摘录】

摘录一：

5.5 脚手架地基承载力计算

5.5.1 立杆基础底面的平均压力应满足下式的要求：

$$p_k = \frac{N_k}{A} \leqslant f_g \tag{5.5.1}$$

式中 p_k——立杆基础底面处的平均压力标准值（kPa）；

N_k——上部结构传至立杆基础顶面的轴向力标准值（kN）；

A——基础底面面积（m²）；

f_g——地基承载力特征值（kPa），应按本规范第 5.5.2 条的规定采用。

5.5.2 地基承载力特征值的取值应符合下列规定：

1 当为天然地基时，应按地质勘察报告选用；当为回填土地基时，应对地质勘察报告提供的回填土地基承载力特征值乘以折减系数 0.4；

2 由载荷试验或工程经验确定。

5.5.3 对搭设在楼面等建筑结构上的脚手架，应对支撑架体的建筑结构进行承载力验算，当不能满足承载力要求时应采取可靠的加固措施。

摘录二：

6.3.1 每根立杆底部宜设置底座或垫板。

6.3.2 脚手架必须设置纵、横向扫地杆。纵向扫地杆应采用直角扣件固定在距钢管底端不大于 200mm 处的立杆上。横向扫地杆应采用直角扣件固定在紧靠纵向扫地杆下方的立杆上。

摘录三：

7.1.4 应清除搭设场地杂物，平整搭设场地，并应使排水畅通。

7.2.3 立杆垫板或底座底面标高宜高于自然地坪 50mm～100mm。

7.3.3 底座安放应符合下列规定：

1 底座、垫板均应准确地放在定位线上；

2 垫板应采用长度不少于 2 跨、厚度不小于 50mm、宽度不小 200mm 的木垫板。

13.2.4 补充说明

1. 本检查项目有 6 个控制点，全数检查。

2.《标准》2011 年版按相关标准的规定，对内容进行了更新并细化。

13.3 支 架 构 造

13.3.1 条文

1. 立杆间距应符合设计和规范要求；

2. 水平杆步距应符合设计和规范要求，水平杆应按规范要求连续设置；

3. 竖向、水平剪刀撑或专用斜杆、水平斜杆的设置应符合规范要求。

13.3.2 条文说明

采用对接连接，立杆伸出顶层水平杆中心线至支撑点的长度：碗扣式支架不应大于 700mm；承插型盘扣式支架不应大于 650mm；扣件式支架不应大于 500mm。

支架高宽比大于 2 时，为保证支架的稳定，必须按规定设置连墙件或采用其他加强构造的措施。

连墙件应采用刚性构件，同时应能承受拉、压荷载。连墙件的强度、间距应符合设计要求。

13.3.3 依据及条文摘录

【依据】《建筑施工扣件式钢管脚手架安全技术规范》JGJ 130—2011

【条文摘录】

摘录一：

6.2.1 纵向水平杆的构造应符合下列规定：

1 纵向水平杆应设置在立杆内侧，单根杆长度不应小于 3 跨；

2 纵向水平杆接长应采用对接扣件连接或搭接，并应符合下列规定：

1）两根相邻纵向水平杆的接头不应设置在同步或同跨内；不同步或不同跨两个相邻接头在水平方向错开的距离不应小于 500mm；各接头中心至最近主节点的距离不应大于纵距的 1/3（图 6.2.1-1）。

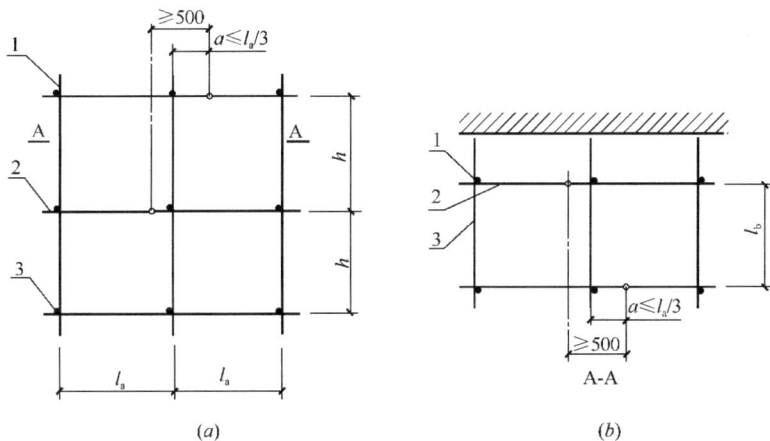

图 6.2.1-1 纵向水平杆对接接头布置

(a) 接头不在同步内（立面）；(b) 接头不在同跨内（平面）

1—立杆；2—纵向水平杆；3—横向水平杆

2）搭接长度不应小于 1m，应等间距设置 3 个旋转扣件固定；端部扣件盖板边缘至搭接纵向水平杆杆端的距离不应小于 100mm。

3 当使用冲压钢脚手板、木脚手板、竹串片脚手板时，纵向水平杆应作为横向水平杆的支座，用直角扣件固定在立杆上；当使用竹笆脚手板时，纵向水平杆应采用直角扣件

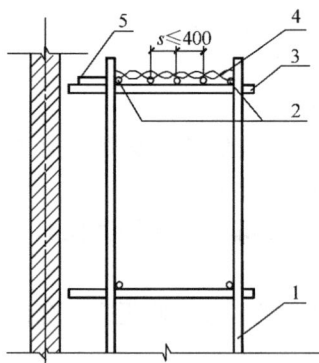

图 6.2.1-2 铺竹笆脚手板时纵向
水平杆的构造

1—立杆；2—纵向水平杆；3—横向
水平杆；4—竹笆脚手板；5—其他
脚手板

固定在横向水平杆上，并应等间距设置，间距不应大于 400mm（图 6.2.1-2）。

6.3.1 每根立杆底部宜设置底座或垫板。

6.3.2 脚手架必须设置纵、横向扫地杆。纵向扫地杆应采用直角扣件固定在距钢管底端不大于 200mm 处的立杆上。横向扫地杆应采用直角扣件固定在紧靠纵向扫地杆下方的立杆上。

6.3.3 脚手架立杆基础不在同一高度上时，必须将高处的纵向扫地杆向低处延长两跨与立杆固定，高低差不应大于 1m。靠边坡上方的立杆轴线到边坡的距离不应小于 500mm（图 6.3.3）。（强制性条文）

6.3.6 脚手架立杆的对接、搭接应符合下列规定：

1 当立杆采用对接接长时，立杆的对接扣件应交错布置，两根相邻立杆的接头不应设置在同步内，同步内隔一根立杆的两个相隔接头在高度方向错开的距离不宜小于 500mm；各接头中心至主节点的距离不宜大于步距的 1/3；

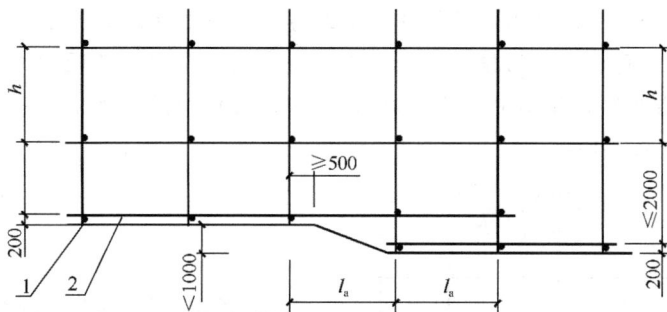

图 6.3.3 纵、横向扫地杆构造

1—横向扫地杆；2—纵向扫地杆

2 当立杆采用搭接接长时，搭接长度不应小于 1m，并应采用不少于 2 个旋转扣件固定。端部扣件盖板的边缘至杆端距离不应小于 100mm。

6.8.3 满堂脚手架立杆的构造应符合本规范第 6.3.1 条～第 6.3.3 条的规定；立杆接长接头必须采用对接扣件连接。立杆对接扣件布置应符合本规范第 6.3.6 条第 1 款的规定。水平杆的连接应符合本规范第 6.2.1 条第 2 款的有关规定，水平杆长度不宜小于 3 跨。

6.8.5 剪刀撑应用旋转扣件固定在与之相交的水平杆或立杆上，旋转扣件中心线至主节点的距离不宜大于 150mm。

摘录二：

6.9 满堂支撑架

6.9.1 满堂支撑架步距与立杆间距不宜超过本规范附录 C 表 C-2～表 C-5 规定的上限值，立杆伸出顶层水平杆中心线至支撑点的长度 a 不应超过 0.5m。满堂支撑架搭设高度不宜超过 30m。

6.9.2 满堂支撑架立杆、水平杆的构造要求应符合本规范第 6.8.3 条的规定。

6.9.3 满堂支撑架应根据架体的类型设置剪刀撑，并应符合下列规定：

1 普通型：

1) 在架体外侧周边及内部纵、横向每 5m～8m，应由底至顶设置连续竖向剪刀撑，剪刀撑宽度应为 5m～8m（图 6.9.3-1）。

2) 在竖向剪刀撑顶部交点平面应设置连续水平剪刀撑。当支撑高度超过 8m，或施工总荷载大于 $15kN/m^2$，或集中线荷载大于 20kN/m 的支撑架，扫地杆的设置层应设置水平剪刀撑。水平剪刀撑至架体底平面距离与水平剪刀撑间距不宜超过 8m（图 6.9.3-1）。

2 加强型：

1) 当立杆纵、横间距为 0.9m×0.9m～1.2m×1.2m 时，在架体外侧周边及内部纵、横向每 4 跨（且不大于 5m），应由底至顶设置连续竖向剪刀撑，剪刀撑宽度应为 4 跨。

2) 当立杆纵、横间距为 0.6m×0.6m～0.9m×0.9m（含 0.6m×0.6m，0.9m×0.9m）时，在架体外侧周边及内部纵、横向每 5 跨（且不小于 3m），应由底至顶设置连续竖向剪刀撑，剪刀撑宽度应为 5 跨。

3) 当立杆纵、横间距为 0.4m×0.4m～0.6m×0.6m（含 0.4m×0.4m）时，在架体外侧周边及内部纵、横向每 3m～3.2m 应由底至顶设置连续竖向剪刀撑，剪刀撑宽度应为 3m～3.2m。

4) 在竖向剪刀撑顶部交点平面应设置水平剪刀撑，扫地杆的设置层水平剪刀撑的设置应符合 6.9.3 条第 1 款第 2 项的规定，水平剪刀撑至架体底平面距离与水平剪刀撑间距不宜超过 6m，剪刀撑宽度应为 3m～5m（图 6.9.3-2）。

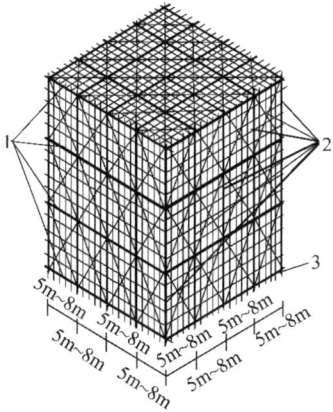

图 6.9.3-1 普通型水平、竖向剪刀
撑布置图
1—水平剪刀撑；2—竖向剪刀撑；
3—扫地杆设置层

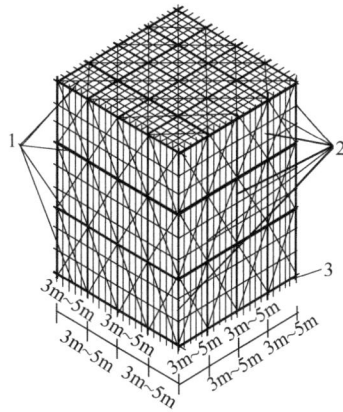

图 6.9.3-2 加强型水平、竖向剪刀撑
构造布置图
1—水平剪刀撑；2—竖向剪刀撑；
3—扫地杆设置层

6.9.4 竖向剪刀撑斜杆与地面的倾角应为 45°～60°，水平剪刀撑与支架纵（或横）向夹角应为 45°～60°，剪刀撑斜杆的接长应符合本规范第 6.3.6 条的规定。

6.9.5 剪刀撑的固定应符合本规范第 6.8.5 条的规定。

6.9.6 满堂支撑架的可调底座、可调托撑螺杆伸出长度不宜超过 300mm，插入立杆内的长度不得小于150mm。

6.9.7 当满堂支撑架高宽比不满足本规范附录C表C-2～表C-5的规定（高宽比大于2或2.5）时，满堂支撑架应在支架的四周和中部与结构柱进行刚性连接，连墙件水平间距应为6m～9m，竖向间距应为2m～3m。在无结构柱部位应采取预埋钢管等措施与建筑结构进行刚性连接，在有空间部位，满堂支撑架宜超出顶部加载区投影范围向外延伸布置（2～3）跨。支撑架高宽比不应大于3。

摘录三：

附录C 满堂脚手架与满堂支撑架立杆计算长度系数 μ

满堂脚手架立杆计算长度系数 　　　　表 C-1

步距（m）	立杆间距（m）			
	1.3×1.3	1.2×1.2	1.0×1.0	0.9×0.9
	高宽比不大于2	高宽比不大于2	高宽比不大于2	高宽比不大于2
	最少跨数4	最少跨数4	最少跨数4	最少跨数5
1.8	—	2.176	2.079	2.017
1.5	2.569	2.505	2.377	2.335
1.2	3.011	2.971	2.825	2.758
0.9	—	—	3.571	3.482

注：1 步距两级之间计算长度系数按线性插入值。

　　2 立杆间距两级之间，纵向间距与横向间距不同时，计算长度系数按较大间距对应的计算长度系数取值。立杆间距两级之间值，计算长度系数取两级对应的较大的 μ 值。要求高宽比相同。

　　3 高宽比超过表中规定时，应按本规范6.8.6条执行。

满堂支撑架（剪刀撑设置普通型）立杆计算长度系数 μ_1 　　　　表 C-2

步距（m）	立杆间距（m）											
	1.2×1.2		1.0×1.0		0.9×0.9		0.75×0.75		0.6×0.6		0.4×0.4	
	高宽比不大于2		高宽比不大于2		高宽比不大于2		高宽比不大于2		高宽比不大于2.5		高宽比不大于2.5	
	最少跨数4		最少跨数4		最少跨数5		最少跨数5		最少跨数5		最少跨数8	
	a=0.5 (m)	a=0.2 (m)	a=0.5 (m)	a=0.2 (m)	a=0.5 (m)	a=0.2 (m)	a=0.5 (m)	a=0.2 (m)	a=0.5 (m)	a=0.2 (m)	a=0.5 (m)	a=0.2 (m)
1.8	—	—	1.165	1.432	1.131	1.388	—	—				
1.5	1.298	1.649	1.241	1.574	1.215	1.540						
1.2	1.403	1.869	1.352	1.799	1.301	1.719	1.257	1.669				
0.9	—	—	1.532	2.153	1.473	2.066	1.422	2.005	1.599	2.251		
0.6	—	—	—	—	1.699	2.622	1.629	2.526	1.839	2.846	1.839	2.846

注：1 同表C-1注1、注2。

　　2 立杆间距0.9×0.6m计算长度系数，同立杆间距0.75×0.75m计算长度系数，高宽比不变，最小宽度4.2m。

　　3 高宽比超过表中规定时，应按本规范6.9.7条执行。

满堂支撑架（剪刀撑设置加强型）立杆计算长度系数 μ_1 表 C-3

步距 (m)	立杆间距（m）											
	1.2×1.2		1.0×1.0		0.9×0.9		0.75×0.75		0.6×0.6		0.4×0.4	
	高宽比不大于2		高宽比不大于2		高宽比不大于2		高宽比不大于2		高宽比不大于2.5		高宽比不大于2.5	
	最少跨数4		最少跨数4		最少跨数5		最少跨数5		最少跨数5		最少跨数8	
	$a=0.5$ (m)	$a=0.2$ (m)	$a=0.5$ (m)	$a=0.2$ (m)	$a=0.5$ (m)	$a=0.2$ (m)	$a=0.5$ (m)	$a=0.2$ (m)	$a=0.5$ (m)	$a=0.2$ (m)	$a=0.5$ (m)	$a=0.2$ (m)
1.8	1.099	1.355	1.059	1.305	1.031	1.269	—	—	—	—	—	—
1.5	1.174	1.494	1.123	1.427	1.091	1.386	—	—	—	—	—	—
1.2	1.269	1.685	1.233	1.636	1.204	1.596	1.168	1.546	—	—	—	—
0.9	—	—	1.377	1.940	1.352	1.903	1.285	1.806	1.294	1.818	—	—
0.6	—	—	—	—	1.556	2.395	1.477	2.284	1.497	2.300	1.497	2.300

注：同表 C-2 注。

满堂支撑架（剪刀撑设置普通型）立杆计算长度系数 μ_2 表 C-4

步距 (m)	立杆间距（m）					
	1.2×1.2	1.0×1.0	0.9×0.9	0.75×0.75	0.6×0.6	0.4×0.4
	高宽比不 大于2	高宽比不 大于2	高宽比不 大于2	高宽比不 大于2	高宽比不 大于2.5	高宽比不 大于2.5
	最少跨数4	最少跨数4	最少跨数5	最少跨数5	最少跨数5	最少跨数8
1.8	—	1.750	1.697			
1.5	2.089	1.993	1.951	—	—	—
1.2	2.492	2.399	2.292	2.225	—	—
0.9	—	3.109	2.985	2.896	3.251	
0.6	—	—	4.371	4.211	4.744	4.744

注：同表 C-2 注。

满堂支撑架（剪刀撑设置加强型）立杆计算长度系数 μ_2 表 C-5

步距 (m)	立杆间距（m）					
	1.2×1.2	1.0×1.0	0.9×0.9	0.75×0.75	0.6×0.6	0.4×0.4
	高宽比不 大于2	高宽比不 大于2	高宽比不 大于2	高宽比不 大于2	高宽比不 大于2.5	高宽比不 大于2.5
	最少跨数4	最少跨数4	最少跨数5	最少跨数5	最少跨数5	最少跨数8
1.8	1.656	1.595	1.551	—	—	—
1.5	1.893	1.808	1.755	—	—	—
1.2	2.247	2.181	2.128	2.062	—	—
0.9	—	2.802	2.749	2.608	2.626	
0.6	—	—	3.991	3.806	3.833	3.833

注：同表 C-2 注。

13.3.4 补充说明

1. 本检查项目有 6 个控制点，全数检查。

2. 《标准》2011 年版按相关标准规定，对内容进行了更新并细化。

13.4 支 架 稳 定

13.4.1 条文

1. 当支架高宽比大于规定值时，应按规定设置连墙杆或采用增加架体宽度的加强措施；

图 13.4.1 连墙件设置

2. 立杆伸出顶层水平杆中心线至支撑点的长度应符合规范要求；

3. 浇筑混凝土时应对架体基础沉降、架体变形进行监控，基础沉降、架体变形应在规定允许范围内。

连墙件设置如图 13.4.1 所示。

13.4.2 条文说明

立杆间距、水平杆步距应符合设计要求，竖向、水平剪刀撑或专用斜杆、水平斜杆的设置应符合规范要求。

13.4.3 依据及条文摘录

【依据一】《建筑施工模板安全技术规范》JGJ 162—2008

【条文摘录】

8.0.16 模板施工中应设专人负责安全检查，发现问题应报告有关人员处理。当遇险情时，应立即停工和采取应急措施；待修复或排除险情后，方可继续施工。

【依据二】《建筑施工扣件式钢管脚手架安全技术规范》JGJ 130—2011

【条文摘录】

摘录一：

6.9.1 满堂支撑架步距与立杆间距不宜超过本规范附录 C 表 C-2～表 C-5（见本书第 13.3.3 条）规定的上限值，立杆伸出顶层水平杆中心线至支撑点的长度 a 不应超过 0.5m。满堂支撑架搭设高度不宜超过 30m。

摘录二：

6.9.7 当满堂支撑架高宽比不满足本规范附录 C 表 C-2～表 C-5 的规定（见本书第 13.3.3 条）（高宽比大于 2 或 2.5）时，满堂支撑架应在支架的四周和中部与结构柱进行刚性连接，连墙件水平间距应为 6m～9m，竖向间距应为 2m～3m。在无结构柱部位应采取预埋钢管等措施与建筑结构进行刚性连接，在有空间部位，满堂支撑架宜超出顶部加载区投影范围向外延伸布置（2～3）跨。支撑架高宽比不应大于 3。

摘录三：

8.2.3 脚手架使用中，应定期检查下列要求内容：

4 高度在24m以上的双排、满堂脚手架，其立杆的沉降与垂直度的偏差应符合本规范表8.2.4项次1、2的规定；高度在20m以上的满堂支撑架，其立杆的沉降与垂直度的偏差应符合本规范表8.2.4（见本书第4.6.3条）项次1、3的规定；

8.2.4 脚手架搭设的技术要求、允许偏差与检验方法，应符合表8.2.4（见本书第4.6.3条）的规定。

13.4.4 补充说明

1. 本检查项目有3个控制点，全数检查。
2. 《标准》2011年版按相关标准的规定，对内容进行了更新并细化。

13.5 施 工 荷 载

13.5.1 条文

1. 施工均布荷载、集中荷载应在设计允许范围内；
2. 当浇筑混凝土时，应对混凝土堆积高度进行控制。

13.5.2 条文说明

支架上部荷载应均匀布置，均布荷载、集中荷载应在设计允许范围内。

13.5.3 依据及条文摘录

【依据一】《建筑施工模板安全技术规范》JGJ 162—2008

【条文摘录】

5.1.2 模板及其支架的设计应符合下列规定：

1 应具有足够的承载能力、刚度和稳定性，应能可靠地承受新浇混凝土的自重、侧压力和施工过程中所产生的荷载及风荷载。

2 构造应简单，装拆方便，便于钢筋的绑扎、安装和混凝土的浇筑、养护。

3 混凝土梁的施工应采用从跨中向两端对称进行分层浇筑，每层厚度不得大于400mm。

4 当验算模板及其支架在自重和风荷载作用下的抗倾覆稳定性时，应符合相应材质结构设计规范的规定。

【依据二】《建筑施工扣件式钢管脚手架安全技术规范》JGJ 130—2011

【条文摘录】

9.0.7 满堂支撑架顶部的实际荷载不得超过设计规定。（强制性条文）

13.5.4 补充说明

1. 本检查项目有3个控制点，全数检查。

2.《标准》2011 年版按相关标准的规定,对内容进行了更新并细化。

13.6 交 底 与 验 收

13.6.1 条文

1. 支架搭设、拆除前应进行交底,并应有交底记录;
2. 支架搭设完毕,应按规定组织验收,验收应有量化内容并经责任人签字确认。

13.6.2 条文说明

支架搭设前,应按专项施工方案及有关规定,对施工人员进行安全技术交底,交底应有文字记录。

支架搭设完毕,应组织相关人员对支架搭设质量进行全面验收,验收应有量化内容及文字记录,并应有责任人签字确认。

13.6.3 依据及条文摘录

【依据一】《建筑施工模板安全技术规范》JGJ 162—2008
【条文摘录】

8.0.4 模板工程应编制施工设计和安全技术措施,并应严格按施工设计与安全技术措施的规定进行施工。满堂模板、建筑层高 8m 及以上和梁跨大于或等于 15m 的模板,在安装、拆除作业前,工程技术人员应以书面形式向作业班组进行施工操作的安全技术交底、作业班组应对照书面交底进行上、下班的自检和互检。

8.0.5 施工过程中的检查项目应符合下列要求:

1 立柱底部基土应回填夯实。

2 垫木应满足设计要求。

3 底座位置应正确,顶托螺杆伸出长度应符合规定。

4 立杆的规格尺寸和垂直度应符合要求,不得出现偏心荷载。

5 扫地杆、水平拉杆、剪刀撑等的设置应符合规定,固定应可靠。

6 安全网和各种安全设施应符合要求。

【依据二】《建筑施工扣件式钢管脚手架安全技术规范》JGJ 130—2011
【条文摘录】

摘录一:

7.1.1 脚手架搭设前,应按专项施工方案向施工人员进行交底。

摘录二:

8.2.1 脚手架及其地基基础应在下列阶段进行检查与验收:

1 基础完工后及脚手架搭设前;

2 作业层上施加荷载前;

3 每搭设完 6m～8m 高度后;

4 达到设计高度后;

5 遇有六级强风及以上风或大雨后，冻结地区解冻后；

6 停用超过一个月。

8.2.2 应根据下列技术文件进行脚手架检查、验收：

1 本规范第8.2.3条～第8.2.5条的规定；

2 专项施工方案及变更文件；

3 技术交底文件。

4 构配件质量检查表（本规范附录D表D，见本书第4.6.3条）

8.2.3 脚手架使用中，应定期检查下列要求内容：

1 杆件的设置和连接，连墙件、支撑、门洞桁架等的构造应符合本规范和专项施工方案的要求；

2 地基应无积水，底座应无松动，立杆应无悬空；

3 扣件螺栓应无松动；

4 高度在24m以上的双排、满堂脚手架，其立杆的沉降与垂直度的偏差应符合本规范表8.2.4（见本书第4.6.3条）项次1、2的规定；高度在20m以上的满堂支撑架，其立杆的沉降与垂直度的偏差应符合本规范表8.2.4（见本书第4.6.3条）项次1、3的规定；

5 安全防护措施应符合本规范要求；

6 应无超载使用。

8.2.4 脚手架搭设的技术要求、允许偏差与检验方法，应符合表8.2.4（见本书第4.6.3条）的规定。

8.2.5 安装后的扣件螺栓拧紧扭力矩应采用扭力扳手检查，抽样方法应按随机分布原则进行。抽样检查数目与质量判定标准，应按表8.2.5（见本书第4.6.3条）的规定确定。不合格的应重新拧紧至合格。

13.6.4 补充说明

1. 本检查项目有3个控制点，全数检查。

2. 施工前必须交底，并形成《安全技术交底》表。

3. 《标准》2011年版要求验收有具体量化内容。

13.7 杆 件 连 接

13.7.1 条文

1. 立杆应采用对接、套接或承插式连接方式，并应符合规范要求；

2. 水平杆的连接应符合规范要求；

3. 当剪刀撑斜杆采用搭接时，搭接长度不应小于1m；

4. 杆件各连接点的紧固应符合规范要求。

13.7.2 依据及条文摘录

【依据】《建筑施工扣件式钢管脚手架安全技术规范》JGJ 130—2011

【条文摘录】

摘录一：

6.3.6 脚手架立杆的对接、搭接应符合下列规定：

1 当立杆采用对接接长时，立杆的对接扣件应交错布置，两根相邻立杆的接头不应设置在同步内，同步内隔一根立杆的两个相隔接头在高度方向错开的距离不宜小于500mm；各接头中心至主节点的距离不宜大于步距的1/3；

2 当立杆采用搭接接长时，搭接长度不应小于1m，并应采用不少于2个旋转扣件固定。端部扣件盖板的边缘至杆端距离不应小于100mm。

摘录二：

6.8.3 满堂脚手架立杆的构造应符合本规范第6.3.1条～第6.3.3条（见本书第13.3.3条）的规定；立杆接长接头必须采用对接扣件连接。立杆对接扣件布置应符合本规范第6.3.6条第1款的规定。水平杆的连接应符合本规范第6.2.1条第2款的有关规定，水平杆长度不宜小于3跨。

摘录三：

6.2.1 纵向水平杆的构造应符合下列规定：

2 纵向水平杆接长应采用对接扣件连接或搭接，并应符合下列规定：

1）两根相邻纵向水平杆的接头不应设置在同步或同跨内；不同步或不同跨两个相邻接头在水平方向错开的距离不应小于500mm；各接头中心至最近主节点的距离不应大于纵距的1/3（图6.2.1-1）。

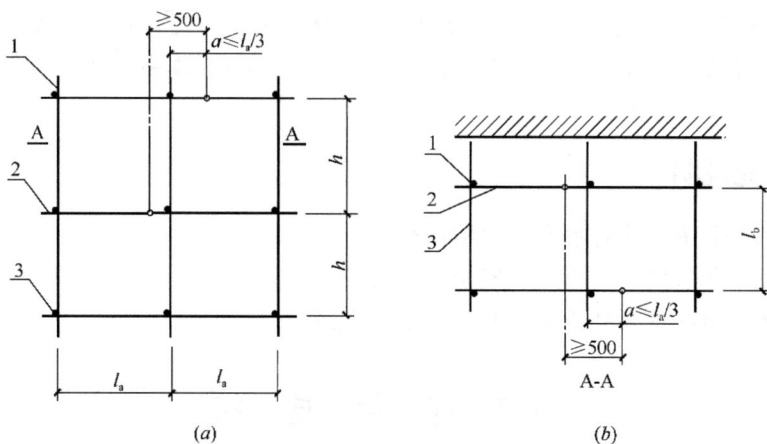

图 6.2.1-1 纵向水平杆对接接头布置
(a) 接头不在同步内（立面）；(b) 接头不在同跨内（平面）
1—立杆；2—纵向水平杆；3—横向水平杆

2）搭接长度不应小于1m，应等间距设置3个旋转扣件固定；端部扣件盖板边缘至搭接纵向水平杆杆端的距离不应小于100mm。

摘录四：

6.8.5 剪刀撑应用旋转扣件固定在与之相交的水平杆或立杆上，旋转扣件中心线至主节点的距离不宜大于150mm。

摘录五：

8.2.3 脚手架使用中，应定期检查下列要求内容：

3　扣件螺栓应无松动；

摘录六：

8.2.5　安装后的扣件螺栓拧紧扭力矩应采用扭力扳手检查，抽样方法应按随机分布原则进行。抽样检查数目与质量判定标准，应按表8.2.5（见本书第4.6.3条）的规定确定。不合格的应重新拧紧至合格。

13.7.3　补充说明

1. 本检查项目有4个控制点，全数检查。
2. 《标准》2011年版增加的检查项目，控制点要求按相关标准规定。

13.8　底　座　与　托　撑

13.8.1　条文

1. 可调底座、托撑螺杆直径应与立杆内径匹配，配合间隙应符合规范要求；
2. 螺杆旋入螺母内长度不应少于5倍的螺距。

底座和托撑如图13.8.1所示。

13.8.2　依据及条文摘录

【依据】《建筑施工扣件式钢管脚手架安全技术规范》JGJ 130—2011

【条文摘录】

摘录一：

3.4　可调托撑

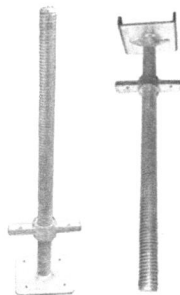

图13.8.1　底座和托撑

3.4.1　可调托撑螺杆外径不得小于36mm，直径与螺距应符合现行国家标准《梯型螺纹　第2部分：直径与螺距系列》GB/T 5796.2和《梯形螺纹　第3部分：基本尺寸》GB/T 5796.3的规定。

3.4.2　可调托撑的螺杆与支托板焊接应牢固，焊缝高度不得小于6mm；可调托撑螺杆与螺母旋合长度不得少于5扣，螺母厚度不得小于30mm。

3.4.3　可调托撑抗压承载力设计值不应小于40kN，支托板厚不应小于5mm。（强制性条文）

摘录二：

5.1.7　扣件、底座、可调托撑的承载力设计值应按表5.1.7采用。

扣件、底座、可调托撑的承载力设计值（kN）　　　　表5.1.7

项　　目	承载力设计值
对接扣件（抗滑）	3.20
直角扣件、旋转扣件（抗滑）	8.00
底座（受压）、可调托撑（受压）	40.00

摘录三：

6.9.6　满堂支撑架的可调底座、可调托撑螺杆伸出长度不宜超过300mm，插入立杆内的长度不得小于 150mm。

摘录四：

8.1.7 可调托撑的检查应符合下列规定：

1 应有产品质量合格证，其质量应符合本规范第 3.4 节的规定；

2 应有质量检验报告，可调托撑抗压承载力应符合本规范第 5.1.7 条的规定；

3 可调托撑支托板厚不应小于 5mm，变形不应大于 1mm；

4 严禁使用有裂缝的支托板、螺母。

13.8.3 补充说明

1. 本检查项目有 2 个控制点，全数检查。

2. 《标准》2011 年版增加的检查项目，控制点要求按相关标准规定。

13.9 构 配 件 材 质

13.9.1 条文

1. 钢管壁厚应符合规范要求；

2. 构配件规格、型号、材质应符合规范要求；

3. 杆件弯曲、变形、锈蚀量应在规范允许范围内。

13.9.2 依据及条文摘录

【依据】《建筑施工扣件式钢管脚手架安全技术规范》JGJ 130—2011

【条文摘录】

摘录一：

3.1 钢管

3.1.1 脚手架钢管应采用现行国家标准《直缝电焊钢管》GB/T 13793 或《低压流体输送用焊接钢管》GB/T 3091 中规定的 Q235 普通钢管；钢管的钢材质量应符合现行国家标准《碳素结构钢》GB/T 700 中 Q235 级钢的规定。

3.1.2 脚手架钢管宜采用 $\phi48.3 \times 3.6$ 钢管。每根钢管的最大质量不应大于 25.8kg。

3.2 扣件

3.2.1 扣件应采用可锻铸铁或铸钢制作，其质量和性能应符合现行国家标准《钢管脚手架扣件》GB 15831 的规定。采用其他材料制作的扣件，应经试验证明其质量符合该标准的规定后方可使用。

3.2.2 扣件在螺栓拧紧扭力矩达到 65N·m 时，不得发生破坏。

3.4 可调托撑

3.4.1 可调托撑螺杆外径不得小于 36mm，直径与螺距应符合现行国家标准《梯型螺纹 第 2 部分：直径与螺距系列》GB/T 5796.2 和《梯形螺纹 第 3 部分：基本尺寸》GB/T 5796.3 的规定。

3.4.2 可调托撑的螺杆与支托板焊接应牢固，焊缝高度不得小于 6mm；可调托撑螺杆与螺母旋合长度不得少于5扣，螺母厚度不得小于30mm。

3.4.3 可调托撑受压承载力设计值不应小于40 kN，支托板厚不应小于5mm。（强制性条文）

摘录二：

8.1 构配件检查与验收

8.1.1 新钢管的检查应符合下列规定：

1 应有产品质量合格证；

2 应有质量检验报告，钢管材质检验方法应符合现行国家标准《金属材料 室温拉伸试验方法》GB/T 228的有关规定，其质量应符合本规范第3.1.1条的规定；

3 钢管表面应平直光滑，不应有裂缝、结疤、分层、错位、硬弯、毛刺、压痕和深的划道；

4 钢管外径、壁厚、端面等的偏差，应分别符合本规范表8.1.8（见木书第4.10.3条）的规定；

5 钢管应涂有防锈漆。

8.1.2 旧钢管的检查应符合下列规定：

1 表面锈蚀深度应符合本规范表8.1.8（见本书第4.10.3条）序号3的规定。锈蚀检查应每年一次。检查时，应在锈蚀严重的钢管中抽取三根，在每根锈蚀严重的部位横向截断取样检查，当锈蚀深度超过规定值时不得使用；

2 钢管弯曲变形应符合本规范表8.1.8（见本书第4.10.3条）序号4的规定。

8.1.3 扣件验收应符合下列规定：

1 扣件应有生产许可证、法定检测单位的测试报告和产品质量合格证。当对扣件质量有怀疑时，应按现行国家标准《钢管脚手架扣件》GB 15831的规定抽样检测；

2 新、旧扣件均应进行防锈处理；

3 扣件的技术要求应符合现行国家标准《钢管脚手架扣件》GB 15831的相关规定。

8.1.4 扣件进入施工现场应检查产品合格证，并应进行抽样复试，技术性能应符合现行国家标准《钢管脚手架扣件》GB 15831的规定。扣件在使用前应逐个挑选，有裂缝、变形、螺栓出现滑丝的严禁使用。（强制性条文）

8.1.7 可调托撑的检查应符合下列规定：

1 应有产品质量合格证，其质量应符合本规范第3.4节的规定；

2 应有质量检验报告，可调托撑抗压承载力应符合本规范第5.1.7条（见本书第13.8.3条）的规定；

3 可调托撑支托板厚不应小于5mm，变形不应大于1mm；

4 严禁使用有裂缝的支托板、螺母。

8.1.8 构配件允许偏差应符合表8.1.8（见本书第4.10.3条）的规定。

13.9.3 补充说明

1. 本检查项目有2个控制点，全数检查。

2.《标准》2011年版增加的检查项目，控制点要求按相关标准规定。

13.10 支 架 拆 除

13.10.1 条文

1. 支架拆除前结构的混凝土强度应达到设计要求；
2. 支架拆除前应设置警戒区，并应设专人监护。

13.10.2 依据及条文摘录

【依据一】《混凝土结构工程施工规范》GB 50666—2011

【条文摘录】

4.5.1 模板拆除时，可采取先支的后拆、后支的先拆，先拆非承重模板、后拆承重模板的顺序，并应从上而下进行拆除。

4.5.2 混凝土强度达到设计要求后，方可拆除底模及支架；当设计无具体要求时，同条件养护的混凝土立方体试件抗压强度应符合表 4.5.2 的规定。

底模拆除时的混凝土强度要求   表 4.5.2

构件类型	构件跨度（m）	按达到设计混凝土强度等级值的百分率计（%）
板	≤2	≥50
	>2, ≤8	≥75
	>8	≥100
梁、拱、壳	≤8	≥75
	>8	≥100
悬臂结构		≥100

4.5.3 当混凝土强度能保证其表面及棱角不受损伤时，方可拆除侧模。

4.5.4 多个楼层间连续支模的底层支架拆除时间，应根据连续支模的楼层间荷载分配和混凝土强度的增长情况确定。

4.5.5 快拆支架体系的支架立杆间距不应大于 2m。拆模时应保留立杆并顶托支承楼板，拆模时的混凝土强度可按本规范表 4.5.2 中构件跨度为 2m 的规定确定。

【依据二】《建筑施工模板安全技术规范》JGJ 162—2008

【条文摘录】

7.1.7 模板的拆除工作应设专人指挥。作业区应设围栏，其内不得有其他工种作业，并应设专人负责监护。拆下的模板、零配件严禁抛掷。

7.2 支架立柱拆除

7.2.1 当拆除钢楞、木楞、钢桁架时，应在其下面临时搭设防护支架，使所拆楞梁及桁架先落在临时防护支架上。

7.2.2 当立柱的水平拉杆超出 2 层时，应首先拆除 2 层以上的拉杆。当拆除最后一道水平拉杆时，应和拆除立柱同时进行。

7.2.3 当拆除 4m～8m 跨度的梁下立柱时，应先从跨中开始，对称地分别向两端拆除。拆除时，严禁采用连梁底板向旁侧一片拉倒的拆除方法。

7.2.4 对于多层楼板模板的立柱，当上层及以上楼板正在浇筑混凝土时，下层楼板立柱的拆除，应根据下层楼板结构混凝土强度的实际情况，经过计算确定。

7.2.5 拆除平台、楼板下的立柱时，作业人员应站在安全处。

7.2.6 对已拆下的钢楞、木楞、桁架、立柱及其他零配件应及时运到指定地点。对有芯钢管立柱运出前应先将芯管抽出或用销卡固定。

13.10.3 补充说明

1. 本检查项目有 2 个控制点，全数检查。

2.《标准》2011 年版按相关标准规定，内容更新并细化。

第14章 高 处 作 业

高处作业检查评分表

序号	检查项目	扣 分 标 准	应得分数	扣减分数	实得分数
1	安全帽	施工现场人员未戴安全帽，每人扣5分 未按标准佩戴安全帽，每人扣2分 安全帽质量不符合现行国家相关标准的要求，扣5分	10		
2	安全网	在建工程外脚手架架体外侧未采用密目式安全网封闭或网间连接不严，扣2～10分 安全网质量不符合现行国家相关标准的要求，扣10分	10		
3	安全带	高处作业人员未按规定系挂安全带，每人扣5分 安全带系挂不符合要求，每人扣5分 安全带质量不符合现行国家相关标准的要求，扣10分	10		
4	临边防护	工作面边沿无临边防护，扣10分 临边防护设施的构造、强度不符合规范要求，扣5分 防护设施未形成定型化、工具式，扣3分	10		
5	洞口防护	在建工程的孔、洞未采取防护措施，每处扣5分 防护措施、设施不符合要求或不严密，每处扣3分 防护设施未形成定型化、工具式，扣3分 电梯井内未按每隔两层且不大于10m设置安全平网，扣5分	10		
6	通道口防护	未搭设防护棚或防护不严、不牢固，扣5～10分 防护棚两侧未进行封闭，扣4分 防护棚宽度小于通道口宽度，扣4分 防护棚长度不符合要求，扣4分 建筑物高度超过24m，防护棚顶未采用双层防护，扣4分 防护棚的材质不符合规范要求，扣5分	10		
7	攀登作业	移动式梯子的梯脚底部垫高使用，扣3分 折梯未使用可靠拉撑装置，扣5分 梯子的材质或制作质量不符合规范要求，扣10分	10		
8	悬空作业	悬空作业处未设置防护栏杆或其他可靠的安全设施，扣5～10分 悬空作业所用的索具、吊具等未经验收，扣5分 悬空作业人员未挂安全带或佩带工具袋，扣2～10分	10		
9	移动式操作平台	操作平台未按规定进行设计计算，扣8分 移动式操作平台，轮子与平台的连接不牢固可靠或立柱底端距离地面超过80mm，扣5分 操作平台的组装不符合设计和规范要求，扣10分 平台台面铺板不严，扣5分 操作平台四周未按规定设置防护栏杆或未设置登高扶梯，扣10分 操作平台的材质不符合规范要求，扣10分	10		

序号	检查项目	扣 分 标 准	应得分数	扣减分数	实得分数
10	悬挑式物料钢平台	未编制专项施工方案或未经设计计算，扣10分 悬挑式钢平台的支撑系统或上部拉结点，未设置在建筑结构上，扣10分 斜拉杆或钢丝绳未按要求在平台两侧各设置两道，扣10分 钢平台未按要求设置固定的防护栏杆或挡脚板，扣3～10分 钢平台台面铺板不严或钢平台与建筑结构之间铺板不严，扣5分 未在平台明显处设置荷载限定标牌，扣5分	10		
检查项目合计			100		

14.1 安 全 帽

14.1.1 条文

1. 进入施工现场的人员必须正确佩戴安全帽；
2. 安全帽的质量应符合规范要求。

14.1.2 条文说明

安全帽是防冲击的主要防护用品，每顶安全帽上都应有制造厂名称、商标、型号、许可证号、检验部门批量验证及工厂检验合格证；佩戴安全帽时必须系紧下颚帽带，防止安全帽掉落。

14.1.3 依据及条文摘录

【依据一】《建设工程安全生产管理条例》
【条文摘录】
第三十三条 作业人员应当遵守安全施工的强制性标准、规章制度和操作规程，正确使用安全防护用具、机械设备等。
第三十四条 施工单位采购、租赁的安全防护用具、机械设备、施工机具及配件，应当具有生产（制造）许可证、产品合格证，并在进入施工现场前进行查验。
【依据二】《安全帽》GB 2118—2007
【条文摘录】产品标准，全文依据。

14.1.4 补充说明

1. 本检查项目有3个控制点，全数检查。
2. 新旧版本本检查项目控制点含义一致。

14.2 安 全 网

14.2.1 条文

1. 在建工程外脚手架的外侧应采用密目式安全网进行封闭;
2. 安全网的质量应符合规范要求。

14.2.2 条文说明

应重点检查安全网的材质及使用情况;每张安全网出厂前,必须有国家制定的监督检验部门批量验证和工厂检验合格证。

14.2.3 依据及条文摘录

【依据一】《建筑施工扣件式钢管脚手架安全技术规范》JGJ 130—2011

【条文摘录】

9.0.11 脚手板应铺设牢靠、严实,并应用安全网双层兜底。施工层以下每隔 10m 应用安全网封闭。

9.0.12 单、双排脚手架、悬挑式脚手架沿架体外围应用密目式安全网全封闭,密目式安全网宜设置在脚手架外立杆的内侧,并应与架体绑扎牢固。

【依据二】《建筑施工高处作业安全技术规范》JGJ 80—1991

【条文摘录】

摘录一:

第 3.1.1 条 对临边高处作业,必须设置防护措施,并符合下列规定:

一、基坑周边,尚未安装栏杆或栏板的阳台、料台与挑平台周边,雨篷与挑檐边,无外脚手的屋面与楼层周边及水箱与水塔周边等处,都必须设置防护栏杆。

二、头层墙高度超过 3.2m 的二层楼面周边,以及无外脚手的高度超过 3.2m 的楼层周边,必须在外围架设安全平网一道。

摘录二:

第 3.1.3 条 搭设临边防护栏杆时,必须符合下列要求:

四、防护栏杆必须自上而下用安全立网封闭,或在栏杆下边设置严密固定的高度不低于 18cm 的挡脚板或 40cm 的挡脚笆。挡脚板与挡脚笆上如有孔眼,不应大于 25mm。板与笆下边距离底面的空隙不应大于 10mm。

接料平台两侧的栏杆,必须自上而下加挂安全立网或满扎竹笆。

五、当临边的外侧面临街道时,除防护栏杆外,敞口立面必须采取满挂安全网或其他可靠措施作全封闭处理。

摘录三:

第 3.2.1 条 进行洞口作业以及在因工程和工序需要而产生的,使人与物有坠落危险或危及人身安全的其他洞口进行高处作业时,必须按下列规定设置防护设施:

一、板与墙的洞口,必须设置牢固的盖板,防护栏杆、安全网或其他防坠落的防护设施。

二、电梯井口必须设防护栏杆或固定栅门,电梯井内应每隔两层并最多隔10m设一道安全网。

摘录四:

第3.2.2条 洞口根据具体情况采取设防护栏杆、加盖件、张挂安全网与装栅门等措施时,必须符合下列要求:盖板须能保持四周搁置均衡,并有固定其位置的措施。

三、边长为50～150cm的洞口,必须设置以扣件扣接钢管而成的网格,并在其上满铺竹笆或脚手板。也可采用贯穿于混凝土板内的钢筋构成防护网,钢筋网格间距不得大于20cm。

四、边长在150cm以上的洞口,四周设防护栏杆,洞口下张设安全平网。

摘录五:

第4.1.12条 钢屋架的安装,应遵守下列规定:

三、屋架吊装以前,应预先在下弦挂设安全网;吊装完毕后,即将安全网铺设固定。

摘录六:

第4.2.1条 悬空作业处应有牢靠的立足处,并必须视具体情况,配置防护栏网、栏杆或其他安全设施。

摘录七:

第4.2.6条 混凝土浇筑时的悬空作业,必须遵守下列规定:

三、特殊情况下如无可靠的安全设施,必须系好安全带并扣好保险钩,或架设安全网。

摘录八:

第4.2.8条 悬空进行门窗作业时,必须遵守下列规定:

二、在高处外墙安装门、窗,无外脚手时,应张挂安全网。无安全网时,操作人员应系好安全带,其保险钩应挂在操作人员上方的可靠物件上。

【依据三】《安全网》GB 5725—2009

【条文摘录】产品标准,全文依据。

14.2.4 补充说明

1. 本检查项目有2个控制点,全数检查。

2. 建筑安全监督管理部门准用证的规定已废除,《标准》2011年版删掉该控制点。其他控制点,两版含义一致。

14.3 安 全 带

14.3.1 条文

1. 高处作业人员应按规定系挂安全带;

2. 安全带的系挂应符合规范要求;

3. 安全带的质量应符合规范要求。

14.3.2 条文说明

安全带用于防止人体坠落发生，从事高处作业人员必须按规定正确佩戴使用；安全带的带体上缝有永久字样的商标、合格证和检验证，合格证上注有产品名称、生产年月、拉力试验、冲击试验、制造厂名、检验员姓名等信息。

14.3.3 依据及条文摘录

【依据一】《建筑施工高处作业安全技术规范》JGJ 80—1991

【条文摘录】

摘录一：

第 4.2.6 条 混凝土浇筑时的悬空作业，必须遵守下列规定：

一、浇筑离地 2m 以上框架、过梁、雨篷和小平台时，应设操作平台，不得直接站在模板或支撑件上操作。

二、浇筑拱形结构，应自两边拱脚对称地相向进行。浇筑储仓，下口应先行封闭，并搭设脚手架以防人员坠落。

三、特殊情况下如无可靠的安全设施，必须系好安全带并扣好保险钩，或架设安全网。

摘录二：

第 4.2.8 条 悬空进行门窗作业时，必须遵守下列规定：

一、安装门、窗，油漆及安装玻璃时，严禁操作人员站在樘子、阳台栏板上操作。门、窗临时固定，封填材料未达到强度，以及电焊时，严禁手拉门、窗进行攀登。

二、在高处外墙安装门、窗，无外脚手时，应张挂安全网。无安全网时，操作人员应系好安全带，其保险钩应挂在操作人员上方的可靠物件上。

三、进行各项窗口作业时，操作人员的重心应位于室内，不得在窗台上站立，必要时应系好安全带进行操作。

【依据二】《安全带》GB 6095—2009

【条文摘录】产品标准，全文依据。

14.3.4 补充说明

1. 本检查项目有 3 个控制点，全数检查。

2. 新旧版本本检查项目控制点含义一致。

14.4 临 边 防 护

14.4.1 条文

1. 作业面边沿应设置连续的临边防护设施；

2. 临边防护设施的构造、强度应符合规范要求；

3. 临边防护设施宜定型化、工具式，杆件的规格及连接固定方式应符合规范要求。

14.4.2　条文说明

临边防护栏杆应定型化、工具化、连续性；护栏的任何部位应能承受任何方向的1000N的外力。

临边防护如图 14.4.2 所示。

图 14.4.2　临边防护

14.4.3　依据及条文摘录

【依据】《建筑施工高处作业安全技术规范》JGJ 80—1991

【条文摘录】

摘录一：

第3.1.1条　对临边高处作业，必须设置防护措施，并符合下列规定：

一、基坑周边，尚未安装栏杆或栏板的阳台、料台与挑平台周边，雨篷与挑檐边，无外脚手的屋面与楼层周边及水箱与水塔周边等处，都必须设置防护栏杆。

二、头层墙高度超过3.2m的二层楼面周边，以及无外脚手的高度超过3.2m的楼层周边，必须在外围架设安全平网一道。

三、分层施工的楼梯口和梯段边，必须安装临时护栏。顶层楼梯口应随工程结构进度安装正式防护栏杆。

四、井架与施工用电梯和脚手架等与建筑物通道的两侧边，必须设防护栏杆。地面通道上部应装设安全防护棚。双笼井架通道中间，应予分隔封闭。

五、各种垂直运输接料平台，除两侧设防护栏杆外，平台口还应设置安全门或活动防护栏杆。

第3.1.2条　临边防护栏杆杆件的规格及连接要求，应符合下列规定：

一、毛竹横杆小头有效直径不应小于70mm，栏杆柱小头直径不应小于80mm，并须用不小于16号的镀锌钢丝绑扎，不应少于3圈，并无泻滑。

二、原木横杆上杆梢径不应小于70mm，下杆梢径不应小于60mm，栏杆柱梢径不应小于75mm。并须用相应长度的圆钉钉紧，或用不小于12号的镀锌钢丝绑扎，要求表面平顺和稳固无动摇。

三、钢筋横杆上杆直径不应小于16mm，下杆直径不应小于14mm，栏杆柱直径不应小于18mm，采用电焊或镀锌钢丝绑扎固定。

四、钢管横杆及栏杆柱均采用 $\phi48\times（2.75\sim3.5）$ mm 的管材，以扣件或电焊固定。

五、以其他钢材如角钢等作防护栏杆杆件时，应选用强度相当的规格，以电焊固定。

第3.1.3条　搭设临边防护栏杆时，必须符合下列要求：

一、防护栏杆应由上、下两道横杆及栏杆柱组成，上杆离地高度为1.0～1.2m，下杆离地高度为0.5～0.6m。坡度大于1：22的屋面，防护栏杆应高1.5m，并加挂安全立网。

除经设计计算外，横杆长度大于 2m 时，必须加设栏杆柱。

二、栏杆柱的固定应符合下列要求：

1. 当在基坑四周固定时，可采用钢管并打入地面 50～70cm 深。钢管离边口的距离，不应小于 50cm。当基坑周边采用板桩时，钢管可打在板桩外侧。

2. 当在混凝土楼面、屋面或墙面固定时，可用预埋件与钢管或钢筋焊牢。采用竹、木栏杆时，可在预埋件上焊接 30cm 长的 L50×5 角钢，其上下各钻一孔，然后用 1mm 螺栓与竹、木杆件栓牢。

3. 当在砖或砌块等砌体上固定时，可预先砌入规格相适应的 80×6 弯转扁钢作预埋铁的混凝土块，然后用上项方法固定。

三、栏杆柱的固定及其与横杆的连接，其整体构造应使防护栏杆在上杆任何处，能经受任何方向的 1000N 外力。当栏杆所处位置有发生人群拥挤、车辆冲击或物件碰撞等可能时，应加大横杆截面或加密柱距。

四、防护栏杆必须自上而下用安全立网封闭，或在栏杆下边设置严密固定的高度不低于 18cm 的挡脚板或 40cm 的挡脚笆，挡脚板与挡脚笆上如有孔眼，不应大于 25mm。板与笆下边距离底面的空隙不应大于 10mm。

接料平台两侧的栏杆，必须自上而下加挂安全立网或满扎竹笆。

五、当临边的外侧面临街道时，除防护栏杆外，敞口立面必须采取满挂安全网或其他可靠措施作全封闭处理。

第 3.1.4 条 临边防护栏杆的力学计算及构造型式见附录二。

摘录二：

附录二 临边作业防护栏杆的计算机构造实例

（一）杆件计算

防护栏杆横杆上杆的计算，应按本规范第 3.1.3 条第 3 款的规定，以外力为活荷载（可变荷载），取集中荷载作用于杆件中点，按公式（附 2-1）计算弯矩，并按公式（附 2-2）计算弯曲强度。需要控制变形时，尚应按公式（附 2-3）计算挠度。荷载设计值的取用，应符合现行的《建筑结构荷载规范》的有关规定。强度设计值的取用，应符合相应的结构设计规范的有关规定。

1 弯矩：

$$M = \frac{Fl}{4} \qquad (\text{附 2-1})$$

式中 M——上杆承受的弯矩最大值（N·m）；

F——上杆承受的集中荷载设计值（N）；

l——上杆长度（m）。

2 弯曲强度：

$$M \leqslant W_n f \qquad (\text{附 2-2})$$

式中 M——上杆的弯矩（N·m）；

W_n——上杆净截面抵抗矩（cm^2）；

f——上杆抗弯强度设计值（N/mm^2）。

3 挠度：

$$\frac{Fl^3}{48EI} \leqslant 容许挠度 \qquad (附2\text{-}3)$$

式中　F——上杆承受的集中荷载标准值（N）；

　　　l——上杆长度（m），计算中采用 1×10^2 mm；

　　　E——杆件的弹性模量（N/mm²），钢材可取 206×10^3 N/mm²；

　　　I——杆件截面惯性矩（mm⁴）。

注：① 计算中，集中荷载设计值 F，应按可变荷载（活荷载）的标准值 $Q_k = 1000$N 乘以可变荷载的分项系数 $Q = 1.4$ 取用。

② 抗弯强度设计值，采用钢材时可按 $f = 215$ N/mm² 取用。

③ 挠度及容许挠度均以 mm 计。

（二）构造实例

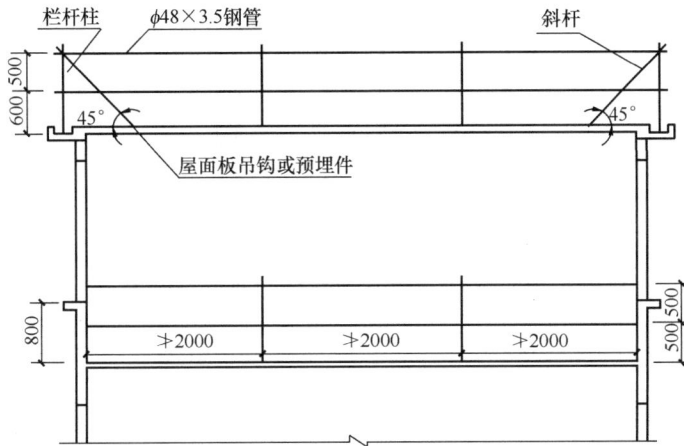

附图 2.1　屋面和楼层临边防护栏杆（单位：mm）

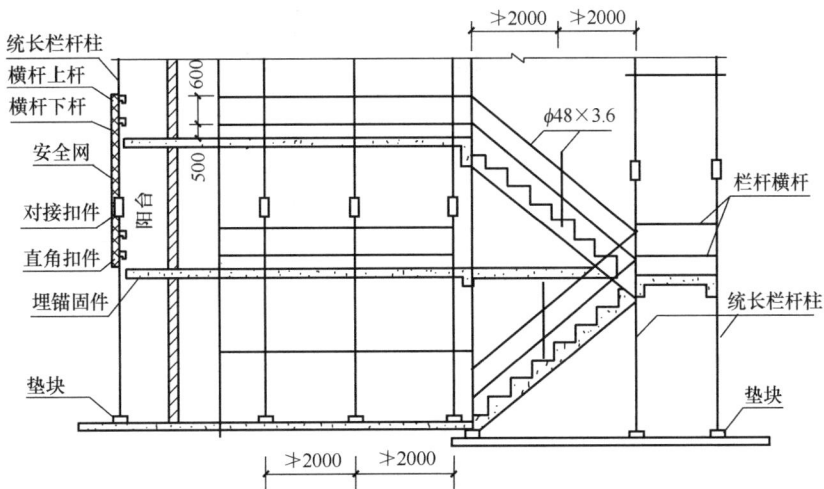

附图 2.2　楼梯、楼层和阳台临边防护栏杆（单位：mm）

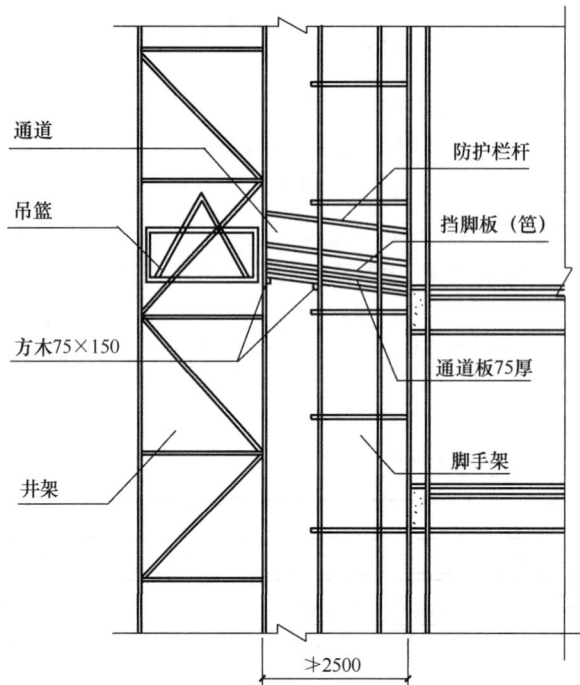

附图 2.3 通道侧边防护栏杆（单位：mm）

14.4.4 补充说明

1. 本检查项目有 3 个控制点，全数检查。

2.《标准》2011 年版增加了有关设施定型化、工具式的控制点，要求所有临边设施定型化、工具式。

14.5 洞 口 防 护

14.5.1 条文

1. 在建工程的预留洞口、楼梯口、电梯井口等孔洞应采取防护措施；

2. 防护措施、设施应符合规范要求；

3. 防护设施宜定型化、工具式；

4. 电梯井内每隔两层且不大于 10m 应设置安全平网防护。

14.5.2 条文说明

洞口的防护设施应定型化、工具化、严密性；不能出现作业人员随意找材料盖在预留洞口上的临时做法，防止发生坠落事故；楼梯口、电梯井口应设防护栏杆，井内每隔两层（不大于 10m）设置一道安全平网或其他形式的水平防护，并不得留有杂物。

14.5.3 依据及条文摘录

【依据】《建筑施工高处作业安全技术规范》JGJ 80—1991

【条文摘录】

摘录一：

第3.2.1条 进行洞口作业以及在因工程和工序需要而产生的，使人与物有坠落危险或危及人身安全的其他洞口进行高处作业时，必须按下列规定设置防护设施：

一、板与墙的洞口，必须设置牢固的盖板、防护栏杆、安全网或其他防坠落的防护设施。

二、电梯井口必须设防护栏杆或固定栅门；电梯井内应每隔两层并最多隔10m设一道安全网。

三、钢管桩、钻孔桩等桩孔上口，杯形、条形基础上口，未填土的坑槽，以及人孔、天窗、地板门等处，均应按洞口防护设置稳固的盖件。

四、施工现场通道附近的各类洞口与坑槽等处，除设置防护设施与安全标志外，夜间还应设红灯示警。

第3.2.2条 洞口根据具体情况采取设防护栏杆、加盖件、张挂安全网与装栅门等措施时，必须符合下列要求：

一、楼板、屋面和平台等面上短边尺寸小于25cm但大于2.5cm的孔口，必须用坚实的盖板盖没。盖板应能防止挪动移位。

二、楼板面等处边长为25～50cm的洞口、安装预制构件时的洞口以及缺件临时形成的洞口，可用竹、木等作盖板，盖住洞口。盖板须能保持四周搁置均衡，并有固定其位置的措施。

三、边长为50～150cm的洞口，必须设置以扣件扣接钢管而成的网格，并在其上满铺竹笆或脚手板。也可采用贯穿于混凝土板内的钢筋构成防护网，钢筋网格间距不得大于20cm。

四、边长在150cm以上的洞口，四周设防护栏杆，洞口下张设安全平网。

五、垃圾井道和烟道，应随楼层的砌筑或安装而消除洞口，或参照预留洞口作防护，管道井施工时，除按上款办理外，还应加设明显的标志。如有临时性拆移，需经施工负责人核准，工作完毕后必须恢复防护设施。

六、位于车辆行驶道旁的洞口、深沟与管道坑、槽，所加盖板应能承受不小于当地额定卡车后轮有效承载力2倍的荷载。

七、墙面等处的竖向洞口，凡落地的洞口应加装开关式、工具式或固定式的防护门，门栅网格的间距不应大于15cm，也可采用防护栏杆，下设挡脚板（笆）。

八、下边沿至楼板或底面低于80cm的窗台等竖向洞口，如侧边落差大于2m时，应加设1.2m高的临时护栏。

九、对邻近的人与物有坠落危险性的其他竖向的孔、洞口，均应予以盖没或加以防护，并有固定其位置的措施。

第3.2.3条 洞口防护栏杆的杆件及其搭设应符合本规范第3.1.2条、第3.1.3条（见本书第14.4.3条）的规定。防护栏杆的力学计算见附录二（见本书第14.4.3条）之（一），防护设施的构造形式见附录三。

摘录二：

附录三 洞口作业安全设施实例

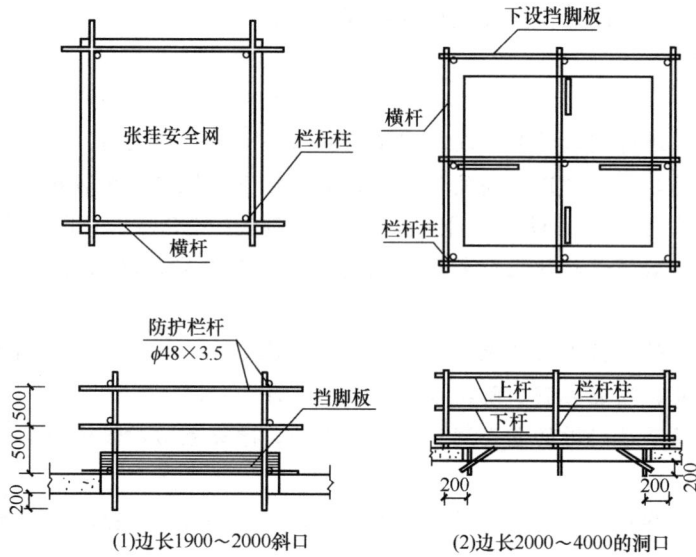

(1)边长1900~2000斜口　　(2)边长2000~4000的洞口

附图3.1 洞口防护栏杆（单位：mm）

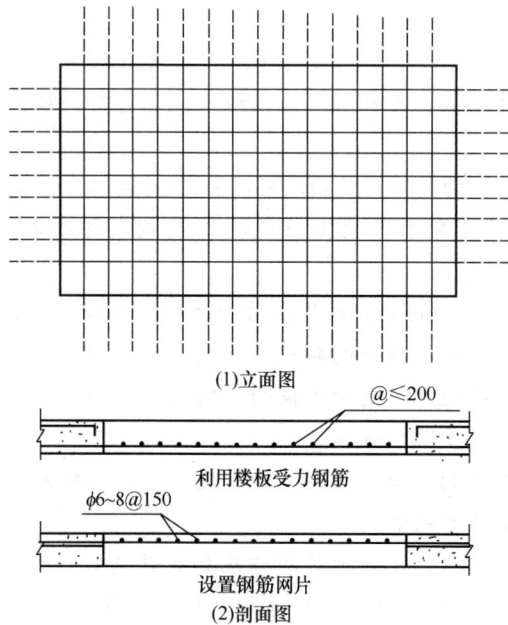

(1)立面图

(2)剖面图

附图3.2 洞口钢筋防护网（单位：mm）

14.5.4 补充说明

1. 本检查项目有4个控制点，全数检查。

2. 本检查项目内容包括《建筑施工安全检查标准》JGJ 59—99中的预留洞口、坑井防护和楼梯口、电梯井口防护两个检查项目，控制点含义相同。

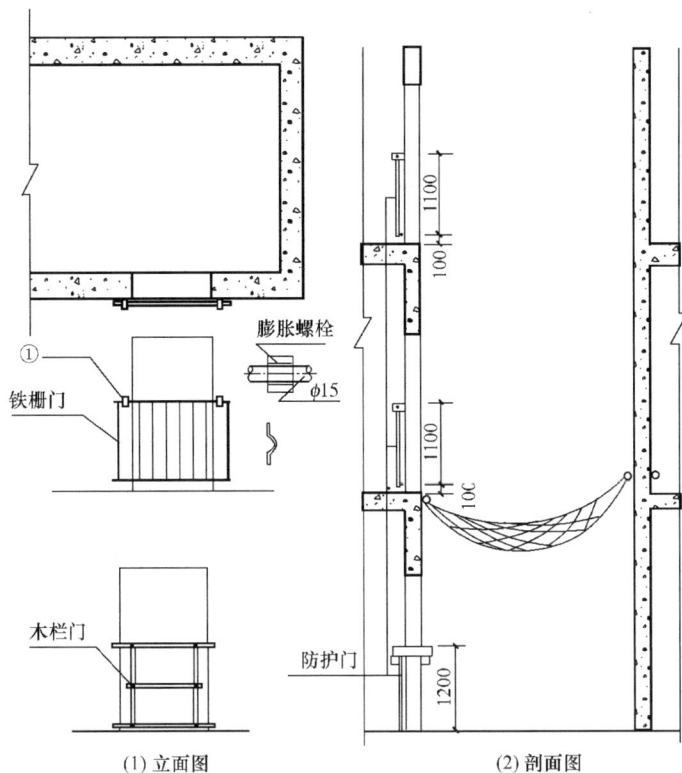

附图 3.3 电梯井口防护门（单位：mm）

14.6 通 道 口 防 护

14.6.1 条文

1. 通道口防护应严密、牢固；
2. 防护棚两侧应采取封闭措施；
3. 防护棚宽度应大于通道口宽度，长度应符合规范要求；
4. 当建筑物高度超过 24m 时，通道口防护顶棚应采用双层防护；
5. 防护棚的材质应符合规范要求。

14.6.2 条文说明

通道口防护应具有严密性、牢固性的特点；为防止在进出施工区域的通道处发生物体打击事故，在出入口的物体坠落半径内搭设防护棚，顶部采用 50mm 木脚手板铺设，两侧封闭密目式安全网；建筑物高度大于 24m 或使用竹笆脚手板等低强度材料时，应采用双层防护棚，以提高防砸能力。

14.6.3 依据及条文摘录

【依据】《建筑施工高处作业安全技术规范》JGJ 80—1991

【条文摘录】

摘录一：

第5.2.4条 结构施工自二层起，凡人员进出的通道口（包括井架、施工用电梯的进出通道口），均应搭设安全防护棚。高度超过24m的层次上的交叉作业，应设双层防护。

第5.2.5条 由于上方施工可能坠落物件或处于起重机把杆回转范围之内的通道，在其受影响的范围内，必须搭设顶部能防止穿透的双层防护廊。

第5.2.6条 交叉作业通道防护的构造型式见附录六。

摘录二：

附录六 交叉作业通道防护实例

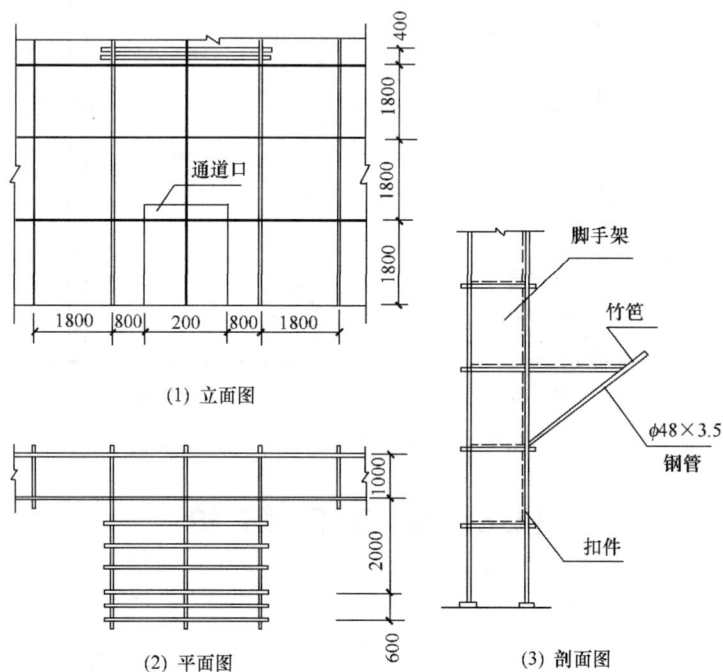

(1) 立面图

(2) 平面图

(3) 剖面图

附图6.1 交叉作业通道防护（单位：mm）

14.6.4 补充说明

1. 本检查项目有6个控制点，全数检查。

2. 《标准》2011年版增加了防护棚长度和双层防护的控制点。

14.7 攀 登 作 业

14.7.1 条文

1. 梯脚底部应坚实，不得垫高使用；

2. 折梯使用时上部夹角宜为35°～45°，并应设有可靠的拉撑装置；

3. 梯子的材质和制作质量应符合规范要求。

14.7.2　条文说明

使用梯子进行高处作业前，必须保证地面坚实平整，不得使用其他材料对梯脚进行加高处理。

梯子不得垫高使用，如图 14.7.2 示意。

14.7.3　依据及条文摘录

【依据】《建筑施工高处作业安全技术规范》JGJ 80—1991

【条文摘录】

摘录一：

第 4.1.1 条　在施工组织设计中应确定用于现场施工的登高和攀登设施。现场登高应借助建筑结构或脚手架上的登高设施，也可采用载人的垂直运输设备。进行攀登作业时可使用梯子或采用其他攀登设施。

图 14.7.2　梯子不得垫高使用

第 4.1.2 条　柱、梁和行车梁等构件吊装所需的直爬梯及其他登高用拉攀件，应在构件施工图或说明内作出规定。

第 4.1.3 条　攀登的用具，结构构造上必须牢固可靠。供人上下的踏板其使用荷载不应大于 1100N。当梯面上有特殊作业，重量超过上述荷载时，应按实际情况加以验算。

第 4.1.4 条　移动式梯子，均应按现行的国家标准验收其质量。

第 4.1.5 条　梯脚底部应坚实，不得垫高使用，梯子的上端应有固定措施。立梯工作角度仪 75°±5°为宜，踏板上下间距以 30cm 为宜，不得有缺档。

第 4.1.6 条　梯子如需接长使用，必须有可靠的连接措施，且接头不得超过 1 处。连接后梯梁的强度，不应低于单梯梯梁的强度。

第 4.1.7 条　折梯使用时上部夹角以 35°～45°为宜，铰链必须牢固，并应有可靠的拉撑措施。

第 4.1.8 条　固定式直爬梯应用金属材料制成。梯宽不应大于 50cm，支撑应采用不小于 L70×6 的角钢，埋设与焊接均必须牢固。梯子顶端的踏棍应与攀登的顶面齐平，并加设 1～1.5m 高的扶手。

使用直爬梯进行攀登作业时，攀登高度以 5m 为宜。超过 2m 时，宜加设护笼，超过 8m 时，必须设置梯间平台。

第 4.1.9 条　作业人员应从规定的通道上下，不得在阳台之间等非规定通道进行攀登，也不得任意利用吊车臂架等施工设备进行攀登。

上下梯子时，必须面向梯子，且不得手持器物。

第 4.1.10 条　钢柱安装登高时，应使用钢挂梯或设置在钢柱上的爬梯。挂梯构造见附录四附图 4.1。

钢柱的接柱应使用梯子或操作台。操作台横杆高度，当无电焊防风要求时，其高度不宜小于 1m，有电焊防风要求时，其高度不宜小于 1.8m，见附录四附图 4.2。

第 4.1.11 条　登高安装钢梁时，应视钢梁高度，在两端设置挂梯或搭设钢管脚手架，

构造形式参见附录四附图 4.3。

梁面上需行走时，其一侧的临时护栏横杆可采用钢索，当改用扶手绳时，绳的自然下垂度不应大于 1/20，并应控制在 10cm 以内，见附录四附图 4.4.1 为绳的长度。

第 4.1.12 条 钢屋架的安装，应遵守下列规定：

一、在屋架上下弦登高操作时，对于三角形屋架应在屋脊外，梯形屋架应在两端，设置攀登时上下的梯架。材料可选用毛竹或原木，踏步间距不应大于 40cm，毛竹梢径不应小于 70mm。

二、屋架吊装以前，应在上弦设置防护栏杆。

三、屋架吊装以前，应预先在下弦挂设安全网；吊装完毕后，即将安全网铺设固定。

摘录二：

附录四 攀登作业安全设施实例

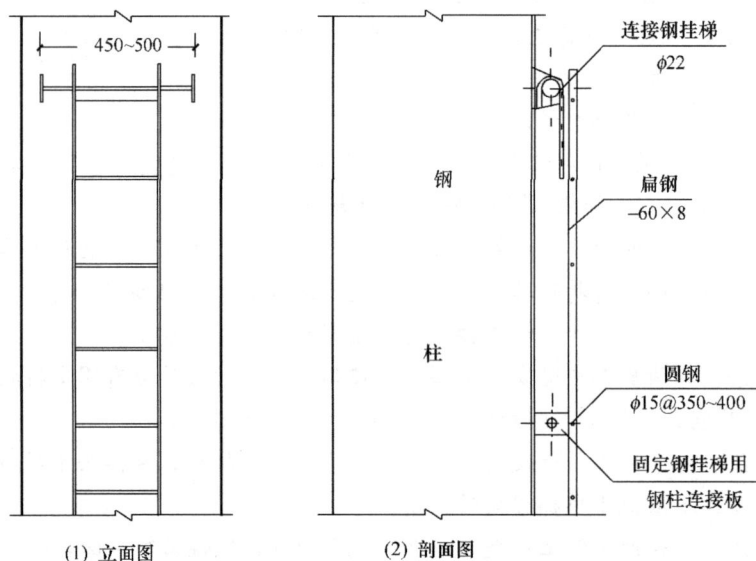

(1) 立面图   (2) 剖面图

附图 4.1 钢柱登高挂梯（单位：mm）

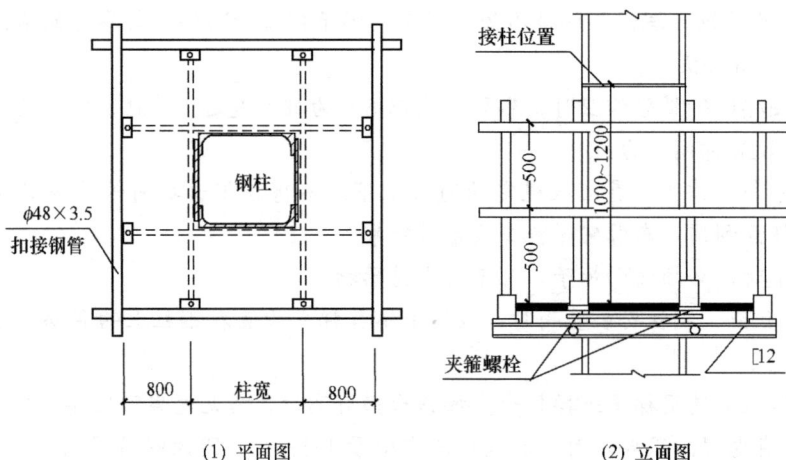

(1) 平面图   (2) 立面图

附图 4.2 钢柱接柱用操作台（单位：mm）

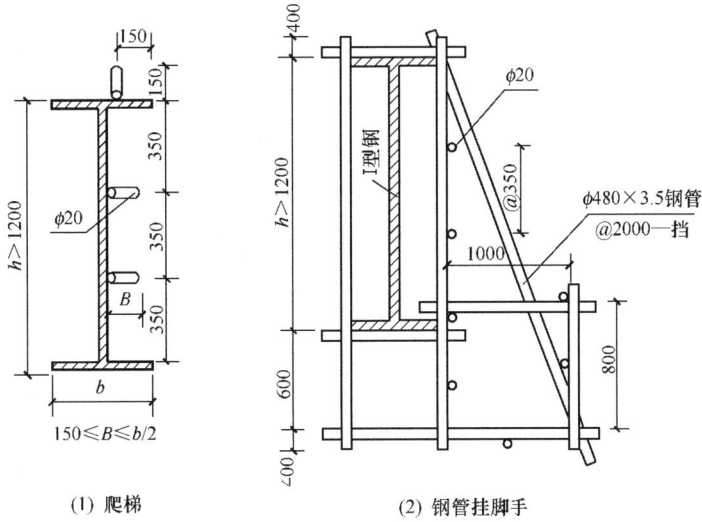

(1) 爬梯   (2) 钢管挂脚手

附图 4.3　钢梁登高设施（单位：mm）

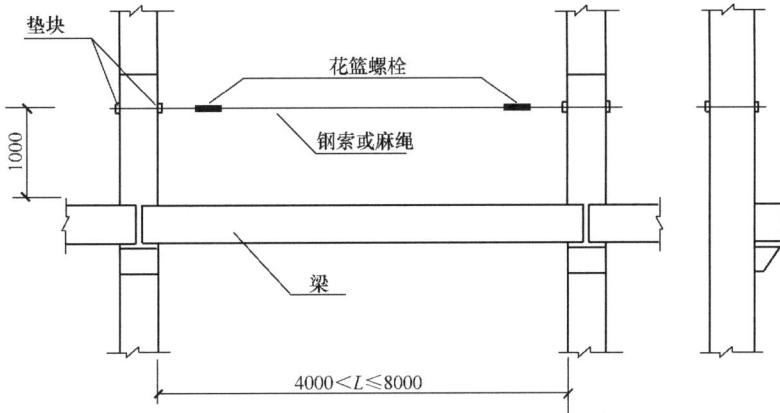

附图 4.4　梁面临时护栏（单位：mm）

14.7.4　补充说明

1. 本检查项目有 3 个控制点，全数检查。

2. 《标准》2011 年版增加的检查项目。

14.8　悬　空　作　业

14.8.1　条文

1. 悬空作业处应设置防护栏杆或采取其他可靠的安全措施；

2. 悬空作业所使用的索具、吊具等应经验收，合格后方可使用；

3. 悬空作业人员应系挂安全带、佩戴工具袋。

14.8.2 条文说明

悬空作业应保证使用索具、吊具、料具等设备的合格可靠；悬空作业部位应有牢靠的立足点，并视具体环境配备相应的防护栏杆、防护网等安全措施。

正确佩戴安全带，如图14.8.2所示。

14.8.3 依据及条文摘录

【依据】《建筑施工高处作业安全技术规范》JGJ 80—1991

【条文摘录】

第4.2.1条 悬空作业处应有牢靠的立足处，并必须视具体情况，配置防护栏网、栏杆或其他安全设施。

图14.8.2 正确佩戴安全带

第4.2.2条 悬空作业所用的索具、脚手板、吊篮、吊笼、平台等设备，均需经过技术鉴定或检证方可使用。

第4.2.3条 构件吊装和管道安装时的悬空作业，必须遵守下列规定：

一、钢结构的吊装，构件应尽可能在地面组装，并应搭设进行临时固定、电焊、高强螺栓连接等工序的高空安全设施，随构件同时上吊就位。拆卸时的安全措施，亦应一并考虑和落实。高空吊装预应力钢筋混凝土屋架、桁架等大型构件前，也应搭设悬空作业中所需的安全设施。

二、悬空安装大模板、吊装第一块预制构件、吊装单独的大中型预制构件时，必须站在操作平台上操作。吊装中的大模板和预制构件以及石棉水泥板等屋面板上，严禁站人和行走。

三、安装管道时必须有已完结构或操作平台为立足点，严禁在安装中的管道上站立和行走。

第4.2.4条 模板支撑和拆卸时的悬空作业，必须遵守下列规定：

一、支模应按规定的作业程序进行，模板未固定前不得进行下一道工序。严禁在连接件和支撑件上攀登上下，并严禁在上下同一垂直面上装、拆模板。结构复杂的模板，装、拆应严格按照施工组织设计的措施进行。

二、支设高度在3m以上的柱模板，四周应设斜撑，并应设立操作平台。低于3m的可使用马凳操作。

三、支设悬挑形式的模板时，应有稳固的立足点。支设临空构筑物模板时，应搭设支架或脚手架。模板上有预留洞时，应在安装后将洞盖没。混凝土板上拆模后形成的临边或洞口，应按本规范有关章节进行防护。

拆模高处作业，应配置登高用具或搭设支架。

第4.2.5条 钢筋绑扎时的悬空作业，必须遵守下列规定：

一、绑扎钢筋和安装钢筋骨架时，必须搭设脚手架和马道。

二、绑扎圈梁、挑梁、挑檐、外墙和边柱等钢筋时，应搭设操作台架和张挂安全网。悬空大梁钢筋的绑扎，必须在满铺脚手板的支架或操作平台上操作。

三、绑扎立柱和墙体钢筋时，不得站在钢筋骨架上或攀登骨架上下。3m以内的柱钢筋，可在地面或楼面上绑扎，整体竖立。绑扎3m以上的柱钢筋，必须搭设操作平台。

第4.2.6条 混凝土浇筑时的悬空作业，必须遵守下列规定：

一、浇筑离地 2m 以上框架、过梁、雨篷和小平台时，应设操作平台，不得直接站在模板或支撑件上操作。

二、浇筑拱形结构，应自两边拱脚对称地相向进行。浇筑储仓，下口应先行封闭，并搭设脚手架以防人员坠落。

三、特殊情况下如无可靠的安全设施，必须系好安全带并扣好保险钩，或架设安全网。

第 4.2.7 条　进行预应力张拉的悬空作业时，必须遵守下列规定：

一、进行预应力张拉时，应搭设站立操作人员和设置张拉设备用的牢固可靠的脚手架或操作平台。

雨天张拉时，还应架设防雨棚。

二、预应力张拉区域应标示明显的安全标志，禁止非操作人员进入。张拉钢筋的两端必须设置挡板。挡板应距所张拉钢筋的端部 1.5m～2m，且应高出最上一组张拉钢筋 0.5m，其宽度应距张拉钢筋两外侧各不小于 1m。

三、孔道灌浆应按预应力张拉安全设施的有关规定进行。

第 4.2.8 条　悬空进行门窗作业时，必须遵守下列规定：

一、安装门、窗，油漆及安装玻璃时，严禁操作人员站在樘子、阳台栏板上操作。门、窗临时固定，封填材料未达到强度，以及电焊时，严禁手拉门、窗进行攀登。

二、在高处外墙安装门、窗，无外脚手时，应张挂安全网。无安全网时，操作人员应系好安全带，其保险钩应挂在操作人员上方的可靠物件上。

三、进行各项窗口作业时，操作人员的重心应位于室内，不得在窗台上站立，必要时应系好安全带进行操作。

14.8.4　补充说明

1. 本检查项目有 3 个控制点，全数检查。
2. 《标准》2011 年版增加的检查项目。

14.9　移动式操作平台

14.9.1　条文

1. 操作平台应按规定进行设计计算；
2. 移动式操作平台轮子与平台连接应牢固、可靠，立柱底端距地面高度不得大于 80mm；
3. 操作平台应按设计和规范要求进行组装，铺板应严密；
4. 操作平台四周应按规范要求设置防护栏杆，并应设置登高扶梯；
5. 操作平台的材质应符合规范要求。

14.9.2　条文说明

移动式操作平台应按方案设计要求进行组装使用，作业面的四周必须按临边作业要有设置防护栏杆，并应布置登高扶梯。

14.9.3 依据及条文摘录

【依据】《建筑施工高处作业安全技术规范》JGJ 80—1991

【条文摘录】

摘录一：

第5.1.1条 移动式操作平台，必须符合下列规定：

一、操作平台应由专业技术人员按现行的相应规范进行设计，计算书及图纸应编入施工组织设计。

二、操作平台的面积不应超过10m²，高度不应超过5m。还应进行稳定验算，并采取措施减少立柱的长细比。

三、装设轮子的移动式操作平台，轮子与平台的接合处应牢固可靠，立柱底端离地面不得超过80mm。

四、操作平台可采用φ（48～51）×3.5mm钢管以扣件连接，亦可采用门架式或承插式钢管脚手架部件，按产品使用要求进行组装。平台的次梁，间距不应大于40cm；台面应满铺3cm厚的木板或竹笆。

五、操作平台四周必须按临边作业要求设置防护栏杆，并应布置登高扶梯。

摘录二：

附录五 操作平台的计算及构造实例

（一）移动式操作平台

1. 杆件计算：

操作平台可以φ48×3.5mm镀锌钢管作次梁与主梁，上铺厚度不小于30mm的木板作铺板。铺板应予固定，并以φ48×3.5mm的钢管作立柱。杆件计算可按下列步骤进行。荷载设计值与强度设计值的取用同附录二。

（1）次梁计算：

①恒荷载（永久荷载）中的自重，钢管以40N/m计，铺板以220N/m²计；施工活载（可变荷载）以1500N/m²计。

按次梁承受均布荷载依下式计算弯矩：

$$M = \frac{1}{8}ql^2 \qquad\qquad （附5-1）$$

式中 M——弯矩最大值（N·m）；

　　q——次梁上的等效均布荷载设计值（N/m）；

　　l——次梁计算长度（m）。

②按次梁承受集中荷载依下式作弯矩验算：

$$M = \frac{1}{8}ql^2 + \frac{1}{4}ql \qquad\qquad （附5-2）$$

式中 q——次梁上仅依恒荷载计算的均布荷载设计值（N/m）；

　　F——次梁上的集中荷载设计值，可按可变荷载以标准值为1000N计。

③取以上两项弯矩值中的较大值按公式（附2-2）计算次梁弯曲强度。

（2）主梁计算：

① 主梁以立柱为支承点。将次梁传递的恒荷载和施工活荷载，加上主梁自重的恒荷载，按等效均布荷载计算最大弯矩。

立柱为 3 根时，可按下式计算位于中间立柱上部的主梁负弯矩：

$$M = -0.125ql^2 \qquad (附 5\text{-}3)$$

式中　q——主梁上的等效均布荷载设计值（N/m）；

　　　l——主梁计算长度（m）。

② 以上项弯矩值按公式（附 2-2）计算主梁弯曲强度。

(3) 立柱计算：

① 立柱以中间立柱为准，按轴心受压依下式计算强度：

$$\sigma = \frac{N}{A_n} \leqslant f \qquad (附 5\text{-}4)$$

式中　σ——受压正应力（N/mm²）；

　　　N——轴心压力（N）；

　　　A_n——立柱净截面面积（mm²）；

　　　f——抗压强度设计值（N/mm²）

② 立柱尚应按下式计算其稳定性：

$$\frac{N}{\varphi A} \leqslant f \qquad (附 5\text{-}5)$$

式中　φ——受压构件的稳定系数，按立柱最大长细比 $\lambda = \dfrac{1}{i}$ 采用；

　　　A——立柱的毛截面面积（mm²）。

注：①计算中的荷载设计值，恒荷载应按标准值乘以永久荷载分项系数 $Q=1.2$ 取用，活荷载应按标准值乘以可变荷载分项系数 $Q=1.4$ 取用。

②钢管的抗弯、抗压强度设计值可按 $f=215$ N/mm² 取用。

2. 结构构造：

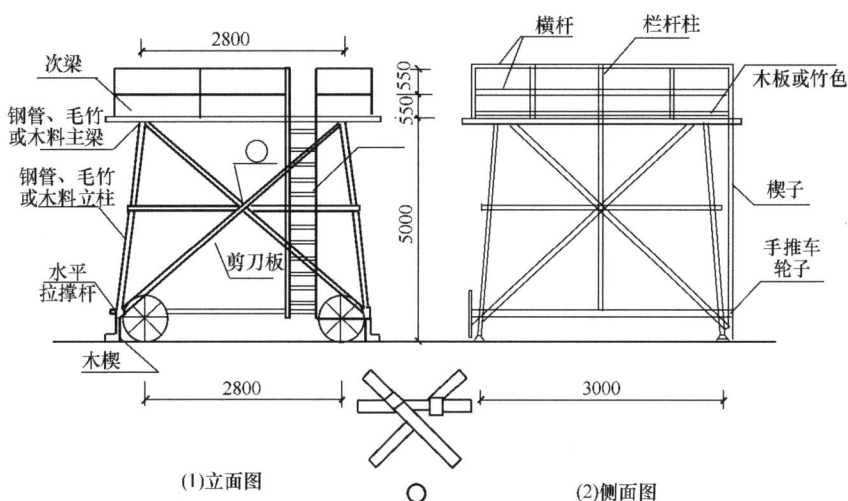

附图 5.1　移动式操作平台（单位：mm）

14.9.4 补充说明

1. 本检查项目有 7 个控制点，全数检查。
2. 《标准》2011 年版增加的检查项目。

14.10 悬挑式物料钢平台

14.10.1 条文

1. 悬挑式物料钢平台的制作、安装应编制专项施工方案，并应进行设计计算；
2. 悬挑式物料钢平台的下部支撑系统与上部拉结点，应设置在建筑结构上；
3. 斜拉杆或钢丝绳应按规范要求在平台两侧各设置前后两道；
4. 钢平台两侧必须安装固定的防护栏杆，并应在平台明显处设置荷载限定标牌；
5. 钢平台台面、钢平台与建筑结构间铺板应严密、牢固。

14.10.2 条文说明

悬挑式钢平台应按照方案设计要求进行组装使用，其结构应稳固，严禁将悬挑钢平台放置在外防护架体上；平台边缘必须按临边作业要有设置防护栏杆及挡脚板，防止出现物料滚落伤人事故。

悬挑式物料钢平台如图 14.10.2 所示。

14.10.3 依据及条文摘录

【依据】《建筑施工高处作业安全技术规范》JGJ 80—1991

【条文摘录】

摘录一：

第 5.1.2 条 悬挑式钢平台，必须符合下列规定：

一、悬挑式钢平台应按现行的相应规范进行设计，其结构构造应能防止左右晃动，计算书及图纸应编入施工组织设计。

图 14.10.2 悬挑式物料钢平台

二、悬挑式钢平台的搁支点与上部拉结点，必须位于建筑物上，不得设置在脚手架等施工设备上。

三、斜拉杆或钢丝绳，构造上宜两边各设前后两道，两道中的每一道均应作单道受力计算。

四、应设置 4 个经过验算的吊环。吊运平台时应使用卡环，不得使吊钩直接钩挂吊环。吊环应用甲类 3 号沸腾钢制作。

五、钢平台安装时，钢丝绳应采用专用的挂钩挂牢，采取其他方式时卡头的卡子不得少于 3 个。建筑物锐角利口围系钢丝绳处应加衬软垫物，钢平台外口应略高于内口。

六、钢平台左右两侧必须装置固定的防护栏杆。

七、钢平台吊装，需待横梁支撑点电焊固定，接好钢丝绳，调整完毕，经过检查验收，方可松卸起重吊钩，上下操作。

八、钢平台使用时，应有专人进行检查，发现钢丝绳有锈蚀损坏应及时调换，焊缝脱焊应及时修复。

第5.1.3条 操作平台上应显著地标明容许荷载值。操作平台上人员和物料的总重量，严禁超过设计的容许荷载。应配备专人加以监督。

第5.1.4条 操作平台的力学计算与构造型式见附录五之（一）、（二）。

摘录二：

（二）悬挑式钢平台

1. 杆件计算：

悬挑式钢平台可以槽钢作次梁与主梁，上铺厚度不小于50mm的木板，并以螺栓与槽钢相固定。杆件计算可按下列步骤进行。荷载设计值与强度设计值的取用同本附录（一）。钢丝绳的取用应按现行的《结构安装工程施工操作规程》YSJ 404—89的规定执行。

（1）次梁计算

① 恒荷载(永久荷载)中的自重，采用⊏10cm槽钢时以100N/m计、铺板以400N/m² 计；施工活荷载（可变荷载）以1500N/m² 计。按次梁承受均布荷载考虑，依公式（附5-1）计算弯矩。当次梁带悬臂时，依下式计算弯矩：

$$M = \frac{1}{8}ql^2(1-\lambda^2)^2 \qquad (附 5\text{-}6)$$

式中 λ——悬臂比值；

　　m——悬臂长度（mm）；

　　l——次梁两端搁支点间的长度。

② 以上项弯矩值按公式（附2-2）计算次梁弯曲强度。

（2）主梁计算。

① 按外侧主梁以钢丝绳吊点作支承点计算。为安全计，按里侧第二道钢丝绳不起作用，里侧槽钢亦不起作用计算。将次梁传递的恒荷载和施工活荷载，加上主梁自重的恒荷载，按公式（附5-1）计算外侧主梁弯矩值。主梁采用槽钢时，自重以260N/m计。当次梁带悬臂时，先按公式（附5-7）计算次梁所传递的荷载；再将此荷载化算为等效均布荷载设计值，加上主梁自重的荷载设计值，按公式（附5-1）计算外侧主梁弯矩值：

$$R_{外} = \frac{1}{2}ql(1+\lambda)^2 \qquad (附 5\text{-}7)$$

式中 $R_{外}$——次梁搁支于外侧主梁上的支座反力，即传递于主梁的荷载（N）。

③ 将上项弯矩按公式（附2-2）计算外侧主梁弯曲强度。

（3）钢丝绳验算

① 为安全计，钢平台每侧两道钢丝绳均以一道受力作验算。钢丝绳按下式计算其所受拉力：

$$T = \frac{ql}{2\sin\alpha} \qquad (附 5\text{-}8)$$

式中 T——钢丝绳所受拉力；

　　q——主梁上的均布荷载标准值；

　　l——主梁计算长度（mm）；

α——钢丝绳与平台面的夹角；当夹角为 45°时，

$$\sin\alpha = 0.707；为 60°时，\sin\alpha = 0.866。$$

②以钢丝绳拉力按下式验算钢丝绳的安全系数 K：

$$K = \frac{F}{T} \geqslant [K] \tag{附 5-9}$$

式中 F——钢丝绳的破断拉力，取钢丝绳的破断拉力总和乘以换算系数（N）；

$[K]$——作吊索用钢丝绳的法定安全系数，定为 10。

2 结构构造。

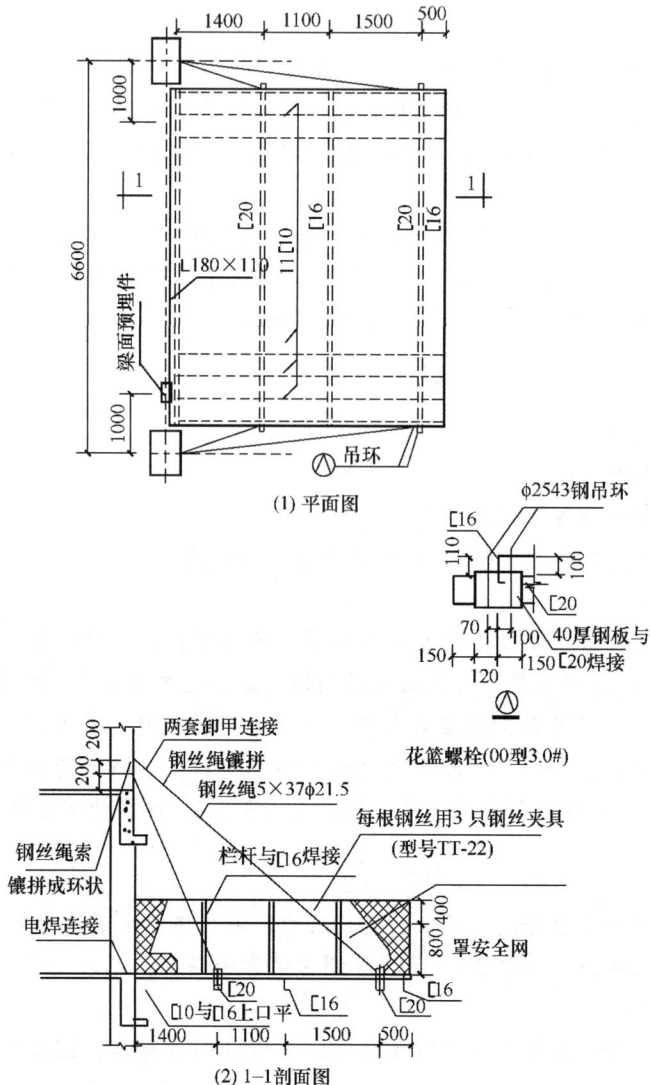

附图 5.2 悬挑式钢平台（单位：mm）

14.10.4 补充说明

1. 本检查项目有 6 个控制点，全数检查。

2. 《标准》2011 年版增加的检查项目。

第15章 施 工 用 电

施工用电检查评分表

序号	检查项目		扣 分 标 准	应得分数	扣减分数	实得分数
1	保证项目	外电防护	外电线路与在建工程及脚手架、起重机械、场内机动车道之间的安全距离不符合规范要求且未采取防护措施，扣10分 防护设施未设置明显的警示标志，扣5分 防护设施与外电线路的安全距离及搭设方式不符合规范要求，扣5～10分 在外电架空线路正下方施工、建造临时设施或堆放材料物品，扣10分	10		
2		接地与接零保护系统	施工现场专用的电源中性点直接接地的低压配电系统未采用TN-S接零保护系统，扣20分 配电系统未采用同一保护系统，扣20分 保护零线引出位置不符合规范要求，扣5～10分 电气设备未接保护零线，每处扣2分 保护零线装设开关、熔断器或通过工作电流，扣20分 保护零线材质、规格及颜色标记不符合规范要求，每处扣2分 工作接地与重复接地的设置、安装及接地装置的材料不符合规范要求，扣10～20分 工作接地电阻大于4Ω，重复接地电阻大于10Ω，扣20分 施工现场起重机、物料提升机、施工升降机、脚手架防雷措施不符合规范要求，扣5～10分 做防雷接地机械上的电气设备，保护零线未做重复接地，扣10分	20		
3		配电线路	线路及接头不能保证机械强度和绝缘强度，扣5～10分 线路未设短路、过载保护，扣5～10分 线路截面不能满足负荷电流，每处扣2分 线路的设施、材料及相序排列、档距、与邻近线路或固定物的距离不符合规范要求，扣5～10分； 电缆沿地面明设，沿脚手架、树木等敷设或敷设不符合规范要求，扣5～10分 线路敷设的电缆不符合规范要求，扣5～10分 室内明敷主干线距地面高度小于2.5m，每处扣2分	10		
4		配电箱与开关箱	配电系统未采用三级配电、二级漏电保护系统，扣10～20分 用电设备未有各自专用的开关箱，每处扣2分 箱体结构、箱内电器设置不符合规范要求，扣10～20分 配电箱零线端子板的设置、连接不符合规范要求，扣5～10分 漏电保护器参数不匹配或检测不灵敏，每处扣2分 配电箱与开关箱电器损坏或进出线混乱，每处扣2分 箱体未设置系统接线图和分路标记，每处扣2分 箱体未设门、锁，未采取防雨措施，每处扣2分 箱体安装位置、高度及周边通道不符合规范要求，每处扣2分 分配电箱与开关箱、开关箱与用电设备的距离不符合规范要求，每处扣2分	20		
		小计		60		

序号	检查项目		扣 分 标 准	应得分数	扣减分数	实得分数
5	一般项目	配电室与配电装置	配电室建筑耐火等级未达到三级，扣15分 未配置适用于电气火灾的灭火器材，扣3分 配电室、配电装置布设不符合规范要求，扣5～10分 配电装置中的仪表、电气元件设置不符合规范要求或仪表、电气元件损坏，扣5～10分 备用发电机组未与外电线路进行联锁，扣15分 配电室未采取防雨雪和小动物侵入的措施，扣10分 配电室未设警示标志、工地供电平面图和系统图，扣3～5分	15		
6		现场照明	照明用电与动力用电混用，每处扣2分 特殊场所未使用36V及以下安全电压，扣15分 手持照明灯未使用36V以下电源供电，扣10分 照明变器未使用双绕组安全隔离变压器，扣15分 灯具金属外壳未接保护零线，每处扣2分 灯具与地面、易燃物之间小于安全距离，每处扣2分 照明线路和安全电压线路的架设不符合规范要求，扣10分 施工现场未按规范要求配备应急照明，每处扣2分	15		
7		用电档案	总包单位与分包单位未订立临时用电管理协议，扣10分 未制定专项用电施工组织设计、外电防护专项方案或设计、方案缺乏针对性，扣5～10分 专项用电施工组织设计、外电防护专项方案未履行审批程序，实施后相关部门未组织验收，扣5～10分 接地电阻、绝缘电阻和漏电保护器检测记录未填写或填写不真实，扣3分 安全技术交底、设备设施验收记录未填写或填写不真实，扣3分 定期巡视检查、隐患整改记录未填写或填写不真实，扣3分 档案资料不齐全、未设专人管理，扣3分	10		
		小计		40		
检查项目合计				100		

15.1 外 电 防 护

15.1.1 条文

1. 外电线路与在建工程及脚手架、起重机械、场内机动车道的安全距离应符合规范要求；

2. 当安全距离不符合规范要求时，必须采取绝缘隔离防护措施，并应悬挂明显的警示标志；

3. 防护设施与外电线路的安全距离应符合规范要求，并应坚固、稳定；

4. 外电架空线路正下方不得进行施工、建造临时设施或堆放材料物品。

15.1.2 条文说明

施工现场所遇到的外电线路一般为10kV以上或220/380V的架空线路。因为防护措施不当，造成重大人身伤亡和巨额财产损失的事故屡有发生，所以做好外电线路的防护是确保用电安全的重要保证。外电线路与在建工程（含脚手架）、高大施工设备、场内机动车道必须满足规定的安全距离。对达不到安全距离的架空线路，要采取符合规范要求的绝缘隔离防护措施或者与有关部门协商对线路采取停电、迁移等方式，确保用电安全。外电防护架体材料应选用木、竹等绝缘材料，不宜采用钢管等金属材料搭设。

目前场地狭窄的施工现场越来越多，许多工地经常在外电架空线路下方搭建宿舍、作业棚、材料区等违章设施，对电力运行安全和人身安全构成严重威胁，因此对施工现场架空线路下方区域的安全检查也是极为关键的环节。

15.1.3 依据及条文摘录

【依据】《施工现场临时用电安全技术规范》JGJ 46—2005

【条文摘录】

4.1 外电线路防护

4.1.1 在建工程不得在外电架空线路正下方施工、搭设作业棚、建造生活设施或堆放构件、架具、材料及其他杂物等。

4.1.2 在建工程（含脚手架）的周边与外电架空线路的边线之间的最小安全操作距离应符合表4.1.2规定。

在建工程（含脚手架）的周边与架空线路的
边线之间的最小安全操作距离   表4.1.2

外电线路电压等级（kV）	<1	1~10	35~110	220	330~500
最小安全操作距离（m）	4.0	6.0	8.0	10	15

注：上、下脚手架的斜道不宜设在有外电线路的一侧。

4.1.3 施工现场的机动车道与外电架空线路交叉时，架空线路的最低点与路面的最小垂直距离应符合表4.1.3规定。

施工现场的机动车道与架空线路交叉时的最小垂直距离   表4.1.3

外电线路电压等级（kV）	<1	1~10	35
最小垂直距离（m）	6.0	7.0	7.0

4.1.4 起重机严禁越过无防护设施的外电架空线路作业。在外电架空线路附近吊装时，起重机的任何部位或被吊物边缘在最大偏斜时与架空线路边线的最小安全距离应符合表4.1.4规定。

起重机与架空线路边线的最小安全距离   表4.1.4

电压（kV） 安全距离（m）	<1	10	35	110	220	330	500
沿垂直方向	1.5	3.0	4.0	5.0	6.0	7.0	8.5
沿水平方向	1.5	2.0	3.5	4.0	6.0	7.0	8.5

4.1.5 施工现场开挖沟槽边缘与外电埋地电缆沟槽边缘之间的距离不得小于0.5m。

4.1.6 当达不到本规范第 4.1.2～4.1.4 条中的规定时，必须采取绝缘隔离防护措施，并应悬挂醒目的警告标志。

架设防护设施时，必须经有关部门批准，采用线路暂时停电或其他可靠的安全技术措施，并应有电气工程技术人员和专职安全人员监护。

防护设施与外电线路之间的安全距离不应小于表 4.1.6 所列数值。

防护设施应坚固、稳定，且对外电线路的隔离防护应达到 IP30 级。

防护设施与外电线路之间的最小安全距离　　　　表 4.1.6

外电线路电压等级（kV）	≤10	35	110	220	330	500
最小安全距离（m）	1.7	2.0	2.5	4.0	5.0	6.0

4.1.7 当本规范第 4.1.6 条规定的防护措施无法实现时，必须与有关部门协商，采取停电、迁移外电线路或改变工程位置等措施，未采取上述措施的严禁施工。

4.1.8 在外电架空线路附近开挖沟槽时，必须会同有关部门采取加固措施，防止外电架空线路电杆倾倒、悬倒。

15.1.4　补充说明

1. 本检查项目有 4 个控制点，全数检查。
2. 《标准》2011 年版按《施工现场临时用电安全技术规范》JGJ 46—2005 的规定，对内容进行了更新并细化。

15.2　接地与接零保护系统

15.2.1　条文

1. 施工现场专用的电源中性点直接接地的低压配电系统应采用 TN-S 接零保护系统；
2. 施工现场配电系统不得同时采用两种保护系统；
3. 保护零线应由工作接地线、总配电箱电源侧零线或总漏电保护器电源零线处引出，电气设备的金属外壳必须与保护零线连接；
4. 保护零线应单独敷设，线路上严禁装设开关或熔断器，严禁通过工作电流；
5. 保护零线应采用绝缘导线，规格和颜色标记应符合规范要求；
6. 保护零线应在总配电箱处、配电系统的中间处和末端处作重复接地；
7. 接地装置的接地线应采用 2 根及以上导体，在不同点与接地体做电气连接。接地体应采用角钢、钢管或光面圆钢；
8. 工作接地电阻不得大于 4Ω，重复接地电阻不得大于 10Ω；
9. 施工现场起重机、物料提升机、施工升降机、脚手架应按规范要求采取防雷措施，防雷装置的冲击接地电阻值不得大于 30Ω；
10. 做防雷接地机械上的电气设备，保护零线必须同时作重复接地。

15.2.2　条文说明

施工现场配电系统的保护方式正确与否是保证用电安全的基础。按照现行行业标准

《施工现场临时用电安全技术规范》JGJ 46（以下简称《临电规范》）的规定，施工现场专用的电源中性点直接接地的 220/380V 三相四线制低压电力系统必须采用 TN-S 接零保护系统，同时规定同一配电系统不允许采用两种保护系统。保护零线、工作接地、重复接地以及防雷接地在《临电规范》中都明确了具体的做法和要求，这些都是安全检查的重点。

15.2.3　依据及条文摘录

【依据】《施工现场临时用电安全技术规范》JGJ 46—2005

【条文摘录】

5　接地与防雷

5.1　一般规定

5.1.1　在施工现场专用变压器的供电的 TN-S 接零保护系统中，电气设备的金属外壳必须与保护零线连接。保护零线应由工作接地线、配电室（总配电箱）电源侧零线或总漏电保护器电源侧零线处引出（图 5.1.1）。（强制性条文）

5.1.2　当施工现场与外电线路共用同一供电系统时，电气设备的接地、接零保护应与原系统保持一致，不得一部分设备做保护接零，另一部分设备做保护接地。

采用 TN 系统做保护接零时，工作零线（N 线）必须通过总漏电保护器．保护零线（PE 线）必须由电源进线零线重复接地处或总漏电保护器电源侧零线处，引出形成局部 TN-S 接零保护系统（图 5.1.2）。（强制性条文）

5.1.3　在 TN 接零保护系统中，通过总漏电保护器的工作零线与保护零线之间不得再做电气连接。

5.1.4　在 TN 接零保护系统中，PE 零线应单独敷设。重复接地线必须与 PE 线相连接，严禁与 N 线相连接。

5.1.5　使用一次侧由 50V 以上电压的接零保护系统供电，二次侧为 50V 及以下电压的安全隔离变压器时，二次侧不得接地，并应将二次线路用绝缘管保护或采用橡皮护套

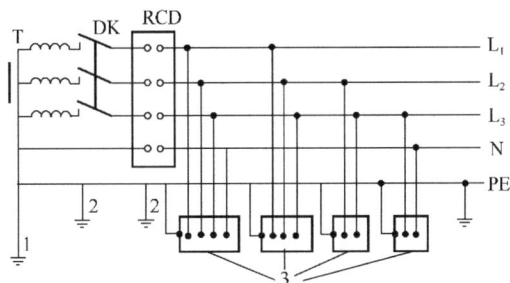

图 5.1.1　专用变压器供电时 TN-S 接零
保护系统示意

1—工作接地；2—PE 线重复接地；3—电气设备金属外壳（正常不带电的外露可导电部分）；L₁、L₂、L₃—相线；N—工作零线；PE—保护零线；DK—总电源隔离开关；RCD—总漏电保护器（兼有短路、过载、漏电保护功能的漏电断路器）；T—变压器

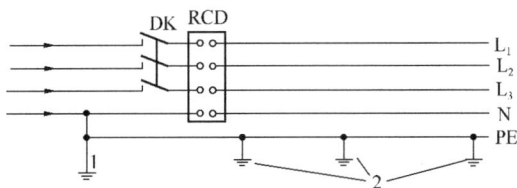

图 5.1.2　三相四线供电时局部 TN-S 接零保护
系统保护零线引出示意

1—NPE 线重复接地；2—PE 线重复接地；L₁、L₂、L₃—相线；N—工作零线；PE—保护零线；DK—总电源隔离开关；RCD—总漏电保护器（兼有短路、过载、漏电保护功能的漏电断路器）

软线。

当采用普通隔离变压器时，其二次侧一端应接地，且变压器正常不带点的外露可导电部分应与一次回路保护零线相连接。

以上变压器尚应采取防直接接触带电体的保护措施。

5.1.6 施工现场的临时用电电力系统严禁利用大地做相线或零线。

5.1.7 接地装置的设置应考虑土壤干燥或冻结等季节变化的影响，并应符合表5.1.7的规定，接地电阻值在四季中均应符合本规范第5.3节的要求。但防雷装置的冲击接地电阻值只考虑在雷雨季节中土壤干燥状态的影响。

接地装置的季节系数 ψ 值   表5.1.7

埋深（m）	水平接地体	长2～3m的垂直接地体
0.5	1.4～1.8	1.2～1.4
0.8～1.0	1.25～1.45	1.15～1.3
2.5～3.0	1.0～1.1	1.0～1.1

注：大地比较干燥时，取表中较小值；比较潮湿时，取表中较大值。

5.1.8 PE线所用材质与相线、工作零线（N线）相同时，其最小截面应符合表5.1.8的规定。

PE线截面与相线截面的关系   表5.1.8

相线芯线截面 S（mm²）	PE线最小截面（mm²）
S≤16	S
16＜S≤35	16
S＞35	S/2

5.1.9 保护零线必须采用绝缘导线。

配电装置和电动机械相连接的PE线应为截面不小于2.5mm² 的绝缘多股铜线。手持式电动工具的PE线应为截面不小于1.5mm² 的绝缘多股铜线。

5.1.10 PE线上严禁装设开关或熔断器，严禁通过工作电流，且严禁断线。（强制性条文）

5.1.11 相线、N线、PE线的颜色标记必须符合以下规定：相线 L_1（A）、L_2（B）、L_3（C）相序的绝缘颜色依次为黄、绿、红色；N线的绝缘颜色为淡蓝色；PE线的绝缘颜色为绿/黄双色。任何情况下上述颜色标记严禁混用和互相代用。

5.2 保护接零

5.2.1 在TN系统中，下列电气设备不带电的外露可导电部分应做保护接零：

1 电机、变压器、电器、照明器具、手持式电动工具的金属外壳；

2 电气设备传动装置的金属部件；

3 配电柜与控制柜的金属框架；

4 配电装置的金属箱体、框架及靠近带电部分的金属围栏和金属门；

5　电力线路的金属保护管、敷线的钢索、起重机的底座和轨道、滑升模板金属操作平台等；

6　安装在电力线路杆（塔）上的开关、电容器等电气装置的金属外壳及支架。

5.2.2　城防、人防、隧道等潮湿或条件特别恶劣施工现场的电气设备必须采用保护接零。

5.2.3　在 TN 系统中，下列电气设备不带电的外露可导电部分，可不做保护接零：

1　在木质、沥青等不良导电地坪的干燥房间内，交流电压 380V 及以下的电气装置金属外壳（当维修人员可能同时触及电气设备金属外壳和接地金属物件时除外）；

2　安装在配电柜、控制柜金属框架和配电箱的金属箱体上，且与其可靠电气连接的电气测量仪表、电流互感器、电器的金属外壳。

5.3　接地与接地电阻

5.3.1　单台容量超过 100kVA 或使用同一接地装置并联运行且总容量超过 100kVA 的电力变压器或发电机的工作接地电阻值不得大于 4Ω。

单台容量不超过 100kVA 或使用同一接地装置并联运行且总容量不超过 100kVA 的电力变压器或发电机的工作接地电阻值不得大于 10Ω。

在土壤电阻率大于 1000Ω·m 的地区，当达到上述接地电阻值有困难时，工作接地电阻值可提高到 30Ω。

5.3.2　TN 系统中的保护零线除必须在配电室或总配电箱处做重复接地外，还必须在配电系统的中间处和末端处做重复接地。

在 TN 系统中，保护零线每一处重复接地装置的接地电阻值不应大于 10Ω。在工作接地电阻值允许达到 10Ω 的电力系统中，所有重复接地的等效电阻值不应大于 10Ω。（强制性条文）

5.3.3　在 TN 系统中，严禁将单独敷设的工作零线再做重复接地。

5.3.4　每一接地装置的接地线应采用 2 根及以上导体，在不同点与接地体做电气连接。

不得采用铝导体做接地体或地下基地线。垂直接地体宜采用角钢、钢管或光面圆钢，不得采用螺纹钢。

接地可利用自然接地体，但应保证其电气连接和热稳定。

5.3.5　移动式发电机供电的用电设备，其金属外壳或底座应与发电机电源的接地装置有可靠的电气连接。

5.3.6　移动式发电机系统接地应符合电力变压器系统接地的要求。下列情况可不另做保护接零：

1　移动式发电机和用电设备固定在同一金属支架上，且不供给其他设备用电时；

2　不超过 2 台的用电设备由专用的移动式发电机供电，供、用电设备间距不超过 50m，且供、用电设备的金属外壳之间有可靠的电气连接时。

5.3.7　在有静电的施工现场内，对集聚在机械设备上的静电应采取接地泄漏措施。每组专设的静电接地体的接地电阻值不应大于 100Ω，高土壤电阻率地区不应大于 1000Ω。

5.4　防雷

5.4.1 在土壤电阻率低于 200Ω·m 区域的电杆可不另设防雷接地装置,但在配电室的架空进线或出线处应将绝缘子铁脚与配电室的接地装置相连接。

5.4.2 施工现场内的起重机、井字架、龙门架等机械设备,以及钢脚手架和正在施工的在建工程等的金属结构,当在相邻建筑物、构筑物等设施的防雷装置接闪器的保护范围以外时,应按表 5.4.2 规定安装防雷装置。表 5.4.2 中地区年均雷暴日 (d) 应按本规范附录 A 执行。

当最高机械设备上避雷针(接闪器)的保护范围能覆盖其他设备,且又最后退出现场,则其他设备可不设防雷装置。

确定防雷装置接闪器的保护范围可采用本规范附录 B 的滚球法。

施工现场内机械设备及高架设施需安装防雷装置的规定　　　　　表 5.4.2

地区年平均雷暴日 (d)	机械设备高度 (m)
≤15	≥50
>15,<40	≥32
≥40,<90	≥20
≥90 及雷害特别严重地区	≥12

5.4.3 机械设备或设施的防雷引下线可利用该设备或设施的金属结构体,但应保证电气连接。

5.4.4 机械设备上的避雷针(接闪器)长度应为 1~2m。塔式起重机可不另设避雷针(接闪器)。

5.4.5 安装避雷针(接闪器)的机械设备,所有固定的动力、控制、照明、信号及通信线路,宜采用钢管敷设。钢管与该机械设备的金属结构体应做电气连接。

5.4.6 施工现场内所有防雷装置的冲击接地电阻值不得大于 30Ω。

5.4.7 做防雷接地机械上的电气设备,所连接的 PE 线必须同时做重复接地,同一台机械电气设备的重复接地和机械的防雷接地可共用同一接地体,但接地电阻应符合重复接地电阻值的要求。(强制性条文)

15.2.4 补充说明

1. 本检查项目有 10 个控制点,全数检查。

2. 《标准》2011 年版按《施工现场临时用电安全技术规范》JGJ 46—2005 的规定,对内容进行了更新并细化。

15.3 配 电 线 路

15.3.1 条文

1. 线路及接头应保证机械强度和绝缘强度;

2. 线路应设短路、过载保护，导线截面应满足线路负荷电流；

3. 线路的设施、材料及相序排列、挡距、与邻近线路或固定物的距离应符合规范要求；

4. 电缆应采用架空或埋地敷设并应符合规范要求，严禁沿地面明设或沿脚手架、树木等敷设；

5. 电缆中必须包含全部工作芯线和用作保护零线的芯线，并应按规定接用；

6. 室内明敷主干线距地面高度不得小于 2.5m。

15.3.2 条文说明

施工现场内所有线路必须严格按照规范的要求进行架设和埋设。由于施工的特殊性，供电线路、设施经常由于各种原因而改动，但工地往往忽视线路的安装质量，其安全性大大降低，极易诱发触电事故。因此，对施工现场配电线路的种类、规格和安装必须严格检查。

15.3.3 依据及条文摘录

【依据】《施工现场临时用电安全技术规范》JGJ 46—2005

【条文摘录】

7 配电线路

7.1 架空线路

7.1.1 架空线必须采用绝缘导线。

7.1.2 架空线必须架设在专用电杆上，严禁架设在树木、脚手架及其他设施上。

7.1.3 架空线导线截面的选择应符合下列要求：

1 导线中的计算负荷电流不大于其长期连续负荷允许载流量。

2 线路末端电压偏移不大于其额定电压的 5%。

3 三相四线制线路的 N 线和 PE 线截面不小于相线截面的 50%，单相线路的零线截面与相线截面相同。

4 按机械强度要求，绝缘铜线截面不小于 $10mm^2$，绝缘铝线截面不小于 $16mm^2$。

5 在跨越铁路、公路、河流、电力线路档距内，绝缘铜线截面不小于 $16mm^2$，绝缘铝线截面不小于 $25mm^2$.

7.1.4 架空线在一个档距内，每层导线的接头数不得超过该层导线条数的 50%，且一条导线应只有一个接头。

在跨越铁路、公路、河流、电力线路档距内，架空线不得有接头。

7.1.5 架空线路相序排列应符合下列规定：

1 动力、照明线在同一横担上架设时，导线相序排列是：面向负荷从左侧起依次为 L_1、N、L_2、L_3、PE；

2 动力、照明线在二层横担上分别架设时，导线相序排列是：上层横担面向负荷从左侧起依次为 L_1、L_2、L_3；下层横担面向负荷从左侧起依次为 L_1（L_2、L_3）、N、PE。

7.1.6 架空线路的档距不得大于 35m。

7.1.7 架空线路的线间距不得小于 0.3m，靠近电杆的两导线的间距不得小于 0.5m。

7.1.8 架空线路横担间的最小垂直距离不得小于表 7.1.8-1 所列数值；横担宜采用角钢或方木，低压铁横担角钢应按表 7.1.8-2 选用，方木横担截面应按 80mm×80mm 选用；横担长度应按表 7.1.8-3 选用。

横担间的最小垂直距离（m）　　　　　　　　表 7.1.8-1

排列方式	直线杆	分支或转角杆
高压与低压	1.2	1.0
低压与低压	0.6	0.3

低压铁横担角钢选用　　　　　　　　表 7.1.8-2

导线截面（mm²）	直线杆	分支或转角杆	
		二线及三线	四线及以上
16 25 35 50	L50×5	2×L50×5	2×L63×5
70 95 120	L63×5	2×L63×5	2×L70×6

横担长度选用　　　　　　　　表 7.1.8-3

横担长度（m）		
二线	三线、四线	五线
0.7	1.5	1.8

7.1.9 架空线路与邻近线路或固定物的距离应符合表 7.1.9 的规定。

7.1.10 架空线路宜采用钢筋混凝土杆或木杆。钢筋混凝土杆不得有露筋、宽度大于 0.4mm 的裂纹和扭曲；木杆不得腐朽，其梢径不应小于 140mm。

架空线路与邻近线路或固定物的距离　　　　　　　　表 7.1.9

项　目	距　离　类　别					
最小净空 距离（m）	架空线路的过引线、接下 线与邻线	架空线与架空线电杆外缘		架空线与摆动最大时树梢		
	0.13	0.05		0.50		
最小垂直 距离（m）	架空线同杆架 设下方的通信、 广播线路	架空线最大弧垂与地面			架空线最大 弧垂与暂 设工程顶端	架空线与邻近 电力线路交叉
		施工 现场	机动 车道	铁路 轨道		1kV 以下　1~10kV
	1.0	4.0	6.0	7.5	2.5	1.2　　2.5
最小水平 距离（m）	架空线电杆与 路基边缘	架空线电杆与 铁路轨道边缘		架空线边线与建筑物 凸出部分		
	1.0	杆高（m）+3.0		1.0		

7.1.11 电杆埋设深度宜为杆长的 1/10 加 0.6m，回填土应分层夯实。在松软土质处宜加大埋入深度或采用卡盘等加固。

7.1.12 直线杆和 15° 以下的转角杆，可采用单横担单绝缘子，但跨越机动车道时应采用单横担双绝缘子；15°到45°的转角杆应采用双横担双绝缘子；45°以上的转角杆，应采用十字横担。

7.1.13 架空线路绝缘子应按下列原则选择：

1 直线杆采用针式绝缘子；

2 耐张杆采用蝶式绝缘子。

7.1.14 电杆的拉线宜采用不少于 3 根 D4.0mm 的镀锌钢丝。拉线与电杆的夹角应在 30°~45°之间。拉线埋设深度不得小于 1m。电杆拉线如从导线之间穿过，应在高于地面 2.5m 处装设拉线绝缘子。

7.1.15 因受地形环境限制不能装设拉线时，可采用撑杆代替拉线，撑杆埋设深度不得小于 0.8m，其底部应垫底盘或石块。撑杆与电杆的夹角宜为 30°。

7.1.16 接户线在档距内不得有接头，进线处离地高度不得小于 2.5m。接户线最小截面应符合表 7.1.16-1 规定。接户线线间及与邻近线路间的距离应符合表 7.1.16-2 的要求。

接户线的最小截面　　　　　　　　　　　　　　表 7.1.16-1

接户线架设方式	接户线长度（m）	接户线截面（mm²）	
		铜线	铝线
架空或沿墙敷设	10~25	6.0	10.0
	≤10	4.0	6.0

接户线线间及与邻近线路间的距离　　　　　　　　表 7.1.16-2

接户线架设方式	接户线档距（m）	接户线线间距离（mm）
架空敷设	≤25	150
	>25	200
沿墙敷设	≤6	100
	>6	150
架空接户线与广播电话线交叉时的距离（mm）		接户线在上部，600 接户线在下部，300
架空或沿墙敷设的接户线零线和相线交叉时的距离（mm）		100

7.1.17 架空线路必须有短路保护。

采用熔断器做短路保护时，其熔体额定电流不应大于明敷绝缘导线长期连续负荷允许载流量的 1.5 倍。

采用断路器做短路保护时，其瞬动过流脱扣器脱扣电流整定值应小于线路末端单相短路电流。

7.1.18 架空线路必须有过载保护。

采用熔断器或断路器做过载保护时，绝缘导线长期连续负荷允许载流量不应小于熔断器熔体额定电流或断路器长延时过流脱扣器脱扣电流整定值的 1.25 倍。

7.2 电缆线路

7.2.1 电缆中必须包含全部工作芯线和用作保护零线或保护线的芯线。需要三相四线制配电的电缆线路必须采用五芯电缆。

五芯电缆必须包含淡蓝、绿/黄二种颜色绝缘芯线。淡蓝色芯线必须用作 N 线；绿/黄双色芯线必须用作 PE 线，严禁混用。（强制性条文）

7.2.2　电缆截面的选择应符合本规范第 7.1.3 条 1、2、3 款的规定，根据其长期连续负荷允许载流量和允许电压偏移确定。

7.2.3　电缆线路应采用埋地或架空敷设，严禁沿地面明设，并应避免机械损伤和介质腐蚀。埋地电缆路径应设方位标志。（强制性条文）

7.2.4　电缆类型应根据敷设方式、环境条件选择。埋地敷设宜选用铠装电缆；当选用无铠装电缆时，应能防水、防腐。架空敷设宜选用无铠装电缆。

7.2.5　电缆直接埋地敷设的深度不应小于 0.7m，并应在电缆紧邻上、下、左、右侧均匀敷设不小于 50mm 厚的细砂，然后覆盖砖或混凝土板等硬质保护层。

7.2.6　埋地电缆在穿越建筑物、构筑物、道路、易受机械损伤、介质腐蚀场所及引出地面从 2.0m 高到地下 0.2m 处，必须加设防护套管，防护套管内径不应小于电缆外径的 1.5 倍。

7.2.7　埋地电缆与其附近外电电缆和管沟的平行间距不得小于 2m，交叉间距不得小于 1m。

7.2.8　埋地电缆的接头应设在地面上的接线盒内，接线盒应能防水、防尘、防机械损伤，并应远离易燃、易爆、易腐蚀场所。

7.2.9　架空电缆应沿电杆、支架或墙壁敷设，并采用绝缘子固定，绑扎线必须采用绝缘线，固定点间距应保证电缆能承受自重所带来的荷载，敷设高度应符合本规范第 7.1 节架空线路敷设高度的要求，但沿墙壁敷设时最大弧垂距地不得小于 2.0m。

架空电缆严禁沿脚手架、树木或其他设施敷设。

7.2.10　在建工程内的电缆线路必须采用电缆埋地引入，严禁穿越脚手架引入。电缆垂直敷设应充分利用在建工程的竖井、垂直孔洞等，并宜靠近用电负荷中心，固定点每楼层不得少于一处。电缆水平敷设宜沿墙或门口刚性固定，最大弧垂距地不得小于 2.0m。

装饰装修工程或其他特殊阶段，应补充编制单项施工用电方案。电源线可沿墙角、地面敷设，但应采取防机械损伤和电火措施。

7.2.11　电缆线路必须有短路保护和过载保护，短路保护和过载保护电器与电缆的选配应符合本规范第 7.1.17 条和第 7.1.18 条要求。

7.3　室内配线

7.3.1　室内配线必须采用绝缘导线或电缆。

7.3.2　室内配线应根据配线类型采用瓷瓶、瓷（塑料）夹、嵌绝缘槽、穿管或钢索敷设。

潮湿场所或埋地非电缆配线必须穿管敷设，管口和管接头应密封；当采用金属管敷设时，金属管必须做等电位连接，且必须与 PE 线相连接。

7.3.3　室内非埋地明敷主干线距地面高度不得小于 2.5m。

7.3.4　架空进户线的室外端应采用绝缘子固定，过墙处应穿管保护，距地面高度不得小于 2.5m，并应采取防雨措施。

7.3.5　室内配线所用导线或电缆的截面应根据用电设备或线路的计算负荷确定，但铜线截面不应小于 1.5mm²，铝线截面不应小于 2.5mm²。

7.3.6 钢索配线的吊架间距不宜大于 12m。采用瓷夹固定导线时，导线间距不应小于 35mm，瓷夹间距不应大于 800mm；采用瓷瓶固定导线时，导线间距不应小于 100mm，瓷瓶间距不应大于 1.5m；采用护套绝缘导线或电缆时，可直接敷设于钢索上。

7.3.7 室内配线必须有短路保护和过载保护，短路保护和过载保护电器与绝缘导线、电缆的选配应符合本规范第 7.1.17 条和 7.1.18 条要求。对穿管敷设的绝缘导线线路，其短路保护熔断器的熔体额定电流不应大于穿管绝缘导线长期连续负荷允许载流量的 2.5 倍。

15.3.4 补充说明

1. 本检查项目有 7 个控制点，全数检查。

2.《标准》2011 年版按《施工现场临时用电安全技术规范》JGJ 46—2005 的规定，对内容进行了更新并细化。

15.4 配电箱与开关箱

15.4.1 条文

1. 施工现场配电系统应采用三级配电、二级漏电保护系统，用电设备必须有各自专用的开关箱；

2. 箱体结构、箱内电器设置及使用应符合规范要求；

3. 配电箱必须分设工作零线端子板和保护零线端子板，保护零线、工作零线必须通过各自的端子板连接；

4. 总配电箱与开关箱应安装漏电保护器，漏电保护器参数应匹配并灵敏可靠；

5. 箱体应设置系统接线图和分路标记，并应有门、锁及防雨措施；

6. 箱体安装位置、高度及周边通道应符合规范要求；

7. 分配箱与开关箱间的距离不应超过 30m，开关箱与用电设备间的距离不应超过 3m。

15.4.2 条文说明

施工现场的配电箱是电源与用电设备之间的中枢环节，而开关箱是配电系统的末端，是用电设备的直接控制装置，它们的设置和使用直接影响施工现场的用电安全，因此必须严格执行《临电规范》中"三级配电，二级漏电保护"和"一机、一闸、一漏、一箱"的规定，并且在设计、施工、验收和使用阶段，都要作为检查监督的重点。

近些年，很多省市在执行规范过程中，研发使用了符合规范要求的标准化电闸箱，对降低施工现场触电事故几率起到了积极的作用。施工现场应该坚决杜绝各类私自制造、改造的违规电闸箱，大力推广使用国家认证的标准化电闸箱，逐步实现施工用电的本质安全。

配电箱如图 15.4.2 所示。

图 15.4.2　配电箱

15.4.3　依据及条文摘录

【依据】《施工现场临时用电安全技术规范》JGJ 46—2005

【条文摘录】

8　配电箱及开关箱

8.1　配电箱及开关箱的设置

8.1.1　配电系统应设置配电柜或总配电箱、分配电箱、开关箱，实行三级配电。

配电系统宜使三相负荷平衡。220V 或 380V 单相用电设备宜接入 220/380V 三相四线系统；当单相照明线路电流大于 30A 时，宜采用 220/380V 三相四线制供电。

室内配电柜的设置应符合本规范第 6.1 节的规定。

8.1.2　总配电箱以下可设若干分配电箱；分配电箱以下可设若干开关箱。

总配电箱应设在靠近电源的区域，分配电箱应设在用电设备或负荷相对集中的区域，分配电箱与开关箱的距离不得超过 30m，开关箱与其控制的固定式用电设备的水平距离不宜超过 3m。

8.1.3　每台用电设备必须有各自专用的开关箱，严禁用同一个开关箱直接控制 2 台及 2 台以上用电设备（含插座）。（强制性条文）

8.1.4　动力配电箱与照明配电箱宜分别设置。当合并设置为同一配电箱时，动力和照明应分路配电；动力开关箱与照明开关箱必须分设。

8.1.5　配电箱、开关箱应装设在干燥、通风及常温场所，不得装设在有严重损伤作用的瓦斯、烟气、潮气及其他有害介质中，亦不得装设在易受外来固体物撞击、强烈振动、液体浸溅及热源烘烤场所。否则，应予清除或做防护处理。

8.1.6　配电箱、开关箱周围应有足够 2 人同时工作的空间和通道，不得堆放任何妨碍操作、维修的物品，不得有灌木、杂草。

8.1.7　配电箱、开关箱应采用冷轧钢板或阻燃绝缘材料制作，钢板厚度应为 1.2～2.0mm，其中开关箱箱体钢板厚度不得小于 1.2mm，配电箱箱体钢板厚度不得小于 1.5mm，箱体表面应做防腐处理。

8.1.8　配电箱、开关箱应装设端正、牢固。固定式配电箱、开关箱的中心点与地面的垂直距离应为 1.4～1.6m。移动式配电箱、开关箱应装设在坚固、稳定的支架上。其中心点与地面的垂直距离宜为 0.8～1.6m。

8.1.9 配电箱、开关箱内的电器（含插座）应先安装在金属或非木质阻燃绝缘电器安装板上，然后方可整体紧固在配电箱、开关箱箱体内。

金属电器安装板与金属箱体应做电气连接。

8.1.10 配电箱、开关箱内的电器（含插座）应按其规定位置紧固在电器安装板上，不得歪斜和松动。

8.1.11 配电箱的电器安装板上必须分设 N 线端子板和 PE 线端子板。N 线端子板必须与金属电器安装板绝缘；PE 线端子板必须与金属电器安装板做电气连接。

进出线中的 N 线必须通过 N 线端子板连接；PE 线必须通过 PE 线端子板连接。（强制性条文）

8.1.12 配电箱、开关箱内的连接线必须采用铜芯绝缘导线。导线绝缘的颜色标志应按本规范第 5.1.11 条要求配置并排列整齐；导线分支接头不得采用螺栓压接，应采用焊接并做绝缘包扎，不得有外露带电部分。

8.1.13 配电箱、开关箱的金属箱体、金属电器安装板以及电器正常不带电的金属底座、外壳等必须通过 PE 线端子板与 PE 线做电气连接，金属箱门与金属箱体必须通过采用编织软铜线做电气连接。

8.1.14 配电箱、开关箱的箱体尺寸应与箱内电器的数量和尺寸相适应，箱内电器安装板板面电器安装尺寸可按照表 8.1.14 确定。

8.1.15 配电箱、开关箱中导线的进线口和出线口应设在箱体的下底面。

配电箱、开关箱内电器安装尺寸选择值　　　　表 8.1.14

间距名称	最小净距（mm）
并列电器（含单极熔断器）间	30
电器进、出线瓷管（塑胶管）孔与电器边沿间	15A，30 20～30A，50 60A 及以上，80
上、下排电器进出线瓷管（塑胶管）孔间	25
电器进、出线瓷管（塑胶管）孔至板边	40
电器至板边	40

8.1.16 配电箱、开关箱的进、出线口应配置固定线卡，进出线应加绝缘护套并成束卡固在箱体上，不得与箱体直接接触。移动式配电箱、开关箱的进、出线应采用橡皮护套绝缘电缆，不得有接头。

8.1.17 配电箱、开关箱外形结构应能防雨、防尘。

8.2 电器装置的选择

8.2.1 配电箱、开关箱内的电器必须可靠、完好，严禁使用破损、不合格的电器。

8.2.2 总配电箱的电器应具备电源隔离，正常接通与分断电路，以及短路、过载、漏电保护功能。电器设置应符合下列原则：

1 当总路设置总漏电保护器时，还应装设总隔离开关、分路隔离开关以及总断路器、分路断路器或总熔断器、分路熔断器。当所设总漏电保护器是同时具备短路、过载、漏电保护功能的漏电断路器时，可不设总断路器或总熔断器。

2 当各分路设置分路漏电保护器时，还应装设总隔离开关、分路隔离开关以及总断路器、分路断路器或总熔断器、分路熔断器。当分路所设漏电保护器是同时具备短路、过载、漏电保护功能的漏电断路器时，可不设分路断路器或分路熔断器。

3 隔离开关应设置于电源进线端，应采用分断时具有可见分断点，并能同时断开电源所有极的隔离电器。如采用分断时具有可见分断点的断路器，可不另设隔离开关。

4 熔断器应选用具有可靠灭弧分断功能的产品。

5 总开关电器的额定值、动作整定值应与分路开关电器的额定值、动作整定值相适应。

8.2.3 总配电箱应装设电压表、总电流表、电度表及其他需要的仪表。专用电能计量仪表的装设应符合当地供用电管理部门的要求。

装设电流互感器时，其二次回路必须与保护零线有一个连接点，且严禁断开电路。

8.2.4 分配电箱应装设总隔离开关、分路隔离开关以及总断路器、分路断路器或总熔断器；分路熔断器。其设置和选择应符合本规范第 8.2.2 条要求。

8.2.5 开关箱必须装设隔离开关、断路器或熔断器，以及漏电保护器。当漏电保护器是同时具有短路、过载、漏电保护功能的漏电断路器时，可不装设断路器或熔断器。隔离开关应采用分断时具有可见分断点，能同时断开电源所有极的隔离电器，并应设置于电源进线端。当断路器是具有可见分断点时，可不另设隔离开关。

8.2.6 开关箱中的隔离开关只可直接控制照明电路和容量不大于 3.0kW 的动力电路，但不应频繁操作。容量大于 3.0kW 的动力电路应采用断路器控制，操作频繁时还应附设接触器或其他启动控制装置。

8.2.7 开关箱中各种开关电器的额定值和动作整定值应与其控制用电设备的额定值和特性相适应。通用电动机开关箱中电器的规格可按本规范附录 C 选配。

8.2.8 漏电保护器应装设在总配电箱、开关箱靠近负荷的一侧，且不得用于启动电气设备的操作。

8.2.9 漏电保护器的选择应符合现行国家标准《剩余电流动作保护器的一般要求》GB 6829 和《漏电保护器安装和运行的要求》GB 13955 的规定。

8.2.10 开关箱中漏电保护器的额定漏电动作电流不应大于 30mA，额定漏电动作时间不应大于 0.1s。

使用于潮湿或有腐蚀介质场所的漏电保护器应采用防溅型产品，其额定漏电动作电流不应大于 15mA，额定漏电动作时间不应大于 0.1s。（强制性条文）

8.2.11 总配电箱中漏电保护器的额定漏电动作电流应大于 30mA，额定漏电动作时间应大于 0.1s，但其额定漏电动作电流与额定漏电动作时间的乘积不应大于 30mA·s。（强制性条文）

8.2.12 总配电箱和开关箱中漏电保护器的极数和线数必须与其负荷侧负荷的相数和线数一致。

8.2.13 配电箱、开关箱中的漏电保护器宜选用无辅助电源型（电磁式）产品，或选用辅助电源故障时能自动断开的辅助电源型（电子式）产品。当选用辅助电源故障时不能自动断开的辅助电源型（电子式）产品时，应同时设置缺相保护。

8.2.14 漏电保护器应按产品说明书安装、使用。对搁置已久重新使用或连续使用的漏电保护器应逐月检测其特性，发现问题应及时修理或更换。

漏电保护器的正确使用接线方法应按图 8.2.14 选用。

8.2.15 配电箱、开关箱的电源进线端严禁采用插头和插座做活动连接。（强制性条文）

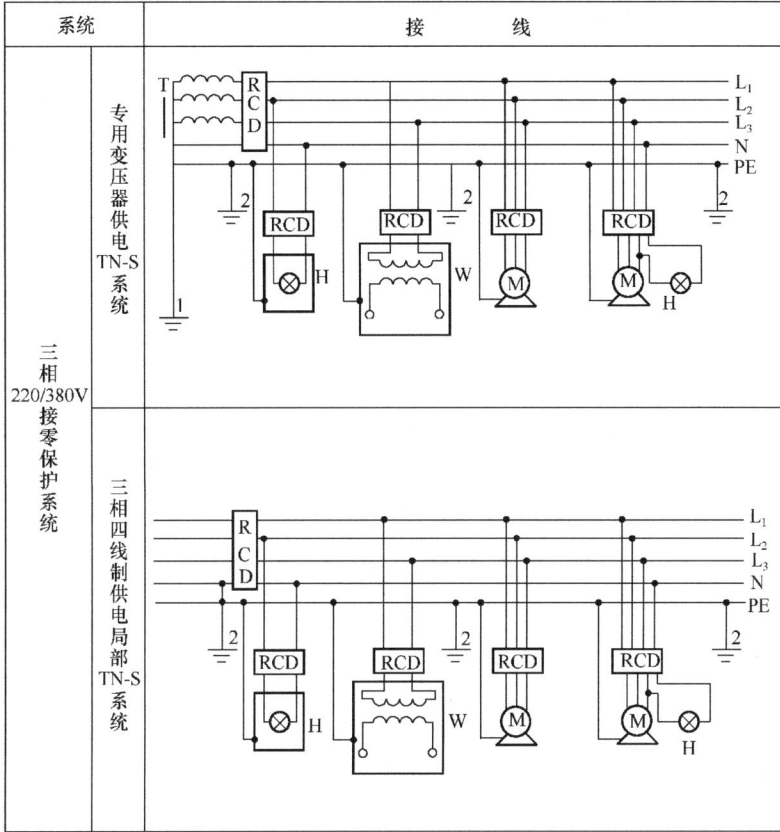

图 8.2.14 漏电保护器使用接线方法示意

L_1、L_2、L_3—相线；N—工作零线；PE—保护零线、保护线；1—工作接地；2—重复接地；
T—变压器；RCD—漏电保护器；H—照明器；W—电焊机；M—电动机

8.3 使用与维护

8.3.1 配电箱、开关箱应有名称、用途、分路标记及系统接线图。

8.3.2 配电箱、开关箱箱门应配锁，并应由专人负责。

8.3.3 配电箱、开关箱应定期检查、维修。检查、维修人员必须是专业电工。检查、维修时必须按规定穿、戴绝缘鞋、手套，必须使用电工绝缘工具，并应做检查、维修工作记录。

8.3.4 对配电箱、开关箱进行定期维修、检查时，必须将其前一级相应的电源隔离开关分闸断电，并悬挂"禁止合闸、有人工作"停电标志牌，严禁带电作业。（强制性条文）

8.3.5 配电箱、开关箱必须按照下列顺序操作：

1 送电操作顺序为：总配电箱→分配电箱→开关箱；

2 停电操作顺序为：开关箱→分配电箱→总配电箱。

但出现电气故障的紧急情况可除外。

8.3.6 施工现场停止作业1小时以上时，应将动力开关箱断电上锁。

8.3.7 开关箱的操作人员必须符合本规范第3.2.3条规定。

8.3.8 配电箱、开关箱内不得放置任何杂物，并应保持整洁。

8.3.9 配电箱、开关箱内不得随意挂接其他用电设备。

8.3.10 配电箱、开关箱内的电器配置和接线严禁随意改动。

熔断器的熔体更换时，严禁采用不符合原规格的熔体代替。漏电保护器每天使用前应启动漏电试验按钮试跳一次，试跳不正常时严禁继续使用。

8.3.11 配电箱、开关箱的进线和出线严禁承受外力，严禁与金属尖锐断口、强腐蚀介质和易燃易爆物接触。

15.4.4 补充说明

1. 本检查项目有10个控制点，全数检查。

2.《标准》2011年版按《施工现场临时用电安全技术规范》JGJ 46—2005的规定，对内容进行了更新并细化。

15.5 配电室与配电装置

15.5.1 条文

1. 配电室的建筑耐火等级不应低于三级，配电室应配置适用于电气火灾的灭火器材；
2. 配电室、配电装置的布设应符合规范要求；
3. 配电装置中的仪表、电器元件设置应符合规范要求；
4. 备用发电机组应与外电线路进行连锁；
5. 配电室应采取防止风雨和小动物侵入的措施；
6. 配电室应设置警示标志、工地供电平面图和系统图。

15.5.2 条文说明

随着大型施工设备的增加，施工现场用电负荷不断增长，对电气设备的管理提出了更高的要求。在工地，以往简单设置一个总配电箱逐步为配电室、配电柜替代。在施工用电上有必要制定相应的规定措施，进一步加强对配电室及配电装置的监督管理，保证供电源头的安全。

15.5.3 依据及条文摘录

【依据】《施工现场临时用电安全技术规范》JGJ 46—2005
【条文摘录】
6 配电室及自备电源
6.1 配电室

6.1.1 配电室应靠近电源，并应设在灰尘少、潮气少、振动小、无腐蚀介质、无易燃易爆物及道路畅通的地方。

6.1.2 成列的配电柜和控制柜两端应与重复接地线及保护零线做电气连接。

6.1.3 配电室和控制室应能自然通风，并应采取防止雨雪侵入和动物进入的措施。

6.1.4 配电室布置应符合下列要求：

1 配电柜正面的操作通道宽度，单列布置或双列背对背布置不小于1.5m，双列面对面布置不小于2m；

2 配电柜后面的维护通道宽度，单列布置或双列面对面布置不小于0.8m，双列背对背布置不小于1.5m，个别地点有建筑物结构凸出的地方，则此点通道宽度可减少0.2m；

3 配电柜侧面的维护通道宽度不小于1m；

4 配电室的顶棚与地面的距离不低于3m；

5 配电室内设置值班或检修室时，该室边缘距配电柜的水平距离大于1m，并采取屏障隔离；

6 配电室内的裸母线与地面垂直距离小于2.5m时，采用遮栏隔离，遮栏下面通道的高度不小于1.9m；

7 配电室围栏上端与其正上方带电部分的净距不小于0.075m；

8 配电装置的上端距顶棚不小于0.5m；

9 配电室内的母线涂刷有色油漆，以标志相序；以柜正面方向为基准，其涂色符合表6.1.4规定；

10 配电室的建筑物和构筑物的耐火等级不低于3级，室内配置砂箱和可用于扑灭电气火灾的灭火器；

母线涂色 表6.1.4

相 别	颜 色	垂直排列	水平排列	引下排列
L_1（A）	黄	上	后	左
L_2（B）	绿	中	中	中
L_3（C）	红	下	前	右
N	淡蓝	—	—	—

11 配电室的门向外开，并配锁；

12 配电室的照明分别设置正常照明和事故照明。

6.1.5 配电柜应装设电度表，并应装设电流、电压表。电流表与计费电度表不得共用一组电流互感器。

6.1.6 配电柜应装设电源隔离开关及短路、过载、漏电保护电器。电源隔离开关分断时应有明显可见分断点。（强制性条文）

6.1.7 配电柜应编号，并应有用途标记。

6.1.8 配电柜或配电线路停电维修时，应挂接地线，并应悬挂"禁止合闸、有人工作"停电标志牌。停送电必须由专人负责。（强制性条文）

6.1.9 配电室应保持整洁，不得堆放任何妨碍操作、维修的杂物。

6.2 230/400V自备发电机组

6.2.1　发电机组及其控制、配电、修理室等可分开设置；在保证电气安全距离和满足防火要求情况下可合并设置。

6.2.2　发电机组的排烟管道必须伸出室外。发电机组及其控制、配电室内必须配置可用于扑灭电气火灾的灭火器，严禁存放贮油桶。

6.2.3　发电机组电源必须与外电线路电源连锁，严禁并列运行。（强制性条文）

6.2.4　发电机组应采用电源中性点直接接地的三相四线制供电系统和独立设置 TN-S 接零保护系统，其工作接地电阻值应符合本规范第 5.3.1 条要求。

6.2.5　发电机控制屏宜装设下列仪表：

1　交流电压表；

2　交流电流表；

3　有功功率表；

4　电度表；

5　功率因数表；

6　频率表；

7　直流电流表。

6.2.6　发电机供电系统应设置电源隔离开关及短路、过载、漏电保护电器。电源隔离开关分断时应有明显可见分断点。

6.2.7　发电机组并列运行时，必须装设同期装置，并在机组同步运行后再向负载供电。（强制性条文）

15.5.4　补充说明

1. 本检查项目有 7 个控制点，全数检查。

2.《标准》2011 年版按《施工现场临时用电安全技术规范》JGJ 46—2005 的规定，对内容进行了更新并细化。

15.6　现 场 照 明

15.6.1　条文

1. 照明用电应与动力用电分设；

2. 特殊场所和手持照明灯应采用安全电压供电；

3. 照明变压器应采用双绕组安全隔离变压器；

4. 灯具金属外壳应接保护零线；

5. 灯具与地面、易燃物间的距离应符合规范要求；

6. 照明线路和安全电压线路的架设应符合规范要求；

7. 施工现场应按规范要求配备应急照明。

15.6.2　条文说明

目前很多工程都要进行夜间施工和地下施工，对施工照明的要求更加严格。因此施工现场必须提供科学合理的照明，根据不同场所设置一般照明、局部照明、混合照明和应急照明，保证施工的照明符合规范要求。在设计和施工阶段，要严格执行规范的规定，做到动力和照明用电分设，对特殊场所和手持照明采用符合要求的安全电压供电。尤其是安全电压的线路和电器装置，必须按照规范进行架设安装，不得随意降低作业标准。

15.6.3 依据及条文摘录

【依据】《施工现场临时用电安全技术规范》JGJ 46—2005

【条文摘录】

10 照明

10.1 一般规定

10.1.1 在坑、洞、井内作业、夜间施工或厂房、道路、仓库、办公室、食堂、宿舍、料具堆放场及自然采光差等场所，应设一般照明、局部照明或混合照明。

在一个工作场所内，不得只设局部照明。

停电后，操作人员需及时撤离的施工现场，必须装设自备电源的应急照明。

10.1.2 现场照明应采用高光效、长寿命的照明光源。对需大面积照明的场所，应采用高压汞灯、高压钠灯或混光用的卤钨灯等。

10.1.3 照明器的选择必须按下列环境条件确定：

1 正常湿度一般场所，选用开启式照明器；

2 潮湿或特别潮湿场所，选用密闭型防水照明器或配有防水灯头的开启式照明器；

3 含有大量尘埃但无爆炸和火灾危险的场所，选用防尘型照明器；

4 有爆炸和火灾危险的场所，按危险场所等级选用防爆型照明器；

5 存在较强振动的场所，选用防振型照明器；

6 有酸碱等强腐蚀介质场所，选用耐酸碱型照明器。

10.1.4 照明器具和器材的质量应符合国家现行有关强制性标准的规定，不得使用绝缘老化或破损的器具和器材。

10.1.5 无自然采光的地下大空间施工场所，应编制单项照明用电方案。

10.2 照明供电

10.2.1 一般场所宜选用额定电压为 220V 的照明器。

10.2.2 下列特殊场所应使用安全特低电压照明器：

1 隧道、人防工程、高温、有导电灰尘、比较潮湿或灯具离地面高度低于 2.5m 等场所的照明，电源电压不应大于 36V；

2 潮湿和易触及带电体场所的照明，电源电压不得大于 24V；

3 特别潮湿场所、导电良好的地面、锅炉或金属容器内的照明，电源电压不得大于 12V。（强制性条文）

10.2.3 使用行灯应符合下列要求：

1 电源电压不大于 36V；

2 灯体与手柄应坚固、绝缘良好并耐热耐潮湿；

3 灯头与灯体结合牢固，灯头无开关；

4 灯泡外部有金属保护网；

5 金属网、反光罩、悬吊挂钩固定在灯具的绝缘部位上。

10.2.4 远离电源的小面积工作场地、道路照明、警卫照明或额定电压为 12~36V 照明的场所，其电压允许偏移值为额定电压值的 -10%~5%；其余场所电压允许偏移值为额定电压值的 ±5%。

10.2.5 照明变压器必须使用双绕组型安全隔离变压器，严禁使用自耦变压器。（强制性条文）

10.2.6 照明系统宜使三相负荷平衡，其中每一单相回路上，灯具和插座数量不宜超过 25 个，负荷电流不宜超过 15A。

10.2.7 携带式变压器的一次侧电源线应采用橡皮护套或塑料护套铜芯软电缆，中间不得有接头，长度不宜超过 3m，其中绿/黄双色线只可作 PE 线使用，电源插销应有保护触头。

10.2.8 工作零线截面应按下列规定选择：

1 单相二线及二相二线线路中，零线截面与相线截面相同；

2 三相四线制线路中，当照明器为白炽灯时，零线截面不小于相线截面的 50%；当照明器为气体放电灯时，零线截面按最大负载相的电流选择；

3 在逐相切断的三相照明电路中，零线截面与最大负载相相线截面相同。

10.2.9 室内、室外照明线路的敷设应符合本规范第 7 章要求。

10.3 照明装置

10.3.1 照明灯具的金属外壳必须与 PE 线相连接，照明开关箱内必须装设隔离开关、短路与过载保护电器和漏电保护器，并应符合本规范第 8.2.5 条和第 8.2.6 条的规定。

10.3.2 室外 220V 灯具距地面不得低于 3m，室内 220V 灯具距地面不得低于 2.5m。

普通灯具与易燃物距离不宜小于 300mm；聚光灯、碘钨灯等高热灯具与易燃物距离不宜小于 500mm，且不得直接照射易燃物。达不到规定安全距离时，应采取隔热措施。

10.3.3 路灯的每个灯具应单独装设熔断器保护。灯头线应做防水弯。

10.3.4 荧光灯管应采用管座固定或用吊链悬挂。荧光灯的镇流器不得安装在易燃的结构物上。

10.3.5 碘钨灯及钠、铊、铟等金属卤化物灯具的安装高度宜在 3m 以上，灯线应固定在接线柱上，不得靠近灯具表面。

10.3.6 投光灯的底座应安装牢固，应按需要的光轴方向将枢轴拧紧固定。

10.3.7 螺口灯头及其接线应符合下列要求：

1 灯头的绝缘外壳无损伤、无漏电；

2 相线接在与中心触头相连的一端，零线接在与螺纹口相连的一端。

10.3.8 灯具内的接线必须牢固，灯具外的接线必须做可靠的防水绝缘包扎。

10.3.9 暂设工程的照明灯具宜采用拉线开关控制，开关安装位置宜符合下列要求：

1 拉线开关距地面高度为 2~3m，与出入口的水平距离为 0.15~0.2m，拉线的出口向下；

2　其他开关距地面高度为 1.3m，与出人口的水平距离为 0.15～0.2m。

10.3.10　灯具的相线必须经开关控制，不得将相线直接引入灯具。

10.3.11　对夜间影响飞机或车辆通行的在建工程及机械设备，必须设置醒目的红色信号灯，其电源应设在施工现场总电源开关的前侧，并应设置外电线路停止供电时的应急自备电源。（强制性条文）

15.6.4　补充说明

1．本检查项目有 8 个控制点，全数检查。

2．《标准》2011 年版按《施工现场临时用电安全技术规范》JGJ 46—2005 的规定，对内容进行了更新并细化。

15.7　用　电　档　案

15.7.1　条文

1．总包单位与分包单位应签订临时用电管理协议，明确各方相关责任；

2．施工现场应制定专项用电施工组织设计、外电防护专项方案；

3．专项用电施工组织设计、外电防护专项方案应履行审批程序，实施后应由相关部门组织验收；

4．用电各项记录应按规定填写，记录应真实有效；

5．用电档案资料应齐全，并应设专人管理。

15.7.2　条文说明

用电档案是施工现场用电管理的基础资料，每项资料都非常重要。工地要设专人负责资料的整理归档。总包分包安全协议、施工用电组织设计、外电防护专项方案、安全技术交底、安全检测记录等资料的内容都要符合有关规定，保证真实有效。

15.7.3　依据及条文摘录

【依据】《施工现场临时用电安全技术规范》JGJ 46—2005

【条文摘录】

3．临时用电管理

3.1　临时用电组织设计

3.1.1　施工现场临时用电设备在 5 台及以上或设备总容量在 50kW 及以上者，应编制用电组织设计。

3.1.2　施工现场临时用电组织设计应包括下列内容：

1　现场勘测；

2　确定电源进线、变电所或配电室、配电装置、用电设备位置及线路走向；

3　进行负荷计算；

4　选择变压器；

5　设计配电系统：

1）设计配电线路，选择导线或电缆；

2）设计配电装置，选择电器；

3）设计接地装置；

4）绘制临时用电工程图纸，主要包括用电工程总平面图、配电装置布置图、配电系统接线图、接地装置设计图。

6　设计防雷装置；

7　确定防护措施；

8　制定安全用电措施和电气防火措施。

3.1.3　临时用电工程图纸应单独绘制，临时用电工程应按图施工。

3.1.4　临时用电组织设计及变更时，必须履行"编制、审核、批准"程序，由电气工程技术人员组织编制，经相关部门审核及具有法人资格企业的技术负责人批准后实施。变更用电组织设计时应补充有关图纸资料。（强制性条文）

3.1.5　临时用电工程必须经编制、审核、批准部门和使用单位共同验收，合格后方可投入使用。（强制性条文）

3.1.6　施工现场临时用电设备在5台以下和设备总容量在50kW以下者，应制定安全用电和电气防火措施，并应符合本规范第3.1.4、3.1.5条规定。

3.2　电工及用电人员

3.2.1　电工必须经过按国家现行标准考核合格后，持证上岗工作；其他用电人员必须通过相关安全教育培训和技术交底，考核合格后方可上岗工作。

3.2.2　安装、巡检、维修或拆除临时用电设备和线路，必须由电工完成，并应有人监护。电工等级应同工程的难易程度和技术复杂性相适应。

3.2.3　各类用电人员应掌握安全用电基本知识和所用设备的性能，并应符合下列规定：

1　使用电气设备前必须按规定穿戴和配备好相应的劳动防护用品，并应检查电气装置和保护设施，严禁设备带"缺陷"运转；

2　保管和维护所用设备，发现问题及时报告解决；

3　暂时停用设备的开关箱必须分断电源隔离开关，并应关门上锁；

4　移动电气设备时，必须经电工切断电源并做妥善处理后进行。

3.3　安全技术档案

3.3.1　施工现场临时用电必须建立安全技术档案，并应包括下列内容：

1　用电组织设计的全部资料；

2　修改用电组织设计的资料；

3　用电技术交底资料；

4　用电工程检查验收表；

5　电气设备的试、检验凭单和调试记录；

6　接地电阻、绝缘电阻和漏电保护器漏电动作参数测定记录表；

7　定期检（复）查表；

8　电工安装、巡检、维修、拆除工作记录。

3.3.2　安全技术档案应由主管该现场的电气技术人员负责建立与管理。其中"电工安装、巡检、维修、拆除工作记录"可指定电工代管，每周由项目经理审核认可，并应在临时用电工程拆除后统一归档。

3.3.3 临时用电工程应定期检查。定期检查时，应复查接地电阻值和绝缘电阻值。

3.3.4 临时用电工程定期检查应按分部、分项工程进行，对安全隐患必须及时处理，并应履行复查验收手续。（强制性条文）

15.7.4 补充说明

1. 本检查项目有 7 个控制点，全数检查。

2. 《标准》2011 年版按《施工现场临时用电安全技术规范》JGJ 46—2005 的规定，对内容进行了更新并细化。

第16章 物料提升机

物料提升机检查评分表

序号	检查项目		扣分标准	应得分数	扣减分数	实得分数
1	保证项目	安全装置	未安装起重量限制器、防坠安全器，扣15分 起重量限制器、防坠安全器不灵敏，扣15分 安全停层装置不符合规范要求或未达到定型化，扣5～10分 未安装上行程限位，扣15分 上行程限位不灵敏、安全越程不符合规范要求，扣10分 物料提升机安装高度超过30m，未安装渐进式防坠安全器、自动停层、语音及影像信号监控装置，每项扣5分	15		
2		防护设施	未设置防护围栏或设置不符合规范要求，扣5～15分 未设置进料口防护棚或设置不符合规范要求，扣5～15分 停层平台两侧未设置防护栏杆、挡脚板，每处扣2分 停层平台脚手板铺设不严、不牢，每处扣2分 未安装平台门或平台门不起作用，扣5～15分 平台门未达到定型化，每处扣2分 吊笼门不符合规范要求，扣10分	15		
3		附墙架与缆风绳	附墙架结构、材质、间距不符合产品说明书要求，扣10分 附墙架未与建筑结构可靠连接，扣10分 缆风绳设置数量、位置不符合规范要求，扣5分 缆风绳未使用钢丝绳或未与地锚连接，扣10分 钢丝绳直径小于8mm或角度不符合45°～60°要求，扣5～10分 安装高度超过30m的物料提升机使用缆风绳，扣10分 地锚设置不符合规范要求，每处扣5分	10		
4		钢丝绳	钢丝绳磨损、变形、锈蚀达到报废标准，扣10分 钢丝绳绳夹设置不符合规范要求，每处扣2分 吊笼处于最低位置，卷筒上钢丝绳少于3圈，扣10分 未设置钢丝绳过路保护措施或钢丝绳拖地，扣5分	10		
5		安拆、验收与使用	安装、拆卸单位未取得专业承包资质和安全生产许可证，扣10分 未制定专项施工方案或未经审核、审批，扣10分 未履行验收程序或验收表未经责任人签字，扣5～10分 安装、拆除人员及司机未持证上岗，扣10分 物料提升机作业前未按规定进行例行检查或未填写检查记录，扣4分 实行多班作业未按规定填写交接班记录，扣3分	10		
		小计		60		

270

序号	检查项目		扣分标准	应得分数	扣减分数	实得分数
6	一般项目	基础与导轨架	基础的承载力、平整度不符合规范要求，扣5～10分 基础周边未设排水设施，扣5分 导轨架垂直度偏差大于导轨架高度0.15%，扣5分 井架停层平台通道处的结构未采取加强措施，扣8分	10		
7		动力与传动	卷扬机、曳引机安装不牢固，扣10分 卷筒与导轨架底部导向轮的距离小于20倍卷筒宽度未设置排绳器，扣5分 钢丝绳在卷筒上排列不整齐，扣5分 滑轮与导轨架、吊笼未采用刚性连接，扣10分 滑轮与钢丝绳不匹配，扣10分 卷筒、滑轮未设置防止钢丝绳脱出装置，扣5分 曳引钢丝绳为2根及以上时，未设置曳引力平衡装置，扣5分	10		
8		通信装置	未按规范要求设置通信装置，扣5分 通信装置信号显示不清晰，扣3分	5		
9		卷扬机操作棚	未设置卷扬机操作棚，扣10分 操作棚搭设不符合规范要求，扣5～10分	10		
10		避雷装置	物料提升机在其他防雷保护范围以外未设置避雷装置，扣5分 避雷装置不符合规范要求，扣3分	5		
		小计		40		
检查项目合计				100		

16.1 安 全 装 置

16.1.1 条文

1. 应安装起重量限制器、防坠安全器，并应灵敏可靠；
2. 安全停层装置应符合规范要求，并应定型化；
3. 应安装上行程限位并灵敏可靠，安全越程不应小于3m；
4. 安装高度超过30m的物料提升机应安装渐进式防坠安全器及自动停层、语音影像信号监控装置。

16.1.2 条文说明

安全装置主要有起重量限制器、防坠安全器、上限位开关等。

起重量限制器：当荷载达到额定起重量的90%时，限制器应发出警示信号；当荷载达到额定起重量的110%时，限制器应切断上升主电路电源，使吊笼制停。

防坠安全器：吊笼可采用瞬时动作式防坠安全器，当吊笼提升钢丝绳意外断绳时，防坠安全器应制停带有额定起重量的吊笼，且不应造成结构破坏。

上限位开关：当吊笼上升至限定位置时，触发限位开关，吊笼被制停，此时，上部越程不应小于3m。

物料提升机如图16.1.2所示。

16.1.3 依据及条文摘录

【依据】 《龙门架及井架物料提升机安全技术规范》JGJ 88—2010

【条文摘录】

摘录一：

3.0.10 物料提升机额定起重量不宜超过160kN；安装高度不宜超过30m。当安装高度超过30m时，物料提升机除应具有起重量限制、防坠保护、停层及限位功能外，尚应符合下列规定：

图 16.1.2 物料提升机

1 吊笼应有自动停层功能，停层后吊笼底板与停层平台的垂直高度偏差不应超过30mm；

2 防坠安全器应为渐进式；

3 应具有自升降安拆功能；

4 应具有语音及影像信号。

摘录二：

6.1.3 安全停层装置应为刚性机构，吊笼停层时，安全停层装置应能可靠承担吊笼自重、额定荷载及运料人员等全部工作荷载。吊笼停层后底板与停层平台的垂直偏差不应大于50mm。

6.1.4 限位装置应符合下列规定：

1 上限位开关：当吊笼上升至限定位置时，触发限位开关，吊笼被制停，上部越程距离不应小于3m；

2 下限位开关：当吊笼下降至限定位置时，触发限位开关，吊笼被制停。

16.1.4 补充说明

1. 本检查项目有6个控制点，全数检查。

2. 《标准》2011年版按《龙门架及井架物料提升机安全技术规程》JGJ 88—2010的规定，对内容进行了更新并细化。

16.2 防 护 设 施

16.2.1 条文

1 应在地面进料口安装防护围栏和防护棚，防护围栏、防护棚的安装高度和强度应符合规范要求；

2 停层平台两侧应设置防护栏杆、挡脚板，平台脚手板应铺满、铺平；

3 平台门、吊笼门安装高度、强度应符合规范要求，并应定型化。

16.2.2 条文说明

安全防护设施主要有防护围栏、防护棚、停层平台、平台门等。

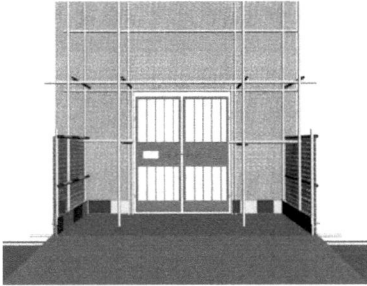

图 16.2.2 防护设施

防护围栏高度不应小于 1.8m，围栏立面可采用网板结构、强度应符合规范要求。

防护棚长度不应小于 3m，宽度应大于吊笼宽度，顶部可采用厚度不小于 50mm 的木板搭设。

停层平台应能承受 3kN/m² 的荷载，其搭设应符合规范要求。

平台门的高度不宜低于 1.8m，宽度与吊笼门宽度差不应大于 200mm，并应安装在平台外边缘处。

防护设施如图 16.2.2 所示。

16.2.3 依据及条文摘录

【依据】《龙门架及井架物料提升机安全技术规范》
JGJ 88—2010

【条文摘录】

摘录一：

3.0.5 具有自升（降）功能的物料提升机应安装自升平台，并应符合下列规定：

4 平台四周应设置防护栏杆，上栏杆高度宜为 1.0m～1.2m，下栏杆高度宜为 0.5m～0.6m，在栏杆任一点作用 1kN 的水平力时，不应产生永久变形；挡脚板高度不应小于 180mm，且宜采用厚度不小于 1.5mm 的冷轧钢板；

摘录二：

4.1.8 吊笼结构除应满足强度设计要求，尚应符合下列规定：

1 吊笼内净高度不应小于 2m，吊笼门及两侧立面应全高度封闭；底部挡脚板应符合本规范第 3.0.5 条的规定；

2 吊笼门及两侧立面宜采用网板结构，孔径应小于 25mm。吊笼门的开启高度不应低于 1.8m；其任意 500mm² 的面积上作用 300N 的力，在边框任意一点作用 1kN 的力时，不应产生永久变形；

3 吊笼顶部宜采用厚度不小于 1.5mm 的冷轧钢板，并应设置钢骨架；在任意 0.01m² 面积上作用 1.5kN 的力时，不应产生永久变形；

4 吊笼底板应有防滑、排水功能；其强度在承受 125％ 额定荷载时，不应产生永久变形；底板宜采用厚度不小于 50mm 的木板或不小于 1.5mm 的钢板；

5 吊笼应采用滚动导靴；

6 吊笼的结构强度应满足坠落试验要求。

摘录三：

6.2.1 防护围栏应符合下列规定：

1 物料提升机地面进料口应设置防护围栏；围栏高度不应小于 1.8m，围栏立面可采用网板结构，强度应符合本规范第 4.1.8 条的规定；

2 进料口门的开启高度不应小于 1.8m，强度应符合本规范第 4.1.8 条的规定；进料口门应装有电气安全开关，吊笼应在进料口门关闭后才能启动。

6.2.2 停层平台及平台门应符合下列规定：

1 停层平台的搭设应符合现行行业标准《建筑施工扣件式钢管脚手架安全技术规范》JGJ 130 及其他相关标准的规定，并应能承受 3kN/m² 的荷载；

2 停层平台外边缘与吊笼门外缘的水平距离不宜大于 100mm，与外脚手架外侧立杆（当无外脚手架时与建筑结构外墙）的水平距离不宜小于 1m；

3 停层平台两侧的防护栏杆、挡脚板应符合本规范第 3.0.5 条的规定；

4 平台门应采用工具式、定型化，强度应符合本规范第 4.1.8 条的规定；

5 平台门的高度不宜小于 1.8m，宽度与吊笼门宽度差不应大于 200mm，并应安装在台口外边缘处，与台口外边缘的水平距离不应大于 200mm；

6 平台门下边缘以上 180mm 内应采用厚度不小于 1.5mm 钢板封闭，与台口上表面的垂直距离不宜大于 20mm；

7 平台门应向停层平台内侧开启，并应处于常闭状态。

16.2.4 补充说明

1. 本检查项目有 7 个控制点，全数检查。

2.《标准》2011 年版按《龙门架及井架物料提升机安全技术规范》JGJ 88—2010 的规定，对内容进行了更新并细化。

16.3 附墙架与缆风绳

16.3.1 条文

1. 附墙架结构、材质、间距应符合产品说明书要求；

2. 附墙架应与建筑结构可靠连接；

3. 缆风绳设置的数量、位置、角度应符合规范要求，并应与地锚可靠连接；

4. 安装高度超过 30m 的物料提升机必须使用附墙架；

5. 地锚设置应符合规范要求。

16.3.2 条文说明

附墙架宜使用制造商提供的标准产品，当标准附墙架结构尺寸不能满足要求时，可经设计计算采用非标附墙架。

附墙架是保证提升机整体刚度、稳定性的重要措施，其间距和连接方式必须符合产品说明书要求。

缆风绳的设置应符合设计要求，每一组缆风绳与导轨架的连接点应在同一水平高度，并应对称设置，缆风绳与导轨架连接处应采取防止钢丝绳受剪的措施，缆风绳必须与地锚可靠连接。

附墙架设置如图 16.3.2 所示。

16.3.3 依据及条文摘录

【依据】《龙门架及井架物料提升机安全技术规范》JGJ 88—2010

【条文摘录】

8.3.1 当物料提升机安装条件受到限制不能使用附墙架时，可采用缆风绳，缆风绳的设置应符合说明书的要求，并应符合下列规定：

图 16.3.2 附墙架设置

1 每一组四根缆风绳与导轨架的连接点应在同一水平高度，且应对称设置；缆风绳与导轨架的连接处应采取防止钢丝绳受剪破坏的措施；

2 缆风绳宜设在导轨架的顶部；当中间设置缆风绳时，应采取增加导轨架刚度的措施；

3 缆风绳与水平面夹角宜在 45°～60° 之间，并应采用与缆风绳等强度的花篮螺栓与地锚连接。

8.3.2 当物料提升机安装高度大于或等于 30m 时，不得使用缆风绳。（强制性条文）

8.4.1 地锚应根据导轨架的安装高度及土质情况，经设计计算确定。

8.4.2 30m 以下物料提升机可采用桩式地锚。当采用钢管（48mm×3.5mm）或角钢（75mm×6mm）时，不应少于 2 根；应并排设置，间距不应小于 0.5m，打入深度不应小于 1.7m；顶部应设有防止缆风绳滑脱的装置。

16.3.4 补充说明

1. 本检查项目有 7 个控制点，全数检查。

2. 《标准》2011 年版按《龙门架及井架物料提升机安全技术规范》JGJ 88—2010 的规定，对内容进行了更新并细化。

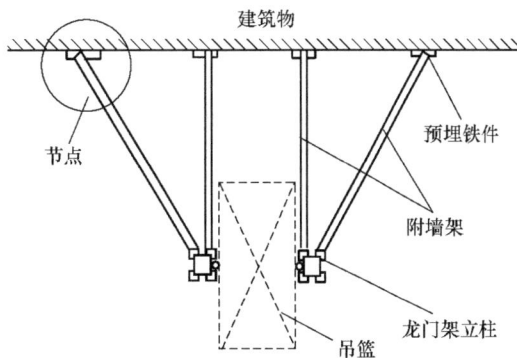

16.4 钢 丝 绳

16.4.1 条文

1. 钢丝绳磨损、断丝、变形、锈蚀量应在规范允许范围内；

2. 钢丝绳夹设置应符合规范要求；

3. 当吊笼处于最低位置时，卷筒上钢丝绳严禁少于 3 圈；

4. 钢丝绳应设置过路保护措施。

16.4.2 条文说明

钢丝绳的维修、检验和报废应符合现行国家标准《起重机 钢丝绳 保养、维护、安装、检验和报废》GB/T 5972 的规定。

钢丝绳固定采用绳夹时，绳夹规格应与钢丝绳匹配，数量不少于 3 个，绳夹夹座应安放在长绳一侧。

吊笼处于最低位置时，卷筒上钢丝绳必须保证不少于 3 圈，本条款依照行业标准《龙门架及井架物料提升机安全技术规范》JGJ 88 的规定。

16.4.3 依据及条文摘录

【依据一】《龙门架及井架物料提升机安全技术规范》JGJ 88—2010
【条文摘录】
摘录一：

5.1.5 钢丝绳在卷筒上应整齐排列，端部应与卷筒压紧装置连接牢固。当吊笼处于最低位置时，卷筒上的钢丝绳不应少于 3 圈。（强制性条文）

摘录二：

5.4.6 当钢丝绳端部固定采用绳夹时，绳夹规格应与绳径匹配，数量不应少于 3 个，间距不应小于绳径的 6 倍，绳夹夹座应安放在长绳一侧，不得正反交错设置。

摘录三：

9.1.8 钢丝绳宜设置防护槽，槽内应设滚动托架，宜应采用钢板网将槽口封盖。钢丝绳不得拖地或浸泡在水中。

【依据二】《起重机 钢丝绳保养、维修、安装、检验和报废》GB/T 5972—2009
【条文摘录】

3.5.2 断丝的性质和数量

起重机的总体设计不允许钢丝绳有无限长的使用寿命。

对于 6 股和 8 股的钢丝绳，断丝通常发生在外表面。对于阻旋转钢丝绳，断丝大多发生在内部因而是"非可见的"的断丝。表 1 和表 2 是把 3.5.3~3.5.12 中各种因素进行综合考虑后的断丝控制标准。

谷部断丝可能指示钢丝绳内部的损坏，需要对该区段钢丝绳作更周密的检验。当在一个捻距内发现两处或多处的谷部断丝时，钢丝绳应考虑报废。

当制定阻旋转钢丝绳报废标准时，应考虑钢丝绳结构、使用长度和钢丝绳使用方式。有关钢丝绳的可见断丝数及其报废标准在表 2 中给出。

应特别注意出现润滑油发干或变质现象的局部区域。

3.5.3 绳端断丝

绳端或其邻近的断丝，尽管数量很少但表明该处的应力很大，可能是绳端不正确的安装所致，应查明损坏的原因。为了继续使用，若剩余的长度足够，应将钢丝绳截短（截去绳端断丝部位）再造终端。否则，钢丝绳应报废。

3.5.4 断丝的局部聚集

如断丝紧靠在一起形成局部聚集，则钢丝绳应报废。如这种断丝聚集在小于 6d 的绳长范围内，或者集中在任一支绳股里，那么，即使断丝数比表1或表2列出的最大值少，钢丝绳也应予以报废。

3.5.5 断丝的增加率

在某些适用场合，疲劳是引起钢丝绳损坏的主要原因，钢丝绳在适用一个时期之后才会出现断丝，而且断丝数将会随着时间的推移逐渐增加。在这种情况下，为了确定断丝的增加率，建议定期仔细检验并记录断丝数，以此为据可用以推定钢丝绳未来报废的日期。

3.5.6 绳股断裂

如果整支绳股发生断裂，钢丝绳应立即报废。

3.5.7 绳径因绳芯损坏而减小

由于绳芯的损坏引起钢丝绳直径减小的主要原因如下：

——内部的磨损和钢丝压痕；

——钢丝绳中各绳股和钢丝之间的摩擦引起的内部磨损，特别是当其受弯曲时尤其；

——纤维绳芯的损坏；

——钢芯的断裂；

——阻旋转钢丝绳中内层股的断裂。

如果这些因素引起阻旋转钢丝绳实测直径比钢丝绳公称直径减小 3%，或其他类型的钢丝绳减小 10%，即使没有可见断丝，钢丝绳也应报废。

注：通常新的钢丝绳实际直径大于钢丝绳公称直径。

微小的损坏，特别当钢丝绳应力在各绳股中始终得以良好的平衡时，从通常的检验中不可能如此明显检出。然而，此种情况可能造成钢丝绳强度大大降低。因此，对任何细微的内部损坏均应采用内部检验程序查证（见附录C或采用无损检测），如果此种损坏被证实，钢丝绳应报废。

3.5.8 外部磨损

钢丝绳外层绳股的钢丝表面的磨损，是由于其在压力作用下与滑轮和卷筒的绳槽接触摩擦造成的。这种现象在吊运载荷加速或减速运动时，在钢丝绳与滑轮接触部位特别明显。而且表现为外部钢丝被磨成平面状。

润滑不足或不正确的润滑以及灰尘和砂砾使磨损加剧。

磨损使钢丝绳绳股的横截面积减少从而降低钢丝绳的强度。如果由于外部的磨损使钢丝绳实际直径比其工称直径减少 7% 或更多时，即使无可见断丝，钢丝绳也应报废。

3.5.9 弹性降低

在某些情况下，通常与工作环境有关，钢丝绳的实际弹性显著降低，继续使用是不安全的。

弹性降低较难发现，如果检验人员有任何怀疑，应征询钢丝绳专家的意见。然而，弹性降低通常还与下列各项有关：

——绳径的减小；

——钢丝绳捻距的伸长；

——由于各部分彼此压紧，引起钢丝之间和绳股之间缺乏空隙；

——在绳股之间或绳股内部，出现细微的褐色粉末；

——韧性降低。

虽未发现可见断丝，但钢丝绳手感会明显僵硬且直径减小，比单纯由于钢丝磨损使直径减小要更严重，这种状态会导致钢丝绳在动载作用下突然断裂。是钢丝绳立即报废的充分理由。

3.5.10　外部和内部腐蚀

3.5.10.1　一般情况

腐蚀在海洋和工业污染的大气中特别容易发生。它不仅会由于钢丝绳金属断面减小导致钢丝绳的破断强度降低，而且严重破裂的不规则表面还会促使疲劳加速。严重的腐蚀能引起钢丝绳的弹性降低。

3.5.10.2　外部腐蚀

外部钢丝的锈蚀通常可用目测发现。

由于腐蚀侵袭及钢材损失而引起的钢丝松弛，是钢丝绳立即报废的充分理由。

3.5.10.3　内部腐蚀

这种情况比时常伴随它发生的外部腐蚀更难发现，但是下列现象可供识别（见附录D）：

钢丝绳直径的变化。

钢丝绳在绕过滑轮的弯曲部位，通常会发生之间减小。但静止段的钢丝绳由于外层绳股锈蚀而引起绳径增加并非罕见。

钢丝绳的外层绳股间的空隙减小，还经常伴随出现绳股之间或绳股内部的断丝。

如果有任何内部腐蚀的迹象，应按附录 C 的说明由主管人员对钢丝绳作内部检验。一经确认有严重内部腐蚀，钢丝绳应立即报废。

3.5.11　变形

3.5.11.1　一般情况

钢丝绳失去它的正常形状面产生可见的畸形称为"变形"，这种变形会导致钢丝绳内部应力分布不均匀。

3.5.11.2　波浪形

波浪形是一种变形，它使钢丝绳无论在常在还是在卸载状态下，其纵向轴线呈螺旋线形状。这种变形不一定导致强度的损失，但变形严重时，可能产生跳动造成钢丝绳传动不规则。长期工作之后，会引起磨损加剧和断丝。

在出现波浪形的情况下，如果绕过滑轮或卷筒的钢丝绳在任何载荷状态下不弯曲的直径部分满足以下条件：

$$d_1 > 4d/3$$

或如果绕过滑轮或卷筒的钢丝绳的弯曲部分满足以下条件：

$$d_1 > 1.1d$$

则钢丝绳均应予以报废。

式中：d——为钢丝绳公称直径；

d_1——为钢丝绳变形后相应的包洛直径。

3.5.11.3　笼状畸变

篮形或笼状畸变也称"灯笼形",是由于绳芯和外层绳股的长度不同产生的结果。不同的机构均能产生这种畸变。

例如当钢丝绳以很大的偏角饶入滑轮或者卷筒时,它首先接触滑轮的轮缘或卷筒绳槽尖,然后向下滚动落入绳槽的底部。这个特性导致对外层绳股的散开程度大于绳芯,因而使钢丝绳和绳芯间产生长度差。

钢丝绳绕过"致密滑轮"即绳槽半径太小的滑轮时,钢丝绳被压缩使绳径减小,同时造成钢丝绳长度增加。如绳股的外层被压缩和拉长的长度大于钢丝绳绳芯被压缩和拉长的长度,这种情况就会再次形成钢丝绳绳股与绳芯的长度差。

在这两种情况下,滑轮和卷筒均能使松散的外层股移位,并使长度差集中在钢丝绳缠绕系统内某个位置上出现篮形或笼状畸变。

有笼状畸变的钢丝绳应立即报废。

3.5.11.4 绳芯或绳股挤出/扭曲

这一钢丝绳失衡现象表现为外层绳股之间的绳芯(对阻旋转钢丝绳而言则为钢丝绳中心)挤出(隆起),或钢丝绳外层股或绳股有绳芯挤出(隆起)的一种篮形或笼状畸变的特殊型式。

有绳芯或绳股挤出(隆起)或扭曲的钢丝绳应立即报废。

3.5.11.5 钢丝挤出

钢丝挤出是一些钢丝或钢丝束在钢丝绳背对滑轮槽的一侧拱起形成环状的变形。有钢丝挤出的钢丝绳应立即报废。

3.5.11.6 绳径局部增大

钢丝绳直径发生局部增大,并能波及相当长的一段钢丝绳,这种情况通常与绳芯的畸变有关(在特殊环境中,纤维芯由于受潮而膨胀),结果使外层绳股受力不均衡,造成绳股错位。

如果这种情况使钢丝绳实际直径增加5%以上,钢丝绳应立即报废。

3.5.11.7 局部压扁

通过滑轮部分压扁的钢丝绳将会很快损坏,表现为断丝并可能损坏滑轮,如此情况的钢丝绳应立即报废。

位于固定索具中的钢丝绳压扁部位会加速腐蚀,如果继续使用,应按规定的缩短周期对其进行检查。

3.5.11.8 扭结

扭结是由于钢丝绳成环状在不允许绕其轴线转动的情况下被绷紧造成的一种变形。其结果是出现捻距不均而引起过度磨损,严重时钢丝绳将产生扭曲,以致仅存极小的强度。

有扭结的钢丝绳应立即报废。

3.5.11.9 弯折

弯折是由外界影响因素引起的钢丝绳的角度变形。

有严重弯折的钢丝绳类似钢丝绳的局部压扁,应按3.5.11.7的要求处理。

3.5.12 受热或电弧引起的损坏

钢丝绳因异常的热影响作用在外表出现可识别的颜色变化时,应立即报废。

钢制滑轮上使用的单层股钢丝绳和平行捻密实钢丝绳中
达到或超过报废标准的可见断丝数　　　　　　　　表1

钢丝绳类别号 RCN（见附录E）	外层股中承载钢丝总数 a_n	可见断丝数量[b]					
		在钢制滑轮和/或单层缠绕在卷筒上工作的钢丝绳区段（钢丝断裂随机分布）工作级别 M1～m4 或未知级别[b]				多层缠绕在卷筒上工作的钢丝绳区段[c] 所有工作级别	
		交互捻		同向捻		交互捻和同向捻	
		长度范围大于 $6d$[d]	长度范围大于 $30d$[d]	长度范围大于 $6d$[d]	长度范围大于 $30d$[d]	长度范围大于 $6d$[d]	长度范围大于 $30d$[d]
01	$n\leqslant50$	2	4	1	2	4	6
02	$51\leqslant n\leqslant75$	3	6	2	3	6	12
03	$76\leqslant n\leqslant100$	4	8	2	4	8	16
04	$101\leqslant n\leqslant120$	5	10	2	5	10	20
05	$121\leqslant n\leqslant140$	6	11	3	6	12	22
06	$141\leqslant n\leqslant160$	6	13	3	6	12	26
07	$161\leqslant n\leqslant180$	7	14	4	7	14	28
08	$181\leqslant n\leqslant200$	8	16	4	8	16	32
09	$201\leqslant n\leqslant220$	9	18	4	9	18	36
10	$221\leqslant n\leqslant240$	10	19	5	10	20	38
11	$241\leqslant n\leqslant260$	10	21	5	10	20	42
12	$261\leqslant n\leqslant280$	11	22	6	11	22	44
13	$281\leqslant n\leqslant300$	12	24	6	12	24	48
	$n>300$	$0.04n$	$0.08n$	$0.02n$	$0.04n$	$0.08n$	$0.16n$

注　1. 具有外层股且每股钢丝数≤19根的西鲁型（Seale）钢丝绳（例如18×19西鲁型），在表中被分列于两行，上面一行构成为正常放置的外层股承载钢丝的数目。

　　2. 在多层缠绕卷筒区段上述数值也可适用于在滑轮工作的钢丝绳的其他区段，该滑轮是合成材料制成的或具有合成材料轮衬。但不适用于在专门用合成材料制成的或以由合成材料轮衬组合的单层卷绕的滑轮工作的钢丝绳。

　　a. 本标准中的填充钢丝未被视为承载钢丝，因而不包括在 n 值中。

　　b. 一根断丝会在两个端头（按一根钢丝计算）。

　　c. 这些数值适用于在跃层区和由于缠入角影响重叠层之间产生干涉而损坏的区段（且并非仅在滑轮工作和不缠绕在卷筒上的钢丝绳的那些区段）。

　　d. 可将以上所列断丝数的两倍数值用于已知其工作级别为 M5～M8 的机构，参见 GB/T 24811.1—2009。

　　e. d——钢丝绳公称直径。

在阻旋转钢丝绳中达到或超过报废标准的课件断丝数　　　　　　　　表2

钢丝绳类别号 RCN（见附录E）	钢丝绳外层股数和在外层股中承载钢丝总数 a_n	可见断丝数量[b]			
		在钢制滑轮和/或单层缠绕在卷筒上工作的钢丝绳区段		多层缠绕在卷筒上工作的钢丝绳区段[c]	
		长度范围大于 $6d$[d]	长度范围大于 $30d$[d]	长度范围大于 $6d$[d]	长度范围大于 $30d$[d]
21	4 股 $n\leqslant100$	2	4	2	4

钢丝绳类别号 RCN（见附录 E）	钢丝绳外层股数和在外层股中承载钢丝总数 a_n	可见断丝数量b			
		在钢制滑轮和/或单层缠绕在卷筒上工作的钢丝绳区段		多层缠绕在卷筒上工作的钢丝绳区段c	
		长度范围大于 $6d^d$	长度范围大于 $30d^d$	长度范围大于 $6d^d$	长度范围大于 $30d^d$
	3股或4股 n≥100	2	4	4	8
	至少 11 个外层股				
23-1	76≤n≤100	2	4	4	8
23-2	101≤n≤120	2	4	5	10
23-3	121≤n≤140	2	4	6	11
24	141≤n≤160	3	6	6	13
25	161≤n≤180	4	7	7	14
26	181≤n≤200	4	8	8	16
27	201≤n≤220	4	9	9	18
28	221≤n≤240	5	10	10	19
29	241≤n≤260	5	10	10	21
30	261≤n≤280	6	11	11	22
31	281≤n≤300	6	12	12	24
	n＞300	6	12	12	24

注 1 具有外层股的每股钢丝数≤19 根的西鲁型（Seale）钢丝绳（例如 18×19 西鲁型—WSC 型）在表中放置在两行内，上面一行构成为正常放置的外层股承载钢丝的数目。

　　2 在多层长绕卷筒区段上述数值也可适用于在滑轮工作的钢丝绳的其他区段，该滑轮是合成材料制成的或具有合成材料轮衬。它们不适用于在专门用合成材料制成的活以由合成材料内层组合的单层卷绕的滑轮工作的钢丝绳。

a 本标准中的填充钢丝未被视为承载钢丝，因而不包括在 n 值中。

b 一根断丝会在两个端头（计算时只算一根钢丝）。

c 这些数值适用于在跃层区和由于缠入角影响重叠层之间产生干涉而损坏的区段（且并非仅在滑轮工作和不缠绕在卷筒上的钢丝绳的那些区段）。

d 钢丝绳名义直径。

16.4.4 补充说明

1. 本检查项目有 4 个控制点，全数检查。

2.《标准》2011 年版按《龙门架及井架物料提升机安全技术规范》JGJ 88—2010 的规定，对内容进行了更新并细化。

16.5 安拆、验收与使用

16.5.1 条文

1. 安装、拆卸单位应具有起重设备安装工程专业承包资质和安全生产许可证；

2. 安装、拆卸作业应制定专项施工方案，并应按规定进行审核、审批；

3. 安装完毕应履行验收程序，验收表格应由责任人签字确认；

4. 安装、拆卸作业人员及司机应持证上岗；

5. 物料提升机作业前应按规定进行例行检查，并应填写检查记录；

6. 实行多班作业、应按规定填写交接班记录。

16.5.2 条文说明

物料提升机属建筑起重机械，依据《建设工程安全生产管理条例》、《特种设备安全监察条例》规定，其安装、拆除单位应具有相应的资质。安装、拆除等作业人员必须经专门培训，取得特种作业资格，持证上岗。

安装、拆除作业前应依据相关规定及施工实际编制安全施工专项方案，并应经单位技术负责人审批后实施。

物料提升机安装完毕，应由工程负责人组织安装、使用、租赁、监理单位对安装质量进行验收，验收必须有文字记录，并有责任人签字确认。

16.5.3 依据及条文摘录

【依据】《龙门架及井架物料提升机安全技术规范》JGJ 88—2010

【条文摘录】

摘录一：

9.1.1 安装、拆除物料提升机的单位应具备下列条件：

1 安装、拆除单位应具有起重机械安拆资质及安全生产许可证；

2 安装、拆除作业人员必须经专门培训，取得特种作业资格证。（强制性条文）

9.1.2 物料提升机安装、拆除前，应根据工程实际情况编制专项安装、拆除方案，且应经安装、拆除单位技术负责人审批后实施。

摘录二：

11.0.2 物料提升机必须由取得特种作业操作证的人员操作。（强制性条文）

摘录三：

11.0.7 物料提升机每班作业前司机应进行作业前检查，确认无误后方可作业。应检查确认下列内容：

1 制动器可靠有效；

2 限位器灵敏完好；

3 停层装置动作可靠；

4 钢丝绳磨损在允许范围内；

5 吊笼及对重导向装置无异常；

6 滑轮、卷筒防钢丝绳脱槽装置可靠有效；

7 吊笼运行通道内无障碍物。

16.5.4 补充说明

1. 本检查项目有 6 个控制点，全数检查。

2.《标准》2011 年版按《龙门架及井架物料提升机安全技术规范》JGJ 88—2010 规定，对内容进行了更新并细化。

16.6　基　础　与　导　轨　架

16.6.1　条文

1. 基础的承载力和平整度应符合规范要求；
2. 基础周边应设置排水设施；
3. 导轨架垂直度偏差不应大于导轨架高度 0.15％；
4. 井架停层平台通道处的结构应采取加强措施。

16.6.2　条文说明

基础应能承受最不利工作条件下的全部荷载，一般要求基础土层的承载力不应小于 80kPa。

基础混凝土强度等级不应低于 C20，厚度不应小于 300mm。

井架停层平台通道处的结构应在设计制作过程中采取措施。

井架基础配筋平面图如图 16.6.2 所示。

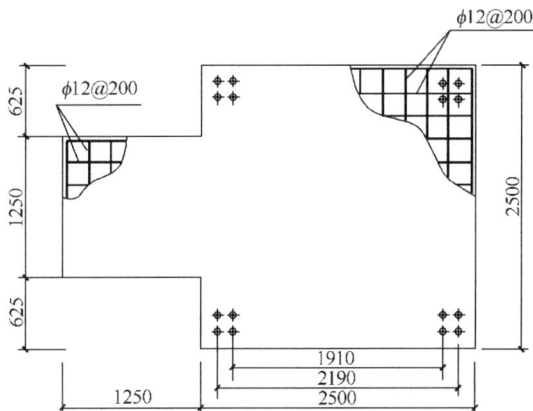

井架基础配筋平面图

图 16.6.2　井架基础配筋平面图

16.6.3　依据及条文摘录

【依据】《龙门架及井架物料提升机安全技术规范》JGJ 88—2010

【条文摘录】

摘录一：

4.1.7　井架式物料提升机的架体，在各停层通道相连接的开口处应采取加强措施。

摘录二：

8.1.1　物料提升机的基础应能承受最不利工作条件下的全部荷载。30m 及以上物料提升机的基础应进行设计计算。

8.1.2 对 30m 以下物料提升机的基础，当设计无要求时，应符合下列规定：

1 基础土层的承载力，不应小于 80kPa；

2 基础混凝土强度等级不应低于 C20，厚度不应小于 300mm；

3 基础表面应平整，水平度不应大于 10mm；

4 基础周边应有排水设施。

摘录三：

9.1.7 导轨架的安装程序应按专项方案要求执行。紧固件的紧固力矩应符合使用说明书要求。安装精度应符合下列规定：

1. 导轨架的轴心线对水平基准面的垂直度偏差不应大于导轨架高度的 0.15%。

16.6.4 补充说明

1. 本检查项目有 4 个控制点，全数检查。

2. 《标准》2011 年版按《龙门架及井架物料提升机安全技术规范》JGJ 88—2010 的规定，对内容进行了更新并细化。

16.7 动 力 与 传 动

16.7.1 条文

1. 卷扬机曳引机应安装牢固，当卷扬机卷筒与导轨架底部导向轮的距离小于 20 倍卷筒宽度时，应设置排绳器；

2. 钢丝绳应在卷筒上排列整齐；

3. 滑轮与导轨架、吊笼应采用刚性连接，滑轮应与钢丝绳相匹配；

4. 卷筒、滑轮应设置防止钢丝绳脱出装置；

5. 当曳引钢丝绳为 2 根及以上时，应设置曳引力平衡装置。

16.7.2 依据及条文摘录

【依据】《龙门架及井架物料提升机安全技术规范》JGJ88—2010

【条文摘录】

5 动力与传动装置

5.1 卷扬机

5.1.1 卷扬机的设计及制作应符合现行国家标准《建筑卷扬机》GB/T 1955 的规定。

5.1.2 卷扬机的牵引力应满足物料提升机设计要求。

5.1.3 卷筒节径与钢丝绳直径的比值不应小于 30。

5.1.4 卷筒两端的凸缘至最外层钢丝绳的距离不应小于钢丝绳直径的两倍。

5.1.5 钢丝绳的卷筒上应整齐排列，端部应与卷筒压紧装置连接牢固。当吊笼处于最低位置时，卷筒上的钢丝绳不应少于 3 圈。（强制性条文）

5.1.6 卷扬机应设置防止钢丝绳脱出卷筒的保护装置。该装置与卷筒外缘的间隙不应大于 3mm，并应有足够的强度。

5.1.7 物料提升机严禁使用摩擦式卷扬机。（强制性条文）

5.2 曳引机

5.2.1 曳引机直径与钢丝绳直径的比值不应小于 40，包角不宜小于 150°。

5.2.2 当曳引钢丝绳为 2 根及以上时，应设置曳引力自动平衡装置。

5.3 滑轮

5.3.1 滑轮直径与钢丝绳直径的比值不应小于 30。

5.3.2 滑轮应设置防钢丝绳脱出装置，并应符合本规范第 5.1.6 条的规定。

5.3.3 滑轮与吊笼或导轨架，应采用刚性连接。严禁采用钢丝绳等柔性连接或使用开口拉板式滑轮。

5.4 钢丝绳

5.4.1 钢丝绳的选用应符合现行国家标准《钢丝绳》GB/T 8918 的规定。钢丝绳的维护、检验和报废应符合现行国家标准《起重机用钢丝绳检验和报废实用规范》GB/T 5972 的规定。

5.4.2 自升平台钢丝绳直径不应小于 8mm，安全系数不应小于 12。

5.4.3 提升吊笼钢丝绳直径不应小于 12mm，安全系数不应小于 8。

5.4.4 安装吊杆钢丝绳直径不应小于 6mm，安全系数不应小于 8。

5.4.5 缆风绳直径不应小于 8mm，安全系数不应小于 3.5。

5.4.6 当钢丝绳端部固定采用绳夹时，绳夹规格应与绳径匹配，数量不应少于 3 个，间距不应小于绳径的 6 倍，绳夹夹座应安放在长绳一侧，不得正反交错设置。

16.7.3 补充说明

1. 本检查项目有 7 个控制点，全数检查。

2. 《标准》2011 年版按《龙门架及井架物料提升机安全技术规范》JGJ 88—2010 的规定，对内容进行了更新并细化。

16.8 通 信 装 置

16.8.1 条文

1. 应按规范要求设置通信装置；

2. 通信装置应具有语音和影像显示功能。

16.8.2 依据及条文摘录

【依据】《龙门架及井架物料提升机安全技术规范》JGJ 88—2010

【条文摘录】

6.1.7 当司机对吊笼升降运行、停层平台观察视线不清时，必须设置通信装置，通信装置应同时具备语音和影像显示功能。

16.8.3 补充说明

1. 本检查项目有 2 个控制点，全数检查。
2. 两版控制点含义相同

16.9 卷 扬 机 操 作 棚

16.9.1 条文

1. 应按规范要求设置卷扬机操作棚；
2. 卷扬机操作棚强度、操作空间应符合规范要求。

16.9.2 依据及条文摘录

【依据】《龙门架及井架物料提升机安全技术规范》JGJ 88—2010
【条文摘录】
摘录一：
4.1.8 条第 3 款：吊笼顶部宜采用厚度不小于 1.5mm 的冷轧钢板，并应设置钢骨架；在任意 0.01m² 面积上作用 1.5kN 的力时，不应产生永久变形。
摘录二：
6.2.4 卷扬机操作棚应采用定型化、装配式，且应具有防雨功能。操作棚应有足够的操作空间。顶部强度应符合本规范第 4.1.8 条的规定。

16.9.3 补充说明

1. 本检查项目有 2 个控制点，全数检查。
2. 两版控制点含义相同。

16.10 避 雷 装 置

16.10.1 条文

1. 当物料提升机未在其他防雷保护范围内时，应设置避雷装置；
2. 避雷装置设置应符合现行行业标准《施工现场临时用电安全技术规范》JGJ 46 的规定。

16.10.2 依据及条文摘录

【依据】《施工现场临时用电安全技术规范》JGJ 46—2005
【条文摘录】
5.4.2 施工现场内的起重机、井字架、龙门架等机械设备，以及钢脚手架和正在施工的在建工程等的金属结构，当在相邻建筑物、构筑物等设施的防雷装置接闪器的保护范围以外时，应按表5.4.2规定安装防雷装置。表5.4.2中地区年均雷暴日（d）应按本规范附录A执行。

施工现场内机械设备及高架设施需安装防雷装置的规定　　　　表5.4.2

地区年平均雷暴日（d）	机械设备高度（m）	地区年平均雷暴日（d）	机械设备高度（m）
≤15	≥50	≥40，<90	≥20
>15，<40	≥32	≥90及雷暴特别严重地区	≥12

5.4.3　机械设备或设施的防雷引下线可利用该设备或设施的金属结构体，但应保证电气连接。

5.4.4　机械设备上的避雷针（接闪器）长度应为1~2m。塔式起重机可不另设避雷针（接闪器）。

5.4.5　安装避雷针（接闪器）的机械设备，所有固定的动力、控制、照明、信号及通信线路，宜采用钢管敷设。钢管与该机械设备的金属结构体应做电气连接。

5.4.6　施工现场内所有防雷装置的冲击接地电阻值不得大于30Ω。

5.4.7　做防雷接地机械上的电气设备，所连接的PE线必须同时做重复接地，同一台机械电气设备的重复接地和机械的防雷接地可共用一接地体，但接地电阻应符合重复接地电阻值的要求。（强制性条文）

16.10.3　补充说明

1. 本检查项目有2个控制点，全数检查。
2. 两版控制点含义相同。

第17章 施工升降机

施工升降机检查评分表

序号	检查项目		扣 分 标 准	应得分数	扣减分数	实得分数
1	保证项目	安全装置	未安装起重量限制器或起重量限制器不灵敏，扣10分 未安装渐进式防坠安全器或防坠安全器不灵敏，扣10分 防坠安全器超过有效标定期限，扣10分 对重钢丝绳未安装防松绳装置或防松绳装置不灵敏，扣5分 未安装急停开关或急停开关不符合规范要求，扣5分 未安装吊笼和对重缓冲器或缓冲器不符合规范要求，扣5分 SC型施工升降机未安装安全钩，扣10分	10		
2		限位装置	未安装极限开关或极限开关不灵敏，扣10分 未安装上限位开关或上限位开关不灵敏，扣10分 未安装下限位开关或下限位开关不灵敏，扣5分 极限开关与上限位开关安全越程不符合规范要求，扣5分 极限开关与上、下限位开关共用一个触发元件，扣5分 未安装吊笼门机电连锁装置或不灵敏，扣10分 未安装吊笼顶窗电气安全开关或不灵敏，扣5分	10		
3		防护设施	未设置地面防护围栏或设置不符合规范要求，扣5～10分 未安装地面防护围栏门联锁保护装置或联锁保护装置不灵敏，扣5～8分 未设置出入口防护棚或设置不符合规范要求，扣5～10分 停层平台搭设不符合规范要求，扣5～8分 未安装层门或层门不起作用，扣5～10分 层门不符合规范要求、未达到定型化，每处扣2分	10		
4		附墙架	附墙架采用非配套标准产品未进行设计计算，扣10分 附墙架与建筑结构连接方式、角度不符合产品说明书要求，扣5～10分 附墙架间距、最高附着点以上导轨架的自由高度超过产品说明书要求，扣10分	10		
5		钢丝绳、滑轮与对重	对重钢丝绳数少于2根或未相对独立，扣5分 钢丝绳磨损、变形、锈蚀达到报废标准，扣10分 钢丝绳的规格、固定不符合产品说明书及规范要求，扣10分 滑轮未安装钢丝绳防脱装置或不符合规范要求，扣4分 对重重量、固定不符合产品说明书及规范要求，扣10分 对重未安装防脱轨保护装置，扣5分	10		
6		安拆、验收与使用	安装、拆卸单位未取得专业承包资质和安全生产许可证，扣10分 未编制安装、拆卸专项方案或专项方案未经审核、审批，扣10分 未履行验收程序或验收表未经责任人签字，扣5～10分 安装、拆除人员及司机未持证上岗，扣10分 施工升降机作业前未按规定进行例行检查，未填写检查记录，扣4分 实行多班作业未按规定填写交接班记录，扣3分	10		
	小计			60		

续表

序号	检查项目		扣 分 标 准	应得分数	扣减分数	实得分数
7	一般项目	导轨架	导轨架垂直度不符合规范要求，扣10分 标准节质量不符合产品说明书及规范要求，扣10分 对重导轨不符合规范要求，扣5分 标准节连接螺栓使用不符合产品说明书及规范要求，扣5~8分	10		
8		基础	基础制作、验收不符合产品说明书及规范要求，扣5~10分 基础设置在地下室顶板或楼面结构上，未对其支承结构进行承载力验算，扣10分 基础未设置排水设施，扣4分	10		
9		电气安全	施工升降机与架空线路距离不符合规范要求，未采取防护措施，扣10分 防护措施不符合规范要求，扣5分 未设置电缆导向架或设置不符合规范要求，扣5分 施工升降机在防雷保护范围以外未设置避雷装置，扣10分 避雷装置不符合规范要求，扣5分	10		
10		通信装置	未安装楼层信号联络装置，扣10分 楼层联络信号不清晰，扣5分	10		
		小计		40		
检查项目合计				100		

17.1 安 全 装 置

17.1.1 条文

1. 应安装起重量限制器，并应灵敏可靠；

2. 应安装渐进式防坠安全器并应灵敏可靠，应在有效的标定期内使用；

3. 对重钢丝绳应安装防松绳装置，并应灵敏可靠；

4. 吊笼的控制装置应安装非自动复位型的急停开关，任何时候均可切断控制电路停止吊笼运行；

5. 底架应安装吊笼和对重缓冲器，缓冲器应符合规范要求；

6. SC型施工升降机应安装一对以上安全钩。

17.1.2 条文说明

为了限制施工升降机超载使用，施工升降机应安装超载保护装置，该装置应对吊笼内载荷、吊笼顶部载荷均有效。超载保护装置应在荷载达到额定载重量的90%时，发出明确报警信号，载荷达到额定载重量的110%前终止吊笼启动。

施工升降机每个吊笼上应安装渐进式防坠安全器，不允许采用瞬时安全器。根据现行行业标准规定：防坠安全器只能在有效的标定期限内使用，有效标定期限不应超过1年。防坠安全器无论使用与否，在有效检验期满后都必须重新进行检验标定。施工升降机防坠安全器的寿命为5年。

施工升降机对重钢丝绳组的一端应设张力均衡装置，并装有由相对伸长量控制的非自动复位型的防松绳开关。当其中一条钢丝绳出现相对伸长量超过允许值或断绳时，该开关将切断控制电路，制动器动作。

齿轮齿条式施工升降机吊笼应安装一对以上安全钩，防止吊笼脱离导轨架或防坠安全器输出端齿轮脱离齿条。

施工升降机如图 17.1.2 所示。

17.1.3 依据及条文摘录

【依据一】《施工升降机安全规程》GB 10055—2007
【条文摘录】

11 安全装置

11.1 一般要求

11.1.1 吊笼应具有有效地装置使吊笼在导向装置失效时仍能保持在导轨上。

11.1.2 有对重的施工升降机，当对重质量大于吊笼质量时，应有双向防坠安全器或对重防坠安全装置。

图 17.1.2 施工升降机

11.1.3 防坠安全器在施工升降机的接高和拆卸过程中仍起作用。

11.1.4 在非坠落试验的情况下，防坠安全器动作后，吊笼应不能运行。只有当故障排除，安全器复位后吊笼才能正常运行。

11.1.5 作用于一个以上导向杆或导向绳的安全器，工作时间应同时起作用。

11.1.6 防坠安全器应防止由于外界物体侵入或因气候条件影响而不能正常工作。任何防坠安全器均不能影响施工升降机的正常运行。

11.1.7 防坠安全器试验时，吊笼不允许载入。

11.1.8 当吊笼装有两套或多套安全器时，都应采用渐进式安全器。

11.1.9 防坠安全器只能在有效地标定期限内使用，有效标定期限不应超过一年。

11.2 齿轮齿条式施工升降机

11.2.1 吊笼应设有防坠安全器和安全钩。防坠安全器应能保证当吊笼出现不正常超速运行时及时动作，将吊笼制停；安全钩应能防止吊笼脱离导轨架或防坠安全器输出端齿轮脱离齿条。

11.2.2 防坠安全器动作时，设在防坠安全器上的安全开关应将电动机电路断开，制动器制动。

11.2.3 防坠安全器的速度控制部分应具有有效地铅封或漆封。防坠安全器出厂后动作速度不得随意调整。

11.2.4 防坠安全器的动作速度计制动距离应符合 GB/T 10054—2005 中的 5.2.1.9 的要求。

11.2.5 吊笼在额定载重量工况坠落时，防坠安全器动作后，施工升降机的结构、连接部分和吊笼底板应符合 GB/T 10054—2005 中 5.2.8.13 的要求。

11.2.6 应采用渐进式安全器，不允许采用瞬时式安全器。

11.3 钢丝绳式施工升降机

11.3.1　吊笼在额定载重量工况坠落时，防坠安全器动作后，吊笼底板应符合 GB/T 10054—2005 中 5.3.7.6 的要求。

11.3.2　防坠安全器钢丝绳的张紧力应为安全装置起作用所需力的两倍，但不应小于 300N。

11.3.3　应装有停层防坠落装置，该装置应在吊笼达到工作面后人员进入吊笼之前其作用，使吊笼固定在导轨架上。

11.3.4　对于额定提升速度不超过 0.63m/s 的施工升降机，可采用瞬时式安全器，否则应采用渐进式安全器。

11.3.5　对于人货两用施工升降机应采用速度触发型的防坠安全器。

11.3.6　卷扬机传动的施工升降机应设防松绳和断绳保护的安全装置。

【依据二】《建筑施工升降机安装、使用、拆卸安全技术规程》JGJ 215—2010

【条文摘录】

4.1.7　施工升降机必须安装防坠安全器。防坠安全器应在一年有效标定期内使用。

4.1.8　施工升降机应安装超载保护装置，超载保护装置在载荷达到额定载重量的 110% 前应能中止吊笼启动，在齿轮齿条式载入施工升降机载荷达到额定载重量的 90% 时应能给出报警信号。

【依据三】《施工升降机》GB/T 10054—2005

【条文摘录】

摘录一：

5.2.1.9　防坠安全器标定动作速度取值范围应符合表 1 的规定；渐定式防坠安全器的制动距离应符合表 2 的规定。

防坠安全器标定动作速度　　　　　　　　　　　　　　　表 1

施工升降机额定提升速度，v	防坠安全器标定动作速度，V_1
$v \leqslant 0.60$	$V_1 \leqslant 1.00$
$0.60 < v \leqslant 1.33$	$V_1 \leqslant v + 0.40$
$v > 1.33$	$V_1 \leqslant 1.3v$

注：对于额定提升速度低、额定载重量大的施工升降机，其防坠安全器可采用较低的动作速度。

防坠安全器制动距离　　　　　　　　　　　　　　　　　表 2

施工升降机额定提升速度 v	防坠安全器标定动作速度，/m
$v \leqslant 0.60$	$0.15 \sim 1.40$
$0.60 < v \leqslant 1.33$	$0.25 \sim 1.60$
$1.00 < v \leqslant 1.33$	$0.35 \sim 1.80$
$v > 1.33$	$0.55 \sim 2.00$

摘录二：

5.2.8.13　在所有承载条件下（超载除外），在防坠安全器动作后，施工升降机结构和各连接部分应无任何损坏及永久性变形，吊笼底板在各个方向的水平度偏差改变值不应大于 30mm/m，且能恢复原状而无永久变形。

摘录三：

5.3.7.6　在载荷均匀分布的情况下，吊笼防坠安全装置动作后吊笼底板在各个方向的水平度偏差改变值不应大于 50mm/m。

17.1.4　补充说明

1. 本检查项目有 7 个控制点，全数检查。

2. 《标准》2011 年版按《建筑施工升降机安装、使用、拆卸安全技术规程》JGJ 215—2010 的规定，对内容进行了更新并细化。

17.2　限　位　装　置

17.2.1　条文

1. 应安装非自动复位型极限开关并应灵敏可靠；

2. 应安装自动复位型上、下限位开关并应灵敏可靠，上、下限位开关安装位置应符合规范要求；

3. 上极限开关与上限位开关之间的安全越程不应小于 0.15m；

4. 极限开关、限位开关应设置独立的触发元件；

5. 吊笼门应安装机电连锁装置，并应灵敏可靠；

6. 吊笼顶窗应安装电气安全开关，并应灵敏可靠。

17.2.2　条文说明

施工升降机每个吊笼均应安装上、下限位开关和极限开关。上、下限位开关可用自动复位型，切断的是控制回路。极限开关不允许使用自动复位型，切断的是主电路电源。

极限开关与上、下限位开关不应使用同一触发元件，防止触发元件失效致使极限开关与上、下限位开关同时失效。

施工升降机结构如图 17.2.2 所示。

17.2.3　依据及条文摘录

【依据一】《施工升降机安全规程》GB 10055—2007

【条文摘录】

11.4　安全开关

11.4.1　一般要求

11.4.1.1　施工升降机应设有限位开关、极限开关盒防松绳开关。

11.4.1.2　行程限位开关均应由吊笼或相关零件的运动直接触发。

11.4.1.3　对于额定提升速度大于 0.7m/s 的施工升降机，还应设有吊笼上下运行减速开关，该开关的安装位置应保证在吊笼触发上、下行程开关之前动作，使高速运行的吊笼提前减速。

11.4.2　限位开关

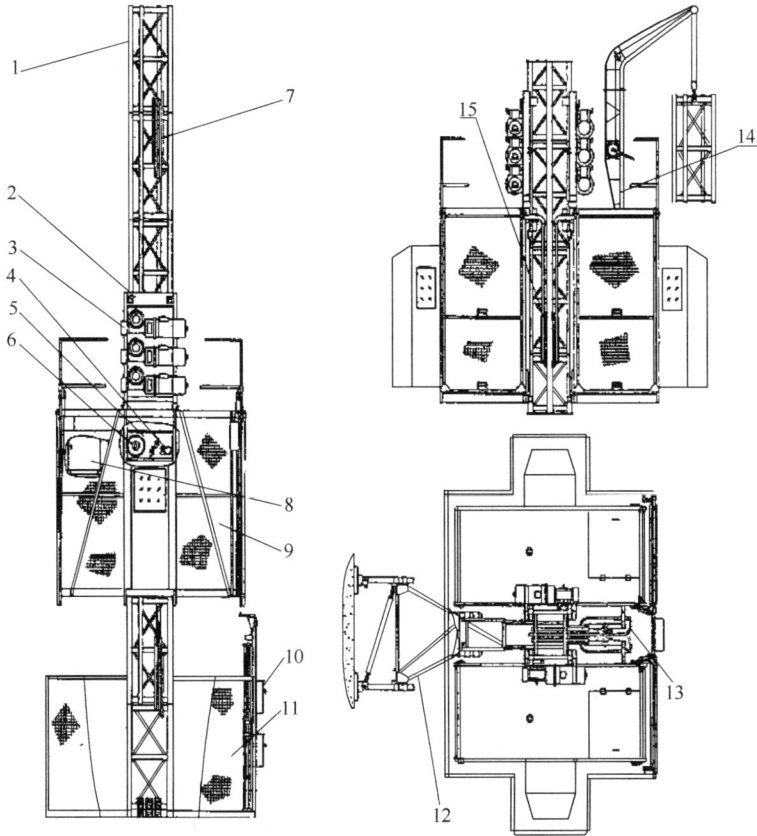

图 17.2.2 施工升降机结构

1—导轨架；2—动力车架；3—驱动单元；4—电气系统；5—安全器座板；6—防坠安
全部；7—限位装置；8—上电箱；9—吊笼；10—下电箱；11—底架护栏；12—附着装
置；13—电缆臂架；14—手动起重机；15—电缆滑车系统

11.4.2.1 施工升降机必须设置自动复位型的上、下行程限位开关。

11.4.2.2 上、下行程限位开关的安装位置，应符合 GB/T 10054—2005 中的
5.2.11.2.1、5.2.11.2.2 的要求。

11.4.3 极限开关

11.4.3.1 齿轮齿条式施工升降机和钢丝绳式人货两用施工升降机必须设置极限开
关，吊笼越程超出限位开关后，极限开关须切断总电源使吊笼停车。极限开关为非自动复
位型的，其动作后必须手动复位才能使吊笼可重新启动。

11.4.3.2 极限开关不应与限位开关工用一个触发元件。

11.4.3.3 上、下极限开关的安装位置如下：

a) 在正常工作状态下，上极限开关的安装位置应保证上极限开关与下限位开关之间
的越程距离：—齿轮齿条式施工升降机为 0.15m；—钢丝绳式施工升降机为 0.5m。

b) 在正常工作状态下，下极限开关的安装位置应保证吊笼碰到缓冲器之前，下极限
开关首先动作。

11.4.4 防松绳开关

施工升降机的对重钢丝绳或提升钢丝绳的绳数不少于两条且相互独立时，在钢丝绳组的一端应设置张力均衡装置，并装有由相对伸长量控制的非自动复位型的防松绳开关。当起重一条钢丝绳出现的相对伸长量超过允许值或断绳时，该开关将切断控制电路，吊笼停车。

11.5 超载保护装置

施工升降机应装有超载保护装置，该装置应对吊笼内载荷、吊笼顶部载荷均有效。同时对齿轮齿条式施工升降机应满足 GB/T 10054—2005 中 5.2.9 的要求；对钢丝绳式施工升降机应满足 GB/T 10054—2005 中 5.3.8 的要求。

【依据二】《建筑施工升降机安装、使用、拆卸安全技术规程》JGJ 215—2010

【条文摘录】

5.2.10 严禁用行程限位开关作为停止运行的控制开关。（强制性条文）

【依据三】《施工升降机》GB/T 10054—2005

【条文摘录】

5.2.9 超载保护装置

5.2.9.1 超载检测应在吊笼静止时进行。超载保护装置应在载荷达到额定载重量的 90% 时给出清晰的报警信号；并在载荷达到额定载重量的 110% 前中止吊笼起动（对于货用施工升降机可不设报警功能）。

5.2.9.2 在设计和安装超载指示器、检测器时，应考虑到进行超载检测时不拆卸、不影响指示器和检测器的性能。

5.2.9.3 应防止超载保护装置在经受冲击、振动、使用（包括安装、拆卸、维护）及环境影响时损坏。

5.3.8 超载保护装置超载检测应在吊笼静止时进行，超载保护装置应在载荷达到额定载重量的 110% 前中止吊笼起动。

5.2.11.2.1 行程限位开关的安装位置

a) 当额定提升速度小于 0.8m/s 时，上限位开关的安装位置应保证吊笼触发该开关后，上部安全距离不小于 1.8m；

b) 当额定提升速度大于或等于 0.80m/s 时，上限位开关的安装位置应保证吊笼触发该开关后，上部安全距离能满足公式（1）的计算值：

$$L = 1.8 + 0.1V^2 \tag{1}$$

式中：L——上部安全距离的数值，单位为米（m）；

V——提升速度的数值，单位为米每秒（m/s）。

5.2.11.2.2 下限位开关的安装位置应保证吊笼以额定载重量下降时，触板触发该开关使吊笼制停，此时触板离极限开关还应有一定行程。

17.2.4 补充说明

1. 本检查项目有 7 个控制点，全数检查。

2.《标准》2011 年版按《建筑施工升降机安装、使用、拆卸安全技术规程》JGJ 215—2010 的规定，对内容进行了更新并细化。

17.3 防 护 设 施

17.3.1 条文

1. 吊笼和对重升降通道周围应安装地面防护围栏，防护围栏的安装高度、强度应符合规范要求，围栏门应安装机电连锁装置并应灵敏可靠；

2. 地面出入通道防护棚的搭设应符合规范要求；

3. 停层平台两侧应设置防护栏杆、挡脚板，平台脚手板应铺满、铺平；

4. 层门安装高度、强度应符合规范要求，并应定型化。

17.3.2 条文说明

吊笼和对重升降通道周围应安装地面防护围栏。地面防护围栏高度不应低于1.8m，强度应符合规范要求。围栏登机门应装有机械锁止装置和电气安全开关，使吊笼只有位于底部规定位置时围栏登机门才能开启，且在开门后吊笼不能启动。

各停层平台应设置层门，层门安装和开启不得突出到吊笼的升降通道上。层门高度和强度应符合规范要求。

防护设施如图17.3.2所示。

图17.3.2 防护设施

17.3.3 依据及条文摘录

【依据一】《施工升降机安全规程》GB 10055—2007

【条文摘录】

摘录一：

4.2.3 地面防护围栏的任一2500mm² 的方形或圆形面积上，应能承受350N的水平力面不产生永久变形。

4.2.4 地面防护围栏的高度不应低于1.8m。对于钢丝绳式的货用施工升降机，其地面防护围栏的高度不应低于1.5m。

摘录二：

5.2.6 全高度层门开启后的净高度不应小于2.0m。在特殊情况下，当进入建筑物的入口高度小于2.0m时，则允许降低层门框架高度，但净高度不应小于1.8m。

5.2.7 高度降低的层门不应小于1.1m，层门与正常工作的吊笼运动部件的安全距离不应小于0.85m；如果施工升降机额定提升速度不大于0.7m/s时，则此安全距离可为0.5m。

5.2.8 高度降低的层门两侧应设置高度不小于1.1m的护栏，护栏的中间高度应设横杆，踢脚板高度不小于100mm，侧面护栏与吊笼的间距应为100~200mm。

【依据二】《建筑施工升降机安装、使用、拆卸安全技术规程》JGJ 215—2010

【条文摘录】

5.2.6 当建筑物超过2层时，施工升降机地面通道上方应搭设防护棚。当建筑物高度超过 24m 时，应设置双层防护棚。

17.3.4 补充说明

1. 本检查项目有 6 个控制点，全数检查。

2.《标准》2011 年版按《施工升降机安全规程》GB 10055—2007 和《建筑施工升降机安装、使用、拆卸安全技术规程》JGJ 215—2010 的规定，对内容进行了更新并细化。

17.4 附 墙 架

17.4.1 条文

1. 附墙架应采用配套标准产品，当附墙架不能满足施工现场要求时，应对附墙架另行设计，附墙架的设计应满足构件刚度、强度、稳定性等要求，制作应满足设计要求；

2. 附墙架与建筑结构连接方式、角度应符合产品说明书要求；

3. 附墙架间距、最高附着点以上导轨架的自由高度应符合产品说明书要求。

17.4.2 条文说明

当附墙架不能满足施工现场要求时，应对附墙架另行设计，严禁随意代替。

17.4.3 依据及条文摘录

【依据】《建筑施工升降机安装、使用、拆卸安全技术规程》JGJ 215—2010

【条文摘录】

4.1.10 施工升降机的附墙架形式、附着高度、垂直间距、附着点水平距离、附墙架与水平面之间的夹角、导轨架自由端高度和导轨架与主体结构间水平距离等均应符合使用说明书的要求。

4.1.11 当附墙架不能满足施工现场要求时，应对附墙架另行设计。附墙架的设计应满足构件刚度、强度、稳定性等要求，制作应满足设计要求。

17.4.4 补充说明

1. 本检查项目有 3 个控制点，全数检查。

2.《标准》2011 年版按《建筑施工升降机安装、使用、拆卸安全技术规程》JGJ 215—2010 的规定，对内容进行了更新并细化。

17.5 钢丝绳、滑轮与对重

17.5.1 条文

1. 对重钢丝绳绳数不得少于 2 根且应相互独立；

2. 钢丝绳磨损、变形、锈蚀应在规范允许范围内；

3. 钢丝绳的规格、固定应符合产品说明书及规范要求;

4. 滑轮应安装钢丝绳防脱装置,并应符合规范要求;

5. 对重重量、固定应符合产品说明书要求;

6. 对重除导向轮或滑靴外应设有防脱轨保护装置。

17.5.2 条文说明

钢丝绳的维修、检验和报废应符合现行国家有关标准的规定。

钢丝绳式人货两用施工升降机的对重钢丝绳不得少于 2 根,且相互独立。每根钢丝绳的安全系数不应小于 12,直径不应小于 9mm。

对重两端应有滑靴或滚轮导向,并设有防脱轨保护装置。若对重使用填充物,应采取措施防止其窜动,并标明重量。对重应按有关规定涂成警告色。

17.5.3 依据及条文摘录

【依据】《施工升降机安全规程》GB 10055—2007

【条文摘录】

摘录一:

8.1.2 钢丝绳式人货两用施工升降机,提升吊笼的钢丝绳不得少于两根,且相互独立。每根钢丝绳的安全系数不应小于 12,直径不应小于 9mm。

8.1.3 钢丝绳式货用施工升降机,当提升吊笼用一根钢丝绳时,其安全系数不应小于 8。对额定载重量不大于 320kg 的,钢丝绳直径不得小于 6mm。额定载重量大于 320kg 的,钢丝绳直径不应小于 8mm。

8.1.4 齿轮齿条式人货两用施工升降机悬挂对重的钢丝绳不得少于两根,且相互独立。每根钢丝绳的安全系数不应小于 6;直径不应小于 9mm。齿轮齿条式货用施工升降机悬挂对重的钢丝绳为单绳时,安全系数不应小于 8。

8.1.5 防坠安全器上用钢丝绳的安全系数不应小于 5,直径不应小于 8mm。

8.1.6 门悬挂装置的悬挂绳或链的安全系数不应小于 6。

8.1.7 安装吊杆用提升钢丝绳的安全系数不应小于 8,直径不应小于 5mm。

8.1.8 钢丝绳应尽量避免反向弯曲的结构布置。需要储存预留钢丝绳时,所用接头或附件不应对以后投入使用的钢丝绳截面产生损伤。

摘录二:

8.2.7 所有滑轮、滑轮组均应有钢丝绳防脱装置,该装置与滑轮外缘的间隙不应大于钢丝绳直径的 20%,且不大于 3mm。

17.5.4 补充说明

1. 本检查项目有 6 个控制点,全数检查。

2. 新版增加的检查项目,按《施工升降机安全规程》GB 10055—2007 的规定执行。

17.6 安拆、验收与使用

17.6.1 条文

1. 安装、拆卸单位应具有起重设备安装工程专业承包资质和安全生产许可证；
2. 安装、拆卸应制定专项施工方案，并经过审核、审批；
3. 安装完毕应履行验收程序，验收表格应由责任人签字确认；
4. 安装、拆卸作业人员及司机应持证上岗；
5. 施工升降机作业前应按规定进行例行检查，并应填写检查记录；
6. 实行多班作业，应按规定填写交接班记录。

17.6.2 条文说明

施工升降机安装（拆卸）作业前，安装单位应编制施工升降机安装、拆除工程专项施工方案，由安装单位技术负责人批准后方可实施。

验收应符合规范要求，严禁使用未经验收或验收不合格的施工升降机。

17.6.3 依据及条文摘录

【依据】《建筑施工升降机安装、使用、拆卸安全技术规程》JGJ 215—2010
【条文摘录】
摘录一：

3.0.1 施工升降机安装单位应具备建设行政主管部门颁发的起重设备安装工程专业承包资质和建筑施工企业安全生产许可证。

3.0.2 施工升降机安装、拆卸项目应配备与承担项目相适应的专业安装作业人员以及专业安装技术人员。施工升降机的安装拆卸工、电工、司机等应具有建筑施工特种作业操作资格证书。

摘录二：

3.0.5 施工升降机安装作业前，安装单位应编制施工升降机安装、拆卸工程专项施工方案，由安装单位技术负责人批准后，报送施工总承包单位或使用单位、监理单位审核，并告知工程所在地县级以上建设行政主管部门。

摘录三：

4.3.2 安装单位自检合格后，应经有相应资质的检验检测机构监督检验。

4.3.3 检验合格后，使用单位应组织租赁单位、安装单位和监理单位等进行验收。实行施工总承包的，应由施工总承包单位组织验收。施工升降机安装验收应按本规程附录C进行。

4.3.4 严禁使用未经验收或验收不合格的施工升降机。

4.3.5 使用单位应自施工升降机安装验收合格之日起30日内，将施工升降机安装验收资料、施工升降机安全管理制度、特种作业人员名单等，向工程所在地县级以上建设行政主管部门办理使用登记备案。

摘录四：

5.2.20 实行多班作业的施工升降机，应执行交接班制度，交班司机应按本规程附录D填写交接班记录表。接班司机应进行班前检查，确认无误后，方能开机作业。

摘录五：

5.3.1 在每天开工前和每次换班前，施工升降机司机应按使用说明书及本规程附录E的要求对施工升降机进行检查。对检查结果应进行记录，发现问题应向使用单位报告。

摘录六：

附录C 施工升降机安装验收表

表C 施工升降机安装验收表

工程名称			工程地址		
设备型号			备案登记号		
设备生产厂			出厂编号		
出厂日期			安装高度		
安装负责人			安装日期		

检查结果代号说明		√＝合格　　○＝整改后合格　　×＝不合格　　无＝无此项			
检查项目	序号	内容和要求		检查结果	备注
主要部件	1	导轨架、附墙架连接安装齐全、牢固，位置正确			
	2	螺栓拧紧力矩达到技术要求，开口销完全撬开			
	3	导轨架安装垂直度满足要求			
	4	结构件无变形、开焊、裂纹			
	5	对重导轨符合使用说明书要求			
传动系统	6	钢丝绳规格正确，未达到报废标准			
	7	钢丝绳固定和编结符合标准要求			
	8	各部位滑轮转动灵活、可靠，无卡阻现象			
	9	齿条、齿轮、曳引轮符合标准要求、保险装置可靠			
	10	各机构转动平稳、无异常响声			
	11	各润滑点润滑良好、润滑油牌号正确			
	12	制动器、离合器动作灵活可靠			
电气系统	13	供电系统正常，额定电压值偏差≤±5%			
	14	接触器、继电器接触良好			
	15	仪表、照明、报警系统完好可靠			
	16	控制、操纵装置动作灵活、可靠			
	17	各种电气安全保护装置齐全、可靠			
	18	电气系统对导轨架的绝缘电阻应≥0.5MΩ			
	19	接地电阻应≤4Ω			

续表

检查项目	序号	内容和要求	检查结果	备注
安全系统	20	防坠安全器在有效标定期限内		
	21	防坠安全器灵敏可靠		
	22	超载保护装置灵敏可靠		
	23	上、下限位开关灵敏可靠		
	24	上、下极限开关灵敏可靠		
	25	急停开关灵敏可靠		
	26	安全钩完好		
	27	额定载重量标牌牢固清晰		
	28	地面防护围栏门、吊笼门机电联锁灵敏可靠		
试运行	29	空载	双吊笼施工升降机应分别对两个吊笼进行试运行。试运行中吊笼应启动、制动正常，运行平稳，无异常现象	
	30	额定载重量		
	31	125%额定载重量		
坠落试验	32	吊笼制动后，结构及连接件应无任何损坏或永久变形，且制动距离应符合要求		

验收结论：

总承包单位（盖章）：　　　　　　　　　　　　　　　　验收日期：　年　月　日

总承包单位		参加人员签字	
使用单位		参加人员签字	
安装单位		参加人员签字	
监理单位		参加人员签字	
租赁单位		参加人员签字	

注：1　新安装的施工升降机及在用的施工升降机应至少每3个月进行一次额定载重量的坠落试验；新安装及大修后的施工升降机应作125%额定载重量试运行；

　　2　对不符合要求的项目应在备注栏具体说明，对要求量化的参数应填实测值。

附录 D 施工升降机交接班记录表

表 D 施工升降机交接班记录表

工程名称			使用单位		
设备型号			备案登记号		
时 间				年 月 日 时 分	
检查结果代号说明		✓＝合格 ○＝整改后合格 ×＝不合格			
序号	检 查 项 目			检查结果	备 注
1	施工升降机通道无障碍物				
2	地面防护围栏门、吊笼门机电联锁完好				
3	各限位挡板位置无移动				
4	各限位器灵敏可靠				
5	各制动器灵敏可靠				
6	清洁良好				
7	润滑充足				
8	各部件紧固无松动				
9	其他				

故障及维修记录：

交班司机签名：   接班司机签名：

附录 E 施工升降机每日使用前检查表

表 E 施工升降机每日使用前检查表

工程名称		工程地址	
使用单位		设备型号	
租赁单位		备案登记号	
检查日期		年 月 日	

检查结果代号说明	√＝合格 ○＝整改后合格 ×＝不合格 无＝无此项

序号	检查项目	检查结果	备注
1	外电源箱总开关、总接触器正常		
2	地面防护围栏门及机电联锁正常		
3	吊笼、吊笼门和机电联锁操作正常		
4	吊笼顶紧急逃离门正常		
5	吊笼及对重通道无障碍物		
6	钢丝绳连接、固定情况正常，各曳引钢丝绳松紧一致		
7	导轨架连接螺栓无松动、缺失		
8	导轨架及附墙架无异常移动		
9	齿轮、齿条啮合正常		
10	上、下限位开关正常		
11	极限限位开关正常		
12	电缆导向架正常		
13	制动器正常		
14	电机和变速箱无异常发热及噪声		
15	急停开关正常		
16	润滑油无泄漏		
17	警报系统正常		
18	地面防护围栏内及吊笼顶无杂物		

发现问题：	维修情况：

司机签名：

17.6.4　补充说明

1. 本检查项目有 6 个控制点，全数检查。

2.《标准》2011 年版按《建筑施工升降机安装、使用、拆卸安全技术规程》JGJ 215—2010 的规定，对内容进行了更新并细化。

17.7　导　轨　架

17.7.1　条文

1. 导轨架垂直度应符合规范要求；
2. 标准节的质量应符合产品说明书及规范要求；
3. 对重导轨应符合规范要求；
4. 标准节连接螺栓使用应符合产品说明书及规范要求。

17.7.2　条文说明

垂直安装的施工升降机的导轨架垂直度偏差应符合表 17.7.2 规定。

施工升降机安装垂直度偏差　　　　　　　　　表 17.7.2

导轨架架设高度 h（m）	$h\leqslant70$	$70<h\leqslant100$	$100<h\leqslant150$	$150<h\leqslant200$	$h>200$
垂直度偏差 （mm）	不大于导轨架架设高度的1‰	$\leqslant70$	$\leqslant90$	$\leqslant110$	$\leqslant130$

对重导轨接头应平直，阶差不大于 0.5mm，严禁使用柔性物体作为对重导轨。

标准节连接螺栓使用应符合说明书及规范要求，安装时应螺杆在下、螺母在上，一旦螺母脱落后，容易及时发现安全隐患。

导轨架如图 17.7.2 所示。

17.7.3　依据及条文摘录

【依据】《建筑施工升降机安装、使用、拆卸安全技术规程》JGJ 215—2010

【条文摘录】

4.2.18　导轨架安装时，应对施工升降机导轨架的垂直度进行测量校准。施工升降机导轨架安装垂直度偏差应符合使用说明书和表 4.2.18 的规定。

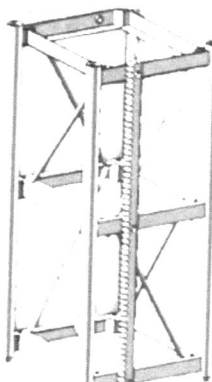

图 17.7.2　导轨架

安装垂直度偏差 　　　　　　　　　表 4.2.18

导轨架架设高度 h (m)	$h \leqslant 70$	$70 < h \leqslant 100$	$100 < h \leqslant 150$	$150 < h \leqslant 200$	$h > 200$
垂直度偏差 (mm)	不大于 (1/1000) h	$\leqslant 70$	$\leqslant 90$	$\leqslant 110$	$\leqslant 130$
	对钢丝绳式施工升降机，垂直度偏差不大于 (1.5/1000) h				

4.2.19 接高导轨架标准节时，应按使用说明书的规定进行附墙连接。

4.2.20 每次加节完毕后，应对施工升降机导轨架的垂直度进行校正，且应按规定及时重新设置行程限位和极限限位，经验收合格后方能运行。

4.2.21 连接件和连接件之间的防松防脱件应符合使用说明书的规定，不得用其他物件代替。对有预紧力要求的连接螺栓，应使用扭力扳手或专用工具，按规定的拧紧次序将螺栓准确地紧固到规定的扭矩值。安装标准节连接螺栓时，宜螺杆在下，螺母在上。

17.7.4 补充说明

1. 本检查项目有 4 个控制点，全数检查。

2.《标准》2011 年版增加的检查项目，内容按《建筑施工升降机安装、使用、拆卸安全技术规程》JGJ 215—2010 的规定执行。

17.8 基　　　础

17.8.1 条文

1. 基础制作、验收应符合说明书及规范要求；
2. 基础设置在地下室顶板或楼面结构上，应对其支承结构进行承载力验算；
3. 基础应设有排水设施。

17.8.2 条文说明

施工升降机基础应能承受最不利工作条件下的全部载荷，基础周围应有排水设施。基础结构平面图如图 17.8.2 所示。

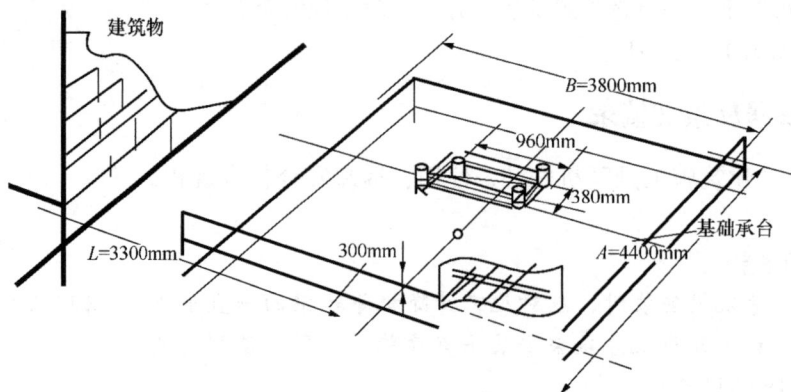

图 17.8.2 基础结构平面图

17.8.3　依据及条文摘录

【依据】《建筑施工升降机安装、使用、拆卸安全技术规程》JGJ 215—2010

【条文摘录】

4.1.1　施工升降机地基、基础应满足使用说明书的要求。对基础设置在地下室顶板、楼面或其他下部悬空结构上的施工升降机，应对基础支撑结构进行承载力验算。施工升降机安装前应按本规程附录 A 对基础进行验收，合格后方能安装。

施工升降机基础验收表 表 A

工程名称		工程地址	
使用单位		安装单位	
设备型号		备案登记号	

序号	检查项目	检查结论 （合格√、不合格×）	备　注
1	地基承载力		
2	基础尺寸偏差（长×宽×厚）(mm)		
3	基础混凝土强度报告		
4	基础表面平整度		
5	基础顶部标高偏差（mm）		
6	预埋螺栓、预埋件位置偏差（mm）		
7	基础周边排水措施		
8	基础周边与架空输电线安全距离		

其他需说明的内容：

总承包单位		参加人员签字	
使用单位		参加人员签字	
安装单位		参加人员签字	
监理单位		参加人员签字	

验收结论：

施工总承包单位（盖章）：
年　月　日

注：对不符合要求的项目应在备注栏具体说明，对要求量化的参数应填实测值。

17.8.4 补充说明

1. 本检查项目有 3 个控制点，全数检查。

2. 《标准》2011 年版按《施工升降机安全规程》GB 10055—2007 和《建筑施工升降机安装、使用、拆卸安全技术规程》JGJ 215—2010 的规定，对内容进行了更新并细化。

17.9 电 气 安 全

17.9.1 条文

1. 施工升降机与架空线路的安全距离和防护措施应符合规范要求；
2. 电缆导向架设置应符合说明书及规范要求；
3. 施工升降机在其他避雷装置保护范围外应设置避雷装置，并应符合规范要求。

17.9.2 条文说明

施工升降机与架空线路的安全距离是指施工升降机最外侧边缘与架空线路边线的最小距离，见表 17.9.2。当安全距离小于表 17.9.2 的规定时，必须按规定采取有效的防护措施。

施工升降机与架空线路边线的安全距离　　　　　　　　表 17.9.2

外电线路电压 （kV）	<1	1～10	35～110	220	330～500
安全距离 （m）	4	6	8	10	15

17.9.3 依据及条文摘录

【依据】《建筑施工升降机安装、使用、拆卸安全技术规程》JGJ 215—2010

【条文摘录】

4.2.22 施工升降机最外侧边缘与外面架空输电线路的边线之间，应保持安全操作距离。最小安全操作距离应符合表 4.2.22 的规定。

最小安全操作距离　　　　　　　　表 4.2.22

外电线电路电压 （kV）	<1	1～10	35～110	220	330～500
最小安全操作距离 （m）	4	6	8	10	15

17.9.4 补充说明

1. 本检查项目有 5 个控制点，全数检查。

2. 《标准》2011 年版按《施工现场临时用电安全技术规范》JGJ 46—2005 和《建筑施工升降机安装、使用、拆卸安全技术规程》JGJ 215—2010 的规定，对内容进行了更新并细化。

17.10 通 信 装 置

17.10.1 条文

施工升降机应安装楼层信号联络装置，并应清晰有效。

17.10.2 依据及条文摘录

【依据】《建筑施工升降机安装、使用、拆卸安全技术规程》JGJ 215—2010

【条文摘录】

5.2.15 安装在阴暗处或夜班作业的施工升降机，应在全行程装设明亮的楼层编号标志灯。夜间施工时作业区应有足够的照明，照明应满足现行行业标准《施工现场临时用电安全技术规范》JGJ 46（见本书第 15.6.3 节）的要求。

17.10.3 补充说明

1. 本检查项目有 2 个控制点，全数检查。
2. 两版控制点含义相同，楼层信号联络装置对于施工升降机使用非常重要。

第18章 塔 式 起 重 机

塔式起重机检查评分表

序号	检查项目		扣 分 标 准	应得分数	扣减分数	实得分数
1	保证项目	载荷限制装置	未安装起重量限制器或不灵敏，扣10分 未安装力矩限制器或不灵敏，扣10分	10		
2		行程限位装置	未安装起升高度限位器或不灵敏，扣10分 起升高度限位器的安全越程不符合规范要求，扣6分 未安装幅度限位器或不灵敏，扣10分 回转不设集电器的塔式起重机未安装回转限位器或不灵敏，扣6分 行走式塔式起重机未安装行走限位器或不灵敏，扣10分	10		
3		保护装置	小车变幅的塔式起重机未安装断绳保护及断轴保护装置，扣8分 行走及小车变幅的轨道行程末端未安装缓冲器及止挡装置或不符合规范要求，扣4～8分 起重臂根部绞点高度大于50m的塔式起重机未安装风速仪或不灵敏，扣4分 塔式起重机顶部高度大于30m且高于周围建筑物未安装障碍指示灯，扣4分	10		
4		吊钩、滑轮、卷筒与钢丝绳	吊钩未安装钢丝绳防脱钩装置或不符合规范要求，扣10分 吊钩磨损、变形达到报废标准，扣10分 滑轮、卷筒未安装钢丝绳防脱装置或不符合规范要求，扣4分 滑轮及卷筒磨损达到报废标准，扣10分 钢丝绳磨损、变形、锈蚀达到报废标准，扣10分 钢丝绳的规格、固定、缠绕不符合产品说明书及规范要求，扣5～10分	10		
5		多塔作业	多塔作业未制定专项施工方案或施工方案未经审批，扣10分 任意两台塔式起重机之间的最小架设距离不符合规范要求，扣10分	10		
6		安拆、验收与使用	安装、拆卸单位未取得专业承包资质和安全生产许可证，扣10分 未制定安装、拆卸专项方案，扣10分 方案未经审核、审批，扣10分 未履行验收程序或验收表未经责任人签字，扣5～10分 安装、拆除人员及司机、指挥未持证上岗，扣10分 塔式起重机作业前未按规定进行例行检查，未填写检查记录，扣4分 实行多班作业未按规定填写交接班记录，扣3分	10		
		小计		60		

序号	检查项目		扣 分 标 准	应得分数	扣减分数	实得分数
7	一般项目	附着	塔式起重机高度超过规定未安装附着装置，扣10分 附着装置水平距离不满足产品说明书要求，未进行设计计算和审批，扣8分 安装内爬式塔式起重机的建筑承载结构未进行承载力验算，扣8分 附着装置安装不符合产品说明书及规范要求，扣5～10分 附着前和附着后塔身垂直度不符合规范要求，扣10分	10		
8		基础与轨道	塔式起重机基础未按产品说明书及有关规定设计、检测、验收，扣5～10分 基础未设置排水措施，扣4分 路基箱或枕木铺设不符合产品说明书及规范要求，扣6分 轨道铺设不符合产品说明书及规范要求，扣6分	10		
9		结构设施	主要结构件的变形、锈蚀不符合规范要求，扣10分 平台、走道、梯子、护栏的设置不符合规范要求，扣4～8分 高强螺栓、销轴、紧固件的紧固、连接不符合规范要求，扣5～10分	10		
10		电气安全	未采用 TN-S 接零保护系统供电，扣10分 塔式起重机与架空线路安全距离不符合规范要求，未采取防护措施，扣10分 防护措施不符合规范要求，扣5分 未安装避雷接地装置，扣10分 避雷接地装置不符合规范要求，扣5分 电缆使用及固定不符合规范要求，扣5分	10		
		小计		40		
检查项目合计				100		

18.1 载荷限制装置

18.1.1 条文

1. 应安装起重量限制器并应灵敏可靠。当起重量大于相应档位的额定值并小于该额定值的110%时，应切断上升方向上的电源，但机构可作下降方向的运动；

2. 应安装起重力矩限制器并应灵敏可靠。当起重力矩大于相应工况下的额定值并小于该额定值的110%，应切断上升和幅度增大方向的电源，但机构可作下降和减小幅度方向的运动。

18.1.2 条文说明

塔式起重机应安装起重力矩限制器。力矩限制器控制定码变幅的触电或控制定幅变码的触点应分别设置，且能分别调整；对小车变幅的塔式起重机，其最大变幅速度超过40m/min，在小车向外运行，且起重力矩达到额定值的80%时，变幅速度应自动转换为不大于 40m/min。

塔式起重机如图 18.1.2 所示。

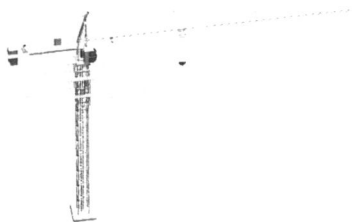

图 18.1.2　塔式起重机

18.1.3　依据及条文摘录

【依据】《塔式起重机安全规程》GB 5144—2006

【条文摘录】

6.1　起重量限制器

6.1.1　塔机应安装起重量限制器。如设有起重量显示装置，则其数值误差不应大于实际值的±5%。

6.1.2　当起重量大于相当挡位的额定值并小于该额定值的 110% 时，应切断上升方向的电源，但机构可作下降方向的运动。

6.2　起重力矩限制器

6.2.1　塔机应安装起重力矩限制器。如设有起重力矩显示装置，则其数值误差不应大于实际值的±5%。

6.2.2　当起重力矩大于相应工况下的额定值并小于该额定值的 110% 时，应切断上升和幅度增大方向的电源，但机构可作下降和减小幅度方向的运动。

6.2.3　力矩限制器控制定码变幅的触点或控制定幅变码的触点应分别设置，且能分别调整。

6.2.4　对小车变幅的塔机，其最大变幅速度超过 40m/min，在小车向外运行，且起重力矩达到额定值的 80% 时，变幅速度应自动转换为不大于 40m/min 的速度运行。

18.1.4　补充说明

1. 本检查项目有 2 个控制点，全数检查。

2. 两版控制点含义相同。

18.2　行程限位装置

18.2.1　条文

1. 应安装起升高度限位器，起升高度限位器的安全越程应符合规范要求，并应灵敏可靠；

2. 小车变幅的塔式起重机应安装小车行程开关，动臂变幅的塔式起重机应安装臂架幅度限制开关，并应灵敏可靠；

3. 回转部分不设集电器的塔式起重机应安装回转限位器，并应灵敏可靠；

4. 行走式塔式起重机应安装行走限位器，并应灵敏可靠。

18.2.2　条文说明

回转部分不设集电器的塔式起重机应安装回转限位器，防止电缆绞损。回转限位正反两个方向动作时，臂架旋转角度应不大于±540°。

18.2.3 依据及条文摘录

【依据】《塔式起重机安全规程》GB 5144—2006

【条文摘录】

6.3.1 行走限位装置

轨道式塔机行走机构应在每个运行方向设置行程限位开关。在轨道上应安装限位开关碰铁，其安装位置应充分考虑塔机的制动行程，保证塔机在与止挡装置或与同一轨道上其他塔机相距大于 1m 处能完全停住，此时电缆还应有足够的富余长度。

6.3.2 幅度限位装置

6.3.2.1 小车变幅的塔机，应设置小车行程限位开关。

6.3.2.2 动臂变幅的塔机应设置臂架低位置和臂架高位置的幅度限位开关，以及防止臂架反弹后翻的装置。

6.3.3 起升高度限位器

6.3.3.1 塔机应安装吊钩上极限位置的起升高度限位器，起升高度限位器应满足 GB/T 9462—1999 中 4.7.1 的规定。

注：GB/T 9462—1999 已被 GB/T 5031—2008 代替，此处的 GB/T 9462—1999 中 4.7.1 的规定应为 GB/T 5031—2008 中 5.6.1 中的规定：

5.6.1.1 对动臂变幅的塔机，当吊钩装置顶部升至起重臂下端的最小距离为 800mm 处时，应能立即停止起升运动，对没有变幅重物平移功能的动臂变幅的塔机，还应同时切断向外变幅控制回路电源，但应有下降和向内变幅运动。

5.6.1.2 对小车变幅的塔机，吊钩装置顶部升至小车下端的最小距离为 800mm 处时，应能立即停止起升运动，但应有下降运动。

6.3.4 回转限位器

回转部分不设集电器的塔机，应安装回转限位器。塔机回转部分在非工作状态下应能自由旋转；对有自锁作用的回转机构，应安装安全极限力矩联轴器。

18.2.4 补充说明

1. 本检查项目有 5 个控制点，全数检查。

2.《标准》2011 年版按《塔式起重机安全规程》GB 5144—2006 的规定，对内容进行了更新并细化。

18.3 保 护 装 置

18.3.1 条文

1. 小车变幅的塔式起重机应安装断绳保护及断轴保护装置，并应符合规范要求；

2. 行走及小车变幅的轨道行程末端应安装缓冲器及止挡装置，并应符合规范要求；

3. 起重臂根部铰点高度大于 50m 的塔式起重机应安装风速仪，并应灵敏可靠；

4. 当塔式起重机顶部高度大于 30m 且高于周围建筑物时，应安装障碍指示灯。

18.3.2 条文说明

对小车变幅的塔式起重机应设置双向小车变幅断绳保护装置，保证在小车前后牵引钢丝绳断绳时小车在起重臂上不移动；断轴保护装置必须保证即使车轮失效，小车也不能脱离起重臂。

对轨道运行的塔式起重机，每个运行方向应设置限位装置，其中包括限位开关、缓冲器和终端止挡装置。限位开关应保证开关动作后塔式起重机停车时其端部距缓冲器最小距离大于 1m。

18.3.3 依据及条文摘录

【依据一】《塔式起重机安全规程》GB 5144—2006
【条文摘录】

6.4 小车断绳保护装置

小车变幅的塔机，变幅的双向均应设置断绳保护装置。

6.5 小车断轴保护装置

小车变幅的塔机，应设置变幅小车断轴保护装置，即使轮轴断裂，小车也不会掉落。

6.6 钢丝绳防脱装置

滑轮、起升卷筒及动臂变幅卷筒均应设有钢丝绳防脱装置，该装置与滑轮或卷筒侧板最外缘的间隙不应超过钢丝绳直径的 20%。

吊钩应设有防钢丝绳脱钩的装置。

6.7 风速仪

起重臂根部铰点高度大于 50m 的塔机，应配备风速仪。当风速大于工作极限风速时，应能发出停止作业的警报。

风速仪应设在塔机顶部的不挡风处。

6.8 夹轨器

轨道式塔机应安装夹轨器，使塔机在非工作状态下不能在轨道上移动。

6.9 缓冲器、止挡装置

塔机行走和小车变幅的轨道行程末端均需设置止挡装置。缓冲器安装在止挡装置或塔机（变幅小车）上，当塔机（变幅小车）与止挡装置撞击时，缓冲器应使塔机（变幅小车）较平稳地停车而不产生猛烈的冲击。

缓冲器的设计应符合 GB/T 13752—1992 中 6.4.9 的规定。

（注：GB/T 13752—1992 中要求缓冲器按 4.2.3.3 条中规定的碰撞动能及最大撞击进行设计，允许的最大减速度为 $4m/s^2$。对额定运行速度小于 0.7m/s 的运行装置，可不验算其缓冲装置吸收动能的能力。缓冲器壳体及止挡和固定装置应按塔式起重机以额定速度碰撞时发生的最大撞击力进行设计，强度安全系数取表 33 中的 K_{n3}）。

6.10 清轨板

轨道式塔机的台车架上应安装排障清轨板，清轨板与轨道之间的间隙不应大于 5mm。

6.11 顶升横梁防脱功能

自升式塔机应具有防止塔身在正常加节、降节作业时，顶升横梁从塔身支承中自行脱出的功能。

【依据二】《建筑施工塔式起重机安装、使用、拆卸安全技术规程》JGJ 196—2010

【条文摘录】

4.0.16 当塔式起重机使用高度超过 30m 时，应配置障碍灯，起重臂根部铰点高度超过 50m 时应配备风速仪。

18.3.4 补充说明

1. 本检查项目有 4 个控制点，全数检查。

2. 《标准》2011 年版增加的检查项目，内容按《塔式起重机安全规程》GB 5144—2006 的规定执行。

18.4 吊钩、滑轮、卷筒与钢丝绳

18.4.1 条文

1. 吊钩应安装钢丝绳防脱钩装置并应完整可靠，吊钩的磨损、变形应在规定允许范围内；

2. 滑轮、卷筒应安装钢丝绳防脱装置并应完整可靠，滑轮、卷筒的磨损应在规定允许范围内；

3. 钢丝绳的磨损、变形、锈蚀应在规定允许范围内，钢丝绳的规格、固定、缠绕应符合说明书及规范要求。

18.4.2 条文说明

滑轮、起升和动臂变幅塔式起重机的卷筒均应设有钢丝绳防脱装置，该装置表面与滑轮或卷筒侧板外缘的间隙不应超过钢丝绳的 20%，装置与钢丝绳接触的表面不应有棱角。

钢丝绳的维修、检验和报废应符合现行国家有关标准的规定。

吊钩如图 18.4.2 所示。

18.4.3 依据及条文摘录

【依据一】《建筑施工塔式起重机安装、使用、拆卸安全技术规程》JGJ 196—2010

【条文摘录】

摘录一：

6.2.3 当钢丝绳的端部采用编结固接时，编结部分的长度不得小于钢丝绳直径的 20 倍，并不应小于 300mm，插接绳股应拉紧，凸出部分应光滑平整，且应在插接末尾留出适当长度，用金属丝扎牢，钢丝绳插接方法宜符合现行行业标准《起重机械吊具与索具安全规程》LD 48 的要求。用其他方法插接的，应保证其插接连接强度不小于该绳最小破断拉力的 75%。

图 18.4.2 吊钩

当采用绳夹固接时，钢丝绳吊索绳夹最少数量应满足表6.2.3的要求。

钢丝绳吊索绳夹最少数量 表6.2.3

绳夹规格 （钢丝绳公称直径） d_r（mm）	钢丝绳夹的最少数量 （组）	绳夹规格 （钢丝绳公称直径） d_r（mm）	钢丝绳夹的最少数量 （组）
≤18	3	36～44	6
18～26	4	44～60	7
26～36	5		

6.2.4　钢丝绳夹压板应在钢丝绳受力绳一边，绳夹间距A（图6.2.4）不应小于钢丝绳直径的6倍。

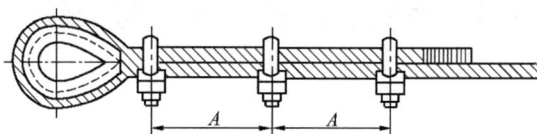

图6.2.4　钢丝绳夹压板布置图

6.2.5　吊索必须由整根钢丝绳制成，中间不得有接头。环形吊索应只允许有一处接头。

摘录二：

6.3.2　吊钩严禁补焊，有下列情况之一的应予以报废：

1　表面有裂纹；

2　挂绳处截面磨损量超过原高度的10%；

3　钩尾和螺纹部分等危险截面及钩筋有永久性变形；

4　开口度比原尺寸增加15%；

5　钩身的扭转角超过10°。

6.3.4　滑轮有下列情况之一的应予以报废：

1　裂纹或轮缘破损；

2　轮槽不均匀磨损达3mm；

3　滑轮绳槽壁厚磨损量达原壁厚的20%；

4　铸造滑轮槽底磨损达钢丝绳原直径的30%；焊接滑轮槽底磨损达钢丝绳原直径的15%。

【依据二】《起重机钢丝绳保养、维修、安装、检验和报废》GB/T 5972—2009

【条文摘录】

钢丝绳的磨损、变形、锈蚀规定见本书第16.4.3条。

18.4.4　补充说明

1. 本检查项目有6个控制点，全数检查。

2.《标准》2011年版按《塔式起重机安全规程》GB 5144—2006的规定，对内容进行了更新并细化。

18.5 多塔作业

18.5.1 条文

1. 多塔作业应制定专项施工方案并经过审批;
2. 任意两台塔式起重机之间的最小架设距离应符合规范要求。

18.5.2 条文说明

任意两台塔式起重机之间的最小架设距离应符合以下规定:

1. 低位塔式起重机的起重臂端部与另一台塔式起重机的塔身之间的距离不得小于 2m;

2. 高位塔式起重机的最低位置的部件(或吊钩升至最高点或平衡重的最低部位)与低位塔式起重机中处于最高位置部件之间的垂直距离不得小于 2m。

两台相邻塔式起重机的安全距离如果控制不当,很可能会造成重大安全事故。当相邻工地发生多台塔式起重机交错作业时,应在协调相互作业关系的基础上,编制各自的专项使用方案,确保任意两台塔式起重机不发生触碰。

18.5.3 依据及条文摘录

【依据】《建筑施工塔式起重机安装、使用、拆卸安全技术规程》JGJ 196—2010
【条文摘录】

2.0.14 当多台塔式起重机在同一施工现场交叉作业时,应编制专项方案,并应采取防碰撞的安全措施。任意两台塔式起重机之间的最小架设距离应符合下列规定:

1 低位塔式起重机的起重臂端部与另一台塔式起重机的塔身之间的距离不得小于 2m;

2 高位塔式起重机的最低位置的部件(或吊钩升至最高点或平衡重的最低部位)与低位塔式起重机中处于最高位置部件之间的垂直距离不得小于 2m。(强制性条文)

18.5.4 补充说明

1. 本检查项目有 2 个控制点,全数检查。

2. 《标准》2011 年版增加了多塔作业专项施工方案的要求,应包含防撞措施;强调了最小架设距离的要求。

18.6 安拆、验收与使用

18.6.1 条文

1. 安装、拆卸单位应具有起重设备安装工程专业承包资质和安全生产许可证;

2. 安装、拆卸应制定专项施工方案，并经过审核、审批；

3. 安装完毕应履行验收程序，验收表格应由责任人签字确认；

4. 安装、拆卸作业人员及司机、指挥应持证上岗；

5. 塔式起重机作业前应按规定进行例行检查，并应填写检查记录；

6. 实行多班作业、应按规定填写交接班记录。

18.6.2 条文说明

塔式起重机安装（拆卸）作业前，安装单位应编制塔式起重机安装、拆除工程专项施工方案，由安装单位技术负责人批准后实施。

验收程序应符合规范要求，严禁使用未经验收或验收不合格的塔式起重机。

18.6.3 依据及条文摘录

【依据】《建筑施工塔式起重机安装、使用、拆卸安全技术规程》JGJ 196—2010

【条文摘录】

摘录一：

2.0.1 塔式起重机安装、拆卸单位必须具有从事塔式起重机安装、拆卸业务的资质。

2.0.2 塔式起重机安装、拆卸单位应具备安全管理保证体系，有健全的安全管理制度。

2.0.3 塔式起重机安装、拆卸作业应配备下列人员：

1 持有安全生产考核合格证书的项目负责人和安全负责人、机械管理人员；

2 具有建筑施工特种作业操作资格证书的建筑起重机械安装拆卸工、起重司机、起重信号工、司索工等特种作业操作人员。（强制性条文）

摘录二：

2.0.10 塔式起重机安装、拆卸前，应编制专项施工方案，指导作业人员实施安装、拆卸作业。专项施工方案应根据塔式起重机使用说明书和作业场地的实际情况编制，并应符合国家现行相关标准的规定。专项施工方案应由本单位技术、安全、设备等部门审核、技术负责人审批后，经监理单位批准实施。

摘录三：

4.0.5 塔式起重机起吊前，当吊物与地面或其他物件之间存在吸附力或摩擦力而未采取处理措施时，不得起吊。

4.0.6 塔式起重机起吊前，应对安全装置进行检查，确认合格后方可起吊；安全装置失灵时，不得起吊。

4.0.7 塔式起重机起吊前，应按本规程第6章的要求对吊具与索具进行检查，确认合格后方可起吊；当吊具与索具不符合相关规定的，不得用于起吊作业。

摘录四：

4.0.19 实行多班作业的设备，应执行交接班制度，认真填写交接班记录，接班司机经检查确认无误后，方可开机作业。

18.6.4 补充说明

1. 本检查项目有 7 个控制点，全数检查。

2.《标准》2011 年版按《建筑施工塔式起重机安装、使用、拆卸安全技术规程》JGJ 196—2010 的规定，对内容进行了更新并细化。

18.7 附 着

18.7.1 条文

1. 当塔式起重机高度超过产品说明书规定时，应安装附着装置，附着装置安装应符合产品说明书及规范要求；

2. 当附着装置的水平距离不能满足产品说明书要求时，应进行设计计算和审批；

3. 安装内爬式塔式起重机的建筑承载结构应进行受力计算；

4. 附着前和附着后塔身垂直度应符合规范要求。

18.7.2 条文说明

塔式起重机附着的布置不符合说明书规定时，应对附着进行设计计算，并经过审批程序，以确保安全。设计计算要适应现场实际条件，还要确保安全。

附着前、后塔身垂直度应符合规范要求，在空载、风速不大于 3m/s 状态下：

1. 独立状态塔身（或附着状态下最高附着点以上塔身）对支承面的垂直度≤0.4%；

2. 附着状态下最高附着点以下塔身对支承面的垂直度≤0.2%。

附着平面图如图 18.7.2 所示。

18.7.3 依据及条文摘录

【依据一】《建筑施工塔式起重机安装、使用、拆卸安全技术规程》JGJ 196—2010

【条文摘录】

3.3.1 当塔式起重机作附着使用时，附着装置的设置和自由端高度等应符合使用说明书的规定。

图 18.7.2 附着平面图

3.3.2 当附着水平距离、附着间距等不满足使用说明书要求时，应进行设计计算、绘制制作图和编写相关说明。

3.3.3 附着装置的构件和预埋件应由原制造厂家或由具有相应能力的企业制作。

3.3.4 附着装置设计时，应对支承处的建筑主体结构进行验算。

【依据二】《塔式起重机》GB/T 5031—2008

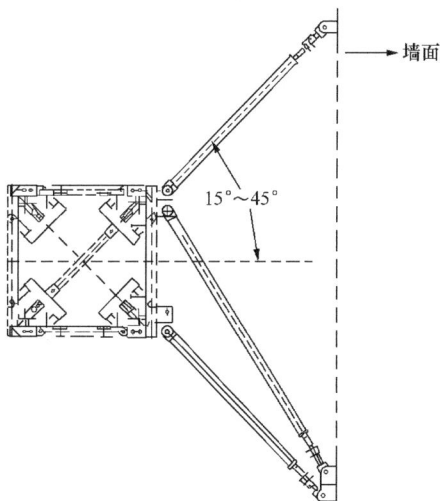

【条文摘录】

5.2.3条 第 i 款空载，风速不大于 3m/s 状态下，独立状态塔身（或附着状态下最高附着点以上塔身）轴心线的侧向垂直度允许偏差为 4/1000，最高附着点以下塔身轴心线的垂直度偏差为 2/1000。

18.7.4 补充说明

1. 本检查项目有 5 个控制点，全数检查。

2. 《标准》2011 年版按《建筑施工塔式起重机安装、使用、拆卸安全技术规程》JGJ 196—2010 的规定，对内容进行了更新并细化。

18.8 基 础 与 轨 道

18.8.1 条文

1. 塔式起重机基础应按产品说明书及有关规定进行设计、检测和验收；

2. 基础应设置排水措施；

3. 路基箱或枕木铺设应符合产品说明书及规范要求；

4. 轨道铺设应符合产品说明书及规范要求。

18.8.2 条文说明

塔式起重机说明书提供的设计基础如不能满足现场地基承载力要求时，应进行塔式起重机基础变更设计，并履行审批、检测、验收手续后方可实施。

基础平面、剖面图如图 18.8.2 所示。

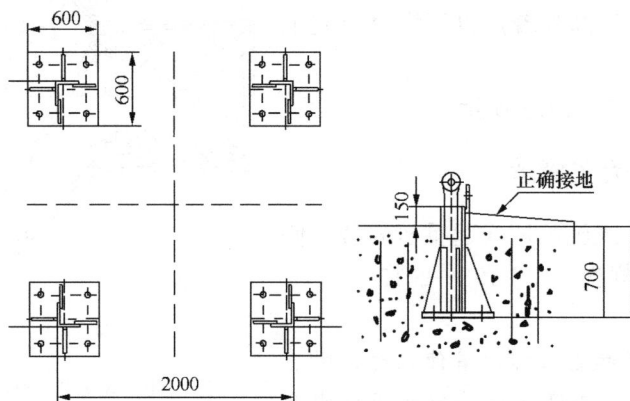

图 18.8.2 基础平面、剖面图

18.8.3 依据及条文摘录

【依据一】《建筑施工塔式起重机安装、使用、拆卸安全技术规程》JGJ 196—2010
【条文摘录】

3.4.1 安装前应根据专项施工方案，对塔机起重机基础的下列项目进行检查，确认合格后方可实施：

1 基础的位置、标高、尺寸；

2 基础的隐蔽工程验收记录和混凝土强度报告等相关资料；

3 安装辅助设备的基础、地基承载力、预埋件等；

4 基础的排水措施。

【依据二】《塔式起重机安全技术规程》GB 5144—2006

【条文摘录】

10.8 塔机轨道敷设应符合下列要求：

a）轨道应通过垫块与轨枕可靠地连接，每间隔6m应设一个轨距拉杆。钢轨接头处应有轨枕支承，不应悬空。在使用过程中轨道不应移动；

b）轨距允许误差不大于公称值的1/1000，其绝对值不大于6mm；

c）钢轨接头间隙不大于4mm，与另一侧钢轨接头的错开距离不小于1.5m，接头处两轨顶高度差不大于2mm；

d）塔机安装后，轨道顶面纵、横方向上的倾斜度，对于上回转塔机应不大于3/1000；对于下回转塔机应不大于5/1000。在轨道全程中，轨道顶面任意两点的高度差应小于100mm；

e）轨道行程两端的轨顶高度宜不低于其余部位中最高点的轨顶高度。

18.8.4 补充说明

1. 本检查项目有4个控制点，全数检查。

2. 《标准》2011年版按《塔式起重机安全技术规程》GB 5144—2006和《建筑施工塔式起重机安装、使用、拆卸安全技术规程》JGJ 196—2010的规定，对内容进行了更新并细化。

18.9 结 构 设 施

18.9.1 条文

1. 主要结构件的变形、锈蚀应在规范允许范围内；

2. 平台、走道、梯子、护栏的设置应符合规范要求；

3. 高强螺栓、销轴、紧固件的紧固、连接应符合规范要求，高强螺栓应使用力矩扳手或专用工具紧固。

18.9.2 条文说明

连接件被代用后，会失去固有的链接作用，可能会造成结构松脱、散架，发生安全事故，所以实际使用中严禁连接件代用。高强螺栓只有在扭力达到规定值时才能确保不松脱。

18.9.3　依据及条文摘录

【依据一】《建筑施工塔式起重机安装、使用、拆卸安全技术规程》JGJ 196—2010

【条文摘录】

3.4.13　连接件及其防松防脱件严禁用其他代用品代用。连接件及其防松防脱件应使用力矩扳手或专用工具紧固连接螺栓。（强制性条文）

【依据二】《塔式起重机安全技术规程》GB 5144—2006

【条文摘录】

摘录一：

4.2.2.2　起重臂连接销轴的定位结构应能满足频繁拆装条件下安全可靠的要求。

4.2.2.3　自升式塔机的小车变幅起重臂，其下弦杆连接销轴不宜采用螺栓固定轴端挡板的形式。当连接销轴轴端采用焊接挡板时，挡板的厚度和焊缝应有足够的强度、挡板与销轴应有足够的重合面积，以防止销轴在安装和工作中由于锤击力及转动可能产生的不利影响。

4.2.2.4　采用高强度螺栓连接时，其连接表面应清除灰尘、油漆、油迹和锈蚀。应使用力矩扳手或专用扳手，按使用说明书要求拧紧。塔机出厂时应根据用户需要提供力矩扳手或专用扳手。

摘录二：

4.3　梯子、扶手和护圈

4.3.1　不宜在与水平面呈65°～75°之间设置梯子。

4.3.2　与水平面呈不大于65°的阶梯两边应设置不低于1m高的扶手，该扶手支撑于梯级两边的竖杆上，每侧竖杆中间应设有横杆。

阶梯的踏板应采用具有防滑性能的金属材料制作，踏板横向宽度不小于300mm，梯级间隔不大于300mm，扶手间宽度不小于600mm。

4.3.3　与水平面呈75°～90°之间的直梯应满足下列条件：

a）边梁之间的宽度不小于300mm；

b）踏板间隔为250～300mm；

c）踏板与后面结构件间的自由空间（踏板间隙）不小于160mm；

d）边梁应可以抓握且没有尖锐边缘；

e）踏杆直径不小于16mm，且不大于40mm；

f）踏杆中心0.1m范围内承受1200N的力时，无永久变形；

g）塔身节间边梁的断开间隙不应大于40mm。

4.3.4　高于地面2m以上的直梯应设置护圈，护圈应满足下列条件：

a）直径为600mm～800mm；

b）侧面应用3条或5条沿护圈圆周方向均布的竖向板条连接；

c）最大间距：侧面有3条竖向板条时为900mm；侧面有5条竖向板条时为1500mm；

d）任何一个0.1m的范围内可以承受1000N的垂直力时，无永久变形。

摘录三：

4.4.2　离地面2m以上的平台和走道应用金属材料制作，并具有防滑性能，在使用圆孔、栅格或其他不能形成连续平面的材料时，孔或间隙的大小不应使直径为20mm的球体通过。在任何情况下，孔或间隙的面积应小于 $400mm^2$。

4.4.3 平台和走道宽度不应小于 500mm，局部有妨碍处可以降至 400mm。平台和走道上操作人员可能停留的每一个部位都不应发生永久变形，且能承受以下载荷：

a）2000N 的力通过直径为 125mm 圆盘施加在平台表面的任何位置；

b）$4500N/m^2$ 的均布载荷；

4.4.4 平台或走道的边缘应设置不下雨 100mm 高的踢脚板，在需要操作人员穿越的地方，踢脚板的高度可以降低。

4.4.5 离地面 2m 以上的平台及走道应设置防止操作人员跌落的手扶栏杆。手扶栏杆的高度不应低于 1m，并能承受 1000N 的水平移动集中载荷，在栏杆一半高度处应设置中间手扶横杆。

4.4.6 除快装式塔机外，当梯子高度超过 10m 时应设置休息小平台。

4.4.6.1 梯子的第一休息小平台应设置在不超过 12.5m 的高度处，以后每隔 10m 内设置一个。

4.4.6.2 当梯子的终端与休息小平台连接时，梯级踏板或踏杆不应超过小平台平面，护圈和扶手应延伸到小平台栏杆的高度，休息小平台平面距下面第一梯级踏板或踏杆的中心线不应大于 150mm。

4.4.6.3 如梯子在休息小平台处不中断，则护圈也不应中断。但应在护圈侧面开一个宽为 0.5m，高为 1.4m 的洞口，以便操作人员出入。

摘录四：

4.7.1 塔机主要承载结构件由于腐蚀或磨损面而使结构的计算应力提高，当超过原计算应力的 15% 时应予报废。对无计算条件的当腐朽深度达原厚度的 10% 时应予报废。

4.7.2 塔机主要承载结构件如塔身、起重臂等，失去整体稳定性时应报废。如局部有损坏并可修复的，则修复后不应低于原结构的承载能力。

4.7.3 塔机的结构件及焊缝出现裂纹时，应根据受力和裂纹情况采取加强或重新施焊等措施，并在使用中定期观察其发展。对无法消除裂纹影响的应予以报废。

18.9.4 补充说明

1. 本检查项目有 3 个控制点，全数检查。

2.《标准》2011 年版增加的检查项目，内容按《塔式起重机安全技术规程》GB 5144—2006 和《建筑施工塔式起重机安装、使用、拆卸安全技术规程》JGJ 196—2010 的规定执行。

18.10 电 气 安 全

18.10.1 条文

1. 塔式起重机应采用 TN-S 接零保护系统供电；

2. 塔式起重机与架空线路的安全距离和防护措施应符合规范要求；

3. 塔式起重机应安装避雷接地装置，并应符合规范要求；

4. 电缆的使用及固定应符合规范要求。

18.10.2　条文说明

塔式起重机与架空线路的安全距离是指塔式起重机的任何部位与架空线路边线的最小距离，见表 18.10.2。当安全距离小于表 18.10.2 的规定时必须按规定采取有效的防护措施。

塔式起重机与架空线路边线的安全距离　　　　表 18.10.2

安全距离 (m)	电压（kV）				
	<1	1~15	20~40	60~110	220
沿垂直方向	1.5	3.0	4.0	5.0	6.0
沿水平方向	1.0	1.5	2.0	4.0	6.0

为避免雷击，塔式起重机的主体结构应做防雷接地，其接地电阻应不大于 4Ω。采取多处重复接地时，其接地电阻应不大于 10Ω。接地装置的选择和安装应符合有关规范要求。

18.10.3　依据及条文摘录

【依据一】《塔式起重机安全技术规程》GB 5144—2006
【条文摘录】
摘录一：

8.1.3　塔机的金属结构、轨道、所有电气设备的金属外壳、金属线管、安全照明的变压器低压侧等均应可靠接地，接地电阻不大于 4Ω。重复接地电阻不大于 10Ω。接地装置的选择和安装应符合电气安全的有关要求。

摘录二：

10.4　有架空输电线的场合，塔机的任何部位与输电线的安全距离，应符合表 3 的规定。

如因条件限制不能保证表 3 中的安全距离，应与有关部门协商，并采取安全防护措施后方可架设。

表3

安全距离/m	电压/kV				
	<1	1~15	20~40	60~110	220
沿垂直方向	1.5	3.0	4.0	5.0	6.0
沿水平方向	1.0	1.5	2.0	4.0	6.0

摘录三：

8.5.2　电线若敷设于金属管中，则金属管应经防腐处理。如用金属线槽或金属软管代替，应有良好的防雨及防腐措施。

8.5.3　导线的连接及分支处的室外接线盒应防水，导线孔应有护套。

8.5.4　导线两端应有与原理图一致的永久性标志和供连接用的电线接头。

8.5.5　固定敷设的电缆弯曲半径不应小于 5 倍电缆外径。除电缆卷筒外，可移动电缆的弯曲半径不应小于8倍电缆外径。

【依据二】《施工现场临时用电安全技术规范》JGJ 46—2005

【条文摘录】

摘录一：

5.4.7 做防雷接地机械上的电气设备，所连接的 PE 线必须同时做重复接地，同一台机械电气设备的重复接地和机械的防雷接地可共用同一接地体，但接地电阻应符合重复接地电阻值的要求。（强制性条文）

摘录二：

9.2.2 塔式起重机应按本规范第 5.4.7 条要求做重复接地和防雷接地。轨道式塔式起重机接地装置的设置应符合下列要求：

1 轨道两端各设一组接地装置；

2 轨道的接头处作电气连接，两条轨道端部做环形电气连接；

3 较长轨道每隔不大于 30m 加一组接地装置。

18.10.4 补充说明

1. 本检查项目有 6 个控制点，全数检查。

2.《标准》2011 年版按《塔式起重机安全技术规程》GB 5144—2006 和《施工现场临时用电安全技术规范》JGJ 46—2005 的规定，对内容进行了更新并细化。

第19章 起 重 吊 装

起重吊装检查评分表

序号	检查项目		扣 分 标 准	应得分数	扣减分数	实得分数
1	保证项目	施工方案	未编制专项施工方案或专项施工方案未经审核、审批，扣10分 超规模的起重吊装专项施工方案未按规定组织专家论证，扣10分	10		
2		起重机械	未安装荷载限制装置或不灵敏，扣10分 未安装行程限位装置或不灵敏，扣10分 起重拔杆组装不符合设计要求，扣10分 起重拔杆组装后未履行验收程序或验收表无责任人签字，扣5～10分	10		
3		钢丝绳与地锚	钢丝绳磨损、断丝、变形、锈蚀达到报废标准，扣10分 钢丝绳规格不符合起重机产品说明书要求，扣10分 吊钩、卷筒、滑轮磨损达到报废标准扣10分 吊钩、卷筒、滑轮未安装钢丝绳防脱装置，扣5～10分 起重拔杆的缆风绳、地锚设置不符合设计要求，扣8分	10		
4		索具	索具采用编结连接时，编结部分的长度不符合规范要求，扣10分 索具采用绳夹连接时，绳夹的规格、数量及绳夹间距不符合规范要求，扣5～10分 索具安全系数不符合规范要求，扣10分 吊索规格不匹配或机械性能不符合设计要求，扣5～10分	10		
5		作业环境	起重机行走作业处地面承载能力不符合产品说明书要求或未采用有效加固措施，扣10分 起重机与架空线路安全距离不符合规范要求，扣10分	10		
6		作业人员	起重机司机无证操作或操作证与操作机型不符，扣5～10分 未设置专职信号指挥和司索人员，扣10分 作业前未按规定进行安全技术交底或交底未形成文字记录，扣5～10分	10		
		小计		60		

序号	检查项目		扣 分 标 准	应得分数	扣减分数	实得分数
7	一般项目	起重吊装	多台起重机同时起吊一个构件时，单台起重机所受的荷载不符合专项施工方案要求，扣10分 吊索系挂点不符合专项施工方案要求，扣5分 起重机作业时起重臂下有人停留或吊运重物从人的正上方通过，扣10分 起重机吊具载运人员，扣10分 吊运易散落物件不使用吊笼，扣6分	10		
8		高处作业	未按规定设置高处作业平台，扣10分 高处作业平台设置不符合规范要求，扣5~10分 未按规定设置爬梯或爬梯的强度、构造不符合规范要求，扣5~8分 未按规定设置安全带悬挂点，扣8分	10		
9		构件码放	构件码放荷载超过作业面承载能力，扣10分 构件码放高度超过规定要求，扣4分 大型构件码放无稳定措施，扣8分	10		
10		警戒监护	未按规定设置作业警戒区，扣10分 警戒区未设专人监护，扣5分	10		
		小计		40		
检查项目合计				100		

19.1 施 工 方 案

19.1.1 条文

1. 起重吊装作业应编制专项施工方案，并按规定进行审核、审批；
2. 超规模的起重吊装作业，应组织专家对专项施工方案进行论证。

19.1.2 条文说明

起重吊装作业前应结合施工实际，编制专项施工方案，并应给单位技术负责人进行审核。采用起重拔杆等非常规起重设备且单件起重量超过10t时，专项施工方案应经专家论证。

19.1.3 依据及条文摘录

【依据】《危险性较大的分部分项工程安全管理办法》[2009] 87号部令
【条文摘录】
第五条　施工单位应当在危险性较大的分部分项工程施工前编制专项方案；对于超过一定规模的危险性较大的分部分项工程，施工单位应当组织专家对专项方案进行论证。
第八条　专项方案应当由施工单位技术部门组织本单位施工技术、安全、质量等部门的专业技术人员进行审核。经审核合格的，由施工单位技术负责人签字。实行施工总承包的，专项方案应当由总承包单位技术负责人及相关专业承包单位技术负责人签字。

不需专家论证的专项方案，经施工单位审核合格后报监理单位，由项目总监理工程师审核签字。

第九条 超过一定规模的危险性较大的分部分项工程专项方案应当由施工单位组织召开专家论证会。实行施工总承包的，由施工总承包单位组织召开专家论证会。

附件一：危险性较大分部分项工程范围

四、起重吊装及安装拆卸工程

（一）采用非常规起重设备、方法，且单件起吊重量在 10kN 及以上的起重吊装工程。

（二）采用起重机械进行安装的工程。

（三）起重机械设备自身的安装、拆卸。

附件二：超过一定规模的危险性较大的分部分项工程范围

三、起重吊装及安装拆卸工程

（一）采用非常规起重设备、方法，且单件起吊重量在 100kN 及以上的起重吊装工程。

（二）起重量 300kN 及以上的起重设备安装工程；高度 200m 及以上内爬起重设备的拆除工程。

19.1.4 补充说明

1. 本检查项目有 2 个控制点，全数检查。

2. 方案编制应符合《起重机械安全规程》GB 6067—2010 的规定，方案审批应符合《危险性较大的分部分项工程安全管理办法》（［2009］87 号部令）的规定。

3.《标准》2011 年版增加了危险性较大的分部分项工程安全专项方案的有关内容。

19.2 起 重 机 械

19.2.1 条文

1. 起重机械应按规定安装荷载限制器及行程限位装置；

2. 荷载限制器、行程限位装置应灵敏可靠；

3. 起重拔杆组装应符合设计要求；

4. 起重拔杆组装后应进行验收，并应由责任人签字确认。

19.2.2 条文说明

荷载限制器：当荷载达到额定起重量的 95% 时，限制器宜发出警报；当荷载达到额定起重量的 100%～110% 时，限制器应切断起升动力主电路。

行程限位装置：当吊钩、起重小车、起重臂等运行至限定位置时，触发限位开关制停。安全越程应符合现行国家标准《起重机械安全规程》GB 6067 的规定。

起重拔杆按设计要求组装后，应按程序及设计要求进行验收，验收合格应有文字记录，并有责任人签字确认。

汽车吊如图 19.2.2 所示。

19.2.3 依据及条文摘录

【依据】 《起重机械安全规程》GB 6067—2010

【条文摘录】

9.2.2 运行行程限位器

起重机和起重小车（悬挂型电动葫芦运行

图 19.2.2 汽车吊

小车除外），应在每个运行方向装设运行行程限位器，在达到设计规定的极限位置时自动切断前进方向的动力源，在运行速度大于 100m/min，或停车定位要求较严的情况下，宜根据需要装设两级运行行程限位器，第一级发出减速信号并按规定要求减速，第二级应能自动断电并停车。

如果在正常作业时起重机和起重小车经常到达运行的极限位置，司机室的最大减速度不应超过 $2.5m/s^2$。

9.3.1 起重量限制器

对于动力驱动的 1t 及以上无倾覆危险的起重机械应装设起重量限制器。对于有倾覆危险的且在一定的幅度变化范围内额定起重量不变化的起重机械也应装设起重量限制器。

需要时，当实际起重量超过 95％ 额定起重量时，起重量限制器宜发出报警信号（机械式除外）。

当实际起重量在 100％～110％ 的额定起重量之间时，起重量限制器起作用，此时应自动切断起升动力源，但应允许机构作下降运动。

内燃机驱动的起升和/或非平衡变幅机构，如果中间没有电气、液压或气压等传动环节而直接与机械连接，该起重机械可以配备灯光或声响报警装置来替代起重量限制器。

19.2.4 补充说明

1. 本检查项目有 4 个控制点，全数检查。

2. 《标准》2011 年版按《起重机械安全规程》GB 6067—2010 规定，对内容进行了更新并细化。

19.3 钢 丝 绳 与 地 锚

19.3.1 条文

1. 钢丝绳磨损、断丝、变形、锈蚀应在规范允许范围内；

2. 钢丝绳规格应符合起重机产品说明书要求；

3. 吊钩、卷筒、滑轮磨损应在规范允许范围内；

4. 吊钩、卷筒、滑轮应安装钢丝绳防脱装置；

5. 起重拔杆的缆风绳、地锚设置应符合设计要求。

19.3.2 条文说明

钢丝绳的维护、检验和报废应符合现行国家有关标准的规定。

19.3.3 依据及条文摘录

【依据一】《起重机械安全规程》GB 6067—2010
【条文摘录】

4.2.2.3 当使用条件或操作方法会导致重物意外脱钩时，应采用防脱绳带闭锁装置的吊钩；当吊钩勾起过程中有被其他物品钩住的危险时，应采用安全吊钩或采取其他有效措施。

4.2.2.6 锻造吊钩缺陷不得补焊。

4.2.2.7 锻造吊钩的标志应永久、清晰。

4.2.2.8 锻造吊钩达到 GB/T 10051.3 的有关报废指标时应更换。

4.2.2.9 片式吊钩缺陷不得补焊。

4.2.2.10 片式吊钩出现下列情况之一时，应更换：

a) 表面裂纹；

b) 每一钩片侧向变形的弯曲半径小于板厚的 10 倍；

c) 危险断面的总磨损量达名义尺寸的 5%。

4.2.4.1 钢丝绳在卷筒上应能按顺序整体排列，只缠绕一层钢丝绳的卷筒，应做出绳槽。用于多层缠绕的卷筒，应采用适用的排绳装置或便于钢丝绳自动转层缠绕的凸缘导板结构等措施。

4.2.4.2 多层缠绕的卷筒，应有防止钢丝绳从卷筒端部滑落的凸缘。当钢丝绳全部缠绕在卷筒后，凸缘应超出最外面一层钢丝绳，超出的高度不应小于钢丝绳直径的 1.5 倍（对塔式起重机是钢丝绳直径的 2 倍）。

4.2.4.5 卷筒出现下述情况之一时，应报废：

a) 影响性能的表面缺陷（如：裂纹等）；

b) 筒壁磨损达原壁厚的 20%。

4.2.5.1 滑轮应有防止钢丝绳脱出绳槽的装置或结构。在滑轮罩的侧板和圆弧顶板等处与滑轮本体的间隙不应超过钢丝绳公称直径的 0.5 倍。

4.2.5.3 滑轮出现下述情况之一时，应报废：

a) 影响性能的表面缺陷（如：裂纹等）；

b) 轮槽不均匀磨损达 3mm；

c) 轮槽壁厚磨损达原壁厚的 20%；

d) 因磨损使轮槽底部直径减少量达钢丝绳直径的 50%。

【依据二】《建筑施工塔式起重机安装、使用、拆卸安全技术规程》JGJ 196—2010
【条文摘录】

6.3.2 吊钩严禁补焊，有下列情况之一的应予以报废：

1 表面有裂纹；

2 挂绳处截面磨损量超过原高度的 10%；

3 钩尾和螺纹部分等危险截面及钩筋有永久性变形；

4 开口度比原尺寸增加 15%；

5 钩身的扭转角超过 10°。

6.3.4 滑轮有下列情况之一的应予以报废：

1 裂纹或轮缘破损；

2 轮槽不均匀磨损达 3mm；

3 滑轮绳槽壁厚磨损量达原壁厚的 20%；

4 铸造滑轮槽底磨损达钢丝绳原直径的 30%；焊接滑轮槽底磨损达钢丝绳原直径的 15%。

6.3.5 滑轮、卷筒均应设有钢丝绳防脱装置；吊钩应设有钢丝绳防脱钩装置。

【依据三】《起重机 钢丝绳保养、维修、安装、检验和报废》GB/T 5972—2009

【条文摘录】

钢丝绳磨损、断丝、变形、锈蚀的规定，见本书 16.4.3 条。

19.3.4 补充说明

1. 本检查项目有 5 个控制点，全数检查。

2. 《标准》2011 年版按《起重机械安全规程》GB 6067—2010 和《起重机 钢丝绳 保养、维护、安装、检验和报废》GB/T 5972—2009 的规定，对内容进行了更新并细化。

19.4 索 具

19.4.1 条文

1. 当采用编结连接时，编结长度不应小于 15 倍的绳径，且不应小于 300mm；

2. 当采用绳夹连接时，绳夹规格应与钢丝绳相匹配，绳夹数量、间距应符合规范要求；

3. 索具安全系数应符合规范要求；

4. 吊索规格应互相匹配，机械性能应符合设计要求。

19.4.2 条文说明

索具采用编结或绳夹连接时，连接紧固方式应符合现行国家标准《起重机械安全规程》GB 6067 的规定。

19.4.3 依据及条文摘录

【依据】《起重机械安全规程》GB 6067—2010

【条文摘录】

4.2.1.5 钢丝绳端部的固定和连接应符合如下要求：

a）用绳夹连接时，应满足表 1 的要求，同时应保证连接强度不小于钢丝绳最小破断拉力的 85%。

b）用编结连接时，编结长度不应小于钢丝绳直径的 15 倍，并且不小于 300mm。连接强度不应小于钢丝绳最小破断拉力的 75%。

钢丝绳夹连接时的安全要求

表 1

钢丝绳公称直径/mm	≤19	19～32	32～38	38～44	44～60
钢丝绳夹最少数量/组	3	4	5	6	7

注：钢丝绳夹夹座应在受力绳头一边，每两个钢丝绳夹的间距不应小于钢丝绳直径的 6 倍。

c）用楔块、楔套连接时，楔套应用钢材制造。连接强度不应小于钢丝绳最小破断拉力的 75%。

d）用锥形套浇铸法连接时，连接强度应达到钢丝绳的最小破断拉力。

e）用铝合金套压缩法连接时，连接强度应达到钢丝绳最小破断拉力 90%。

19.4.4 补充说明

1. 本检查项目有 4 个控制点，全数检查。

2.《标准》2011 年版增加的检查项目，内容按《起重机械安全规程》GB 6067—2010 的规定执行。

19.5 作 业 环 境

19.5.1 条文

1. 起重机行走作业处地面承载能力应符合产品说明书要求；

2. 起重机与架空线路安全距离应符合规范要求。

19.5.2 条文说明

起重机作业现场地面承载能力应符合起重机说明书规定，当现场地面承载能力不满足规定时，可采用铺设路基箱等方式提高承载力。

起重机与架空线路的安全距离应符合国家现行标准《起重机安全规程》GB 6067 的规定。

19.5.3 依据及条文摘录

【依据】《起重机安全规程》GB 6067—2010

【条文摘录】

摘录一：

15.2 起重机械竖立或支撑条件

第 4 款指派人员应负责确保地面或支撑设施能使起重机械在制造商规定的工作级别和参数下工作。

摘录二：

15.3.3 架空电线和电缆

起重机在靠近架空电缆线作业时，指派人员、操作者和其他现场工作人员应注意以下几点：

　　a) 在不熟悉的地区工作时，检查是否有架空线；

　　b) 确认所有架空电缆线路是否带电；

　　c) 在可能与带电动力线接触的场合，工作开始之前，应首先考虑当地电力主管部门的意见；

　　d) 起重机工作时，臂架、吊具、辅具、钢丝绳、缆风绳及载荷等，与输电线的最小距离应符合表3的规定。

起重机与输电线的最小距离   表3

输电线路电压 V/kV	<1	1~20	35~110	154	220	330
最小距离/m	1.5	2	4	5	6	7

当起重机械进入到架空电线和电缆的预定距离之内时，安装在起重机械上的防触电安全装置可发出有效的警报。但不能因为配有这种装置而忽视起重机的安全工作制度。

19.5.4 补充说明

1. 本检查项目有2个控制点，全数检查。

2.《标准》2011年版按《起重机械安全规程》GB 6067—2010的规定，增加了起重机与架空线路安全距离的要求。

19.6 作 业 人 员

19.6.1 条文

1. 起重机司机应持证上岗，操作证应与操作机型相符；

2. 起重机作业应设专职信号指挥和司索人员，一人不得同时兼顾信号指挥和司索作业；

3. 作业前应按规定进行技术交底，并应有交底记录。

19.6.2 条文说明

起重吊装作业单位应具有相应资质、作业人员必须经专门培训，取得特种作业资格，持证上岗。

作业前，应按规定对所有作业人员进行安全技术交底，并应有交底记录。

19.6.3 依据及条文摘录

【依据】《起重机械安全规程》GB 6067—2010

【条文摘录】

摘录一:

12.3 起重机司机

12.3.1 职责

司机应遵照制造商说明书和安全工作制度负责起重机的安全操作。除接到停止信号之外，在任何时候都只应服从吊装工或指挥人员发出的可明显识别的信号。

12.3.2 基本要求

司机应具备以下条件:

a) 具备相应的文化程度;

b) 年满18周岁;

c) 在视力、听力和反应能力方面能胜任该项工作;

d) 具有安全操作起重机的体力;

e) 具有判断距离、高度和净空的能力;

f) 在所操作的起重机械上受过专业培训，并有起重机及其安全装置方面的丰富知识;

g) 经过起重作业指挥信号的培训，理解起重作业指挥信号，听从吊装工或指挥人员的指挥;

h) 熟悉起重机械上的灭火设备并经过使用培训;

i) 熟知在各种紧急情况下处置及逃逸手段;

j) 具有操作起重机械的资质，出于培训目的在专业技术人员指挥监督下的操作除外。

(注:适合操作起重机械的健康证明年限不得超过5年。)

摘录二:

12.5 指挥人员

12.5.1 职责

指挥人员应负有将信号从吊装工传递给司机的责任。指挥人员可以代替吊装工指挥起重机械和载荷的移动，但在任何时候只能由一人负责。

在起重机械工作中，如果把指挥起重机械安全运行和载荷搬运的工作职责移交给其他有关人员，指挥人员应向司机说明情况。而且，司机和被移交者应明确其应负的责任。

19.6.4 补充说明

1. 本检查项目有3个控制点，全数检查。

2. 《标准》2011年版增加了关于安全技术交底的控制点。

19.7 起 重 吊 装

19.7.1 条文

1. 当多台起重机同时起吊一个构件时，单台起重机所承受的荷载应符合专项施工方案要求;

2. 吊索系挂点应符合专项施工方案要求;

3. 起重机作业时，任何人不应停留在起重臂下方，被吊物不应从人的正上方通过；

4. 起重机不应采用吊具载运人员；

5. 当吊运易散落物件时，应使用专用吊笼。

起重吊装作业如图 19.7.1 示意。

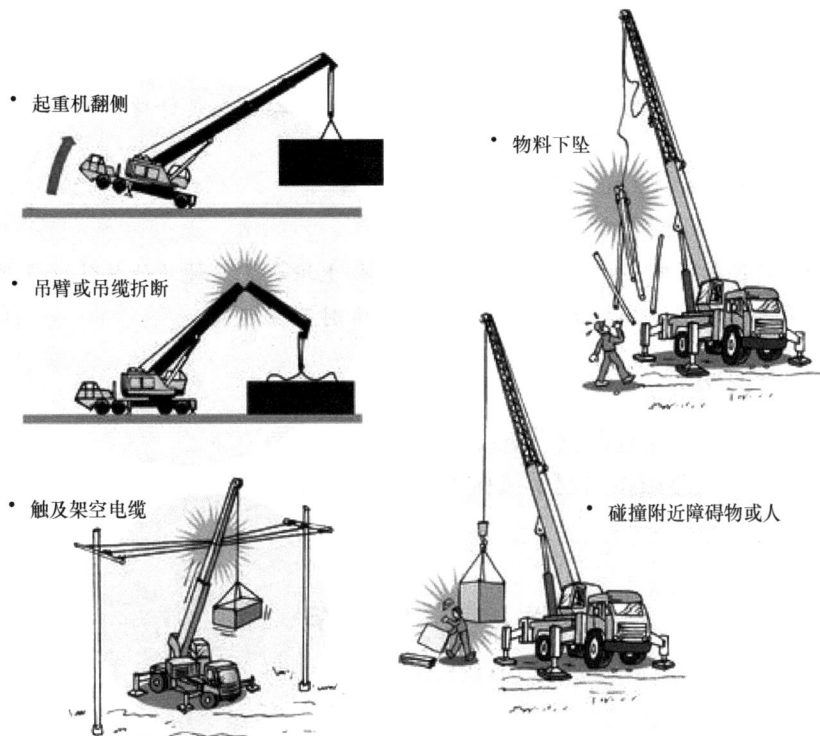

图 19.7.1　起重吊装

19.7.2　依据及条文摘录

【依据】《起重机械安全规程》GB 6067—2010

【条文摘录】

摘录一：

17.2　载荷的吊运

17.2.1　载荷在吊运前应通过各种方式确认起吊载荷的质量。同时，为了保证起吊的稳定性，应通过各种方式确认起吊载荷质心，确立质心后，应调整起升装置，选择合适的起升系挂位置，保证载荷起升的均匀平衡，没有倾覆的趋势。

摘录二：

17.3　多台起重机械的联合起升

17.3.1　总则

在多台起重机械的联合起升操作中，由于起重机械之间的相互运动可能产生作用于起重机械、物品和吊索具上的附加载荷，而这些附加载荷的监控是困难的。因此，只有在物品的尺寸、性能、质量或物品所需要的运动由单台起重机械无法操作时才使用多台起重机械操作。

多台起重机械的操作应制定联合起升作业计划，还应包括仔细估算每台起重机按比例所搬运的载荷。基本要求是确保起升钢丝绳保持垂直状态。多台起重机所受的合力不应超过各台起重机单独起升操作时的额定载荷。

【依据二】《建筑施工塔式起重机安装、使用、拆卸安全技术规程》JGJ 196—2010

【条文摘录】

摘录一：

2.0.17　塔式起重机使用时，起重臂和吊物下方严禁有人员停留；物件吊运时，严禁从人员上方通过。

2.0.18　严禁用塔式起重机载运人员。

摘录二：

4.0.12　物件起吊时应绑扎牢固，不得在吊物上堆放或悬挂其他物件；零星材料起吊时，必须用吊笼或钢丝绳绑扎牢固。当吊物上站人时不得起吊。

19.7.3　补充说明

1. 本检查项目有 5 个控制点，全数检查。

2.《标准》2011 年版按《起重机械安全规程》GB 6067—2010 的规定，对内容进行了更新并细化。

19.8　高　处　作　业

19.8.1　条文

1. 应按规定设置高处作业平台；

2. 平台强度、护栏高度应符合规范要求；

3. 爬梯的强度、构造应符合规范要求；

4. 应设置可靠的安全带悬挂点，并应高挂低用。

19.8.2　条文说明

高处作业必须按规定设置作业平台，作业平台防护栏杆不应少于两道，其高度和强度应符合规范要求。攀登用爬梯的构造、强度应符合规范要求。

安全带应悬挂在牢固的结构或专用固定构件上，并应高挂低用。

19.8.3　依据及条文摘录

【依据】《塔式起重机安全规程》GB 5144—2006

【条文摘录】

4.4　平台、走道、踢脚板和栏杆

4.4.1　在操作、维修处应设置平台、走道、踢脚板和栏杆。

4.4.2　离地面 2m 以上的平台和走道应用金属材料制作，并具有防滑性能。在使用圆孔、栅格或其他不能形成连续平面的材料时，孔或间隙的大小不应使直径为 20mm 的球体通过。在任何情况下，孔或间隙的面积应小于 400mm²。

4.4.3 平台和走道宽度不应小于 500mm，局部有妨碍处可以降至 400mm。平台和走道上操作人员可能停留的每一个部位都不应发生永久变形，且能承受以下载荷：

a）2000N 的力通过直径为 125mm 圆盘施加在平台表面的任何位置。

b）4500N/m² 的均布载荷。

4.4.4 平台或走道的边缘应设置不小于 100mm 高的踢脚板。在需要操作人员穿越的地方，踢脚板的高度可以降低。

4.4.5 离地面 2m 以上的平台及走道应设置防止操作人员跌落的手扶栏杆。手扶栏杆的高度不应低于 1m，并能承受 1000N 的水平移动集中载荷。在栏杆一半高度处应设置中间手扶横杆。

4.4.6 除快装式塔机外，当梯子高度超过 10m 时应设置休息小平台。

4.4.6.1 梯子的第一个休息小平台应设置在不超过 12.5m 的高度处，以后每隔 10m 内设置一个。

4.4.6.2 当梯子的终端与休息小平台连接时，梯级踏板或踏杆不应超过小平台平面，护圈和扶手应延伸到小平台栏杆的高度。休息小平台平面距下面第一个梯级踏板或踏杆的中心线不应大于 150mm。

4.4.6.3 如梯子在休息小平台处不中断，则护圈也不应中断。但应在护圈侧面开一个宽为 0.5m，高为 1.4m 的洞口，以便操作人员出入。

【依据二】《建筑施工高处作业安全技术规范》JGJ 80—91

【条文摘录】

第 1.0.3 条 本规范所称的高处作业，应符合国家标准《高处作业分级》GB 3608—83 规定的"凡在坠落高度基准面 2m 以上（含 2m），有可能坠落的高处进行的作业"。

19.8.4 补充说明

1. 本检查项目有 4 个控制点，全数检查。

2.《标准》2011 年版按《起重机械安全规程》GB 6067—2010 的内容，增加了关于高处作业平台的要求。

19.9 构 件 码 放

19.9.1 条文

1. 构件码放荷载应在作业面承载能力允许范围内；
2. 构件码放高度应在规定允许范围内；
3. 大型构件码放应有保证稳定的措施。

19.9.2 依据及条文摘录

【依据】《建筑施工起重吊装工程安全技术规范》JGJ 276—2012

【条文摘录】

5.1.2 构件的堆放应符合下列规定:

1 构件堆放场地应平整压实,周围必须设排水沟。

2 构件应根据制作、吊装平面规划位置,按类型、编号、吊装顺序、方向依次配套堆放,避免二次倒运。

3 构件应按设计支承位置堆放平稳,底部应设置垫木。对不规则的柱、梁、板应专门分析确定支承和加垫方法。

4 屋架、薄腹梁等重心较高的构件,应直立放置,除设支承垫木外,应于其两侧设置支撑使其稳定,支撑不得少于 2 道。

5 重叠堆放的构件应采用垫木隔开,上、下垫木应在同一垂线上,其堆放高度也能够遵守以下规定:柱不宜超过 2 层;梁不宜超过 3 层;大型屋面板不宜超过 6 层;圆孔板不宜超过 8 层。堆垛间应留 2m 宽的通道。

6 装配式大板应采用插放法或背靠堆放,堆放架应经设计计算确定。

19.9.3 补充说明

1. 本检查项目有 3 个控制点,全数检查。

2. 两版控制点含义相同。

19.10 警 戒 监 护

19.10.1 条文

1. 应按规定设置作业警戒区;

2. 警戒区应设专人监护。

19.10.2 依据及条文摘录

【依据】《起重机安全规程》GB 6067—2010

【条文摘录】

10.1.4 应在起重机的合适位置或工作区域设有明显可见的文字安全警示标志,如"起升物品下方严禁站人"、"臂架下方严禁停留"、"作业半径内注意安全"、"未经许可不得入内"等。在起重机的危险部位,应有安全标志和危险图形符号,安全标志和危险图形符合应符号 GB 15052 的规定。安全标志的颜色,应符合 GB 2893 的规定。

10.1.5 采用高压供电的起重机械,应在高压供电位置及高压控制设备处设置警示标志。如"高压危险"等。

19.10.3 补充说明

1. 本检查项目有 2 个控制点,全数检查。

2. 两版控制点含义相同。

第20章 施 工 机 具

施工机具检查评分表

序号	检查项目	扣 分 标 准	应得分数	扣减分数	实得分数
1	平刨	平刨安装后未履行验收程序，扣5分 未设置护手安全装置，扣5分 传动部位未设置防护罩，扣5分 未做保护接零或未设置漏电保护器，扣10分 未设置安全作业棚，扣6分 使用多功能木工机具，扣10分	10		
2	圆盘锯	圆盘锯安装后未履行验收程序，扣5分 未设置锯盘护罩、分料器、防护挡板安全装置和传动部位未设置防护罩，每处扣3分 未作保护接零或未设置漏电保护器，扣10分 未设置安全作业棚，扣6分 使用多功能木工机具，扣10分	10		
3	手持电动工具	Ⅰ类手持电动工具未采取保护接零或未设置漏电保护器，扣8分 使用Ⅰ类手持电动工具不按规定穿戴绝缘用品，扣6分 手持电动工具随意接长电源线，扣4分	8		
4	钢筋机械	机械安装后未履行验收程序，扣5分 未作保护接零或未设置漏电保护器，扣10分 钢筋加工区未设置作业棚、钢筋对焊作业区未采取防止火花飞溅措施或冷拉作业区未设置防护栏板，每处扣5分 传动部位未设置防护罩，扣5分	10		
5	电焊机	电焊机安装后未履行验收程序，扣5分 未作保护接零或未设置漏电保护器，扣10分 未设置二次空载降压保护器，扣10分 一次线长度超过规定或未进行穿管保护，扣3分 二次线未采用防水橡皮护套铜芯软电缆，扣10分 二次线长度超过规定或绝缘层老化，扣3分 电焊机未设置防雨罩或接线柱未设置防护罩，扣5分	10		
6	搅拌机	搅拌机安装后未履行验收程序，扣5分 未作保护接零或未设置漏电保护器，扣10分 离合器、制动器、钢丝绳达不到规定要求，每项扣5分 上料斗未设置安全挂钩或止挡装置，扣5分 传动部位未设置防护罩，扣4分 未设置安全作业棚，扣6分	10		

序号	检查项目	扣 分 标 准	应得分数	扣减分数	实得分数
7	气瓶	气瓶未安装减压器,扣8分 乙炔瓶未安装回火防止器,扣8分 气瓶间距小于5m或与明火距离小于10m未采取隔离措施,扣8分 气瓶未设置防震圈和防护帽,扣2分 气瓶存放不符合要求,扣4分	8		
8	翻斗车	翻斗车制动、转向装置不灵敏,扣5分 驾驶员无证操作,扣8分 行车载人或违章行车,扣8分	8		
9	潜水泵	未作保护接零或未设置漏电保护器,扣6分 负荷线未使用专用防水橡皮电缆,扣6分 负荷线有接头,扣3分	6		
10	振捣器	未作保护接零或未设置漏电保护器,扣8分 未使用移动式配电箱,扣4分 电缆线长度超过30m,扣4分 操作人员未穿戴绝缘防护用品,扣8分	8		
11	桩工机械	机械安装后未履行验收程序,扣10分 作业前未编制专项施工方案或未按规定进行安全技术交底,扣10分 安全装置不齐全或不灵敏,扣10分 机械作业区域地面承载力不符合规定要求或未采取有效硬化措施,扣12分 机械与输电线路安全距离不符合规范要求,扣12分	12		
检查项目合计			100		

20.1 平　刨

20.1.1　条文

1. 平刨安装完毕应按规定履行验收程序,并应经责任人签字确认;
2. 平刨应设置护手及防护罩等安全装置;
3. 保护零线应单独设置,并应安装漏电保护装置;
4. 平刨应按规定设置作业棚,并应具有防雨、防晒等功能;
5. 不得使用同台电机驱动多种刃具、钻具的多功能木工机具。

20.1.2　条文说明

平刨的安全装置主要有护手和防护罩,安全护手装置应能在操作人员刨料发生意外时,不会造成手部伤害事故。

明露的转动轴、轮及皮带等部位应安装防护罩,防止人身伤害事故。

不得使用同台电机驱动多种刃具、钻具的多功能木工机具,由于该机具运转时,多种刃具、钻具同时旋转,极易造成人身伤害事故。

平刨如图 20.1.2 所示。

图 20.1.2　平刨

20.1.3　依据及条文摘录

【依据一】《建设工程安全生产管理条例》

【条文摘录】

第三十五条　施工单位在使用施工起重机械和整体提升脚手架、模板等自升式架设设施前，应当组织有关单位进行验收，也可以委托具有相应资质的检验检测机构进行验收；使用承租的机械设备和施工机具及配件的，由施工总承包单位、分包单位、出租单位和安装单位共同进行验收。验收合格的方可使用。

【依据二】《施工现场临时用电安全技术规范》JGJ 46—2005

【条文摘录】

摘录一：

8.2.10　开关箱中漏电保护器的额定漏电动作电流不应大于 30mA，额定漏电动作时间不应大于 0.1s。

使用于潮湿或有腐蚀介质场所的漏电保护器应采用防溅型产品，其额定漏电动作电流不应大于 15mA，额定漏电动作时间不应大于 0.1s。（强制性条文）

摘录二：

9.7　其他电动建筑机械

9.7.1　混凝土搅拌机、插入式振动器、平板振动器、地面抹光机、水磨石机、钢筋加工机械、木工机械、盾构机械、水泵等设备的漏电保护应符合本规范第 8.2.10 条要求。

9.7.2　混凝土搅拌机、插入式振动器、平板振动器、地面抹光机、水磨石机、钢筋加工机械、木工机械、盾构机械的负荷线必须采用耐气候型橡皮护套铜芯软电缆，并不得有任何破损和接头。

水泵的负荷线必须采用防水橡皮护套铜芯软电缆，严禁有任何破损和接头，并不得承受任何外力。

盾构机械的负荷线必须固定牢固，距地高度不得小于 2.5m。

9.7.3　对混凝土搅拌机、钢筋加工机械、木工机械、盾构机械等设备进行清理、检查、维修时，必须首先将其开关箱分闸断电，呈现可见电源分断点，并关门上锁。（强制性条文）

【依据三】《施工现场机械设备检查技术规程》JGJ 160—2008

【条文摘录】

10　木工机械及其他机械

10.1　一般规定

10.1.1　整机应符合下列规定：

1　机械安装应坚实稳固，保持水平位置；

2　金属结构不应有开焊、裂纹；

3　机构应完整，零部件应齐全，连接应可靠；

4　外观应清洁，不应有油垢和明显锈蚀；

5 传动系统运转应平稳，不应有异常冲击、振动、爬行、窜动、噪声、超温、超压；传动皮带应完好，不应破损，松紧应适度；

6 变速系统换档应自如，不应有跳档；各档速度应正常；

7 操作系统应灵敏可靠，配置操作按钮、手轮、手柄应齐全，反应应灵敏；各仪表指示数据应准确；

8 各导轨及工作面不应严重磨损、碰伤、变形；

9 刀具安装应牢固，定位应准确有效；

10 积尘装置应完好，工作应可靠。

10.1.2 电气系统及润滑应符合下列规定：

1 木工机械及其他机械的用电应符合国家现行标准《施工现场临时用电安全技术规范》JGJ 46 的有关规定；

2 电气系统装置应齐全，线路排列应整齐，包扎、卡固应牢靠，绝缘应良好，电缆、电线不应有损伤、老化、裸露；

3 电机运转应平稳，不应有异常响声、振动及过热；

4 润滑装置应齐全完整，油路应通畅，润滑应良好，润滑油（脂）型号、油质及油量应符合说明书规定。

10.1.3 安全防护装置应符合下列规定：

1 接地（接零）应正确，接地电阻应符合用电规定；

2 短路保护、过载保护、失压保护装置动作应灵敏、有效；

3 漏电保护器参数应匹配，安装应正确，动作应灵敏可靠；

4 外露传动部分防护罩壳应齐全完整，安装应牢靠；

5 防护压板、护罩等安全防护装置应齐全、可靠，指示标志应醒目有效。

10.2 木工平刨机

10.2.1 工作台升降应灵活。

20.1.4 补充说明

1. 本检查项目有 6 个控制点，全数检查。

2. 《标准》2011 年版按《施工现场临时用电安全技术规范》JGJ 46—2005 和《施工现场机械设备检查技术规程》JGJ 160—2008 的规定，对内容进行了更新并细化。

20.2 圆 盘 锯

20.2.1 条文

1. 圆盘锯安装完毕应按规定履行验收程序，并应经责任人签字确认；

2. 圆盘锯应设置防护罩、分料器、防护挡板等安全装置；

3. 保护零线应单独设置，并应安装漏电保护装置；

4. 圆盘锯应按规定设置作业棚，并应具有防雨、防晒等功能；

5. 不得使用同台电机驱动多种刀具、钻具的多功能木工机具。

20.2.2 条文说明

圆盘锯的安全装置主要有分料器、防护挡板、防护罩等，分料器应能具有避免木料夹锯的功能。防护挡板应能具有防止木料以外倒退的功能。

圆盘锯如图 20.2.2 所示。

20.2.3 依据及条文摘录

【依据一】《建设工程安全生产管理条例》

【条文摘录】

第三十五条 施工单位在使用施工起重机械和整体提升脚手架、模板等自升式架设施前，应当组织有关单位进行验收，也可以委托具有相应资质的检验检测机构进行验收；使用承租的机械设备和施工机具及配件的，由施工总承包单位、分包单位、出租单位和安装单位共同进行验收。验收合格的方可使用。

图 20.2.2 圆盘锯

【依据二】《施工现场机械设备检查技术规程》JGJ 160—2008

【条文摘录】

摘录一：

10.1 一般规定

10.1.1 整机应符合下列规定：

1 机械安装应坚实稳固，保持水平位置；

2 金属结构不应有开焊、裂纹；

3 机构应完整，零部件应齐全，连接应可靠；

4 外观应清洁，不应有油垢和明显锈蚀；

5 传动系统运转应平稳，不应有异常冲击、振动、爬行、窜动、噪声、超温、超压；传动皮带应完好，不应破损，松紧应适度；

6 变速系统换档应自如，不应有跳档；各档速度应正常；

7 操作系统应灵敏可靠，配置操作按钮、手轮、手柄应齐全，反应应灵敏；各仪表指示数据应准确；

8 各导轨及工作面不应严重磨损、碰伤、变形；

9 刀具安装应牢固，定位应准确有效；

10 积尘装置应完好，工作应可靠。

10.1.2 电气系统及润滑应符合下列规定：

1 木工机械及其他机械的用电应符合国家现行标准《施工现场临时用电安全技术规范》JGJ 46 的有关规定；

2 电气系统装置应齐全，线路排列应整齐，包扎、卡固应牢靠，绝缘应良好，电缆、电线不应有损伤、老化、裸露；

3 电机运转应平稳，不应有异常响声、振动及过热；

4 润滑装置应齐全完整，油路应通畅，润滑应良好，润滑油（脂）型号、油质及油量应符合说明书规定。

10.1.3 安全防护装置应符合下列规定:

1 接地(接零)应正确,接地电阻应符合用电规定;

2 短路保护、过载保护、失压保护装置动作应灵敏、有效;

3 漏电保护器参数应匹配,安装应正确,动作应灵敏可靠;

4 外露传动部分防护罩壳应齐全完整,安装应牢靠;

5 防护压板、护罩等安全防护装置应齐全、可靠,指示标志应醒目有效。

摘录二:

10.4 木工带锯机(木工跑车带锯机)

10.4.1 工作台升降应灵活,变速应齐全,定位应准确。

10.4.2 上下锯轮的平行度、垂直度及径向跳动应符合设计要求。

10.4.3 锯条焊接应牢固,安装定位应准确,松紧度应适宜。

10.4.4 跑车运行应平稳,摇头应准确,且与锯轮的平行度应符合设计要求。

10.4.5 卡料装置应灵活可靠。

【依据三】《施工现场临时用电安全技术规范》JGJ 46—2005

【条文摘录】

摘录一:

8.2.10 开关箱中漏电保护器的额定漏电动作电流不应大于 30mA,额定漏电动作时间不应大于 0.1s。

使用于潮湿或有腐蚀介质场所的漏电保护器应采用防溅型产品,其额定漏电动作电流不应大于 15mA,额定漏电动作时间不应大于 0.1s。(强制性条文)

摘录二:

9.7 其他电动建筑机械

9.7.1 混凝土搅拌机、插入式振动器、平板振动器、地面抹光机、水磨石机、钢筋加工机械、木工机械、盾构机械、水泵等设备的漏电保护应符合本规范第 8.2.10 条要求。

9.7.2 混凝土搅拌机、插入式振动器、平板振动器、地面抹光机、水磨石机、钢筋加工机械、木工机械、盾构机械的负荷线必须采用耐气候型橡皮护套铜芯软电缆,并不得有任何破损和接头。

水泵的负荷线必须采用防水橡皮护套铜芯软电缆,严禁有任何破损和接头,并不得承受任何外力。

盾构机械的负荷线必须固定牢固,距地高度不得小于 2.5m。

9.7.3 对混凝土搅拌机、钢筋加工机械、木工机械、盾构机械等设备进行清理、检查、维修时,必须首先将其开关箱分闸断电,呈现可见电源分断点,并关门上锁。(强制性条文)

20.2.4 补充说明

1. 本检查项目有 5 个控制点,全数检查。

2.《标准》2011 年版增加了有关作业棚和多功能木工机具的控制点。

20.3 手 持 电 动 工 具

20.3.1 条文

1. Ⅰ类手持电动工具应单独设置保护零线，并应安装漏电保护装置；
2. 使用Ⅰ类手持电动工具应按规定戴绝缘手套、穿绝缘鞋；
3. 手持电动工具的电源线应保持出厂状态，不得接长使用。

20.3.2 条文说明

Ⅰ类手持电动工具为金属外壳、按规定必须做保护接零，同时安装漏电保护器，使用人员应戴绝缘手套和穿绝缘鞋。

手持电动工具的软电缆不允许接长使用，必要时应使用移动配电箱。

手持电动工具如图 20.3.2 示意。

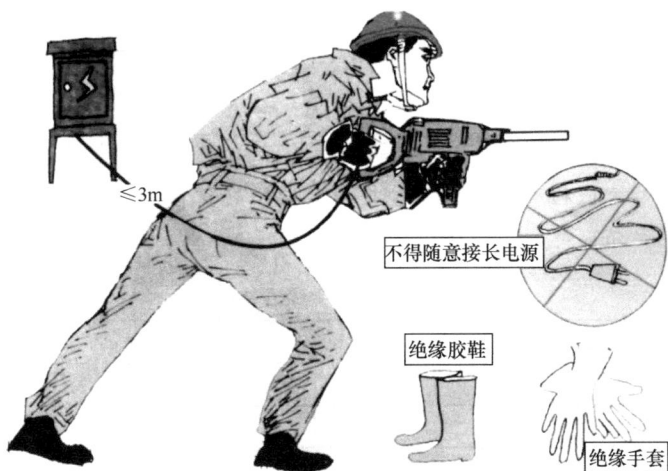

图 20.3.2 手持电动工具

20.3.3 依据及条文摘录

【依据一】《施工现场临时用电安全技术规范》JGJ 46—2005

【条文摘录】

摘录一：

8.2.10 开关箱中漏电保护器的额定漏电动作电流不应大于 30mA，额定漏电动作时间不应大于 0.1s。

使用于潮湿或有腐蚀介质场所的漏电保护器应采用防溅型产品，其额定漏电动作电流不应大于 15mA，额定漏电动作时间不应大于 0.1s。（强制性条文）

8.2.11 总配电箱中漏电保护器的额定漏电动作电流应大于 30mA，额定漏电动作时间应大于 0.1s，但其额定漏电动作电流与额定漏电动作时间的乘积不应大于 30mA · s。（强制性条文）

摘录二：

9.6 手持式电动工具

9.6.1 空气湿度小于75%的一般场所可选用Ⅰ类或Ⅱ类手持式电动工具，其金属外壳与PE线的连接点不得少于2处；除塑料外壳Ⅱ类工具外，相关开关箱中漏电保护器的额定漏电动作电流不应大于15mA，额定漏电动作时间不应大于0.1s，其负荷线插头应具备专用的保护触头。所用插座和插头在结构上应保持一致，避免导电触头和保护触头混用。

9.6.2 在潮湿场所或金属构架上操作时，必须选用Ⅱ类或由安全隔离变压器供电的Ⅲ类手持式电动工具。金属外壳Ⅱ类手持式电动工具使用时，必须符合本规范第9.6.1条要求；其开关箱和控制箱应设置在作业场所外面。在潮湿场所或金属构架上严禁使用Ⅰ类手持式电动工具。

9.6.3 狭窄场所必须选用由安全隔离变压器供电的Ⅲ类手持式电动工具，其开关箱和安全隔离变压器均应设置在狭窄场所外面，并连接PE线。漏电保护器的选择应符合本规范第8.2.10条使用于潮湿或有腐蚀介质场所漏电保护器的要求。操作过程中，应有人在外面监护。

9.6.4 手持式电动工具的负荷线应采用耐气候型的橡皮护套铜芯软电缆，并不得有接头。

9.6.5 手持式电动工具的外壳、手柄、插头、开关、负荷线等必须完好无损，使用前必须做绝缘检查和空载检查，在绝缘合格、空载运转正常后方可使用。绝缘电阻不应小于表9.6.5规定的数值。

手持式电动工具绝缘电阻限值

表9.6.5

测量部位	绝缘电阻（MΩ）		
	Ⅰ类	Ⅱ类	Ⅲ类
带电零件与外壳之间	2	7	1

注：绝缘电阻用500V兆欧表测量。

9.6.6 使用手持式电动工具时，必须按规定穿、戴绝缘防护用品。

【依据二】《建筑机械使用安全技术规程》JGJ 33—2001

【条文摘录】

3.7 手持电动工具

3.7.1 使用刃具的机具，应保持刃磨锋利，完好无损，安装正确，牢固可靠。

3.7.2 使用砂轮的机具，应检查砂轮与接盘间的软垫并安装稳固，螺帽不得过紧，凡受潮、变形、裂纹、破碎、磕边缺口或接触过油、碱类的砂轮均不得使用，并不得将受潮的砂轮片自行烘干使用。

3.7.3 在潮湿地区或在金属构架、压力容器、管道等导电良好的场所作业时，必须使用双重绝缘或加强绝缘的电动工具。

3.7.4 非金属壳体的电动机、电器，在存放和使用时不应受压、受潮，并不得接触汽油等溶剂。

3.7.5 作业前的检查应符合下列要求：

1 外壳、手柄不出现裂缝、破损；

2 电缆软线及插头等完好无损，开关动作正常，保护接零连接正确牢固可靠；

3 各部防护罩齐全牢固，电气保护装置可靠。

3.7.6 机具起动后，应空载运转，应检查并确认机具联动灵活无阻。作业时，加力应平稳，不得用力过猛。

3.7.7 严禁超载使用。作业中应注意音响及温升，发现异常应立即停机检查。在作业时间过长，机具温升超过60℃时，应停机，自然冷却后再行作业。

3.7.8 作业中，不得用手触摸刃具、模具和砂轮，发现其有磨钝、破损情况时，应立即停机修整或更换，然后再继续进行作业。

3.7.9 机具转动时，不得撒手不管。

3.7.10 使用冲击电钻或电锤时，应符合下列要求：

1 作业时应掌握电钻或电锤手柄，打孔时先将钻头抵在工作表面，然后开动，用力适度，避免晃动；转速若急剧下降，应减少用力，防止电机过载，严禁用木杠加压；

2 钻孔时，应注意避开混凝土中的钢筋；

3 电钻和电锤为40%断续工作制，不得长时间连续使用；

4 作业孔径在25mm以上时，应有稳固的作业平台，周围应设护栏。

3.7.11 使用瓷片切割机时应符合下列要求：

1 作业时应防止杂物、泥尘混入电动机内，并应随时观察机壳温度，当机壳温度过高及产生炭刷火花时，应立即停机检查处理；

2 切割过程中用力应均匀适当，推进刀片时不得用力过猛。当发生刀片卡死时，应立即停机，慢慢退出刀片，应在重新对正后方可再切割。

3.7.12 使用角向磨光机时应符合下列要求：

1 砂轮应选用增强纤维树脂型，其安全线速度不得小于80m/s。配用的电缆与插头应具有加强绝缘性能，并不得任意更换；

2 磨削作业时，应使砂轮与工件面保持15°～30°的倾斜位置；切削作业时，砂轮不得倾斜，并不得横向摆动。

3.7.13 使用电剪时应符合下列要求：

1 作业前应先根据钢板厚度调节刀头间隙量；

2 作业时不得用力过猛，当遇刀轴往复次数急剧下降时，应立即减少推力。

3.7.14 使用射钉枪时应符合下列要求：

1 严禁用手掌推压钉管和将枪口对准人；

2 击发时，应将射钉枪垂直压紧咱工作面上，当两次扣动扳机，子弹均不击发时，应保持原射击位置数秒钟后，再退出射钉弹；

3 在更换零件或断开射钉枪之前，射枪内均不得装有射钉弹。（强制性条文）

3.7.15 使用拉铆枪时应符合下列要求：

1 被铆接物体上的铆钉孔应与铆钉滑配合，并不得过盈量太大；

2 铆接时，当铆钉轴未拉断时，可重复扣动扳机，直到拉断为止，不得强行扭断或撬断；

3 作业中，接铆头子或并帽若有松动，应立即拧紧。

20.3.4 补充说明

1. 本检查项目有 3 个控制点，全数检查。
2. 新旧两版控制点含义一致。

20.4 钢 筋 机 械

20.4.1 条文

1. 钢筋机械安装完毕应按规定履行验收程序，并应经责任人签字确认；
2. 保护零线应单独设置，并应安装漏电保护装置；
3. 钢筋加工区应搭设作业棚，并应具有防雨、防晒等功能；
4. 对焊机作业应设置防火花飞溅的隔离设施；
5. 钢筋冷拉作业应按规定设置防护栏；
6. 机械传动部位应设置防护罩。

20.4.2 条文说明

钢筋加工区应按规定搭设作业棚，作业棚应具有防雨、防晒功能，并应达到标准化。

对焊机作业区应设置防止火花飞溅的挡板等隔离设施，冷拉作业应设置防护栏，将冷拉区与操作区隔离。

钢筋作业棚如图 20.4.2 示意。

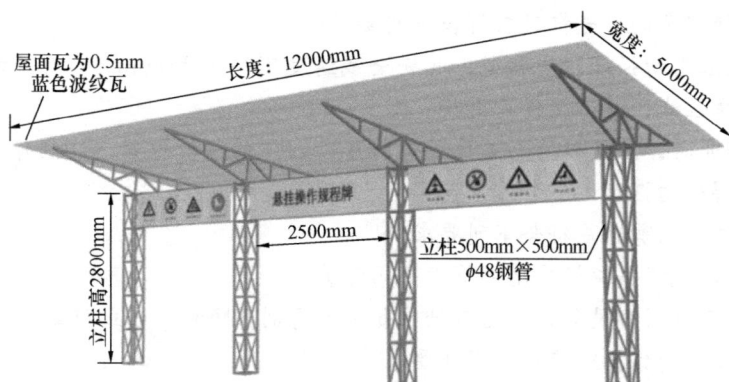

屋面瓦为0.5mm 蓝色波纹瓦　长度：12000mm　宽度：5000mm

悬挂操作规程牌

立柱高2800mm　2500mm　立柱500mm×500mm φ48钢管

图 20.4.2 钢筋作业棚

20.4.3 依据及条文摘录

【依据一】《建设工程安全生产管理条例》

【条文摘录】

第三十五条 施工单位在使用施工起重机械和整体提升脚手架、模板等自升式架设设施前，应当组织有关单位进行验收，也可以委托具有相应资质的检验检测机构进行验收；使用承租的机械设备和施工机具及配件的，由施工总承包单位、分包单位、出租单位和安装单位共同进行验收。验收合格的方可使用。

【依据二】《施工现场机械设备检查技术规程》JGJ 160—2008

【条文摘录】

9 钢筋加工机械

9.1 一般规定

9.1.1 整机应符合下列规定：

1 机械的安装应坚实稳固，保持水平位置；

2 金属结构不应有开焊、裂纹；

3 零部件应完整，随机附件应齐全；

4 外观应清洁，不应有油垢和锈蚀；

5 操作系统应灵敏可靠，各仪表指示数据应准确；

6 传动系统运转应平稳，不应有异常冲击、振动、爬行、窜动、噪声、超温、超压；

7 机身不应有破损、断裂及变形；

8 各部位连接应牢靠，不应松动。

9.1.2 电气系统及润滑系统应符合下列规定：

1 钢筋加工机械的用电应符合国家现行标准《施工现场临时用电安全技术规范》JGJ 46 的有关规定；

2 电气系统装置应齐全，线路排列应整齐，卡固应牢靠；

3 电气设备安装应牢固，电气接触应良好；

4 电机运行时不应有异常响声、抖动及过热；

5 电气控制设备和元件应置于柜（箱）内，电气柜（箱）门锁应齐全有效；

6 油泵工作应有效；油路、油嘴应畅通；油杯、油线、油毡应齐全，不应有破损；油标应醒目，刻线应正确，油质、油量应符合说明书的要求；

7 润滑系统工作应有效，油路应畅通，润滑应良好；各滑润部位及零件不应严重拉毛、磨损、碰伤；

8 润滑油型号、油质及油量应符合说明书的要求。

9.1.3 安全防护应符合下列规定：

1 安全防护装置及限位应齐全、灵敏可靠，防护罩、板安装应牢固，不应破损；

2 接地（接零）应符合用电规定，接地电阻不应大于 4Ω；

3 漏电保护器参数应匹配，安装应正确，动作应灵敏可靠；电气保护（短路、过载、失压）应齐全有效。

9.1.4 液压系统应符合下列规定：

1 各液压元件固定应牢固，不应有渗漏；

2 液压系统应清洁，不应有油垢；

3 各液压元件的调定压力应符合说明书的要求；

4 各液压元件应定期校准和检验。

9.2 钢筋调直机

9.2.1 传动系统应符合下列规定：

1 传动机构运转应平稳，不应有异响，传动齿轮及花键轴不应有断齿、啃齿、裂纹及表面脱落；

2 传动皮带数量应齐全，不应有破损、断裂，松紧度应适宜。

9.2.2 调直系统及牵引和落料机构应符合下列规定：

1 调直筒、轴不应有弯曲、裂纹和轴销磨损等；

2 离合器应灵敏可靠，结合时应吻合，不应咬边；调速滑动齿轮滑动应灵活，不应窜动；

3 自动落料机构开闭应灵活，落料应准确，落料架各部件连接应牢固；

4 牵引轮工作应有效，调节机构应灵敏，滑块移动不应有卡阻；

5 调节螺母、回位弹簧及链轮机构应灵敏、可靠。

9.2.3 机座、电机、轴承座和调直筒等连接应牢固，各轴、销应齐全完好。

9.3 钢筋切断机

9.3.1 传动及切断系统应符合下列规定：

1 传动机构应运转平稳，不应有异响，曲轴、连杆不应有裂纹、扭曲；

2 开式传动齿轮齿面不应有裂纹、点蚀和变形，啮合应良好，磨损量不应超过齿厚的 25%；滑动轴承不应有刮伤、烧蚀，径向磨损不应大于 0.5mm；

3 滑块与导轨纵向游动间隙应小于 0.5mm，横向间隙应小于 0.2mm；

4 刀具安装牢固不应松动；刀口不应有缺损、裂纹，衬刀和冲切间隙应正常。

9.4 钢筋弯曲机

9.4.1 传动系统及工作机构应符合下列规定：

1 传动齿轮啮合应良好，位置不应偏移、松旷；

2 芯轴和成型轴、挡铁轴、轴套应完整，安装应牢固，工作台转动应灵活，不应有卡阻；

3 芯轴和成型轴、挡铁轴的规格与加工钢筋的直径和弯曲半径应相适应；芯轴直径应为钢筋直径的 2.5 倍；挡铁轴应有轴套。

9.4.2 芯轴、挡铁轴、转盘等不应有裂纹和损伤，防护罩应坚固可靠。

9.5 钢筋冷拉机

9.5.1 传动齿轮啮合应良好，弹性联轴节不应松旷。

9.5.2 制动块磨损量不应大于原厚度的 50%，制动应灵敏。

9.5.3 冷拉夹具、夹齿应完好，夹持功能应有效。

9.6 冷镦机

9.6.1 传动齿轮啮合应良好，位置不应偏移、松旷。

9.6.2 模具、中心冲头不应有裂纹。

9.6.3 上下模与中心冲头的同心度、冲头与夹具的间隙应符合说明书的要求。

9.7 钢筋冷拔机

9.7.1 传动及工作装置应符合下列规定：

1 传动齿轮啮合应良好，弹性联轴节不应松旷；

2 模具不应有裂纹，轧头和模具的规格应配套。

9.7.2 冷却与通风装置应符合下列规定：

1 冷却水应畅通，流量应适宜；

2 风道应畅通，风量应合适。

9.8 钢筋套筒冷挤压连接机

9.8.1 超高压油管的弯曲半径不应小于250mm，扣压接头处不应有扭转和死弯。

9.8.2 压力表应定期检查、测定，误差不应大于5%。

9.9 钢筋直（锥）螺纹成型机

9.9.1 机体内外应清洁，不应有锈垢、油垢、锈蚀。

9.9.2 机架应有足够的强度和刚度，不应有明显的翘曲和变形。

9.9.3 各传动面、导轨面、接触面不应有严重锈蚀、油垢、积灰，外壳各表面应清洁，不应有锈垢。

9.9.4 整机不应漏油，对因制造缺陷引起的漏油应采取回流措施。

9.9.5 传动系统应符合下列规定：

1 摆线针轮减速机运转应平稳，设备运行时不应有异常冲击、振动、爬行、窜动、噪声和超温、超压；

2 箱体内外应清洁，油质应清洁，油量应充足；密封装置应有效，不应漏油；

3 进给机构各档变速应正常、灵活、可靠、齐全；

4 自动开合机构应开合自如、自锁良好。

9.9.6 冷却系统应符合下列规定：

1 冷却水泵工作应有效；

2 冷却液体箱应清洁，并应定期清理。

【依据三】《施工现场临时用电安全技术规范》JGJ 46—2005

【条文摘录】

摘录一：

8.2.10 开关箱中漏电保护器的额定漏电动作电流不应大于30mA，额定漏电动作时间不应大于0.1s。

使用于潮湿或有腐蚀介质场所的漏电保护器应采用防溅型产品，其额定漏电动作电流不应大于15mA，额定漏电动作时间不应大于0.1s。（强制性条文）

摘录二：

9.7 其他电动建筑机械

9.7.1 混凝土搅拌机、插入式振动器、平板振动器、地面抹光机、水磨石机、钢筋加工机械、木工机械、盾构机械、水泵等设备的漏电保护应符合本规范第8.2.10条要求。

9.7.2 混凝土搅拌机、插入式振动器、平板振动器、地面抹光机、水磨石机、钢筋加工机械、木工机械、盾构机械的负荷线必须采用耐气候型橡皮护套铜芯软电缆，并不得有任何破损和接头。

水泵的负荷线必须采用防水橡皮护套铜芯软电缆，严禁有任何破损和接头，并不得承受任何外力。

盾构机械的负荷线必须固定牢固，距地高度不得小于2.5m。

9.7.3 对混凝土搅拌机、钢筋加工机械、木工机械、盾构机械等设备进行清理、检查、维修时，必须首先将其开关箱分闸断电，呈现可见电源分断点，并关门上锁。（强制性条文）

【依据四】《建筑机械使用安全技术规程》JGJ 33—2001

【条文摘录】

9 钢筋加工机械

9.1 基本要求

9.1.1 钢筋加工机械中的电动机、液压装置、卷扬机的使用，应执行本规程第3.4、第4.7节及附录C的规定。

9.1.2 机械的安装应坚实稳固，保持水平位置。固定式机械应有可靠的基础；移动式机械作业时应揳紧行走轮。

9.1.3 室外作业应设置机棚，机旁应有堆放原料、半成品的场地。

9.1.4 加工较长的钢筋时，应有专人帮扶，并听从操作人员指挥，不得任意推拉。

9.1.5 作业后，应堆放好成品，清理场地，切断电源，锁好开关箱，做好润滑工作。

9.2 钢筋调直切断机

9.2.1 料架、料槽应安装平直，并应对准导向筒、调直筒和下切刀孔的中心线。

9.2.2 应用手转动飞轮，检查传动机构和工作装置，调整间隙，紧固螺栓，确认正常后，起动空运转，并应检查轴承无异响，齿轮啮合良好，运转正常后，方可作业。

9.2.3 应按调直钢筋的直径，选用适当的调直块及传动速度。调直块的孔径应比钢筋直径大2～5mm，传动速度应根据钢筋直径选用，直径大的宜选用慢速，经调试合格，方可送料。

9.2.4 在调直块未固定、防护罩未盖好前不得送料。作业中严禁打开各部防护罩并调整间隙。

9.2.5 当钢筋送入后，手与曳轮应保持一定的距离，不得接近。

9.2.6 送料前，应将不直的钢筋端头切除。导向筒前应安装一根1m长的钢管，钢筋应先穿过钢管再送入调直前端的导孔内。

9.2.7 经过调直后的钢筋如仍有慢弯，可逐渐加大调直块的偏移量，直到调直为止。

9.2.8 切断3～4根钢筋后，应停机检查其长度，当超过允许偏差时，应调整限位开关或定尺板。

9.3 钢筋切断机

9.3.1 接送料的工作台面应和切刀下部保持水平，工作台的长度可根据加工材料长度确定。

9.3.2 启动前，应检查并确认切刀无裂纹，刀架螺栓紧固，防护罩牢靠。然后用手转动皮带轮，检查齿轮啮合间隙，调整切刀间隙。

9.3.3 启动后，应先空运转，检查各传动部分及轴承运转正常后，方可作业。

9.3.4 机械未达到正常转速时，不得切料。切料时，应使用切刀的中、下部位，紧握钢筋对准刃口迅速投入，操作者应站在固定刀片一侧用力压住钢筋，应防止钢筋末端弹出伤人。严禁用两手分在刀片两边握住钢筋俯身送料。

9.3.5 不得剪切直径及强度超过机械铭牌规定的钢筋和烧红的钢筋。一次切断多根钢筋时，其总截面面积应在规定范围内。

9.3.6 剪切低合金钢时，应更换高硬度切刀，剪切直径应符合机械铭牌规定。

9.3.7 切断短料时，手和切刀之间的距离应保持在150mm以上，如手握端小于

400mm 时，应采用套管或夹具将钢筋短头压住或夹牢。

9.3.8 运转中，严禁用手直接清除切刀附近的断头和杂物。钢筋摆动周围和切刀周围，不得停留非操作人员。

9.3.9 当发现机械运转不正常、有异常响声或切刀歪斜时，应立即停机检修。

9.3.10 作业后，应切断电源，用钢刷清除切刀间的杂物，进行整机清洁润滑。

9.3.11 液压传动式切断机作业前，应检查并确认液压油位及电动机旋转方向符合要求。启动后，应空载运转，松开放油阀，排净液压缸体内的空气，方可进行切筋。

9.3.12 手动液压式切断机使用前，应将放油阀按顺时针方向旋紧，切割完毕后，应立即按逆时针方向旋松。作业中，手应持稳切断机，并戴好绝缘手套。

9.4 钢筋弯曲机

9.4.1 工作台和弯曲机台面应保持水平，作业前应准备好各种芯轴及工具。

9.4.2 应按加工钢筋的直径和弯曲半径的要求，装好相应规格的芯轴和成型轴、挡铁轴。芯轴直径应为钢筋直径的 2.5 倍。挡铁轴应有轴套。

9.4.3 挡铁轴的直径和强度不得小于被弯钢筋的直径和强度。不直的钢筋，不得在弯曲机上弯曲。

9.4.4 应检查并确认芯轴、挡铁轴、转盘等无裂纹和损伤，防护罩坚固可靠，空载运转正常后，方可作业。

9.4.5 作业时，应将钢筋需弯一端插入在转盘固定销的间隙内，另一端紧靠机身固定销，并用手压紧；应检查机身固定销并确认安放在挡住钢筋的一侧，方可开动。

9.4.6 作业中，严禁更换轴芯、销子和变换角度以及调速，也不得进行清扫和加油。

9.4.7 对超过机械铭牌规定直径的钢筋严禁进行弯曲。在弯曲未经冷拉或带有锈皮的钢筋时，应戴防护镜。

9.4.8 弯曲高强度或低合金钢筋时，应按机械铭牌规定换算最大允许直径并应调换相应的芯轴。

9.4.9 在弯曲钢筋的作业半径内和机身不设固定销的一侧严禁站人。弯曲好的半成品，应堆放整齐，弯钩不得朝上。

9.4.10 转盘换向时，应待停稳后进行。

9.4.11 作业后，应及时清除转盘及插入座孔内的铁锈、杂物等。

9.5 钢筋冷拉机

9.5.1 应根据冷拉钢筋的直径，合理选用卷扬机。卷扬钢丝绳应经封闭式导向滑轮并和被拉钢筋水平方向成直角。卷扬机的位置应使操作人员能见到全部冷拉场地，卷扬机与冷拉中线距离不得少于 5m。

9.5.2 冷拉场地应在两端地锚外侧设置警戒区，并应安装防护栏及警告标志。无关人员不得在此停留。操作人员在作业时必须离开钢筋 2m 以外。（强制性条文）

9.5.3 用配重控制的设备应与滑轮匹配，并应有指示起落的记号，没有指示记号时应有专人指挥。配重框提起时高度应限制在离地面 300mm 以内，配重架四周应有栏杆及警告标志。

9.5.4 作业前，应检查冷拉夹具，夹齿应完好，滑轮、拖拉小车应润滑灵活，拉钩、地锚及防护装置均应齐全牢固。确认良好后，方可作业。

9.5.5 卷扬机操作人员必须看到指挥人员发出信号，并待所有人员离开危险区后方可作业。冷拉应缓慢、均匀。当有停车信号或见到有人进入危险区时，应立即停拉，并稍稍放松卷扬钢丝绳。

9.5.6 用延伸率控制的装置，应装设明显的限位标志，并应有专人负责指挥。

9.5.7 夜间作业的照明设施，应装设在张拉危险区外。当需要装设在场地上空时，其高度应超过5m。灯泡应加防护罩，导线严禁采用裸线。

9.5.8 作业后，应放松卷扬钢丝绳，落下配重，切断电源，锁好开关箱。

9.6 预应力钢丝拉伸设备

9.6.1 作业场地两端外侧应设有防护栏杆和警告标志。

9.6.2 作业前，应检查被拉钢丝两端的镦头，当有裂纹或损伤时，应及时更换。

9.6.3 固定钢丝镦头的端钢板上圆孔直径应较所拉钢丝的直径大0.2mm。

9.6.4 高压油泵启动前，应将各油路调节阀松开，然后开动油泵，待空载运转正常后，再紧闭回油阀，逐渐拧开进油阀，待压力表指示值达到要求，油路无泄漏，确认正常后，方可作业。

9.6.5 作业中，操作应平稳、均匀。张拉时，两端不得站人。拉伸机在有压力情况下，严禁拆卸液压系统的任何零件。

9.6.6 高压油泵不得超载作业，安全阀应按设备额定油压调整，严禁任意调整。

9.6.7 在测量钢丝的伸长时，应先停止拉伸，操作人员必须站在侧面操作。

9.6.8 用电热张拉法带电操作时，应穿戴绝缘胶鞋和绝缘手套。

9.6.9 张拉时，不得用手摸或脚踩钢丝。

9.6.10 高压油泵停止作业时，应先断开电源，再将回油阀缓慢松开，待压力表退回至零位时，方可卸开通往千斤顶的油管接头，使千斤顶全部卸荷。

9.7 冷镦机

9.7.1 应根据钢筋直径，配换相应夹具。

9.7.2 应检查并确认模具、中心冲头无裂纹，并应校正上下模具与中心冲头的同心度，紧固各部螺栓，做好安全防护。

9.7.3 启动后应先空运转，调整上下模具紧度，对准冲头模进行镦头校对，确认正常后，方可作业。

9.7.4 机械未达到正常转速时，不得镦头。当镦出的头大小不匀时，应及时调整冲头与夹具的间隙。冲头导向块应保持有足够的润滑。

9.8 钢筋冷拔机

9.8.1 应检查并确认机械各连接件牢固，模具无裂纹，轧头和模具的规格配套，然后启动主机空运转，确认正常后，方可作业。

9.8.2 在冷拔钢筋时，每道工序的冷拔直径应按机械出厂说明书规定进行，不得超量缩减模具孔径，无资料时，可按每次缩减孔径0.5～10mm。

9.8.3 轧头时，应先使钢筋的一端穿过模具长度达100～150mm，再用夹具夹牢。

9.8.4 作业时，操作人员的手和轧辊应保持300～500mm的距离。不得用手直接接触钢筋和滚筒。

9.8.5 冷拔模架中应随时加足润滑剂，润滑剂应采用石灰和肥皂水调和晒干后的粉末。钢筋通过冷拔模前，应抹少量润滑脂。

9.8.6 当钢筋的末端通过冷拔模后，应立即脱开离合器，同时用手闸挡住钢筋末端。

9.8.7 拔丝过程中，当出现断丝或钢筋打结乱盘时，应立即停机；在处理完毕后，方可开机。

9.9 钢筋冷挤压连接机

9.9.1 有下列情况之一时，应对挤压机的挤压力进行标定：

1 新挤压设备使用前；

2 旧挤压设备大修后；

3 油压表受损或强烈振动后；

4 套筒压痕异常且查不出其他原因时；

5 挤压设备使用超过一年；

6 挤压的接头数超过 5000 个。

9.9.2 设备使用前后的拆装过程中，超高压油管两端的接头及压接钳、换向阀的进出油接头，应保持清洁，并应及时用专用防尘帽封好。超高压油管的弯曲半径不得小于250mm，扣压接头处不得扭转，且不得有死弯。

9.9.3 挤压机液压系统的使用，应符合本规程附录 C 的有关规定；高压胶管不得荷重拖拉、弯折和受到尖利物体刻划。

9.9.4 压模、套筒与钢筋应相互配套使用，压模上应有相对应的连接钢筋规格标记。

9.9.5 挤压前的准备工作应符合下列要求：

1 钢筋端头的锈、泥沙，油污等杂物应清理干净；

2 钢筋与套筒应先进行试套，当钢筋有马蹄、弯折或纵肋尺寸过大时，应预先进行矫正或用砂轮打磨；不同直径钢筋的套筒不得串用；

3 钢筋端部应划出定位标记与检查标记，定位标记与钢筋端头的距离应为套筒长度的一半，检查标记与定位标记的距离宜为 20mm；

4 检查挤压设备情况，应进行试压，符合要求后方可作业。

9.9.6 挤压操作应符合下列要求：

1 钢筋挤压连接宜先在地面上挤压一端套筒，在施工作业区插入待接钢筋后再挤压另一端套筒；

2 压接钳就位时，应对准套筒压痕位置的标记，并应与钢筋轴线保持垂直；

3 挤压顺序宜从套筒中部开始，并逐渐向端部挤压；

4 挤压作业人员不得随意改变挤压力、压接道数或挤压顺序。

9.9.7 作业后，应收拾好成品、套筒和压模，清理场地，切断电源，锁好开关箱，最后将挤压机和挤压钳放到指定地点。

20.4.4 补充说明

1. 本检查项目有 4 个控制点，全数检查。

2.《标准》2011 年版增加了关于作业棚的控制点。

20.5 电 焊 机

20.5.1 条文

1. 电焊机安装完毕应按规定履行验收程序，并应经责任人签字确认；
2. 保护零线应单独设置，并应安装漏电保护装置；
3. 电焊机应设置二次空载降压保护装置；
4. 电焊机一次线长度不得超过 5m，并应穿管保护；
5. 二次线应采用防水橡皮护套铜芯软电缆；
6. 电焊机应设置防雨罩，接线柱应设置防护罩。

20.5.2 条文说明

电焊机除应做保护接零、安装漏电保护器外，还应设置二次空载降压保护装置，防止触电事故发生。

电焊机一次线长度不应超过 5m，并应穿管保护，二次线必须使用防水橡皮护套铜芯电缆，严禁使用其他导线代替。

电焊机如图 20.5.2 示意。

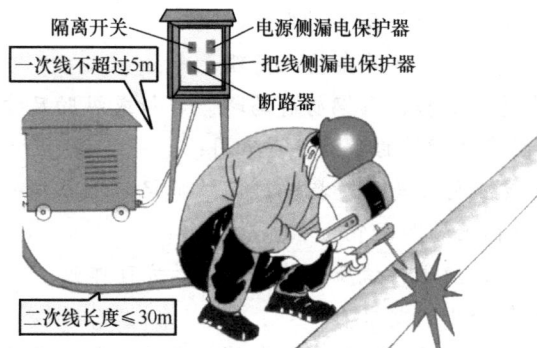

图 20.5.2 电焊机

20.5.3 依据及条文摘录

【依据一】《建设工程安全生产管理条例》
【条文摘录】

第三十五条 施工单位在使用施工起重机械和整体提升脚手架、模板等自升式架设设施前，应当组织有关单位进行验收，也可以委托具有相应资质的检验检测机构进行验收；使用承租的机械设备和施工机具及配件的，由施工总承包单位、分包单位、出租单位和安装单位共同进行验收。验收合格的方可使用。

【依据二】《施工现场机械设备检查技术规程》JGJ 160—2008
【条文摘录】

8 焊接机械

8.1　一般规定

8.1.1　焊接机械的用电应符合国家现行标准《施工现场临时用电安全技术规范》JGJ 46 的有关规定；焊接机械的零部件应完整，不应有缺损。

8.1.2　电焊机导线应具有良好的绝缘，绝缘电阻不得小于 1MΩ，接地线接地电阻不得大于 4Ω；当长期停用的电焊机恢复使用时，其绝缘电阻不得小于 0.5MΩ，接线部分不得有腐蚀和受潮。

8.1.3　电焊钳应有良好的绝缘和隔热能力；电焊钳握柄应绝缘良好，握柄和导线连接应牢靠，接触应良好。

8.1.4　电焊机的二次线应采用防水橡皮护套铜芯软电缆，电缆长度不宜大于 30m。当需要加长电缆时，应相应增加截面。

8.1.5　焊接铜、铝、锌、锡等有色金属时，应配备有效的通风设备及防毒面罩、呼吸滤清器或采取其他防毒措施。

8.1.6　当焊接预热焊件温度达 150～700℃时，应设挡板隔离焊件发出的辐射热，焊接人员应穿戴隔热的石棉服装和鞋、帽等。

8.1.7　在载荷运行中，电焊机的温升值应在 60～80℃范围内。

8.1.8　润滑装置应齐全完整，油路应畅通，润滑应良好，润滑油（脂）型号、油质及油量应符合说明书的要求。

8.1.9　安全防护装置应齐全、有效；漏电保护器参数应匹配，安装应正确，动作应灵敏可靠；接地（接零）应良好，应配装二次侧漏电保护器。

8.1.10　各类电焊机的整机应符合下列规定：

1　焊机内、外应整洁，不应有明显锈蚀；

2　各部连接螺栓应紧固牢靠，不应有缺损；

3　机架、机壳、盖罩不应有变形、开焊、开裂；

4　行走轮及牵引件应完整，行走轮润滑应良好。

8.2　交流电焊机

8.2.1　接线装置应符合下列规定：

1　一、二次接线保护板应完好，接线柱表面应平整，不应有烧蚀、破裂；

2　接线柱的螺帽、铜垫圈、母线应紧固，螺母不应有破损、烧蚀、松动；

3　接线保护应完好。

8.2.2　调节器及防振装置应符合下列规定：

1　调节丝杆及螺母应转动灵活，不应有弯曲、卡阻，紧固件不应松动；

2　防振弹簧弹力应良好有效；

3　手摇把不应松旷、丢失。

8.2.3　电焊机罩壳应能防雨、防尘、防潮。

8.3　直流电焊机

8.3.1　分级变阻器应符合下列规定：

1　变阻器各触点不应烧损，接触应良好，滑动触点转动应灵活有效；

2　输入、输出线的接线板应完好、接线柱不应烧损和松动，接头垫圈应齐全。

8.3.2　换向器应符合下列规定：（无刷电机除外）

1 刷盒位置调整应适当；不应锈蚀；刷盒应离开换向器表面 2～3mm；

2 碳刷与换向器接触应良好，位置调整应适度；

3 碳刷滑移应灵活无阻，磨损不应超过原厚度的 2/3。

8.3.3 安全防护应符合下列规定：

1 各线路均应绝缘良好，输入线应符合接电要求，输出线断面应大于输入线断面的 40％以上；

2 接地电阻值不应大于 4Ω；

3 接线板护罩、开关的消弧罩应完整。

8.4 钢筋点焊机

8.4.1 气压系统应符合下列规定：

1 空压机应符合本规程第 3.2 节的相关规定；

2 气动装置及各种阀门均应灵活可靠，润滑应良好，管路应畅通，不应漏气。

8.4.2 冷却装置水路应畅通，不应漏水。

8.4.3 电气系统应符合下列规定：

1 线路接头应牢靠，各种开关、控制箱应完好；

2 接线板、接线柱不应有烧损、裂纹；

3 变压器防护应可靠、清洁；其绝缘电阻值不应小于 1MΩ；

4 操作、控制等装置应齐全、灵敏、可靠。

8.5 钢筋对焊机

8.5.1 钢筋对焊机的工作装置应符合下列规定：

1 活动横梁移动应平稳，焊机钳口不应有油污；

2 正负电极接触面烧损面积不应超过 2/3；

3 夹具螺杆与螺母之间的游移间隙不应大于 0.4mm，内螺母磨损量不应超过螺纹高度的 30％。

8.5.2 冷却装置水路应畅通，不应漏水。

8.5.3 变压器一次线圈绝缘应良好，并应有安全保护接地。

8.5.4 闪光区应设置挡板。

8.6 竖向钢筋电渣压力焊机

8.6.1 焊接电源应符合下列规定：

1 焊接电压、电流、焊接时间应调节方便、灵敏；

2 电源电压应稳定，波动值应在 380±5V 范围内。

8.6.2 焊接机头应符合下列规定：

1 上夹头升降不应有卡滞；

2 夹头定位应准确，对中应迅速；

3 电极钳口、夹具不应有磨损、变形；

8.6.3 电气系统应符合下列规定：

1 焊接导线长度不应大于 30m，截面积不应小于 50mm²；

2 电源及控制电路正常，定时应准确，误差不应大于 5％；

3 电源电缆和控制电缆连接应正确、牢固；控制箱的外壳应可靠接地。

8.6.4　焊剂填装盒不应有破损、变形；规格尺寸应与钢筋直径匹配。

8.7　埋弧焊机

8.7.1　传动机构应符合下列规定：

1　减速箱油槽中的润滑油油量、油质应符合说明书要求；

2　送丝滚轮沟槽、齿纹应完好，滚轮、导电嘴（块）应接触良好，不应有磨损；

3　软管式送丝机的软管槽孔应清洁，应定期吹洗。

8.7.2　电气系统应符合下列规定：

1　焊接导线长度不应大于 30m，截面积不应小于 $50mm^2$；

2　电源及控制电路定时应准确，允许误差不应大于 5%；

3　电源电缆和控制电缆连接应正确、牢固；控制箱的外壳应可靠接地；控制箱的外壳和接线板上的罩壳应盖好。

8.8　二氧化碳气体保护焊机

8.8.1　整机应具备防尘、防水、防烟雾等功能。

8.8.2　减速机传动应平稳，送丝应匀速。

8.8.3　电弧燃烧应稳定。

8.8.4　电压、电流调节装置应完好，调节应灵敏、高精度。

8.8.5　熔滴与熔池短路过渡应良好。

【依据三】《施工现场临时用电安全技术规范》JGJ 46—2005

【条文摘录】

摘录一：

8.2.10　开关箱中漏电保护器的额定漏电动作电流不应大于 30mA，额定漏电动作时间不应大于 0.1s。

使用于潮湿或有腐蚀介质场所的漏电保护器应采用防溅型产品，其额定漏电动作电流不应大于 15mA，额定漏电动作时间不应大于 0.1s。（强制性条文）

摘录二：

9.5　焊接机械

9.5.1　电焊机械应放置在防雨、干燥和通风良好的地方。焊接现场不得有易燃、易爆物品。

9.5.2　交流弧焊机变压器的一次侧电源线长度不应大于 5m，其电源进线处必须设置防护罩。发电机式直流电焊机的换向器应经常检查和维护，应消除可能产生的异常电火花。

9.5.3　电焊机械开关箱中的漏电保护器必须符合本规范第 8.2.10 条的要求。交流电焊机械应配装防二次侧触电保护器。

9.5.4　电焊机械的二次线应采用防水橡皮护套铜芯软电缆，电缆长度不应大于 30m，不得采用金属构件或结构钢筋代替二次线的地线。

9.5.5　使用电焊机械焊接时必须穿戴防护用品。严禁露天冒雨从事电焊作业。

【依据四】《建筑机械使用安全技术规程》JGJ 33—2001

【条文摘录】

12　铆焊设备

12.1 基本要求

12.1.1 铆焊设备上的电器、内燃机、电机、空气压缩机等的使用应执行本规程第3.1、第3.2、第3.4、第3.5节的规定。并应有完整的防护外壳，一、二次接线柱处应有保护罩。

12.1.2 焊接操作及配合人员必须按规定穿戴劳动防护用品。并必须采取防止触电、高空坠落、瓦斯中毒和火灾等事故的安全措施。（强制性条文）

12.1.3 现场使用的电焊机，应设有防雨、防潮、防晒的机棚，并应装设相应的消防器材。

12.1.4 施焊现场10m范围内，不得堆放油类、木材、氧气瓶、乙炔发生器等易燃、易爆物品。

12.1.5 当长期停用的电焊机恢复使用时，其绝缘电阻不得小于0.5MΩ，接线部分不得有腐蚀和受潮现象。

12.1.6 电焊机导线应具有良好的绝缘，绝缘电阻不得小于1MΩ，不得将电焊机导线放在高温物体附近。电焊机导线和接地线不得搭在易燃、易爆和带有热源的物品上，接地线不得接在管道、机械设备和建筑物金属构架或轨道上，接地电阻不得大于4Ω。严禁利用建筑物的金属结构、管道、轨道或其他金属物体搭接起来形成焊接回路。

12.1.7 电焊钳应有良好的绝缘和隔热能力，电焊钳握柄必须绝缘良好，握柄与导线连结应牢靠，接触良好，连结处应采用绝缘布包好并不得外露。操作人员不得用胳膊夹持电焊钳。

12.1.8 电焊导线长度不宜大于30m。当需要加长导线时，应相应增加导线的截面。当导线通过道路时，必须架高或穿入防护管内埋设在地下；当通过轨道时。必须从轨道下面通过。当导线绝缘受损或断股时，应立即更换。

12.1.9 对承压状态的压力容器及管道、带电设备、承载结构的受力部位和装有易燃、易爆物品的容器严禁进行焊接和切割。（强制性条文）

12.1.10 焊接铜、铝、锌、锡等有色金属时，应通风良好，焊接人员应戴防毒面罩、呼吸滤清器或采取其他防毒措施。

12.1.11 当需施焊受压容器、密封容器、油桶、管道、沾有可燃气体和溶液的工件时，应先消除容器及管道内压力，消除可燃气体和溶液，然后冲洗有毒、有害、易燃物质；对存有残余油脂的容器，应先用蒸汽、碱水冲洗，并打开盖口，确认容器清洗干净后，再灌满清水方可进行焊接。在容器内焊接应采取防止触电、中毒和窒息的措施。焊、割密封容器应留出气孔，必要时在进、出气口处装设通风设备；容器内照明电压不得超过12V，焊工与焊件间应绝缘；容器外应设专人监护。严禁在已喷涂过油漆和塑料的容器内焊接。（强制性条文）

12.1.12 当焊接预热焊件温度达150～700℃时，应设档板隔离焊件发出的辐射热，焊接人员应穿戴隔热的石棉服装和鞋、帽等。

12.1.13 高空焊接或切割时，必须系好安全带，焊接周围和下方应采取防火措施，并应有专人监护。（强制性条文）

12.1.14 雨天不得在露天电焊。在潮湿地带作业时，操作人员应站在铺有绝缘物品的地方，并应穿绝缘鞋。

12.1.15 应按电焊机额定焊接电流和暂载率操作,严禁过载。在载荷运行中,应经常检查电焊机的温升,当温升超过 A 级 60℃、B 级 80℃时,必须停止运转并采取降温措施。

12.1.16 当清除焊缝焊渣时,应戴防护眼镜,头部应避开敲击焊渣飞溅方向。

12.2 风动铆接工具

12.2.1 风动铆接工具使用时风压应为 0.7MPa,最低不得小于 0.5MPa。

12.2.2 各种规格的风管的耐风压应为 0.8MPa 及以上,各种管接头应无泄漏。

12.2.3 使用各类风动工具前,应先用汽油浸泡、拆检清洗每个部件呈金属光泽,再用干布、棉纱擦拭干净后,方可组装。组装时,运动部分均应滴入适量润滑油保持工作机构干净和润滑良好。

12.2.4 风动铆钉枪使用前应先上好窝头,用铁丝将窝头沟槽在风枪口留出运动量后,并与风枪上的原铁丝连接绑扎牢固,方可使用。

12.2.5 风动铆钉枪作业时,操作的二人应密切配合,明确手势及喊话。开始作业前,应至少作两次假动作试铆,确认无误后,方可开始作业。

12.2.6 在作业中严禁随意开风门(放空枪)或铆冷钉。

12.2.7 使用风钻时,应先用铣孔工具,根据原钉孔大小选配铣刀,其规格不得大于孔径。

12.2.8 风钻钻孔时,钻头中心应与钻孔中心对正后方可开钻。

12.2.9 加压杠钻孔时,作业的二人应密切配合,压杠人员应听从握钻人员的指挥,不得随意加压。

12.2.10 风动工具使用完毕,应将工具清洗后干燥保管,各种风管及刀具均应盘好后入库保管,不得随意堆放。

12.3 电动液压铆接钳

12.3.1 作业前,应检查并确认各部螺栓无松动,高压油泵转动方向正确。

12.3.2 应先空载运转,确认正常后,方可作业。在空载情况下,不得开启液压开关。

12.3.3 不得使用扭曲的高压油管。

12.3.4 安装铆钉时,不得按动手柄的开关。

12.3.5 应随时观察工作压力,工作压力不得超过额定值。

12.4 交流电焊机

12.4.1 使用前,应检查并确认初、次级线接线正确,输入电压符合电焊机的铭牌规定。接通电源后,严禁接触初级线路的带电部分。

12.4.2 次级抽头联接铜板应压紧,接线柱应有垫圈。合闸前,应详细检查接线螺帽、螺栓及其他部件并确认完好齐全、无松动或损坏。

12.4.3 多台电焊机集中使用时,应分接在三相电源网络上,使三相负载平衡。多台焊机的接地装置,应分别由接地极处引接,不得串联。

12.4.4 移动电焊机时,应切断电源,不得用拖拉电缆的方法移动焊机。当焊接中突然停电时。应立即切断电源。

12.5 旋转式直流电焊机

12.5.1 新机使用前，应将换向器上的污物擦干净，换向器与电刷接触应良好。

12.5.2 启动时，应检查并确认转子的旋转方向符合焊机标志的箭头方向。

12.5.3 启动后，应检查电刷和换向器，当有大量火花时，应停机查明原因，排除故障后方可使用。

12.5.4 当数台焊机在同一场地作业时，应逐台起动。

12.5.5 运行中，当需调节焊接电流和极性开关时，不得在负荷时进行，调节不得过快、过猛。

12.6 硅整流直流焊机

12.6.1 焊机应在出厂说明书要求的条件下作业。

12.6.2 使用前，应检查并确认硅整流元件与散热片连接紧固，各接线端头紧固。

12.6.3 使用时，应先开启风扇电机，电压表指示值应正常，风扇电机无异响。

12.6.4 硅整流直流电焊机主变压器的次级线圈和控制变压器的次级线圈严禁用摇表测试。

12.6.5 硅整流元件应进行保护和冷却。当发现整流元件损坏时，应查明原因，排除故障后，方可更换新件。

12.6.6 整流元件和有关电子线路应保持清洁和干燥。启用长期停用的焊机时，应空载通电一定时间进行干燥处理。

12.6.7 搬运由高导磁材料制成的磁放大铁芯时，应防止强烈震击引起磁能恶化。

12.6.8 停机后，应清洁硅整流器及其他部件。

12.7 氩弧焊机

12.7.1 氩弧焊机的使用应执行本规程第 12.1 节、第 12.4 节、第 12.5 节的规定。

12.7.2 应检查并确认电源、电压符合要求，接地装置安全可靠。

12.7.3 应检查并确认气管、水管不受外压和无外漏。

12.7.4 应根据材质的性能、尺寸、形状先确定极性，再确定电压、电流和氩气的流量。

12.7.5 安装的氩气减压阀、管接头不得沾有油脂。安装后，应进行试验并确认无障碍和漏气。

12.7.6 冷却水应保持清洁，水冷型焊机在焊接过程中，冷却水的流量应正常，不得断水施焊。

12.7.7 高频引弧的焊机，其高频防护装置应良好，亦可通过降低频率进行防护；不得发生短路，振荡器电源线路中的联锁开关严禁分接。

12.7.8 使用氩弧焊时，操作者应戴防毒面罩，钍钨棒的打磨应设有抽风装置，贮存时宜放在铅盒内。钨极粗细应根据焊接厚度确定，更换钨极时，必须切断电源。磨削钨极端头时，操作人员必须戴手套和口罩，磨削下来的粉尘，应及时清除，钍、铈、钨极不得随身携带。

12.7.9 焊机作业附近不宜装置有震动的其他机械设备，不得放置易燃、易爆物品。工作场所应有良好的通风措施。

12.7.10 氮气瓶和氩气瓶与焊接地点不应靠得太近，并应直立固定放置，不得倒放。

12.7.11 作业后，应切断电源，关闭水源和气源。焊接人员必须及时脱去工作服、清洗手脸和外露的皮肤。

12.8 二氧化碳气体保护焊

12.8.1 作业前，二氧化碳气体应先预热15min。开气时，操作人员必须站在瓶嘴的侧面。

12.8.2 作业前，应检查并确认焊丝的进给机构、电线的连接部分、二氧化碳气体的供应系统及冷却水循环系统合乎要求，焊枪冷却水系统不得漏水。

12.8.3 二氧化碳气体瓶宜放在阴凉处，其最高温度不得超过30℃，并应放置牢靠，不得靠近热源。

12.8.4 二氧化碳气体预热器端的电压，不得大于36V，作业后，应切断电源。

12.9 等离子切割机

12.9.1 应检查并确认电源、气源、水源无漏电、漏气、漏水，接地或接零安全可靠。

12.9.2 小车、工件应放在适当位置，并应使工件和切割电路正极接通，切割工作面下应设有熔渣坑。

12.9.3 应根据工件材质、种类和厚度选定喷嘴孔径，调整切割电源、气体流量和电极的内缩量。

12.9.4 自动切割小车应经空车运转，并选定切割速度。

12.9.5 操作人员必须戴好防护面罩、电焊手套、帽子、滤膜防尘口罩和隔声耳罩。不戴防护镜的人员严禁直接观察等离子弧，裸露的皮肤严禁接近等离子弧。

12.9.6 切割时，操作人员应站在上风处操作。可从工作台下部抽风，并宜缩小操作台上的敞开面积。

12.9.7 切割时，当空载电压过高时，应检查电器接地、接零和割炬手把绝缘情况，应将工作台与地面绝缘，或在电气控制系统安装空载断路继电器。

12.9.8 高频发生器应没有屏蔽护罩，用高频引弧后，应立即切断高频电路。

12.9.9 使用钍、钨电极应符合本规程第12.7.8条规定。

12.9.10 作业后，应切断电源，关闭气源和水源。

12.10 埋弧焊机

12.10.1 作业前，应检查并确认各部分导线连接良好，控制箱的外壳和接线板上的罩壳盖好。

12.10.2 应检查并确认送丝滚轮的沟槽及齿纹完好，滚轮、导电嘴（块）磨损或接触不良时应更换。

12.10.3 作业前，应检查减速箱油槽中的润滑油，不足时应添加。

12.10.4 软管式送丝机构的软管槽孔应保持清洁，并定期吹洗。

12.10.5 作业时，应及时排走焊接中产生的有害气体，在通风不良的舱室或容器内作业时，应安装通风设备。

12.11 竖向钢筋电渣压力焊机

12.11.1 应根据施焊钢筋直径选择具有足够输出电流的电焊机。电源电缆和控制电缆联接应正确、牢固。控制箱的外壳应牢靠接地。

12.11.2 施焊前，应检查供电电压并确认正常，当一次电压降大于8%时，不宜焊接。焊接导线长度不得大于30m，截面面积不得小于50mm²。

12.11.3 施焊前应检查并确认电源及控制电路正常，定时准确，误差不大于5％，机具的传动系统、夹装系统及焊钳的转动部分灵活自如，焊剂已干燥，所需附件齐全。

12.11.4 施焊前，应按所焊钢筋的直径，根据参数表，标定好所需的电源和时间。一般情况下，时间（s）可为钢筋的直径数（mm），电流（A）可为钢筋直径的20倍数（mm）。

12.11.5 起弧前，上、下钢筋应对齐，钢筋端头应接触良好。对锈蚀粘有水泥的钢筋，应采用钢丝刷清除，并保证导电良好。

12.11.6 施焊过程中，应随时检查焊接质量，当发现倾斜、偏心、未熔合、有气孔等现象时，应重新施焊。

12.11.7 每个接头焊完后，应停留5～6min保温；寒冷季节应适当延长。当拆下机具时，应扶住钢筋，过热的接头不得过于受力。焊渣应待完全冷却后清除。

12.12 对焊机

12.12.1 电焊机的使用应执行本规程第12.1节、第12.4节的规定。

12.12.2 对焊机应安置在室内，并应有可靠的接地或接零。当多台对焊机并列安装时，相互间距不得小于3m，应分别接在不同相位的电网上，并应分别有各自的刀型开关。导线的截面不应小于表12.12.2的规定。

导 线 截 面 表12.12.2

对焊机的额定功能率 （kVA）	25	50	75	100	150	200	500
一次电压为220V时导线截面 （mm²）	10	25	35	45	—	—	—
一次电压为380V时导线截面 （mm²）	6	16	25	35	50	70	150

12.12.3 焊接前，应检查并确认对焊机的压力机构灵活，夹具牢固，气压、液压系统无泄漏，一切正常后，方可施焊。

12.12.4 焊接前，应根据所焊接钢筋截面，调整二次电压，不得焊接超过对焊机规定直径的钢筋。

12.12.5 断路器的接触点、电极应定期光磨，二次电路全部连接螺栓应定期紧固。冷却水温度不得超过40℃；排水量应根据温度调节。

12.12.6 焊接较长钢筋时，应设置托架，配合搬运钢筋的操作人员，在焊接时应防止火花烫伤。

12.12.7 闪光区应设挡板，与焊接无关的人员不得入内。

12.12.8 冬期施焊时，室内温度不应低于8℃。作业后，应放尽机内冷却水。

12.13 点焊机

12.13.1 作业前，应清除上、下两电极的油污。通电后，机体外壳应无漏电。

12.13.2 启动前，应先接通控制线路的转向开关和焊接电流的小开关，调整好极数，再接通水源、气源，最后接通电源。

12.13.3 焊机通电后，应检查电气设备、操作机构、冷却系统、气路系统及机体外壳有无漏电现象。电极触头应保持光洁。有漏电时，应立即更换。

12.13.4 作业时，气路、水冷系统应畅通。气体应保持干燥。排水温度不得超过40℃，排水量可根据气温调节。

12.13.5 严禁在引燃电路中加大熔断器。当负载过小使引燃管内电弧不能发生时，不得闭合控制箱的引燃电路。

12.13.6 当控制箱长期停用时，每月应通电加热 30min。更换闸流管时应预热30min。正常工作的控制箱的预热时间不得小于 5min。

20.5.4 补充说明

1. 本检查项目有 7 个控制点，全数检查。
2. 新旧两版控制点含义一致。

20.6 搅 拌 机

20.6.1 条文

1. 搅拌机安装完毕应按规定履行验收程序，并应经责任人签字确认；
2. 保护零线应单独设置，并应安装漏电保护装置；
3. 离合器、制动器应灵敏有效，料斗钢丝绳的磨损、锈蚀、变形量应在规定允许范围内；
4. 料斗应设置安全挂钩或止挡装置，传动部位应设置防护罩；
5. 搅拌机应按规定设置作业棚，并应具有防雨、防晒等功能。

20.6.2 条文说明

搅拌机离合器、制动器运转时不能有异响，离合制动灵敏可靠。料斗钢丝绳的磨损、锈蚀、变形量应在规定允许范围内。

料斗应设置安全挂钩或止挡，在维修或运输过程中必须用安全挂钩或止挡将料斗固定牢固。

搅拌机如图 20.6.2 示意。

图 20.6.2 搅拌机

20.6.3 依据及条文摘录

【依据一】《建设工程安全生产管理条例》

【条文摘录】

第三十五条 施工单位在使用施工起重机械和整体提升脚手架、模板等自升式架设设施前，应当组织有关单位进行验收，也可以委托具有相应资质的检验检测机构进行验收；使用承租的机械设备和施工机具及配件的，由施工总承包单位、分包单位、出租单位和安装单位共同进行验收。验收合格的方可使用。

【依据二】《施工现场机械设备检查技术规程》JGJ 160—2008

【条文摘录】

7 混凝土机械

7.1 一般规定

7.1.1 固定式混凝土机械应有良好的设备基础，移动式混凝土机械应安放在平坦坚实的地坪上，地基承载力应能承受工作荷载和振动荷载，其场地周边应有良好的排水条件。

7.1.2 混凝土机械的临时用电应符合国家现行标准《施工现场临时用电安全技术规范》JGJ 46 的有关规定。

7.1.3 混凝土机械在生产过程中产生的噪声应控制在《建筑施工场界噪声限值》GB 12523 范围内，其粉尘、尾气、污水、固体废弃物排放应符合国家环保部门所规定的排放标准。

7.1.4 整机应符合下列规定：

1 主要工作性能应达到说明书规定的额定指标；

2 金属结构不应有开焊、裂纹、变形、严重锈蚀，各连接螺栓应紧固；

3 工作装置性能应可靠，附件应齐全完整；

4 整机应清洁，不应漏油、漏气、漏水。

7.1.5 电动机的碳刷与滑环接触应良好，转动中不应有异响、漏电，绝缘性能应符合说明书规定，其绝缘电阻值不应小于 $0.5M\Omega$，在运转中电动机轴承允许最高温度应按下列情况取值：滑动轴承 80℃，滚动轴承 95℃；正常温度取值应为：滑动轴承 40℃，滚动轴承 55℃。

7.1.6 柴油机应符合本规程第3.1.7条的规定。

7.1.7 电气系统应符合下列规定：

1 电气箱应完好；箱内元器件应完好，电气线路排列应整齐；卡固应牢靠符合规定；电缆电线不应有老化、裸露、损伤；

2 各种电器、仪表、信号装置应齐全完好，指示数据应准确。

7.1.8 电动润滑装置及手动润滑装置的各润滑管路应畅通，各润滑部位润滑应良好，润滑油（脂）厂牌型号、黏度等级（SAE）、质量等级（API）及油量应符合说明书的规定。

7.3 混凝土搅拌机

7.3.1 传动系统应符合下列规定：

1 传动装置运转应平稳，各部连接应可靠；采用齿轮传动方式的其齿轮啮合应良好，侧向间隙不应大于 1.5～3mm，径向间隙不应大于 4～6mm，大齿轮的径向跳动不应大于 3mm；小齿轮的径向跳动不应大于 0.05mm；JZM 型的橡胶托轮与滚道应接触良好，运转时不应有跳动和跑偏，托轮和滚道磨损量不应超过原厚度的 30%；

2 皮带松紧应适宜，受力应均匀、不应有断裂；链条、链轮不应有咬齿；

3 上料斗滚轮、托轮应完好，磨损不应超过规定；

4 减速箱运转不应有异响，密封应良好，不应有漏油；

5 装有轮胎的混凝土搅拌机，其轮胎气压应符合说明书规定，固定螺栓应完好、齐全，不应松动；

6 离合器动力传递应有效，分离应彻底；制动器应灵敏可靠。

7.3.2 搅拌系统应符合下列规定：

1 JZ 型搅拌机的拌筒与托轮接触应良好，不应有跑偏、窜动，磨损不应超过说明书规定；

2 JS 型搅拌机的拌筒内铲臂紧固不应松动，刮板与衬板间隙应符合说明书要求，磨损不应超过说明书规定；

3 拌筒内不应有积灰，叶片不应松动和变形，上料斗和卸料斗不应有明显变形。

7.3.3 搅拌机供配电电源的架设应符合国家现行标准《施工现场临时用电安全技术规范》JGJ 46 的有关规定。

7.3.4 操作控制柜面板上的仪表、指示灯、按钮应齐全完好。

7.3.5 上料斗钢丝绳润滑应充分，应符合本规程第 6.1.8 条的规定。

7.3.6 供水系统应符合下列规定：

1 供水系统水泵、管道部件应齐全完整，供水管路不应有泄漏，并采用防锈管件；

2 在水温达到 50℃时，供水系统应仍能保证正常工作；

3 供水仪表计量数据应准确，且在有效标定期内。

7.3.7 搅拌机作业中产生的污水应通过设置沉淀池，经沉淀后达标排放。

7.3.8 制动及安全装置应符合下列规定：

1 上料斗应能保证在任意位置可靠制动，料斗不应下滑；上、下限位装置动作应灵敏可靠；

2 开式齿轮及皮带的安全防护罩应齐全、完好，上料斗安全挂钩及轨道上的安全插销应完好、齐全；

3 漏电保护器参数应匹配，安装应正确，动作应灵敏可靠。

【依据三】《建筑机械使用安全技术规程》JGJ 33—2001

【条文摘录】

8 混凝土机械

8.1 基本要求

8.1.1 混凝土机械上的内燃机、电动机、空气压缩机以及电气、液压等装置的使用，应执行本规范第 3.2 节、第 3.4 节、第 3.5 节及附录 C 的规定。

8.1.2 作业场地应有良好的排水条件，机械近旁应有水源，机棚内应有良好的通风、采光及防雨、防冻设施，并不得有积水。

8.1.3　固定式机械应有可靠的基础，移动式机械应在平坦坚硬的地坪上用方木或撑架架牢，并应保持水平。

8.1.4　当气温降到5℃以下时，管道、水泵、机内均应采取防冻保温措施。

8.1.5　作业后，应及时将机内、水箱内、管道内的存料、积水放尽，并应清洁保养机械，清理工作场地，切断电源，锁好开关箱。

8.1.6　装有轮胎的机械，转移时拖行速度不得超过15km/h。

8.2　混凝土搅拌机

8.2.1　固定式搅拌机应安装在牢固的台座上。当长期固定时，应埋置地脚螺栓；在短期使用时，应在机座上铺设木枕并找平放稳。

8.2.2　固定式搅拌机的操纵台，应使操作人员能看到各部工作情况。电动搅拌机的操纵台，应垫上橡胶板或干燥木板。

8.2.3　移动式搅拌机的停放位置应选择平整坚实的场地，周围应有良好的排水沟渠。就位后，应放下支腿将机架顶起达到水平位置，使轮胎离地。当使用期较长时，应将轮胎卸下妥善保管，轮轴端部用油布包扎好，并用枕木将机架垫起支牢。

8.2.4　对需设置上料斗地坑的搅拌机，其坑口周围应垫高夯实，应防止地面水流入坑内。上料轨道架的底端支承面应夯实或铺砖，轨道架的后面应采用木料加以支承，应防止作业时轨道变形。

8.2.5　料斗放到最低位置时，在料斗与地面之间，应加一层缓冲垫木。

8.2.6　作业前重点检查项目应符合下列要求：

1　电源电压升降幅度不超过额定值的5％；

2　电动机和电器元件的接线牢固，保护接零或接地电阻符合规定；

3　各传动机构、工作装置、制动器等均紧固可靠，开式齿轮、皮带轮等均有防护罩；

4　齿轮箱的油质、油量符合规定。

8.2.7　作业前，应先启动搅拌机空载运转。应确认搅拌筒或叶片旋转方向与筒体上箭头所示方向一致。对反转出料的搅拌机，应使搅拌筒正、反转运转数分钟，并应无冲击抖动现象和异常噪声。

8.2.8　作业前，应进行料斗提升试验，应观察并确认离合器、制动器灵活可靠。

8.2.9　应检查并校正供水系统的指示水量与实际水量的一致性；当误差超过2％时，应检查管路的漏水点，或应校正节流阀。

8.2.10　应检查骨料规格并应与搅拌机性能相符，超出许可范围的不得使用。

8.2.11　搅拌机启动后，应使搅拌筒达到正常转速后进行上料。上料时应及时加水。每次加入的拌合料不得超过搅拌机的额定容量并应减少物料粘罐现象，加料的次序应为石子——水泥——砂子或砂子——水泥——石子。

8.2.12　进料时，严禁将头或手伸入料斗与机架之间。运转中，严禁用手或工具伸入搅拌筒内扒料、出料。

8.2.13　搅拌机作业中，当料斗升起时，严禁任何人在料斗下停留或通过；当需要在料斗下检修或清理料坑时，应将料斗提升后用铁链或插入销锁住。（强制性条文）

8.2.14　向搅拌筒内加料应在运转中进行，添加新料应先将搅拌筒内原有的混凝土全部卸出后方可进行。

8.2.15 作业中，应观察机械运转情况，当有异常或轴承温升过高等现象时，应停机检查；当需检修时，应将搅拌筒内的混凝土清除干净，然后再进行检修。

8.2.16 加入强制式搅拌机的骨料最大粒径不得超过允许值，并应防止卡料。每次搅拌时，加入搅拌筒的物料不应超过规定的进料容量。

8.2.17 强制式搅拌机的搅拌叶片与搅拌筒底及侧壁的间隙，应经常检查并确认符合规定，当间隙超过标准时，应及时调整。当搅拌叶片磨损超过标准时，应及时修补或更换。

8.2.18 作业后，应对搅拌机进行全面清理；当操作人员需进入筒内时，必须切断电源或卸下熔断器，锁好开关箱，挂上"禁止合闸"标牌，并应有专人在外监护。

8.2.19 作业后，应将料斗降落到坑底，当需升起时，应用链条或插销扣牢。

8.2.20 冬季作业后，应将水泵、放水开关、量水器中的积水排尽。

8.2.21 搅拌机在场内移动或远距离运输时，应将进料斗提升到上止点，用保险铁链或插销锁住。

【依据四】《施工现场临时用电安全技术规范》JGJ 46—2005

【条文摘录】

摘录一：

8.2.10 开关箱中漏电保护器的额定漏电动作电流不应大于30mA，额定漏电动作时间不应大于0.1s。

使用于潮湿或有腐蚀介质场所的漏电保护器应采用防溅型产品，其额定漏电动作电流不应大于15mA，额定漏电动作时间不应大于0.1s。（强制性条文）

摘录二：

9.7 其他电动建筑机械

9.7.1 混凝土搅拌机、插入式振动器、平板振动器、地面抹光机、水磨石机、钢筋加工机械、木工机械、盾构机械、水泵等设备的漏电保护应符合本规范第8.2.10条要求。

9.7.2 混凝土搅拌机、插入式振动器、平板振动器、地面抹光机、水磨石机、钢筋加工机械、木工机械、盾构机械的负荷线必须采用耐气候型橡皮护套铜芯软电缆，并不得有任何破损和接头。

水泵的负荷线必须采用防水橡皮护套铜芯软电缆，严禁有任何破损和接头，并不得承受任何外力。

盾构机械的负荷线必须固定牢固，距地高度不得小于2.5m。

9.7.3 对混凝土搅拌机、钢筋加工机械、木工机械、盾构机械等设备进行清理、检查、维修时，必须首先将其开关箱分闸断电，呈现可见电源分断点，并关门上锁。（强制性条文）

20.6.4 补充说明

1. 本检查项目有6个控制点，全数检查。

2. 《标准》2011年版删掉了关于操作手柄和作业平台的控制点。

20.7　气　　瓶

20.7.1　条文

1. 气瓶使用时必须安装减压器，乙炔瓶应安装回火防止器，并应灵敏可靠；
2. 气瓶间安全距离不应小于 5m，与明火安全距离不应小于 10m；
3. 气瓶应设置防震圈、防护帽，并应按规定存放。

20.7.2　条文说明

气瓶的减压器是气瓶重要安全装置之一，安装前应严格进行检查，确保灵敏可靠。

作业时，气瓶间安全距离不应小于 5m，与明火安全距离不应小于 10m，不能满足安全距离要求时，应采取可靠的隔离防护措施。

气瓶如图 20.7.2 示意。

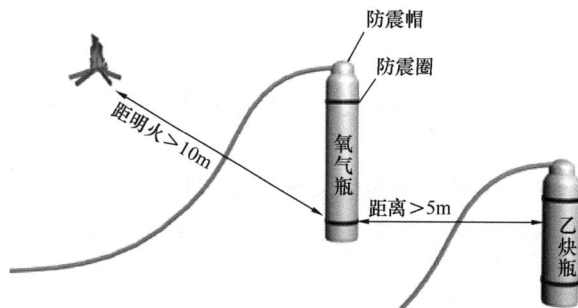

图 20.7.2　气瓶

20.7.3　依据及条文摘录

【依据一】《施工现场机械设备检查技术规程》JGJ 160—2008
【条文摘录】

8.9　气焊（割）设备

8.9.1　外观应清洁，润滑应良好，不应漏水、漏电、漏油、漏气。

8.9.2　各附属装置和设备（空压机、气瓶、送丝机、焊接架）应符合相应的检验技术要求。

8.9.3　冷却、散热、通风系统应齐全、完整，效果良好。

8.9.4　电气控制系统应符合下列规定：

1　电源装置、控制装置应完好，调整应方便，操作应灵活；

2　各元器件应齐全完好、运行可靠；

3　机组元件工作温度应符合说明书规定；

4　各仪表应齐全完好，指示数据应准确。

8.9.5　氧气瓶及其附件、胶管工具均不应沾染油污，软管接头不应采用含铜量大于70%的铜质材料制造。

8.9.6 气瓶（乙炔瓶、氧气瓶）与焊炬相互间的距离不应小于10m。

8.9.7 严禁使用未安装减压器的氧气瓶。（强制性条文）

【依据二】《建筑机械使用安全技术规程》JGJ 33—2001

【条文摘录】

摘录一：

12.14.2 乙炔发生器（站）、氧气瓶及软管、阀、表均应齐全有效、紧固牢靠，不得松动、破损和漏气。氧气瓶及其附件、胶管、工具不得沾染油污。软管接头不得采用铜质材料制作。

12.14.3 乙炔发生器、氧气瓶和焊炬相互间的距离不得小于10m。当不满足上述要求时，应采取隔离措施。同一地点有两个以上乙炔发生器时，其相互间距不得小于10m。

摘录二：

12.14.14 氧气瓶应与其他易燃气瓶、油脂和其他易燃、易爆物品分别存放，且不得同车运输。氧气瓶应有防震圈和安全帽；不得倒置；不得在强烈日光下曝晒。不得用行车或吊车吊运氧气瓶。

12.14.15 开启氧气瓶阀门时，应采用专用工具，动作应缓慢，不得面对缓压器，压力表指针应灵敏正常。氧气瓶中的氧气不得全部用尽，应留49kPa以上的剩余压力。

12.14.16 未安装减压器的氧气瓶严禁使用。（强制性条文）

12.14.17 安装减压器时，应先检查氧气瓶阀门接头，不得有油脂，并略开氧气瓶阀门吹除污垢，然后安装减压器，操作者不得正对氧气瓶阀门出气口，关闭氧气瓶阀门时，应先松开减压器的活门螺丝。

12.14.18 点燃焊（割）炬时，应先开乙炔阀点火，再开氧气阀调整火焰。关闭时，应先关闭乙炔阀，再关闭氧气阀。

摘录三：

12.14.24 氢氧并用时，应先开乙炔气，再开氢气，最后开氧气，再点燃。熄灭时，应先关氧气，再关氢气，最后关乙炔气。

12.14.25 作业时，应卸下减压器，拧上气瓶安全帽，将软管卷起捆好，挂在室内干燥处，并将乙炔发生器卸压，放水后取出电石篮。剩余电石和电石滓，应分别放在指定的地方。

20.7.4 补充说明

1. 本检查项目有5个控制点，全数检查。

2. 《标准》2011年版增加了"气瓶使用时必须安装减压器，乙炔瓶应安装回火防止器，并应灵敏可靠"的控制点。

20.8 翻 斗 车

20.8.1 条文

1. 翻斗车制动、转向装置应灵敏可靠；

2. 司机应经专门培训，持证上岗，行车时车斗内不得载人。

20.8.2 条文说明

翻斗车行驶前应检查制动器及转向装置确保灵敏可靠，驾驶人员应经专门培训，持证上岗。为保证行驶安全，车斗内严禁载人。

20.8.3 依据及条文摘录

【依据】《建筑机械使用安全技术规程》JGJ 33—2001

【条文摘录】

摘录一：

2.0.1 操作人员应体检合格，无妨碍作业的疾病和生理缺陷，并应经过专业培训、考核合格取得建设行政主管部门颁发的操作证或公安部门颁发的机动车驾驶执照后，方可持证上岗。学员应在专人指导下进行工作。（强制性条文）

2.0.2 操作人员在作业过程中，应集中精力正确操作，注意机械工况，不得擅自离开工作岗位或将机械交给其他无证人员操作。严禁无关人员进入作业区或操作室内。

摘录二：

6.1.5 启动后，应观察各仪表指示值、检查内燃机运转情况、测试转向机构及制动器等性能，确认正常并待水温达到40℃以上、制动气压达到安全压力以上时，方可低档起步。起步前，车旁及车下应无障碍物及人员。

摘录三：

6.7 机动翻斗车

6.7.1 行驶前，应检查锁紧装置并将料斗锁牢，不得在行驶时掉斗。

6.7.2 行驶时应从一档起步。不得用离合器处于半结合状态来控制车速。

6.7.3 上坡时，当路面不良或坡度较大时，应提前换入低挡行驶；下坡时严禁空挡滑行；转弯时应先减速；急转弯时应先换入低挡。

6.7.4 翻斗车制动时，应逐渐踩下制动踏板，并应避免紧急制动。

6.7.5 通过泥泞地段或雨后湿地时，应低速缓行，应避免换挡、制动、急剧加速，且不得靠近路边或沟旁行驶，并应防侧滑。

6.7.6 翻斗车排成纵队行驶时，前后车之间应保持8m的间距，在下雨或冰雪的路面上，应加大间距。

6.7.7 在坑沟边缘卸料时，应设置安全挡块，车辆接近坑边时，应减速行驶，不得剧烈冲撞挡块。

6.7.8 停车时，应选择适合地点，不得在坡道上停车。冬季应采取防止车轮与地面冻结的措施。

6.7.9 严禁料斗内载人。料斗不得在卸料工况下行驶或进行平地作业。（强制性条文）

6.7.10 内燃机运转或料斗内载荷时，严禁在车底下进行任何作业。（强制性条文）

6.7.11 操作人员离机时，应将内燃机熄火，并挂挡、拉紧手制动器。

20.8.4 补充说明

1. 本检查项目有 3 个控制点，全数检查。
2. 新版删掉了关于准用证的控制点。

20.9 潜 水 泵

20.9.1 条文

1. 保护零线应单独设置，并应安装漏电保护装置；
2. 负荷线应采用专用防水橡皮电缆，不得有接头。

20.9.2 条文说明

水泵的外壳必须做保护接零，开关箱中应安装动作电流不大于 15mA、动作时间小于 0.1s 的漏电保护器，负荷线应采用专用防水橡皮软线，不得有接头。

潜水泵如图 20.9.2 所示。

20.9.3 依据及条文摘录

【依据一】《施工现场机械设备检查技术规程》JGJ 160—2008
【条文摘录】

3.3.3 保护零线上不应装设开关或熔断器，不应通过工作电流，且不应断线。

图 20.9.2 潜水泵

3.3.4 用电设备的保护地线或保护零线应并联接地，严禁串联接地或接零。（强制性条文）

3.3.5 每台用电设备应有各自专用的开关箱，严禁用同一个开关箱直接控制 2 台及 2 台以上用电设备（含插座）。（强制性条文）

3.3.6 动力设备及低压配电装置的负荷线应按计算负荷选用无接头的橡皮护套铜芯软电缆。电缆的芯线数应根据负荷及其控制电器的相数和线数确定：三相四线时，应选用五芯电缆；三相三线时，应选用四芯电缆；当三相用电设备中配置有单相用电器具时，应选用五芯电缆；单相二线时，应选用三芯电缆。电缆芯线应符合国家现行标准《施工现场临时用电安全技术规范》JGJ 46 的有关规定，其中 PE 线应采用绿/黄双色绝缘导线。

3.3.7 电气系统的绝缘应良好，接地装置敷设和接地电阻应符合国家现行标准《施工现场临时用电安全技术规范》JGJ 46 的有关规定，接地体（线）连接应正确、牢固。

【依据二】《建筑机械使用安全技术规程》JGJ 33—2001
【条文摘录】

7.11 潜水泵

7.11.1 潜水泵宜先装在坚固的篮筐里再放入水中，亦可在水中将泵的四周设立坚固的防护围网。泵应直立于水中，水深不得小于 0.5m，不得在含泥沙的水中使用。

7.11.2 潜水泵放入水中或提出水面时，应先切断电源，严禁拉拽电缆或出水管。（强制性条文）

7.11.3 潜水泵应装设保护接零或漏电保护装置，工作时泵周围 30m 以内水面，不得有人、畜进入。

7.11.4 启动前检查项目应符合下列要求：

1 水管结扎牢固；

2 放气、放水、注油等螺塞均旋紧；

3 叶轮和进水节无杂物；

4 电缆绝缘良好。

7.11.5 接通电源后，应先试运转，并应检查并确认旋转方向正确，在水外运转时间不得超过 5min。

7.11.6 应经常观察水位变化，叶轮中心至水平距离应在 0.5～3.0m 之间，泵体不得陷入污泥或露出水面。电缆不得与井壁、池壁相擦。

7.11.7 新泵或新换密封圈，在使用 50h 后，应旋开放水封口塞，检查水、油的泄漏量。当泄漏量超过 5mL 时，应进行 0.2MPa 的气压试验，查出原因，予以排除，以后应每月检查一次；当泄漏量不超过 25mL 时，可继续使用。检查后应换上规定的润滑油。

7.11.8 经过修理的油浸式潜水泵，应先经 0.2MPa 气压试验，检查各部无泄漏现象，然后将润滑油加入上、下壳体内。

7.11.9 当气温降到 0℃ 以下时，在停止运转后，应从水中提出潜水泵擦干后存放室内。

7.11.10 每周应测定一次电动机定子绕组的绝缘电阻，其值应无下降。

20.9.4 补充说明

1. 本检查项目有 3 个控制点，全数检查。

2.《标准》2011 年版增加了"负荷线应采用专用防水橡皮电缆，不得有接头"的控制点。

20.10 振 捣 器

20.10.1 条文

1. 振捣器作业时应使用移动配电箱、电缆线长度不应超过 30m；

2. 保护零线应单独设置，并应安装漏电保护装置；

3. 操作人员应按规定戴绝缘手套、穿绝缘鞋。

20.10.2 条文说明

振捣器作业时应使用移动式配电箱，电缆线长度不应超过 30m，其外壳应做保护接零，并应安装动作电流不大于 15mA、动作时间小于 0.1s 的漏电保护器，作业人员必须戴绝缘手套、穿绝缘鞋。

振捣器如图 20.10.2 所示。

20.10.3 依据及条文摘录

【依据一】《施工现场机械设备检查技术规程》JGJ 160—2008

【条文摘录】

3.3.11 低压配电系统的开关箱应符合下列规定：

1 开关箱与分配电箱的距离不应超过 30m，与其控制的固定式用电设备的水平距离不宜超过 3m，且安装在干燥、通风及常温场所；

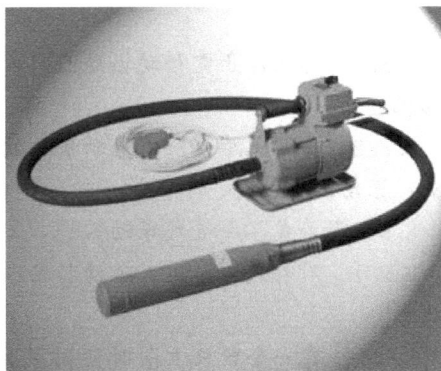

图 20.10.2 振捣器

周围应有足够 2 人同时工作的空间和通道，不应堆放任何妨碍操作、维修的物品；不应有灌木、杂草；

2 开关箱应装设端正、牢固；固定式开关箱的中心点与地面的垂直距离应为 1.4～1.6m；移动式配电箱、开关箱应装设在坚固、稳定的支架上，其中心点与地面的垂直距离宜为 0.8～1.6m。

3.3.12 开关箱中必须安装漏电保护器，且应装设在靠近负荷的一侧，额定漏电动作电流不应大于 30mA，额定漏电动作时间不应大于 0.1s；潮湿或腐蚀场所应采用防溅型产品，其额定漏电动作电流不应大于 15mA，额定漏电动作时间不应大于 0.1s。（强制性条文）

【依据二】《建筑机械使用安全技术规程》JGJ 33—2001

【条文摘录】

摘录一：

2.0.5 在工作中操作人员和配合作业人员必须按规定穿戴劳动保护用品，长发应束紧不得外露，高处作业时必须系安全带。（强制性条文）

摘录二：

8.8 插入式振动器

8.8.1 插入式振动器的电动机电源上，应安装漏电保护装置，接地或接零应安全可靠。

8.8.2 操作人员应经过用电教育，作业时应穿戴绝缘胶鞋和绝缘手套。

8.8.3 电缆线应满足操作所需的长度。电缆线上不得堆压物品或让车辆挤压，严禁用电缆线拖拉或吊挂振动器。（强制性条文）

8.8.4 使用前，应检查各部并确认连接牢固，旋转方向正确。

8.8.5 振动器不得在初凝的混凝土、地板、脚手架和干硬的地面上进行试振。在检修或作业间断时，应断开电源。

8.8.6 作业时，振动棒软管的弯曲半径不得小于 500mm，并不得多于两个弯，操作时应将振动棒垂直地沉入混凝土，不得用力硬插、斜推或让钢筋夹住棒头，也不得全部插入混凝土中，插入深度不应超过棒长的 3/4，不宜触及钢筋、芯管及预埋件。

8.8.7 振动棒软管不得出现断裂,当软管使用过久使长度增长时,应及时修复或更换。

8.8.8 作业停止需移动振动器时,应先关闭电动机,再切断电源。不得用软管拖拉电动机。

8.8.9 作业完毕,应将电动机、软管、振动棒清理干净,并应按规定要求进行保养作业。振动器存放时,不得堆压软管,应平直放好,并应对电动机采取防潮措施。

8.9 附着式、平板式振动器

8.9.1 附着式、平板式振动器轴承不应承受轴向力,在使用时,电动机轴应保持水平状态。

8.9.2 在一个模板上同时使用多台附着式振动器时,各振动器的频率应保持一致,相对面的振动器应错开安装。

8.9.3 作业前,应对附着式振动器进行检查和试振。试振不得在干硬土或硬质物体上进行。安装在搅拌站料仓上的振动器,应安置橡胶垫。

8.9.4 安装时,振动器底板安装螺孔的位置应正确,应防止底脚螺栓安装扭斜而使机壳受损。底脚螺栓应紧固,各螺栓的紧固程度应一致。

8.9.5 使用前,引出电缆线不得拉得过紧,更不得断裂。作业时,应随时观察电气设备的漏电保护器和接地或接零装置并确认合格。

8.9.6 附着式振动器安装在混凝土模板上时,每次振动时间不应超过 1min,当混凝土在模内泛浆流动或成水平状即可停振,不得在混凝土初凝状态时再振。

8.9.7 装置振动器的构件模板应坚固牢靠,其面积应与振动器额定振动面积相适应。

8.9.8 平板式振动器作业时,应使平板与混凝土保持接触,使振波有效地振实混凝土,待表面出浆,不再下沉后,即可缓慢向前移动,移动速度应能保证混凝土振实出浆。在振的振动器,不得搁置在已凝或初凝的混凝土上。

8.10 混凝土振动台

8.10.1 振动台应安装在牢固的基础上,地脚螺栓应拧紧。基础中间应留有地下坑道,应能调整和检修。

8.10.2 使用前,应检查并确认电动机和传动装置完好,特别是轴承座螺栓、偏心块螺栓、电动机和齿轮箱螺栓等紧固件紧固牢靠。

8.10.3 振动台不宜长时间空载运转。振动台上应安置牢固可靠的模板并锁紧夹具,并应保证模板混凝土和台面一起振动。

8.10.4 齿轮箱的油面应保持在规定的平面上,作业时油温不得超过 70℃。

8.10.5 应经常检查各部轴承,并应定期拆洗更换润滑油,作业中应重点检查轴承温升,当发现过热时应停机检修。

8.10.6 电动机接地应良好,电缆线与线接头应绝缘良好,不得有破损漏电现象。

8.10.7 振动台台面应经常保持清洁、平整,使其与模板接触良好。发现裂纹应及时修补。

20.10.4 补充说明

1. 本检查项目有 4 个控制点,全数检查。

2.《标准》2011年版增加的检查项目，按《建筑机械使用安全技术规程》JGJ 33—2001 和《施工现场机械设备检查技术规程》JGJ 160—2008 的规定，对内容进行了更新并细化。

20.11 桩 工 机 械

20.11.1 条文

1. 桩工机械安装完毕应按规定履行验收程序，并应经责任人签字确认；
2. 作业前应编制专项方案，并应对作业人员进行安全技术交底；
3. 桩工机械应按规定安装安全装置，并应灵敏可靠；
4. 机械作业区域地面承载力应符合机械说明书要求；
5. 机械与输电线路安全距离应符合现行行业标准《施工现场临时用电安全技术规范》JGJ 46 的规定。

20.11.2 条文说明

桩工机械安装完毕应按规定进行验收，并应经责任人签字确认，作业前应依据现场实际，编制专项施工方案，并对作业人员进行安全技术交底。

桩工机械应按规定安装行程限位等安全装置，确保齐全有效。作业区地面承载力应符合说明书要求，必要时应采取措施提高承载力。机械与输电线路安全距离必须符合规范要求。

桩机如图 20.11.2 所示。

20.11.3 依据及条文摘录

【依据一】《建设工程安全生产管理条例》

【条文摘录】

第三十五条 施工单位在使用施工起重机械和整体提升脚手架、模板等自升式架设设施前，应当组织有关单位进行验收，也可以委托具有相应资质的检验检测机构进行验收；使用承租的机械设备和施工机具及配件的，由施工总承包单位、分包单位、出租单位和安装单位共同进行验收。验收合格的方可使用。

【依据二】 《建筑机械使用安全技术规程》JGJ 33—2001

【条文摘录】

2 一般规定

图 20.11.2 桩机

2.0.1 操作人员应体检合格，无妨碍作业的疾病和生理缺陷。并应经过专业培训、考核合格取得建设行政主管部门颁发的操作证或公安部门颁发的机动车驾驶执照后，方可持证上岗。学员应在专人指导下进行工作（强制性条文）。

2.0.2 操作人员在作业过程中，应集中精力正确操作，注意机械工况，不得擅自离开工作岗位或将机械交给其他无证人员操作。严禁无关人员进入作业区或操作室内。

2.0.3 操作人员应遵守机械有关保养规定，认真及时做好各级保养工作，经常保持机械的完好状态。

2.0.4 实行多班作业的机械，应执行交接班制度，认真填写交接班记录；接班人员经检查确认无误后，方可进行工作。

2.0.5 在工作中操作人员和配合作业人员必须按规定穿戴劳动保护用品，长发应束紧不得外露，高处作业时必须系安全带。（强制性条文）

2.0.6 现场施工负责人应为机械作业提供道路、水电、机棚或停机场地等必备的条件，并消除对机械作业有妨碍或不安全的因素。夜间作业应设置充足的照明。

2.0.7 机械进入作业地点后，施工技术人员应向操作人员进行施工任务和安全技术措施交底。操作人员应熟悉作业环境和施工条件，听从指挥，遵守现场安全规则。

2.0.8 机械必须按照出厂使用说明书规定的技术性能、承载能力和使用条件，正确操作，合理使用，严禁超载作业或任意扩大使用范围。（强制性条文）

2.0.9 机械上的各种安全防护装置及监测、指示、仪表、报警等自动报警、信号装置应完好齐全，有缺损时应及时修复。安全防护装置不完整或已失效的机械不得使用。（强制性条文）

2.0.10 机械不得带病运转。运转中发现不正常时，应先停机检查，排除故障后方可使用。

2.0.11 凡违反本规程的作业命令，操作人员应先说明理由后可拒绝执行。由于发令人强制违章作业而造成事故者，应追究发令人的责任，直至追究刑事责任。

【依据三】《施工现场机械设备检查技术规程》JGJ 160—2008

【条文摘录】

摘录一：

5 桩工机械

5.1 一般规定

5.1.1 桩工机械主要工作性能应达到说明书中所规定的各项技术参数。

5.1.2 打桩机操作、指挥人员应持有效证件上岗。

5.1.3 桩工机械使用的钢丝绳、电缆、夹头、卸甲、螺栓等材料及标准件应有制造厂签发的出厂产品合格证、质量保证书、技术性能参数等文件。

5.1.4 桩工机械所使用的燃油、润滑油、液压油、二硫化钼等油脂应符合设备使用说明书规定要求；冷却水不应使用硬水或不洁水。

5.1.5 施工现场配置的供电系统功率、电压、电流应符合桩工机械设备的规定要求。

5.1.6 桩工机械所使用的电缆、电线应有制造单位签发的出厂产品合格证，且技术参数应匹配合理，符合规定要求。

5.1.7 桩工机械配置的各类安全保护装置，应齐全完好、灵敏可靠，不应随意调整或拆除。

5.1.8 漏电保护器参数应匹配；安装应正确，动作应灵敏可靠。

5.1.9 桩工机械在靠近架空高压输电线路附近作业时，与架空高压输电线路之间的距离应符合本规程表 6.1.3 的规定。

5.1.10 施工现场的地基承载力应满足桩工机械安全作业的要求；打桩机作业时与河流、基坑坡沟的安全距离不宜小于 4m。

5.1.11 桩工机械零部件应齐全，各分支系统性能应完好，并能满足使用要求，不应带病作业。

5.1.12 桩工机械外观应整洁，不应有油污、锈蚀、漏油、漏气、漏电、漏水。

5.1.13 整机应符合下列规定：

1 打桩机结构件、附属部件应齐全，主要受力构件不应有失稳及明显变形；

2 金属结构件焊缝不应有开焊和焊接缺陷；

3 金属结构件锈蚀（或腐蚀）的深度不应超过原厚度的 10%；

4 金属结构杆件螺栓连接或铆接不应松动；不应有缺损，关键部件连接螺栓应配有防松、防脱落装置，使用高强度螺栓时应有足够的预紧力矩；

5 钢丝绳的使用应符合本规程第 6.1.8 条的规定。

5.1.14 传动系统应符合下列规定：

1 离合器接合应平稳，传递和切断动力应有效，不应有异响及打滑；

2 传动机构的齿轮、链轮、链条等部件应能有效传递动力，齿轮啮合应平稳，不应有异响、干磨、过热；

3 联轴器不应缺损，连接应牢固，橡胶圈不应老化，运转时不应有剧烈撞击声；

4 传动机构的防护罩、盖板、防护栏杆应齐全，不应有变形、破损。

5.1.15 液压系统应符合下列规定：

1 液压系统运转应平稳，系统内应设防止过载和冲击的安全装置，其调定压力应符合机械产品使用说明书的规定；

2 液压泵、液压马达工作时不应有异响，其他液压元器件应满足使用要求；

3 液压管路不得有泄漏，管接头、各类控制阀等液压元件不应漏油，液压软管不得有破损、老化，易受到损坏的外漏软管应加防护套；

4 使用的液压油应符合说明书要求，进口桩机选用国产液压油应选择技术参数相近的标号；工作时，液压油油温不应大于 80℃，油量应符合规定要求；

5 过滤装置应齐全，滤芯、滤网应保持清洁，不应有破损。

5.1.16 吊钩和吊环应符合本规程第 6.1.4 条的规定。

5.1.17 卷筒和滑轮应符合本规程第 6.1.5 条的规定。

5.1.18 电气系统应符合下列规定：

1 电气管线排列应整齐，连接卡固应牢靠，电线电缆应按规定配置，绝缘性能应良好，不应有损伤、老化、裸露；

2 电气开关、按钮、接触器等电气元器件动作应灵敏，操作应可靠；

3 各类电气指示仪表不应有破损，性能应良好，指示数据应准确；

4 电气箱安装应牢固，门锁应完好，并有防雨防潮措施。

5.1.19 制动系统应符合下列规定：

1 在额定载荷下，桩基常闭式制动器应能有效地制动；

2 制动器的零部件不应有裂纹、过度磨损、塑性变形、开焊、缺件等缺陷；

3 制动轮与制动摩擦片之间应接触均匀，不应有污垢，制动片磨损不应超过原厚度的 50%且不应露出铆钉，制动轮的凹凸不平度不应大于 1.5mm；

4 制动踏板行程调整应适宜，制动应平稳可靠。

5.2 履带式打桩架（三支点式）

5.2.1 桩架立柱的后支撑杆、中间节应具有互换性，立柱竖立时应保持垂直。

5.2.2 桩架立柱导向管磨损量不宜超过 2mm，导向抱板与桩架立柱导向管的配合间隙应小于 7mm。

5.2.3 柴油机应符合本规程第 3.1.7 条的规定。

5.3.4 蓄能器的工作压力应达到使用说明书的规定。

5.2.5 电气系统应符合下列规定：

1 电气管线、元件不应有损伤、老化，连接卡固应可靠，绝缘性能应良好；

2 电气开关、按钮、电磁阀等电气元件动作应灵敏，定位应准确，操作应可靠；

3 各类电气指示仪表不应有破损，性能应完好，指示数据应准确；

4 电瓶固定应牢固，电解液液面应高出极板 10～15mm；免维护电瓶的标志应符合规定；

5 配置的照明灯、喇叭应齐全，功能应有效。

5.2.6 操纵室门窗开关应自如，门锁应完好，玻璃不应有破损，视野清楚。

5.2.7 各类操纵手柄、按钮动作应灵活，行程定位应准确可靠，不应因振动而产生离位。

5.2.8 回转机构工作应平稳，转向时不应有明显晃动或抖动。

5.2.9 履带板不应有缺损和严重磨损，行走链条与轮齿啮合位置应准确，不应有偏磨。

5.2.10 上部履带挠度应控制在 40～60mm 范围内，行走不应跑偏。

5.2.11 驱动轮、引导轮、链轮、支重轮、托链轮、轴套的磨损不应超过耐磨层的 50%。

5.2.12 电磁阀制动开关应灵敏可靠，制动性能应良好。

5.3 步履式打桩架

5.3.1 动力装置应符合下列规定：

1 配置的卷扬机应符合本规程第 6.7 节的规定；

2 机架安装牢靠，各部件连接螺栓不应有松动，机座底部的地脚螺栓不应缺损；

3 电机运行应平稳，不得有异响及过热。

5.3.2 操作手柄、电气按钮动作应灵敏，行程定位应准确可靠，不应因振动而产生移位。

5.3.3 回转机构工作应平稳，回转时不应有明显抖动、卡滞。

5.3.4 蝶形弹簧不得有塑性变形，小滑船提起时应能自动回位。

5.3.5 大小滑船不应缺损、明显变形；焊缝不应有开裂；支重轮、托轮转动应自如，轴套磨损不应超过耐磨层的 50%。

5.3.6 液压顶升缸配置的液压锁应性能良好，顶升、滑轮缸不应有内泄外漏。

5.3.7 安全装置应符合下列规定：

1 电气系统应有短路、过载和失压保护装置，且灵敏可靠；

2 卷扬机配置的棘轮、棘爪不应有裂纹，动作应灵敏可靠。

5.4 静力压桩机

5.4.1 压桩机配置的起重机附属部件应齐全，外观应整洁，不应有明显变形、缺损，起重性能应能达到额定要求。

5.4.2 起重装置配置的柴油机应符合本规程第 3.1.7 条的规定。

5.4.3 配重块安装应稳固，排列应整齐有序。

5.4.4 电机运行应平稳，不得有异响及过热。

5.4.5 顶升、滑移、夹持机构的液压缸、液压管路、各类控制阀等液压元件不应有泄漏。

5.4.6 压力表应能准确指示数据。

5.4.7 夹持机构应符合下列规定：

1 夹持机构运行应灵活，夹持力应达到额定指标；

2 夹持板不应有变形和裂纹。

5.4.8 电气系统中设置的短路、过载和漏电保护装置应齐全，且灵敏可靠。

5.5 转盘钻孔机

5.5.1 整机应符合下列规定：

1 钻杆应无弯曲变形；不应有严重锈蚀、破损；磨损量不应超过使用要求；

2 钻架的吊重中心和转盘的卡孔及与护筒管中心应在同一轴线上，其偏差应小于 20mm；

3 水龙头密封性能应良好。不应有泄漏，转动应自如；导向轮应转动灵活，钻进时，在导向槽中不应有卡阻。

5.5.2 电机运行应平稳，不应有异响及过热。

5.5.3 行走机构应符合下列规定：

1 用于行走、滑移的滚筒应平直，几何尺寸应符合要求，不应有严重塑性变形和裂纹；道木铺垫应平整；

2 卡瓦与走管结合面应良好，安装应牢固，行走、滑移不应有卡阻。

5.5.4 转动部位和传动带装置的防护罩应齐全，安装应牢靠。

5.6 螺旋钻孔机

5.6.1 整机应符合下列规定：

1 钻杆不应有弯曲，钻头、螺旋叶片磨损不应超过 20mm；

2 动力箱钻杆中心、中间稳定器和下部导向圈应在同一条轴线上，中心偏差不应超过 20mm。

5.6.2 动力箱配置的电机运行应平稳，不应有异响及过热。

5.6.3 动力箱传送功力的三角带松紧应适度，不应打滑、缺损、老化。

5.7 筒式柴油打桩锤

5.7.1 整机应符合下列规定：

1 筒式柴油打桩锤附属部件应齐全，上下缸体不应有裂痕和严重锈蚀；

2 燃油泵、机油泵等附属部件连接应牢固；

3 燃油系统、润滑系统管路固接应良好，油路应畅通，管接头不应有渗漏，橡胶管不应老化；

4 水冷式柴油打桩锤不应有内泄、外漏，冷却水量应符合要求；

5 风冷式柴油打桩锤下汽缸散热片应保持清洁，不应有油污；

6 活塞环、阻挡环、导向环、半圆挡环磨损量不应超过说明书规定，缸体内应清洁，不应有异物；

7 起落架、导向抱板磨损量不应大于 4mm，抱板与桩架立柱导向杆间隙不应大于 7mm。

5.7.2 缸体应符合下列规定：

1 上下缸体应保持同轴，内壁应平滑，上下缸体连接螺栓紧固并应安装防松装置，锤工作时汽缸连接螺栓不应松动；

2 橡胶缓冲垫圈卡固应牢靠，锤钻与橡胶缓冲垫圈的接触面不应小于缓冲垫圈原底面积的 2/3；

3 下缸体法兰与钻座间隙不应小于 7mm；

4 缸体密封性能应良好，下缸体下方不应漏气。

5.7.3 燃油系统应符合下列规定：

1 燃油泵供油柱塞不应严重内泄，供油量应达到规定要求，油量控制档位操作应灵活准确；

2 供油曲臂磨损不应超过说明书的规定，紧急停锤装置操作应灵活可靠，控制拉绳粗细应适当，承受拉力应达到说明书的要求。

5.7.4 润滑系统应符合下列规定：

1 机油泵不应有内、外泄漏；

2 各部油嘴应齐全、完好、油路畅通；

3 润滑油厂牌、型号、黏度等级（SAE）、质量等级（API）及油量应符合说明书的要求。

5.7.5 起落架应符合下列规定：

1 附件应齐全，起吊锤芯的吊钩运行应灵活有效，吊钩与锤芯接触线距离应在 5～10mm 之间；

2 滑轮与支架连接应牢固，滑轮润滑应良好，转动应灵活，不应松旷及转动受阻；

3 滑轮不应出现缺损、裂纹等损伤；

4 滑动抱板与支架的连接应牢靠，连接螺栓应有防松装置。

5.8 振动桩锤

5.8.1 整机应符合下列规定：

1 主要工作性能应达到额定指标；

2 附属部件应齐全，金属结构件不应有开焊、裂纹等和明显变形；

3 附件安装应牢固，工作时不应松动；

4 外观应清洁，不应有油污、严重锈蚀；振动箱润滑油不应有明显渗漏。

5.8.2 工作机构应符合下列规定：

1 振动器振动偏心块安装应牢靠，振动箱内不得有异常响声，偏心轴高速运转时，轴承不应过热；

2 润滑油面应在规定范围内；

3 皮带盘不应有裂纹、缺损；传动三角胶带松紧应适度，不应采滑，磨损不应超过说明书的要求；防护罩不应变形、破损；

4 隔振装置的弹簧、轴销应齐全，不应有塑性变形和裂纹；

5 导向滚轮安装应紧固，转动应灵活，不应有缺损；与桩机立柱导管之间的间隙不应大于7mm；

6 提升滑轮组外观应整齐，滑轮转动应灵活、轻便，不应有裂纹、缺损等损伤；钢丝绳使用应符合本规程第6.1.8条规定；

7 不应有横振。

5.8.3 过热、过载、失压等安全保护装置配置应齐全、可靠。

摘录二：

6.1.3 起重机的任何部位、吊具、辅具、钢丝绳、缆风绳和重物与架空输电线路之间的距离不得小于表6.1.3的规定，否则应与有关部门协商，并采取安全防护措施后方可架设。

起重机械与架空输电线路的安全距离 表6.1.3

电压（kV） 安全距离（m）	<1	1～15	20～40	60～110	220
沿垂直方向	1.5	3	4	5	6
沿水平面	1	1.5	2	4	6

6.1.4 吊钩应符合下列规定：

1 起重机不得使用铸造的吊钩；

2 吊钩严禁补焊；

3 吊钩表面应光洁，不应有剥裂、锐角、毛刺、裂纹；

4 吊钩应设有防脱装置；防脱棘爪在吊钩负载时不得张开，安装棘爪后钩口尺寸减小值不得超过钩口尺寸的10%；防脱棘爪的形态应与钩口端部相吻合；

5 吊钩出现下列情况之一时应予报废；

1）表面有裂纹或破口；

2）钩尾和螺纹部分等危险截面及钩筋有永久性变形；

3）挂绳处截面磨损量超过原高度的10%；

4）开口度比原尺寸增加15%；开口扭转变形超过10°；

5）板钩衬套磨损达原尺寸的50%时，应报废衬套；

6）板钩芯轴磨损达原尺寸的5%时，应报废芯轴。

6.1.5 卷筒和滑轮应符合下列规定：

1 卷筒两侧边缘的高度应超过最外层钢丝绳，其值不应小于钢丝绳直径的2倍；

2 卷筒上钢丝绳尾端的固定装置，应有防松或自紧性能；

3 滑轮槽应光洁平滑，不应有损伤钢丝绳的缺陷；

4 滑轮应有防止钢丝绳跳出轮槽的装置；

5 当卷筒和滑轮出现下列情况之一时应予报废；

1）裂纹或轮缘破损；

2）卷筒壁磨损量达到原壁厚的 10%；

3）滑轮槽不均匀磨损达 3mm；

4）滑轮绳槽壁厚磨损量达到原壁厚的 20%；

5）滑轮槽底的磨损量超过相应钢丝绳直径的 25%；

6）其他能损害钢丝绳的缺陷。

6.1.8 钢丝绳使用应符合下列规定：

1 起重机使用的钢丝绳，应有钢丝绳制造厂签发的产品技术性能和质量证明文件；

2 起重机使用的钢丝绳的规格、型号应符合该机说明书要求，并应与滑轮和卷筒相匹配，穿绕正确；

3 钢丝绳不得有扭结、压扁、弯折、断股、断丝、断芯、笼状畸变等变形；

4 圆股钢丝绳断丝根数的控制标准应按表 6.1.8-1 的规定执行；

5 钢丝绳润滑应良好，并保持清洁；

6 钢丝绳与卷筒连接应牢固，钢丝绳放出时，卷筒上应保留三圈以上；

7 钢丝绳端部固接应达到说明书规定的强度：

1）用楔与楔套固接时，固接强度不应小于钢丝绳破断拉力的 75%；楔套不应有裂纹，楔块不应有松动；

2）用锥形套浇铸固接时，固接强度应达到钢丝绳的破断拉力；

3）用铝合金压制固接时，固接强度应达到钢丝绳的破断拉力；接头不应有裂纹；

4）编插固接时，固接强度应符合以下规定：

① d15mm 以下，固接强度不应小于钢丝绳破断拉力的 90%；

② d16～26mm，固接强度不应小于钢丝绳破断拉力的 85%；

圆股钢丝绳中断丝根数的控制标准 　　　　　　　表 6.1.8-1

外层绳股承载钢丝数 n	钢丝绳典型结构示例 (GB 8918—2006 GB/T 20118—2006)	起重机用钢丝绳必须报废时与疲劳有关的可见断丝数							
		机构工作级别				机构工作级别			
		M1、M2、M3、M4				M5、M6、M7、M8			
		交互捻		同向捻		交互捻		同向捻	
		长度范围				长度范围			
		≤6d	≤30d	≤6d	≤30d	≤6d	≤30d	≤6d	≤30d
≤50	6×7	2	4	1	2	4	8	2	4
51～75	6×19S*	3	6	2	3	6	12	3	6
76～100		4	8	2	4	8	15	4	8
101～120	8×19S* 6×25Fi	5	10	2	5	10	19	5	10
121～140		6	11	3	6	11	22	6	11
141～160	8×25Fi	6	13	3	6	13	26	6	13
161～180	6×36WS*	7	14	4	7	14	29	7	14

续表

外层绳股承载钢丝数 n	钢丝绳典型结构示例 (GB 8918—2006 GB/T 20118—2006)	起重机用钢丝绳必须报废时与疲劳有关的可见断丝数							
		机构工作级别 M1、M2、M3、M4				机构工作级别 M5、M6、M7、M8			
		交互捻		同向捻		交互捻		同向捻	
		长度范围				长度范围			
		≤6d	≤30d	≤6d	≤30d	≤6d	≤30d	≤6d	≤30d
181~200		8	16	4	8	16	32	8	16
201~220	6×41WS*	8	18	4	9	18	38	9	18
221~240	6×37	10	19	5	10	19	38	10	19
241~260		10	21	5	10	21	42	10	21
261~280		11	22	6	11	22	45	11	22
281~300		12	24	6	12	24	48	12	24
>300		0.04n	0.08n	0.02n	0.04n	0.08n	0.16n	0.04n	0.08n

a 填充钢丝不是承载钢丝，因此检验中要以扣除。多层绳股钢丝绳仅考虑可见的外层，带钢芯的钢丝绳，其绳芯看作内部绳股而不予考虑。

b 统计绳中的可见断丝数时，圆整至整数时，对外层绳股的钢丝直径大于标准直径的特定结构的钢丝绳，在表中作降低等级处理，并以 * 号表示。

c 一根断丝可能有两处可见端。

d d 为钢丝绳公称直径。

e 钢丝绳典型结构与国际标准的钢丝绳典型结构是一致的。

注：本表引用《起重机械用钢丝绳检验和报废实用规范》GB 5972—2006。

③ d28~36mm，固接强度不应小于钢丝绳破断拉力的 80%；

④ d39mm 以上，固接强度不应小于钢丝绳破断拉力的 75%。

其编插长度不应小于钢丝绳直径的 20~25 倍，且最短编插长度不应小于 300mm；编插部分应捆扎细钢丝，细钢丝的捆扎长度应大于钢丝绳直径的 20 倍。

5) 用压板固定时，固接强度应达到钢丝绳的破断拉力；

6) 用绳卡固接时，固接强度不应小于钢丝绳破断拉力的 85%；绳卡与钢丝绳的直径应匹配，规格、数量应符合表 6.1.8-2 的规定。

与绳径匹配的绳卡数　　　　　　　　　　　　　表 6.1.8-2

钢丝绳直径（mm）	10 以下	10~20	21~26	28~36	36~40
最少绳卡数（个）	3	4	5	6	7
绳卡间距（mm）	80	140	160	220	240

最后一个绳卡距绳头的长度不应小于 140mm，卡滑鞍（夹板）应在钢丝绳承载时受力的一侧；"U" 型栓应在钢丝绳的尾端，并不应正反交错。

20.11.4 补充说明

1. 本检查项目有 5 个控制点，全数检查。

2. 《标准》2011 年版增加了关于技术交底、安全距离的控制点，删掉了旧版中关于准用证的控制点。

附录 《建筑施工安全检查标准》JGJ 59—2011

中华人民共和国行业标准

建筑施工安全检查标准

Standard for construction safety inspection

JGJ 59－2011

批准部门：中华人民共和国住房和城乡建设部
施行日期：２０１２年７月１日

中华人民共和国住房和城乡建设部
公　告

第 1204 号

关于发布行业标准
《建筑施工安全检查标准》的公告

现批准《建筑施工安全检查标准》为行业标准，编号为 JGJ 59 - 2011，自 2012 年 7 月 1 日起实施。其中，第 4.0.1、5.0.3 条为强制性条文，必须严格执行。原行业标准《建筑施工安全检查标准》JGJ 59 - 99 同时废止。

本标准由我部标准定额研究所组织中国建筑工业出版社出版发行。

中华人民共和国住房和城乡建设部
2011 年 12 月 7 日

前　　言

根据住房和城乡建设部《关于印发〈2009年工程建设标准规范制订、修订计划〉的通知》(建标〔2009〕88号)的要求，标准编制组经广泛调查研究，认真总结实践经验，参考有关国际标准和国外先进标准，并在广泛征求意见的基础上，修订本标准。

本标准的主要技术内容是：1. 总则；2. 术语；3. 检查评定项目；4. 检查评分方法；5. 检查评定等级。

本标准修订的主要技术内容是：1. 增设"术语"章节；2. 增设"检查评定项目"章节；3. 将原"检查分类及评分方法"一章调整为"检查评分方法"和"检查评定等级"两个章节，并对评定等级的划分标准进行了调整；4. 将原"检查评分表"一章调整为附录；5. 将"建筑施工安全检查评分汇总表"中的项目名称及分值进行了调整；6. 删除"挂脚手架检查评分表"、"吊篮脚手架检查评分表"；7. 将"'三宝'、'四口'防护检查评分表"改为"高处作业检查评分表"，并新增移动式操作平台和悬挑式钢平台的检查内容；8. 新增"碗扣式钢管脚手架检查评分表"、"承插型盘扣式钢管脚手架检查评分表"、"满堂脚手架检查评分表"、"高处作业吊篮检查评分表"；9. 依据现行法规和标准对检查评分表的内容进行了调整。

本标准中以黑体字标志的条文为强制性条文，必须严格执行。

本标准由住房和城乡建设部负责管理和对强制性条文的解释，由天津市建工工程总承包有限公司负责具体技术内容的解释。在执行过程中如有意见或建议，请寄送天津市建工工程总承包有限公司(地址：天津市新技术产业园区华苑产业区开华道1号，邮政编码：300384)。

本 标 准 主 编 单 位：天津市建工工程总承包有限公司

　　　　　　　　　　中启胶建集团有限公司

本 标 准 参 编 单 位：中国建筑业协会建筑安全分会

　　　　　　　　　　中国工程建设标准化协会施工安全专业委员会

　　　　　　　　　　天津市建设工程质量安全监督管理总队

　　　　　　　　　　天津一建建筑工程有限公司

　　　　　　　　　　天津二建建筑工程有限公司

　　　　　　　　　　天津三建建筑工程有限公司

　　　　　　　　　　上海市建设工程安全质量监督总站

　　　　　　　　　　陕西省建设工程质量安全监督总站

　　　　　　　　　　河南省建设安全监督总站

　　　　　　　　　　杭州市建设工程质量安全监督总站

　　　　　　　　　　北京建工集团有限责任公司

　　　　　　　　　　重庆建工集团有限责任公司

　　　　　　　　　　北京建科研软件技术有限公司

本标准主要起草人员：耿洁明　张宝利　郭道盛　陈　锟　秦春芳　戴贞洁　翟家常
　　　　　　　　　　王兰英　王明明　薛　涛　丁天强　孙汝西　左洪胜　张德光
　　　　　　　　　　倪树华　戴宝荣　刘　震　牛福增　熊　琰　丁守宽　任占厚
　　　　　　　　　　唐　伟　孙宗辅　李海涛　王玉恒　康电祥　李忠雨　张承亮
本标准主要审查人员：郭正兴　任兆祥　张有闻　祁忠华　陈高立　杨福波　汤坤林
　　　　　　　　　　刘新玉　施卫东　葛兴杰　张继承

目　次

Contents

1 总　　则

1.0.1 为科学评价建筑施工现场安全生产，预防生产安全事故的发生，保障施工人员的安全和健康，提高施工管理水平，实现安全检查工作的标准化，制定本标准。

1.0.2 本标准适用于房屋建筑工程施工现场安全生产的检查评定。

1.0.3 建筑施工安全检查除应符合本标准外，尚应符合国家现行有关标准的规定。

2 术　语

2.0.1 保证项目　assuring items

检查评定项目中，对施工人员生命、设备设施及环境安全起关键性作用的项目。

2.0.2 一般项目　general items

检查评定项目中，除保证项目以外的其他项目。

2.0.3 公示标牌　public signs

在施工现场的进出口处设置的工程概况牌、管理人员名单及监督电话牌、消防保卫牌、安全生产牌、文明施工牌及施工现场总平面图等。

2.0.4 临边　temporary edges

施工现场内无围护设施或围护设施高度低于 0.8m 的楼层周边、楼梯侧边、平台或阳台边、屋面周边和沟、坑、槽、深基础周边等危及人身安全的边沿的简称。

3 检查评定项目

3.1 安全管理

3.1.1 安全管理检查评定应符合国家现行有关安全生产的法律、法规、标准的规定。

3.1.2 安全管理检查评定保证项目应包括：安全生产责任制、施工组织设计及专项施工方案、安全技术交底、安全检查、安全教育、应急救援。一般项目应包括：分包单位安全管理、持证上岗、生产安全事故处理、安全标志。

3.1.3 安全管理保证项目的检查评定应符合下列规定：

1 安全生产责任制

    1）工程项目部应建立以项目经理为第一责任人的各级管理人员安全生产责任制；

    2）安全生产责任制应经责任人签字确认；

    3）工程项目部应有各工种安全技术操作规程；

    4）工程项目部应按规定配备专职安全员；

    5）对实行经济承包的工程项目，承包合同中应有安全生产考核指标；

    6）工程项目部应制定安全生产资金保障制度；

    7）按安全生产资金保障制度，应编制安全资金使用计划，并应按计划实施；

    8）工程项目部应制定以伤亡事故控制、现场安全达标、文明施工为主要内容的安全生产管理目标；

    9）按安全生产管理目标和项目管理人员的安全生产责任制，应进行安全生产责任目标分解；

    10）应建立对安全生产责任制和责任目标的考核制度；

    11）按考核制度，应对项目管理人员定期进行考核。

2 施工组织设计及专项施工方案

    1）工程项目部在施工前应编制施工组织设计，施工组织设计应针对工程特点、施工工艺制定安全技术措施；

    2）危险性较大的分部分项工程应按规定编制安全专项施工方案，专项施工方案应有针对性，并按有关规定进行设计计算；

    3）超过一定规模危险性较大的分部分项工程，施工单位应组织专家对专项施工方案进行论证；

    4）施工组织设计、专项施工方案，应由有关部门审核，施工单位技术负责人、监理单位项目总监批准；

    5）工程项目部应按施工组织设计、专项施工方案组织实施。

3 安全技术交底

    1）施工负责人在分派生产任务时，应对相关管理人员、施工作业人员进行书面安全技术交底；

    2）安全技术交底应按施工工序、施工部位、施工栋号分部分项进行；

3）安全技术交底应结合施工作业场所状况、特点、工序，对危险因素、施工方案、规范标准、操作规程和应急措施进行交底；

4）安全技术交底应由交底人、被交底人、专职安全员进行签字确认。

4　安全检查

1）工程项目部应建立安全检查制度；

2）安全检查应由项目负责人组织，专职安全员及相关专业人员参加，定期进行并填写检查记录；

3）对检查中发现的事故隐患应下达隐患整改通知单，定人、定时间、定措施进行整改。重大事故隐患整改后，应由相关部门组织复查。

5　安全教育

1）工程项目部应建立安全教育培训制度；

2）当施工人员入场时，工程项目部应组织进行以国家安全法律法规、企业安全制度、施工现场安全管理规定及各工种安全技术操作规程为主要内容的三级安全教育培训和考核；

3）当施工人员变换工种或采用新技术、新工艺、新设备、新材料施工时，应进行安全教育培训；

4）施工管理人员、专职安全员每年度应进行安全教育培训和考核。

6　应急救援

1）工程项目部应针对工程特点，进行重大危险源的辨识；应制定防触电、防坍塌、防高处坠落、防起重及机械伤害、防火灾、防物体打击等主要内容的专项应急救援预案，并对施工现场易发生重大安全事故的部位、环节进行监控；

2）施工现场应建立应急救援组织，培训、配备应急救援人员，定期组织员工进行应急救援演练；

3）按应急救援预案要求，应配备应急救援器材和设备。

3.1.4　安全管理一般项目的检查评定应符合下列规定：

1　分包单位安全管理

1）总包单位应对承揽分包工程的分包单位进行资质、安全生产许可证和相关人员安全生产资格的审查；

2）当总包单位与分包单位签订分包合同时，应签订安全生产协议书，明确双方的安全责任；

3）分包单位应按规定建立安全机构，配备专职安全员。

2　持证上岗

1）从事建筑施工的项目经理、专职安全员和特种作业人员，必须经行业主管部门培训考核合格，取得相应资格证书，方可上岗作业；

2）项目经理、专职安全员和特种作业人员应持证上岗。

3　生产安全事故处理

1）当施工现场发生生产安全事故时，施工单位应按规定及时报告；

2）施工单位应按规定对生产安全事故进行调查分析，制定防范措施；

3）应依法为施工作业人员办理保险。

4 安全标志

1）施工现场入口处及主要施工区域、危险部位应设置相应的安全警示标志牌；

2）施工现场应绘制安全标志布置图；

3）应根据工程部位和现场设施的变化，调整安全标志牌设置；

4）施工现场应设置重大危险源公示牌。

3.2 文 明 施 工

3.2.1 文明施工检查评定应符合现行国家标准《建设工程施工现场消防安全技术规范》GB 50720 和《建筑施工现场环境与卫生标准》JGJ 146、《施工现场临时建筑物技术规范》JGJ/T 188 的规定。

3.2.2 文明施工检查评定保证项目应包括：现场围挡、封闭管理、施工场地、材料管理、现场办公与住宿、现场防火。一般项目应包括：综合治理、公示标牌、生活设施、社区服务。

3.2.3 文明施工保证项目的检查评定应符合下列规定：

1 现场围挡

1）市区主要路段的工地应设置高度不小于 2.5m 的封闭围挡；

2）一般路段的工地应设置高度不小于 1.8m 的封闭围挡；

3）围挡应坚固、稳定、整洁、美观。

2 封闭管理

1）施工现场进出口应设置大门，并应设置门卫值班室；

2）应建立门卫值守管理制度，并应配备门卫值守人员；

3）施工人员进入施工现场应佩戴工作卡；

4）施工现场出入口应标有企业名称或标识，并应设置车辆冲洗设施。

3 施工场地

1）施工现场的主要道路及材料加工区地面应进行硬化处理；

2）施工现场道路应畅通，路面应平整坚实；

3）施工现场应有防止扬尘措施；

4）施工现场应设置排水设施，且排水通畅无积水；

5）施工现场应有防止泥浆、污水、废水污染环境的措施；

6）施工现场应设置专门的吸烟处，严禁随意吸烟；

7）温暖季节应有绿化布置。

4 材料管理

1）建筑材料、构件、料具应按总平面布局进行码放；

2）材料应码放整齐，并应标明名称、规格等；

3）施工现场材料码放应采取防火、防锈蚀、防雨等措施；

4）建筑物内施工垃圾的清运，应采用器具或管道运输，严禁随意抛掷；

5）易燃易爆物品应分类储藏在专用库房内，并应制定防火措施。

5 现场办公与住宿

1）施工作业、材料存放区与办公、生活区应划分清晰，并应采取相应的隔离措施；

2）在建工程内、伙房、库房不得兼作宿舍；

3）宿舍、办公用房的防火等级应符合规范要求；

4）宿舍应设置可开启式窗户，床铺不得超过 2 层，通道宽度不应小于 0.9m；

5）宿舍内住宿人员人均面积不应小于 2.5m²，且不得超过 16 人；

6）冬季宿舍内应有采暖和防一氧化碳中毒措施；

7）夏季宿舍内应有防暑降温和防蚊蝇措施；

8）生活用品应摆放整齐，环境卫生应良好。

6 现场防火

1）施工现场应建立消防安全管理制度，制定消防措施；

2）施工现场临时用房和作业场所的防火设计应符合规范要求；

3）施工现场应设置消防通道、消防水源，并应符合规范要求；

4）施工现场灭火器材应保证可靠有效，布局配置应符合规范要求；

5）明火作业应履行动火审批手续，配备动火监护人员。

3.2.4 文明施工一般项目的检查评定应符合下列规定：

1 综合治理

1）生活区内应设置供作业人员学习和娱乐的场所；

2）施工现场应建立治安保卫制度，责任分解落实到人；

3）施工现场应制定治安防范措施。

2 公示标牌

1）大门口处应设置公示标牌，主要内容应包括：工程概况牌、消防保卫牌、安全生产牌、文明施工牌、管理人员名单及监督电话牌、施工现场总平面图；

2）标牌应规范、整齐、统一；

3）施工现场应有安全标语；

4）应有宣传栏、读报栏、黑板报。

3 生活设施

1）应建立卫生责任制度并落实到人；

2）食堂与厕所、垃圾站、有毒有害场所等污染源的距离应符合规范要求；

3）食堂必须有卫生许可证，炊事人员必须持身体健康证上岗；

4）食堂使用的燃气罐应单独设置存放间，存放间应通风良好，并严禁存放其他物品；

5）食堂的卫生环境应良好，且应配备必要的排风、冷藏、消毒、防鼠、防蚊蝇等设施；

6）厕所内的设施数量和布局应符合规范要求；

7）厕所必须符合卫生要求；

8）必须保证现场人员卫生饮水；

9）应设置淋浴室，且能满足现场人员需求；

10）生活垃圾应装入密闭式容器内，并应及时清理。

4 社区服务

1）夜间施工前，必须经批准后方可进行施工；

2）施工现场严禁焚烧各类废弃物；

3）施工现场应制定防粉尘、防噪声、防光污染等措施；

4）应制定施工不扰民措施。

3.3 扣件式钢管脚手架

3.3.1 扣件式钢管脚手架检查评定应符合现行行业标准《建筑施工扣件式钢管脚手架安全技术规范》JGJ 130 的规定。

3.3.2 扣件式钢管脚手架检查评定保证项目应包括：施工方案、立杆基础、架体与建筑结构拉结、杆件间距与剪刀撑、脚手板与防护栏杆、交底与验收。一般项目应包括：横向水平杆设置、杆件连接、层间防护、构配件材质、通道。

3.3.3 扣件式钢管脚手架保证项目的检查评定应符合下列规定：

1 施工方案

1）架体搭设应编制专项施工方案，结构设计应进行计算，并按规定进行审核、审批；

2）当架体搭设超过规范允许高度时，应组织专家对专项施工方案进行论证。

2 立杆基础

1）立杆基础应按方案要求平整、夯实，并应采取排水措施，立杆底部设置的垫板、底座应符合规范要求；

2）架体应在距立杆底端高度不大于 200mm 处设置纵、横向扫地杆，并应用直角扣件固定在立杆上，横向扫地杆应设置在纵向扫地杆的下方。

3 架体与建筑结构拉结

1）架体与建筑结构拉结应符合规范要求；

2）连墙件应从架体底层第一步纵向水平杆处开始设置，当该处设置有困难时应采取其他可靠措施固定；

3）对搭设高度超过 24m 的双排脚手架，应采用刚性连墙件与建筑结构可靠拉结。

4 杆件间距与剪刀撑

1）架体立杆、纵向水平杆、横向水平杆间距应符合设计和规范要求；

2）纵向剪刀撑及横向斜撑的设置应符合规范要求；

3）剪刀撑杆件的接长、剪刀撑斜杆与架体杆件的固定应符合规范要求。

5 脚手板与防护栏杆

1）脚手板材质、规格应符合规范要求，铺板应严密、牢靠；

2）架体外侧应采用密目式安全网封闭，网间连接应严密；

3）作业层应按规范要求设置防护栏杆；

4）作业层外侧应设置高度不小于 180mm 的挡脚板。

6 交底与验收

1）架体搭设前应进行安全技术交底，并应有文字记录；

2）当架体分段搭设、分段使用时，应进行分段验收；

3）搭设完毕应办理验收手续，验收应有量化内容并经责任人签字确认。

3.3.4 扣件式钢管脚手架一般项目的检查评定应符合下列规定：

1 横向水平杆设置

　1）横向水平杆应设置在纵向水平杆与立杆相交的主节点处，两端应与纵向水平杆固定；

　2）作业层应按铺设脚手板的需要增加设置横向水平杆；

　3）单排脚手架横向水平杆插入墙内不应小于180mm。

2 杆件连接

　1）纵向水平杆杆件宜采用对接，若采用搭接，其搭接长度不应小于1m，且固定应符合规范要求；

　2）立杆除顶层顶步外，不得采用搭接；

　3）杆件对接扣件应交错布置，并符合规范要求；

　4）扣件紧固力矩不应小于40N·m，且不应大于65N·m。

3 层间防护

　1）作业层脚手板下应采用安全平网兜底，以下每隔10m应采用安全平网封闭；

　2）作业层里排架体与建筑物之间应采用脚手板或安全平网封闭。

4 构配件材质

　1）钢管直径、壁厚、材质应符合规范要求；

　2）钢管弯曲、变形、锈蚀应在规范允许范围内；

　3）扣件应进行复试且技术性能符合规范要求。

5 通道

　1）架体应设置供人员上下的专用通道；

　2）专用通道的设置应符合规范要求。

3.4 门式钢管脚手架

3.4.1 门式钢管脚手架检查评定应符合现行行业标准《建筑施工门式钢管脚手架安全技术规范》JGJ 128 的规定。

3.4.2 门式钢管脚手架检查评定保证项目应包括：施工方案、架体基础、架体稳定、杆件锁臂、脚手板、交底与验收。一般项目应包括：架体防护、构配件材质、荷载、通道。

3.4.3 门式钢管脚手架保证项目的检查评定应符合下列规定：

1 施工方案

　1）架体搭设应编制专项施工方案，结构设计应进行计算，并按规定进行审核、审批；

　2）当架体搭设超过规范允许高度时，应组织专家对专项施工方案进行论证。

2 架体基础

　1）立杆基础应按方案要求平整、夯实，并应采取排水措施；

　2）架体底部应设置垫板和立杆底座，并应符合规范要求；

　3）架体扫地杆设置应符合规范要求。

3 架体稳定

　1）架体与建筑物结构拉结应符合规范要求；

　2）架体剪刀撑斜杆与地面夹角应在 45°～60°之间，应采用旋转扣件与立杆固定，剪刀撑设置应符合规范要求；

    3）门架立杆的垂直偏差应符合规范要求；

    4）交叉支撑的设置应符合规范要求。

4 杆件锁臂

    1）架体杆件、锁臂应按规范要求进行组装；

    2）应按规范要求设置纵向水平加固杆；

    3）架体使用的扣件规格应与连接杆件相匹配。

5 脚手板

    1）脚手板材质、规格应符合规范要求；

    2）脚手板应铺设严密、平整、牢固；

    3）挂扣式钢脚手板的挂扣必须完全挂扣在水平杆上，挂钩应处于锁住状态。

6 交底与验收

    1）架体搭设前应进行安全技术交底，并应有文字记录；

    2）当架体分段搭设、分段使用时，应进行分段验收；

    3）搭设完毕应办理验收手续，验收应有量化内容并经责任人签字确认。

3.4.4 门式钢管脚手架一般项目的检查评定应符合下列规定：

1 架体防护

    1）作业层应按规范要求设置防护栏杆；

    2）作业层外侧应设置高度不小于 180mm 的挡脚板；

    3）架体外侧应采用密目式安全网进行封闭，网间连接应严密；

    4）架体作业层脚手板下应采用安全平网兜底，以下每隔 10m 应采用安全平网封闭。

2 构配件材质

    1）门架不应有严重的弯曲、锈蚀和开焊；

    2）门架及构配件的规格、型号、材质应符合规范要求。

3 荷载

    1）架体上的施工荷载应符合设计和规范要求；

    2）施工均布荷载、集中荷载应在设计允许范围内。

4 通道

    1）架体应设置供人员上下的专用通道；

    2）专用通道的设置应符合规范要求。

3.5 碗扣式钢管脚手架

3.5.1 碗扣式钢管脚手架检查评定应符合现行行业标准《建筑施工碗扣式钢管脚手架安全技术规范》JGJ 166 的规定。

3.5.2 碗扣式钢管脚手架检查评定保证项目应包括：施工方案、架体基础、架体稳定、杆件锁件、脚手板、交底与验收。一般项目应包括：架体防护、构配件材质、荷载、通道。

3.5.3 碗扣式钢管脚手架保证项目的检查评定应符合下列规定：

1 施工方案

  1）架体搭设应编制专项施工方案，结构设计应进行计算，并按规定进行审核、审批；

  2）当架体搭设超过规范允许高度时，应组织专家对专项施工方案进行论证。

2 架体基础

  1）立杆基础应按方案要求平整、夯实，并应采取排水措施，立杆底部设置的垫板和底座应符合规范要求；

  2）架体纵横向扫地杆距立杆底端高度不应大于 350mm。

3 架体稳定

  1）架体与建筑结构拉结应符合规范要求，并应从架体底层第一步纵向水平杆处开始设置连墙件，当该处设置有困难时应采取其他可靠措施固定；

  2）架体拉结点应牢固可靠；

  3）连墙件应采用刚性杆件；

  4）架体竖向应沿高度方向连续设置专用斜杆或八字撑；

  5）专用斜杆两端应固定在纵横向水平杆的碗扣节点处；

  6）专用斜杆或八字形斜撑的设置角度应符合规范要求。

4 杆件锁件

  1）架体立杆间距、水平杆步距应符合设计和规范要求；

  2）应按专项施工方案设计的步距在立杆连接碗扣节点处设置纵、横向水平杆；

  3）当架体搭设高度超过 24m 时，顶部 24m 以下的连墙件应设置水平斜杆，并应符合规范要求；

  4）架体组装及碗扣紧固应符合规范要求。

5 脚手板

  1）脚手板材质、规格应符合规范要求；

  2）脚手板应铺设严密、平整、牢固；

  3）挂扣式钢脚手板的挂扣必须完全挂扣在水平杆上，挂钩应处于锁住状态。

6 交底与验收

  1）架体搭设前应进行安全技术交底，并应有文字记录；

  2）架体分段搭设、分段使用时，应进行分段验收；

  3）搭设完毕应办理验收手续，验收应有量化内容并经责任人签字确认。

3.5.4 碗扣式钢管脚手架一般项目的检查评定应符合下列规定：

1 架体防护

  1）架体外侧应采用密目式安全网进行封闭，网间连接应严密；

  2）作业层应按规范要求设置防护栏杆；

  3）作业层外侧应设置高度不小于 180mm 的挡脚板；

  4）作业层脚手板下应采用安全平网兜底，以下每隔 10m 应采用安全平网封闭。

2 构配件材质

  1）架体构配件的规格、型号、材质应符合规范要求；

  2）钢管不应有严重的弯曲、变形、锈蚀。

3 荷载

1）架体上的施工荷载应符合设计和规范要求；

2）施工均布荷载、集中荷载应在设计允许范围内。

4 通道

1）架体应设置供人员上下的专用通道；

2）专用通道的设置应符合规范要求。

3.6 承插型盘扣式钢管脚手架

3.6.1 承插型盘扣式钢管脚手架检查评定应符合现行行业标准《建筑施工承插型盘扣式钢管支架安全技术规程》JGJ 231 的规定。

3.6.2 承插型盘扣式钢管脚手架检查评定保证项目包括：施工方案、架体基础、架体稳定、杆件设置、脚手板、交底与验收。一般项目包括：架体防护、杆件连接、构配件材质、通道。

3.6.3 承插型盘扣式钢管脚手架保证项目的检查评定应符合下列规定：

1 施工方案

1）架体搭设应编制专项施工方案，结构设计应进行计算；

2）专项施工方案应按规定进行审核、审批。

2 架体基础

1）立杆基础应按方案要求平整、夯实，并应采取排水措施；

2）立杆底部应设置垫板和可调底座，并应符合规范要求；

3）架体纵、横向扫地杆设置应符合规范要求。

3 架体稳定

1）架体与建筑结构拉结应符合规范要求，并应从架体底层第一步水平杆处开始设置连墙件，当该处设置有困难时应采取其他可靠措施固定；

2）架体拉结点应牢固可靠；

3）连墙件应采用刚性杆件；

4）架体竖向斜杆、剪刀撑的设置应符合规范要求；

5）竖向斜杆的两端应固定在纵、横向水平杆与立杆汇交的盘扣节点处；

6）斜杆及剪刀撑应沿脚手架高度连续设置，角度应符合规范要求。

4 杆件设置

1）架体立杆间距、水平杆步距应符合设计和规范要求；

2）应按专项施工方案设计的步距在立杆连接插盘处设置纵、横向水平杆；

3）当双排脚手架的水平杆未设挂扣式钢脚手板时，应按规范要求设置水平斜杆。

5 脚手板

1）脚手板材质、规格应符合规范要求；

2）脚手板应铺设严密、平整、牢固；

3）挂扣式钢脚手板的挂扣必须完全挂扣在水平杆上，挂钩应处于锁住状态。

6 交底与验收

1）架体搭设前应进行安全技术交底，并应有文字记录；

2） 架体分段搭设、分段使用时，应进行分段验收；

3） 搭设完毕应办理验收手续，验收应有量化内容并经责任人签字确认。

3.6.4 承插型盘扣式钢管脚手架一般项目的检查评定应符合下列规定：

1 架体防护

    1） 架体外侧应采用密目式安全网进行封闭，网间连接应严密；

    2） 作业层应按规范要求设置防护栏杆；

    3） 作业层外侧应设置高度不小于180mm的挡脚板；

    4） 作业层脚手板下应采用安全平网兜底，以下每隔10m应采用安全平网封闭。

2 杆件连接

    1） 立杆的接长位置应符合规范要求；

    2） 剪刀撑的接长应符合规范要求。

3 构配件材质

    1） 架体构配件的规格、型号、材质应符合规范要求；

    2） 钢管不应有严重的弯曲、变形、锈蚀。

4 通道

    1） 架体应设置供人员上下的专用通道；

    2） 专用通道的设置应符合规范要求。

3.7 满 堂 脚 手 架

3.7.1 满堂脚手架检查评定应符合现行行业标准《建筑施工扣件式钢管脚手架安全技术规范》JGJ 130、《建筑施工门式钢管脚手架安全技术规范》JGJ 128、《建筑施工碗扣式钢管脚手架安全技术规范》JGJ 166 和《建筑施工承插型盘扣式钢管支架安全技术规程》JGJ 231 的规定。

3.7.2 满堂脚手架检查评定保证项目应包括：施工方案、架体基础、架体稳定、杆件锁件、脚手板、交底与验收。一般项目应包括：架体防护、构配件材质、荷载、通道。

3.7.3 满堂脚手架保证项目的检查评定应符合下列规定：

1 施工方案

    1） 架体搭设应编制专项施工方案，结构设计应进行计算；

    2） 专项施工方案应按规定进行审核、审批。

2 架体基础

    1） 架体基础应按方案要求平整、夯实，并应采取排水措施；

    2） 架体底部应按规范要求设置垫板和底座，垫板规格应符合规范要求；

    3） 架体扫地杆设置应符合规范要求。

3 架体稳定

    1） 架体四周与中部应按规范要求设置竖向剪刀撑或专用斜杆；

    2） 架体应按规范要求设置水平剪刀撑或水平斜杆；

    3） 当架体高宽比大于规范规定时，应按规范要求与建筑结构拉结或采取增加架体宽度、设置钢丝绳张拉固定等稳定措施。

4 杆件锁件

1）架体立杆件间距、水平杆步距应符合设计和规范要求；

2）杆件的接长应符合规范要求；

3）架体搭设应牢固，杆件节点应按规范要求进行紧固。

5 脚手板

1）作业层脚手板应满铺，铺稳、铺牢；

2）脚手板的材质、规格应符合规范要求；

3）挂扣式钢脚手板的挂扣应完全挂扣在水平杆上，挂钩处应处于锁住状态。

6 交底与验收

1）架体搭设前应进行安全技术交底，并应有文字记录；

2）架体分段搭设、分段使用时，应进行分段验收；

3）搭设完毕应办理验收手续，验收应有量化内容并经责任人签字确认。

3.7.4 满堂脚手架一般项目的检查评定应符合下列规定：

1 架体防护

1）作业层应按规范要求设置防护栏杆；

2）作业层外侧应设置高度不小于180mm的挡脚板；

3）作业层脚手板下应采用安全平网兜底，以下每隔10m应采用安全平网封闭。

2 构配件材质

1）架体构配件的规格、型号、材质应符合规范要求；

2）杆件的弯曲、变形和锈蚀应在规范允许范围内。

3 荷载

1）架体上的施工荷载应符合设计和规范要求；

2）施工均布荷载、集中荷载应在设计允许范围内。

4 通道

1）架体应设置供人员上下的专用通道；

2）专用通道的设置应符合规范要求。

3.8 悬挑式脚手架

3.8.1 悬挑式脚手架检查评定应符合现行行业标准《建筑施工扣件式钢管脚手架安全技术规范》JGJ 130、《建筑施工门式钢管脚手架安全技术规范》JGJ 128、《建筑施工碗扣式钢管脚手架安全技术规范》JGJ 166 和《建筑施工承插型盘扣式钢管支架安全技术规程》JGJ 231 的规定。

3.8.2 悬挑式脚手架检查评定保证项目应包括：施工方案、悬挑钢梁、架体稳定、脚手板、荷载、交底与验收。一般项目应包括：杆件间距、架体防护、层间防护、构配件材质。

3.8.3 悬挑式脚手架保证项目的检查评定应符合下列规定：

1 施工方案

1）架体搭设应编制专项施工方案，结构设计应进行计算；

2）架体搭设超过规范允许高度，专项施工方案应按规定组织专家论证；

3）专项施工方案应按规定进行审核、审批。

2　悬挑钢梁

1）钢梁截面尺寸应经设计计算确定，且截面形式应符合设计和规范要求；

2）钢梁锚固端长度不应小于悬挑长度的 1.25 倍；

3）钢梁锚固处结构强度、锚固措施应符合设计和规范要求；

4）钢梁外端应设置钢丝绳或钢拉杆与上层建筑结构拉结；

5）钢梁间距应按悬挑架体立杆纵距设置。

3　架体稳定

1）立杆底部应与钢梁连接柱固定；

2）承插式立杆接长应采用螺栓或销钉固定；

3）纵横向扫地杆的设置应符合规范要求；

4）剪刀撑应沿悬挑架体高度连续设置，角度应为 45°～60°；

5）架体应按规定设置横向斜撑；

6）架体应采用刚性连墙件与建筑结构拉结，设置的位置、数量应符合设计和规范要求。

4　脚手板

1）脚手板材质、规格应符合规范要求；

2）脚手板铺设应严密、牢固，探出横向水平杆长度不应大于 150mm。

5　荷载

架体上施工荷载应均匀，并不应超过设计和规范要求。

6　交底与验收

1）架体搭设前应进行安全技术交底，并应有文字记录；

2）架体分段搭设、分段使用时，应进行分段验收；

3）搭设完毕应办理验收手续，验收应有量化内容并经责任人签字确认。

3.8.4　悬挑式脚手架一般项目的检查评定应符合下列规定：

1　杆件间距

1）立杆纵、横向间距、纵向水平杆步距应符合设计和规范要求；

2）作业层应按脚手板铺设的需要增加横向水平杆。

2　架体防护

1）作业层应按规范要求设置防护栏杆；

2）作业层外侧应设置高度不小于 180mm 的挡脚板；

3）架体外侧应采用密目式安全网封闭，网间连接应严密。

3　层间防护

1）架体作业层脚手板下应采用安全平网兜底，以下每隔 10m 应采用安全平网封闭；

2）作业层里排架体与建筑物之间应采用脚手板或安全平网封闭；

3）架体底层沿建筑结构边缘在悬挑钢梁与悬挑钢梁之间应采取措施封闭；

4）架体底层应进行封闭。

4　构配件材质

1）型钢、钢管、构配件规格材质应符合规范要求；

2）型钢、钢管弯曲、变形、锈蚀应在规范允许范围内。

3.9 附着式升降脚手架

3.9.1 附着式升降脚手架检查评定应符合现行行业标准《建筑施工工具式脚手架安全技术规范》JGJ 202 的规定。

3.9.2 附着式升降脚手架检查评定保证项目包括：施工方案、安全装置、架体构造、附着支座、架体安装、架体升降。一般项目包括：检查验收、脚手板、架体防护、安全作业。

3.9.3 附着式升降脚手架保证项目的检查评定应符合下列规定：

1 施工方案

1）附着式升降脚手架搭设作业应编制专项施工方案，结构设计应进行计算；

2）专项施工方案应按规定进行审核、审批；

3）脚手架提升超过规定允许高度，应组织专家对专项施工方案进行论证。

2 安全装置

1）附着式升降脚手架应安装防坠落装置，技术性能应符合规范要求；

2）防坠落装置与升降设备应分别独立固定在建筑结构上；

3）防坠落装置应设置在竖向主框架处，与建筑结构附着；

4）附着式升降脚手架应安装防倾覆装置，技术性能应符合规范要求；

5）升降和使用工况时，最上和最下两个防倾装置之间最小间距应符合规范要求；

6）附着式升降脚手架应安装同步控制装置，并应符合规范要求。

3 架体构造

1）架体高度不应大于 5 倍楼层高度，宽度不应大于 1.2m；

2）直线布置的架体支承跨度不应大于 7m，折线、曲线布置的架体支撑点处的架体外侧距离不应大于 5.4m；

3）架体水平悬挑长度不应大于 2m，且不应大于跨度的 1/2；

4）架体悬臂高度不应大于架体高度的 2/5，且不应大于 6m；

5）架体高度与支承跨度的乘积不应大于 110m²。

4 附着支座

1）附着支座数量、间距应符合规范要求；

2）使用工况应将竖向主框架与附着支座固定；

3）升降工况应将防倾、导向装置设置在附着支座上；

4）附着支座与建筑结构连接固定方式应符合规范要求。

5 架体安装

1）主框架和水平支承桁架的节点应采用焊接或螺栓连接，各杆件的轴线应汇交于节点；

2）内外两片水平支承桁架的上弦和下弦之间应设置水平支撑杆件，各节点应采用焊接或螺栓连接；

3）架体立杆底端应设在水平桁架上弦杆的节点处；

4）竖向主框架组装高度应与架体高度相等；

5）剪刀撑应沿架体高度连续设置，并应将竖向主框架、水平支承桁架和架体构架连成一体，剪刀撑斜杆水平夹角应为 45°～60°。

6 架体升降

1）两跨以上架体同时升降应采用电动或液压动力装置，不得采用手动装置；

2）升降工况附着支座处建筑结构混凝土强度应符合设计和规范要求；

3）升降工况架体上不得有施工荷载，严禁人员在架体上停留。

3.9.4 附着式升降脚手架一般项目的检查评定应符合下列规定：

1 检查验收

1）动力装置、主要结构配件进场应按规定进行验收；

2）架体分区段安装、分区段使用时，应进行分区段验收；

3）架体安装完毕应按规定进行整体验收，验收应有量化内容并经责任人签字确认；

4）架体每次升、降前应按规定进行检查，并应填写检查记录。

2 脚手板

1）脚手板应铺设严密、平整、牢固；

2）作业层里排架体与建筑物之间应采用脚手板或安全平网封闭；

3）脚手板材质、规格应符合规范要求。

3 架体防护

1）架体外侧应采用密目式安全网封闭，网间连接应严密；

2）作业层应按规范要求设置防护栏杆；

3）作业层外侧应设置高度不小于 180mm 的挡脚板。

4 安全作业

1）操作前应对有关技术人员和作业人员进行安全技术交底，并应有文字记录；

2）作业人员应经培训并定岗作业；

3）安装拆除单位资质应符合要求，特种作业人员应持证上岗；

4）架体安装、升降、拆除时应设置安全警戒区，并应设置专人监护；

5）荷载分布应均匀，荷载最大值应在规范允许范围内。

3.10 高处作业吊篮

3.10.1 高处作业吊篮检查评定应符合现行行业标准《建筑施工工具式脚手架安全技术规范》JGJ 202 的规定。

3.10.2 高处作业吊篮检查评定保证项目应包括：施工方案、安全装置、悬挂机构、钢丝绳、安装作业、升降作业。一般项目应包括：交底与验收、安全防护、吊篮稳定、荷载。

3.10.3 高处作业吊篮保证项目的检查评定应符合下列规定：

1 施工方案

1）吊篮安装作业应编制专项施工方案，吊篮支架支撑处的结构承载力应经过验算；

2）专项施工方案应按规定进行审核、审批。

2 安全装置

1）吊篮应安装防坠安全锁，并应灵敏有效；

2）防坠安全锁不应超过标定期限；

3）吊篮应设置为作业人员挂设安全带专用的安全绳和安全锁扣，安全绳应固定在建筑物可靠位置上，不得与吊篮上的任何部位连接；

4）吊篮应安装上限位装置，并应保证限位装置灵敏可靠。

3 悬挂机构

1）悬挂机构前支架不得支撑在女儿墙及建筑物外挑檐边缘等非承重结构上；

2）悬挂机构前梁外伸长度应符合产品说明书规定；

3）前支架应与支撑面垂直，且脚轮不应受力；

4）上支架应固定在前支架调节杆与悬挑梁连接的节点处；

5）严禁使用破损的配重块或其他替代物；

6）配重块应固定可靠，重量应符合设计规定。

4 钢丝绳

1）钢丝绳不应有断丝、断股、松股、锈蚀、硬弯及油污和附着物；

2）安全钢丝绳应单独设置，型号规格应与工作钢丝绳一致；

3）吊篮运行时安全钢丝绳应张紧悬垂；

4）电焊作业时应对钢丝绳采取保护措施。

5 安装作业

1）吊篮平台的组装长度应符合产品说明书和规范要求；

2）吊篮的构配件应为同一厂家的产品。

6 升降作业

1）必须由经过培训合格的人员操作吊篮升降；

2）吊篮内的作业人员不应超过 2 人；

3）吊篮内作业人员应将安全带用安全锁扣正确挂置在独立设置的专用安全绳上；

4）作业人员应从地面进出吊篮。

3.10.4 高处作业吊篮一般项目的检查评定应符合下列规定：

1 交底与验收

1）吊篮安装完毕，应按规范要求进行验收，验收表应由责任人签字确认；

2）班前、班后应按规定对吊篮进行检查；

3）吊篮安装、使用前对作业人员进行安全技术交底，并应有文字记录。

2 安全防护

1）吊篮平台周边的防护栏杆、挡脚板的设置应符合规范要求；

2）上下立体交叉作业时吊篮应设置顶部防护板。

3 吊篮稳定

1）吊篮作业时应采取防止摆动的措施；

2）吊篮与作业面距离应在规定要求范围内。

4 荷载

1）吊篮施工荷载应符合设计要求；

2）吊篮施工荷载应均匀分布。

3.11 基 坑 工 程

3.11.1 基坑工程安全检查评定应符合现行国家标准《建筑基坑工程监测技术规范》GB 50497 和现行行业标准《建筑基坑支护技术规程》JGJ 120、《建筑施工土石方工程安全技术规范》JGJ 180 的规定。

3.11.2 基坑工程检查评定保证项目应包括：施工方案、基坑支护、降排水、基坑开挖、坑边荷载、安全防护。一般项目应包括：基坑监测、支撑拆除、作业环境、应急预案。

3.11.3 基坑工程保证项目的检查评定应符合下列规定：

1 施工方案

1) 基坑工程施工应编制专项施工方案，开挖深度超过3m 或虽未超过3m 但地质条件和周边环境复杂的基坑土方开挖、支护、降水工程，应单独编制专项施工方案；

2) 专项施工方案应按规定进行审核、审批；

3) 开挖深度超过5m 的基坑土方开挖、支护、降水工程或开挖深度虽未超过5m 但地质条件、周围环境复杂的基坑土方开挖、支护、降水工程专项施工方案，应组织专家进行论证；

4) 当基坑周边环境或施工条件发生变化时，专项施工方案应重新进行审核、审批。

2 基坑支护

1) 人工开挖的狭窄基槽，开挖深度较大并存在边坡塌方危险时，应采取支护措施；

2) 地质条件良好、土质均匀且无地下水的自然放坡的坡率应符合规范要求；

3) 基坑支护结构应符合设计要求；

4) 基坑支护结构水平位移应在设计允许范围内。

3 降排水

1) 当基坑开挖深度范围内有地下水时，应采取有效的降排水措施；

2) 基坑边沿周围地面应设排水沟；放坡开挖时，应对坡顶、坡面、坡脚采取降排水措施；

3) 基坑底四周应按专项施工方案设排水沟和集水井，并应及时排除积水。

4 基坑开挖

1) 基坑支护结构必须在达到设计要求的强度后，方可开挖下层土方，严禁提前开挖和超挖；

2) 基坑开挖应按设计和施工方案的要求，分层、分段、均衡开挖；

3) 基坑开挖应采取措施防止碰撞支护结构、工程桩或扰动基底原状土土层；

4) 当采用机械在软土场地作业时，应采取铺设渣土或砂石等硬化措施。

5 坑边荷载

1) 基坑边堆置土、料具等荷载应在基坑支护设计允许范围内；

2) 施工机械与基坑边沿的安全距离应符合设计要求。

6 安全防护

1) 开挖深度超过2m 及以上的基坑周边必须安装防护栏杆，防护栏杆的安装应符合规范要求；

2) 基坑内应设置供施工人员上下的专用梯道；梯道应设置扶手栏杆，梯道的宽度不应小于1m，梯道搭设应符合规范要求；

3) 降水井口应设置防护盖板或围栏，并应设置明显的警示标志。

3.11.4 基坑工程一般项目的检查评定应符合下列规定：

1 基坑监测

1) 基坑开挖前应编制监测方案，并应明确监测项目、监测报警值、监测方法和监测点的布置、监测周期等内容；

2) 监测的时间间隔应根据施工进度确定，当监测结果变化速率较大时，应加密观测次数；

3) 基坑开挖监测工程中，应根据设计要求提交阶段性监测报告。

2 支撑拆除

1) 基坑支撑结构的拆除方式、拆除顺序应符合专项施工方案的要求；

2) 当采用机械拆除时，施工荷载应小于支撑结构承载能力；

3) 人工拆除时，应按规定设置防护设施；

4) 当采用爆破拆除、静力破碎等拆除方式时，必须符合国家现行相关规范的要求。

3 作业环境

1) 基坑内土方机械、施工人员的安全距离应符合规范要求；

2) 上下垂直作业应按规定采取有效的防护措施；

3) 在电力、通信、燃气、上下水等管线2m范围内挖土时，应采取安全保护措施，并应设专人监护；

4) 施工作业区域应采光良好，当光线较弱时应设置有足够照度的光源。

4 应急预案

1) 基坑工程应按规范要求结合工程施工过程中可能出现的支护变形、漏水等影响基坑工程安全的不利因素制定应急预案；

2) 应急组织机构应健全，应急的物资、材料、工具、机具等品种、规格、数量应满足应急的需要，并应符合应急预案的要求。

3.12 模 板 支 架

3.12.1 模板支架安全检查评定应符合现行行业标准《建筑施工模板安全技术规范》JGJ 162、《建筑施工扣件式钢管脚手架安全技术规范》JGJ 130、《建筑施工门式钢管脚手架安全技术规范》JGJ 128、《建筑施工碗扣式钢管脚手架安全技术规范》JGJ 166 和《建筑施工承插型盘扣式钢管支架安全技术规程》JGJ 231 的规定。

3.12.2 模板支架检查评定保证项目应包括：施工方案、支架基础、支架构造、支架稳定、施工荷载、交底与验收。一般项目应包括：杆件连接、底座与托撑、构配件材质、支架拆除。

3.12.3 模板支架保证项目的检查评定应符合下列规定：

1 施工方案

1) 模板支架搭设应编制专项施工方案，结构设计应进行计算，并应按规定进行审核、审批；

2）模板支架搭设高度 8m 及以上；跨度 18m 及以上，施工总荷载 15kN/m² 及以上；集中线荷载 20kN/m 及以上的专项施工方案，应按规定组织专家论证。

2 支架基础

1）基础应坚实、平整，承载力应符合设计要求，并应能承受支架上部全部荷载；

2）支架底部应按规范要求设置底座、垫板，垫板规格应符合规范要求；

3）支架底部纵、横向扫地杆的设置应符合规范要求；

4）基础应采取排水设施，并应排水畅通；

5）当支架设在楼面结构上时，应对楼面结构强度进行验算，必要时应对楼面结构采取加固措施。

3 支架构造

1）立杆间距应符合设计和规范要求；

2）水平杆步距应符合设计和规范要求，水平杆应按规范要求连续设置；

3）竖向、水平剪刀撑或专用斜杆、水平斜杆的设置应符合规范要求。

4 支架稳定

1）当支架高宽比大于规定值时，应按规定设置连墙杆或采用增加架体宽度的加强措施；

2）立杆伸出顶层水平杆中心线至支撑点的长度应符合规范要求；

3）浇筑混凝土时应对架体基础沉降、架体变形进行监控，基础沉降、架体变形应在规定允许范围内。

5 施工荷载

1）施工均布荷载、集中荷载应在设计允许范围内；

2）当浇筑混凝土时，应对混凝土堆积高度进行控制。

6 交底与验收

1）支架搭设、拆除前应进行交底，并应有交底记录；

2）支架搭设完毕，应按规定组织验收，验收应有量化内容并经责任人签字确认。

3.12.4 模板支架一般项目的检查评定应符合下列规定：

1 杆件连接

1）立杆应采用对接、套接或承插式连接方式，并应符合规范要求；

2）水平杆的连接应符合规范要求；

3）当剪刀撑斜杆采用搭接时，搭接长度不应小于 1m；

4）杆件各连接点的紧固应符合规范要求。

2 底座与托撑

1）可调底座、托撑螺杆直径应与立杆内径匹配，配合间隙应符合规范要求；

2）螺杆旋入螺母内长度不应少于 5 倍的螺距。

3 构配件材质

1）钢管壁厚应符合规范要求；

2）构配件规格、型号、材质应符合规范要求；

3）杆件弯曲、变形、锈蚀量应在规范允许范围内。

4 支架拆除

1）支架拆除前结构的混凝土强度应达到设计要求；

2）支架拆除前应设置警戒区，并应设专人监护。

3.13 高 处 作 业

3.13.1 高处作业检查评定应符合现行国家标准《安全网》GB 5725、《安全帽》GB 2118、《安全带》GB 6095 和现行行业标准《建筑施工高处作业安全技术规范》JGJ 80 的规定。

3.13.2 高处作业检查评定项目应包括：安全帽、安全网、安全带、临边防护、洞口防护、通道口防护、攀登作业、悬空作业、移动式操作平台、悬挑式物料钢平台。

3.13.3 高处作业的检查评定应符合下列规定：

1 安全帽

1）进入施工现场的人员必须正确佩戴安全帽；

2）安全帽的质量应符合规范要求。

2 安全网

1）在建工程外脚手架的外侧应采用密目式安全网进行封闭；

2）安全网的质量应符合规范要求。

3 安全带

1）高处作业人员应按规定系挂安全带；

2）安全带的系挂应符合规范要求；

3）安全带的质量应符合规范要求。

4 临边防护

1）作业面边沿应设置连续的临边防护设施；

2）临边防护设施的构造、强度应符合规范要求；

3）临边防护设施宜定型化、工具式，杆件的规格及连接固定方式应符合规范要求。

5 洞口防护

1）在建工程的预留洞口、楼梯口、电梯井口等孔洞应采取防护措施；

2）防护措施、设施应符合规范要求；

3）防护设施宜定型化、工具式；

4）电梯井内每隔 2 层且不大于 10m 应设置安全平网防护。

6 通道口防护

1）通道口防护应严密、牢固；

2）防护棚两侧应采取封闭措施；

3）防护棚宽度应大于通道口宽度，长度应符合规范要求；

4）当建筑物高度超过 24m 时，通道口防护顶棚应采用双层防护；

5）防护棚的材质应符合规范要求。

7 攀登作业

1）梯脚底部应坚实，不得垫高使用；

2）折梯使用时上部夹角宜为 35°～45°，并应设有可靠的拉撑装置；

3）梯子的材质和制作质量应符合规范要求。

8 悬空作业

1）悬空作业处应设置防护栏杆或采取其他可靠的安全措施；

2）悬空作业所使用的索具、吊具等应经验收，合格后方可使用；

3）悬空作业人员应系挂安全带、佩带工具袋。

9 移动式操作平台

1）操作平台应按规定进行设计计算；

2）移动式操作平台轮子与平台连接应牢固、可靠，立柱底端距地面高度不得大于80mm；

3）操作平台应按设计和规范要求进行组装，铺板应严密；

4）操作平台四周应按规范要求设置防护栏杆，并应设置登高扶梯；

5）操作平台的材质应符合规范要求。

10 悬挑式物料钢平台

1）悬挑式物料钢平台的制作、安装应编制专项施工方案，并应进行设计计算；

2）悬挑式物料钢平台的下部支撑系统或上部拉结点，应设置在建筑结构上；

3）斜拉杆或钢丝绳应按规范要求在平台两侧各设置前后两道；

4）钢平台两侧必须安装固定的防护栏杆，并应在平台明显处设置荷载限定标牌；

5）钢平台台面、钢平台与建筑结构间铺板应严密、牢固。

3.14 施 工 用 电

3.14.1 施工用电检查评定应符合现行国家标准《建设工程施工现场供用电安全规范》GB 50194 和现行行业标准《施工现场临时用电安全技术规范》JGJ 46 的规定。

3.14.2 施工用电检查评定的保证项目应包括：外电防护、接地与接零保护系统、配电线路、配电箱与开关箱。一般项目应包括：配电室与配电装置、现场照明、用电档案。

3.14.3 施工用电保证项目的检查评定应符合下列规定：

1 外电防护

1）外电线路与在建工程及脚手架、起重机械、场内机动车道的安全距离应符合规范要求；

2）当安全距离不符合规范要求时，必须采取隔离防护措施，并应悬挂明显的警示标志；

3）防护设施与外电线路的安全距离应符合规范要求，并应坚固、稳定；

4）外电架空线路正下方不得进行施工、建造临时设施或堆放材料物品。

2 接地与接零保护系统

1）施工现场专用的电源中性点直接接地的低压配电系统应采用 TN-S 接零保护系统；

2）施工现场配电系统不得同时采用两种保护系统；

3）保护零线应由工作接地线、总配电箱电源侧零线或总漏电保护器电源零线处引出，电气设备的金属外壳必须与保护零线连接；

4）保护零线应单独敷设，线路上严禁装设开关或熔断器，严禁通过工作电流；

5）保护零线应采用绝缘导线，规格和颜色标记应符合规范要求；

6）保护零线应在总配电箱处、配电系统的中间处和末端处作重复接地；

7）接地装置的接地线应采用 2 根及以上导体，在不同点与接地体做电气连接。接地体应采用角钢、钢管或光面圆钢；

8）工作接地电阻不得大于 4Ω，重复接地电阻不得大于 10Ω；

9）施工现场起重机、物料提升机、施工升降机、脚手架应按规范要求采取防雷措施，防雷装置的冲击接地电阻值不得大于 30Ω；

10）做防雷接地机械上的电气设备，保护零线必须同时作重复接地。

3　配电线路

1）线路及接头应保证机械强度和绝缘强度；

2）线路应设短路、过载保护，导线截面应满足线路负荷电流；

3）线路的设施、材料及相序排列、档距、与邻近线路或固定物的距离应符合规范要求；

4）电缆应采用架空或埋地敷设并应符合规范要求，严禁沿地面明设或沿脚手架、树木等敷设；

5）电缆中必须包含全部工作芯线和用作保护零线的芯线，并应按规定接用；

6）室内明敷主干线距地面高度不得小于 2.5m。

4　配电箱与开关箱

1）施工现场配电系统应采用三级配电、二级漏电保护系统，用电设备必须有各自专用的开关箱；

2）箱体结构、箱内电器设置及使用应符合规范要求；

3）配电箱必须分设工作零线端子板和保护零线端子板，保护零线、工作零线必须通过各自的端子板连接；

4）总配电箱与开关箱应安装漏电保护器，漏电保护器参数应匹配并灵敏可靠；

5）箱体应设置系统接线图和分路标记，并应有门、锁及防雨措施；

6）箱体安装位置、高度及周边通道应符合规范要求；

7）分配箱与开关箱间的距离不应超过 30m，开关箱与用电设备间的距离不应超过 3m。

3.14.4　施工用电一般项目的检查评定应符合下列规定：

1　配电室与配电装置

1）配电室的建筑耐火等级不应低于三级，配电室应配置适用于电气火灾的灭火器材；

2）配电室、配电装置的布设应符合规范要求；

3）配电装置中的仪表、电器元件设置应符合规范要求；

4）备用发电机组应与外电线路进行连锁；

5）配电室应采取防止风雨和小动物侵入的措施；

6）配电室应设置警示标志、工地供电平面图和系统图。

2　现场照明

1）照明用电应与动力用电分设；

2）特殊场所和手持照明灯应采用安全电压供电；

3）照明变压器应采用双绕组安全隔离变压器；

4）灯具金属外壳应接保护零线；

5）灯具与地面、易燃物间的距离应符合规范要求；

6）照明线路和安全电压线路的架设应符合规范要求；

7）施工现场应按规范要求配备应急照明。

3 用电档案

1）总包单位与分包单位应签订临时用电管理协议，明确各方相关责任；

2）施工现场应制定专项用电施工组织设计、外电防护专项方案；

3）专项用电施工组织设计、外电防护专项方案应履行审批程序，实施后应由相关部门组织验收；

4）用电各项记录应按规定填写，记录应真实有效；

5）用电档案资料应齐全，并应设专人管理。

3.15 物 料 提 升 机

3.15.1 物料提升机检查评定应符合现行行业标准《龙门架及井架物料提升机安全技术规范》JGJ 88 的规定。

3.15.2 物料提升机检查评定保证项目应包括：安全装置、防护设施、附墙架与缆风绳、钢丝绳、安拆、验收与使用。一般项目应包括：基础与导轨架、动力与传动、通信装置、卷扬机操作棚、避雷装置。

3.15.3 物料提升机保证项目的检查评定应符合下列规定：

1 安全装置

1）应安装起重量限制器、防坠安全器，并应灵敏可靠；

2）安全停层装置应符合规范要求，并应定型化；

3）应安装上行程限位并灵敏可靠，安全越程不应小于 3m；

4）安装高度超过 30m 的物料提升机应安装渐进式防坠安全器及自动停层、语音影像信号监控装置。

2 防护设施

1）应在地面进料口安装防护围栏和防护棚，防护围栏、防护棚的安装高度和强度应符合规范要求；

2）停层平台两侧应设置防护栏杆、挡脚板，平台脚手板应铺满、铺平；

3）平台门、吊笼门安装高度、强度应符合规范要求，并应定型化。

3 附墙架与缆风绳

1）附墙架结构、材质、间距应符合产品说明书要求；

2）附墙架应与建筑结构可靠连接；

3）缆风绳设置的数量、位置、角度应符合规范要求，并应与地锚可靠连接；

4）安装高度超过 30m 的物料提升机必须使用附墙架；

5）地锚设置应符合规范要求。

4 钢丝绳

1）钢丝绳磨损、断丝、变形、锈蚀量应在规范允许范围内；

2）钢丝绳夹设置应符合规范要求；

3）当吊笼处于最低位置时，卷筒上钢丝绳严禁少于3圈；

4）钢丝绳应设置过路保护措施。

5 安拆、验收与使用

1）安装、拆卸单位应具有起重设备安装工程专业承包资质和安全生产许可证；

2）安装、拆卸作业应制定专项施工方案，并应按规定进行审核、审批；

3）安装完毕应履行验收程序，验收表格应由责任人签字确认；

4）安装、拆卸作业人员及司机应持证上岗；

5）物料提升机作业前应按规定进行例行检查，并应填写检查记录；

6）实行多班作业，应按规定填写交接班记录。

3.15.4 物料提升机一般项目的检查评定应符合下列规定：

1 基础与导轨架

1）基础的承载力和平整度应符合规范要求；

2）基础周边应设置排水设施；

3）导轨架垂直度偏差不应大于导轨架高度0.15％；

4）井架停层平台通道处的结构应采取加强措施。

2 动力与传动

1）卷扬机、曳引机应安装牢固，当卷扬机卷筒与导轨架底部导向轮的距离小于20倍卷筒宽度时，应设置排绳器；

2）钢丝绳应在卷筒上排列整齐；

3）滑轮与导轨架、吊笼应采用刚性连接，滑轮应与钢丝绳相匹配；

4）卷筒、滑轮应设置防止钢丝绳脱出装置；

5）当曳引钢丝绳为2根及以上时,应设置曳引力平衡装置。

3 通信装置

1）应按规范要求设置通信装置；

2）通信装置应具有语音和影像显示功能。

4 卷扬机操作棚

1）应按规范要求设置卷扬机操作棚；

2）卷扬机操作棚强度、操作空间应符合规范要求。

5 避雷装置

1）当物料提升机未在其他防雷保护范围内时，应设置避雷装置；

2）避雷装置设置应符合现行行业标准《施工现场临时用电安全技术规范》JGJ 46的规定。

3.16 施工升降机

3.16.1 施工升降机检查评定应符合现行国家标准《施工升降机安全规程》GB 10055和现行行业标准《建筑施工升降机安装、使用、拆卸安全技术规程》JGJ 215的规定。

3.16.2 施工升降机检查评定保证项目应包括：安全装置、限位装置、防护设施、附墙架、钢丝绳、滑轮与对重、安拆、验收与使用。一般项目应包括：导轨架、基础、电气安全、通信装置。

3.16.3 施工升降机保证项目的检查评定应符合下列规定：

1 安全装置

1）应安装起重量限制器，并应灵敏可靠；

2）应安装渐进式防坠安全器并应灵敏可靠，防坠安全器应在有效的标定期内使用；

3）对重钢丝绳应安装防松绳装置，并应灵敏可靠；

4）吊笼的控制装置应安装非自动复位型的急停开关，任何时候均可切断控制电路停止吊笼运行；

5）底架应安装吊笼和对重缓冲器，缓冲器应符合规范要求；

6）SC型施工升降机应安装一对以上安全钩。

2 限位装置

1）应安装非自动复位型极限开关并应灵敏可靠；

2）应安装自动复位型上、下限位开关并应灵敏可靠，上、下限位开关安装位置应符合规范要求；

3）上极限开关与上限位开关之间的安全越程不应小于0.15m；

4）极限开关、限位开关应设置独立的触发元件；

5）吊笼门应安装机电连锁装置，并应灵敏可靠；

6）吊笼顶窗应安装电气安全开关，并应灵敏可靠。

3 防护设施

1）吊笼和对重升降通道周围应安装地面防护围栏，防护围栏的安装高度、强度应符合规范要求，围栏门应安装机电连锁装置并应灵敏可靠；

2）地面出入通道防护棚的搭设应符合规范要求；

3）停层平台两侧应设置防护栏杆、挡脚板，平台脚手板应铺满、铺平；

4）层门安装高度、强度应符合规范要求，并应定型化。

4 附墙架

1）附墙架应采用配套标准产品，当附墙架不能满足施工现场要求时，应对附墙架另行设计，附墙架的设计应满足构件刚度、强度、稳定性等要求，制作应满足设计要求；

2）附墙架与建筑结构连接方式、角度应符合产品说明书要求；

3）附墙架间距、最高附着点以上导轨架的自由高度应符合产品说明书要求。

5 钢丝绳、滑轮与对重

1）对重钢丝绳绳数不得少于2根且应相互独立；

2）钢丝绳磨损、变形、锈蚀应在规范允许范围内；

3）钢丝绳的规格、固定应符合产品说明书及规范要求；

4）滑轮应安装钢丝绳防脱装置，并应符合规范要求；

5）对重重量、固定应符合产品说明书要求；

6）对重除导向轮或滑靴外应设有防脱轨保护装置。

6 安拆、验收与使用

1）安装、拆卸单位应具有起重设备安装工程专业承包资质和安全生产许可证；

　2）安装、拆卸应制定专项施工方案，并经过审核、审批；

　3）安装完毕应履行验收程序，验收表格应由责任人签字确认；

　4）安装、拆卸作业人员及司机应持证上岗；

　5）施工升降机作业前应按规定进行例行检查，并应填写检查记录；

　6）实行多班作业，应按规定填写交接班记录。

3.16.4 施工升降机一般项目的检查评定应符合下列规定：

1 导轨架

　1）导轨架垂直度应符合规范要求；

　2）标准节的质量应符合产品说明书及规范要求；

　3）对重导轨应符合规范要求；

　4）标准节连接螺栓使用应符合产品说明书及规范要求。

2 基础

　1）基础制作、验收应符合说明书及规范要求；

　2）基础设置在地下室顶板或楼面结构上时，应对其支承结构进行承载力验算；

　3）基础应设有排水设施。

3 电气安全

　1）施工升降机与架空线路的安全距离或防护措施应符合规范要求；

　2）电缆导向架设置应符合说明书及规范要求；

　3）施工升降机在其他避雷装置保护范围外应设置避雷装置，并应符合规范要求。

4 通信装置

施工升降机应安装楼层信号联络装置，并应清晰有效。

3.17 塔 式 起 重 机

3.17.1 塔式起重机检查评定应符合现行国家标准《塔式起重机安全规程》GB 5144 和现行行业标准《建筑施工塔式起重机安装、使用、拆卸安全技术规程》JGJ 196 的规定。

3.17.2 塔式起重机检查评定保证项目应包括：载荷限制装置、行程限位装置、保护装置、吊钩、滑轮、卷筒与钢丝绳、多塔作业、安拆、验收与使用。一般项目应包括：附着、基础与轨道、结构设施、电气安全。

3.17.3 塔式起重机保证项目的检查评定应符合下列规定：

1 载荷限制装置

　1）应安装起重量限制器并应灵敏可靠。当起重量大于相应档位的额定值并小于该额定值的110%时，应切断上升方向的电源，但机构可作下降方向的运动；

　2）应安装起重力矩限制器并应灵敏可靠。当起重力矩大于相应工况下的额定值并小于该额定值的110%，应切断上升和幅度增大方向的电源，但机构可作下降和减小幅度方向的运动。

2 行程限位装置

　1）应安装起升高度限位器，起升高度限位器的安全越程应符合规范要求，并应灵敏可靠；

　2）小车变幅的塔式起重机应安装小车行程开关，动臂变幅的塔式起重机应安装臂架幅度限制开关，并应灵敏可靠；

    3）回转部分不设集电器的塔式起重机应安装回转限位器，并应灵敏可靠；

    4）行走式塔式起重机应安装行走限位器，并应灵敏可靠。

3 保护装置

    1）小车变幅的塔式起重机应安装断绳保护及断轴保护装置，并应符合规范要求；

    2）行走及小车变幅的轨道行程末端应安装缓冲器及止挡装置，并应符合规范要求；

    3）起重臂根部绞点高度大于 50m 的塔式起重机应安装风速仪，并应灵敏可靠；

    4）当塔式起重机顶部高度大于 30m 且高于周围建筑物时，应安装障碍指示灯。

4 吊钩、滑轮、卷筒与钢丝绳

    1）吊钩应安装钢丝绳防脱钩装置并应完好可靠，吊钩的磨损、变形应在规定允许范围内；

    2）滑轮、卷筒应安装钢丝绳防脱装置并应完好可靠，滑轮、卷筒的磨损应在规定允许范围内；

    3）钢丝绳的磨损、变形、锈蚀应在规定允许范围内，钢丝绳的规格、固定、缠绕应符合说明书及规范要求。

5 多塔作业

    1）多塔作业应制定专项施工方案并经过审批；

    2）任意两台塔式起重机之间的最小架设距离应符合规范要求。

6 安拆、验收与使用

    1）安装、拆卸单位应具有起重设备安装工程专业承包资质和安全生产许可证；

    2）安装、拆卸应制定专项施工方案，并经过审核、审批；

    3）安装完毕应履行验收程序，验收表格应由责任人签字确认；

    4）安装、拆卸作业人员及司机、指挥应持证上岗；

    5）塔式起重机作业前应按规定进行例行检查，并应填写检查记录；

    6）实行多班作业，应按规定填写交接班记录。

3.17.4 塔式起重机一般项目的检查评定应符合下列规定：

1 附着

    1）当塔式起重机高度超过产品说明书规定时，应安装附着装置，附着装置安装应符合产品说明书及规范要求；

    2）当附着装置的水平距离不能满足产品说明书要求时，应进行设计计算和审批；

    3）安装内爬式塔式起重机的建筑承载结构应进行承载力验算；

    4）附着前和附着后塔身垂直度应符合规范要求。

2 基础与轨道

    1）塔式起重机基础应按产品说明书及有关规定进行设计、检测和验收；

    2）基础应设置排水措施；

    3）路基箱或枕木铺设应符合产品说明书及规范要求；

    4）轨道铺设应符合产品说明书及规范要求。

3 结构设施

    1）主要结构构件的变形、锈蚀应在规范允许范围内；

2）平台、走道、梯子、护栏的设置应符合规范要求；

3）高强螺栓、销轴、紧固件的紧固、连接应符合规范要求，高强螺栓应使用力矩扳手或专用工具紧固。

4 电气安全

1）塔式起重机应采用 TN-S 接零保护系统供电；

2）塔式起重机与架空线路的安全距离或防护措施应符合规范要求；

3）塔式起重机应安装避雷接地装置，并应符合规范要求；

4）电缆的使用及固定应符合规范要求。

3.18 起 重 吊 装

3.18.1 起重吊装检查评定应符合现行国家标准《起重机械安全规程》GB 6067 的规定。

3.18.2 起重吊装检查评定保证项目应包括：施工方案、起重机械、钢丝绳与地锚、索具、作业环境、作业人员。一般项目应包括：起重吊装、高处作业、构件码放、警戒监护。

3.18.3 起重吊装保证项目的检查评定应符合下列规定：

1 施工方案

1）起重吊装作业应编制专项施工方案，并按规定进行审核、审批；

2）超规模的起重吊装作业，应组织专家对专项施工方案进行论证。

2 起重机械

1）起重机械应按规定安装荷载限制器及行程限位装置；

2）荷载限制器、行程限位装置应灵敏可靠；

3）起重拔杆组装应符合设计要求；

4）起重拔杆组装后应进行验收，并应由责任人签字确认。

3 钢丝绳与地锚

1）钢丝绳磨损、断丝、变形、锈蚀应在规范允许范围内；

2）钢丝绳规格应符合起重机产品说明书要求；

3）吊钩、卷筒、滑轮磨损应在规范允许范围内；

4）吊钩、卷筒、滑轮应安装钢丝绳防脱装置；

5）起重拔杆的缆风绳、地锚设置应符合设计要求。

4 索具

1）当采用编结连接时，编结长度不应小于 15 倍的绳径，且不应小于 300mm；

2）当采用绳夹连接时，绳夹规格应与钢丝绳相匹配，绳夹数量、间距应符合规范要求；

3）索具安全系数应符合规范要求；

4）吊索规格应互相匹配，机械性能应符合设计要求。

5 作业环境

1）起重机行走作业处地面承载能力应符合产品说明书要求；

2）起重机与架空线路安全距离应符合规范要求。

6 作业人员

1）起重机司机应持证上岗，操作证应与操作机型相符；

2）起重机作业应设专职信号指挥和司索人员，一人不得同时兼顾信号指挥和司索作业；

3）作业前应按规定进行安全技术交底，并应有交底记录。

3.18.4 起重吊装一般项目的检查评定应符合下列规定：

1 起重吊装

1）当多台起重机同时起吊一个构件时，单台起重机所承受的荷载应符合专项施工方案要求；

2）吊索系挂点应符合专项施工方案要求；

3）起重机作业时，任何人不应停留在起重臂下方，被吊物不应从人的正上方通过；

4）起重机不应采用吊具载运人员；

5）当吊运易散落物件时，应使用专用吊笼。

2 高处作业

1）应按规定设置高处作业平台；

2）平台强度、护栏高度应符合规范要求；

3）爬梯的强度、构造应符合规范要求；

4）应设置可靠的安全带悬挂点，并应高挂低用。

3 构件码放

1）构件码放荷载应在作业面承载能力允许范围内；

2）构件码放高度应在规定允许范围内；

3）大型构件码放应有保证稳定的措施。

4 警戒监护

1）应按规定设置作业警戒区；

2）警戒区应设专人监护。

3.19 施 工 机 具

3.19.1 施工机具检查评定应符合现行行业标准《建筑机械使用安全技术规程》JGJ 33和《施工现场机械设备检查技术规程》JGJ 160 的规定。

3.19.2 施工机具检查评定项目应包括：平刨、圆盘锯、手持电动工具、钢筋机械、电焊机、搅拌机、气瓶、翻斗车、潜水泵、振捣器、桩工机械。

3.19.3 施工机具的检查评定应符合下列规定：

1 平刨

1）平刨安装完毕应按规定履行验收程序，并应经责任人签字确认；

2）平刨应设置护手及防护罩等安全装置；

3）保护零线应单独设置，并应安装漏电保护装置；

4）平刨应按规定设置作业棚，并应具有防雨、防晒等功能；

5）不得使用同台电机驱动多种刀具、钻具的多功能木工机具。

2 圆盘锯

1）圆盘锯安装完毕应按规定履行验收程序，并应经责任人签字确认；

2）圆盘锯应设置防护罩、分料器、防护挡板等安全装置；

3）保护零线应单独设置，并应安装漏电保护装置；

4）圆盘锯应按规定设置作业棚，并应具有防雨、防晒等功能；

5）不得使用同台电机驱动多种刀具、钻具的多功能木工机具。

3 手持电动工具

1）Ⅰ类手持电动工具应单独设置保护零线，并应安装漏电保护装置；

2）使用Ⅰ类手持电动工具应按规定戴绝缘手套、穿绝缘鞋；

3）手持电动工具的电源线应保持出厂时的状态，不得接长使用。

4 钢筋机械

1）钢筋机械安装完毕应按规定履行验收程序，并应经责任人签字确认；

2）保护零线应单独设置，并应安装漏电保护装置；

3）钢筋加工区应搭设作业棚，并应具有防雨、防晒等功能；

4）对焊机作业应设置防火花飞溅的隔离设施；

5）钢筋冷拉作业应按规定设置防护栏；

6）机械传动部位应设置防护罩。

5 电焊机

1）电焊机安装完毕应按规定履行验收程序，并应经责任人签字确认；

2）保护零线应单独设置，并应安装漏电保护装置；

3）电焊机应设置二次空载降压保护装置；

4）电焊机一次线长度不得超过5m，并应穿管保护；

5）二次线应采用防水橡皮护套铜芯软电缆；

6）电焊机应设置防雨罩，接线柱应设置防护罩。

6 搅拌机

1）搅拌机安装完毕应按规定履行验收程序，并应经责任人签字确认；

2）保护零线应单独设置，并应安装漏电保护装置；

3）离合器、制动器应灵敏有效，料斗钢丝绳的磨损、锈蚀、变形量应在规定允许范围内；

4）料斗应设置安全挂钩或止挡装置，传动部位应设置防护罩；

5）搅拌机应按规定设置作业棚，并应具有防雨、防晒等功能。

7 气瓶

1）气瓶使用时必须安装减压器，乙炔瓶应安装回火防止器，并应灵敏可靠；

2）气瓶间安全距离不应小于5m，与明火安全距离不应小于10m；

3）气瓶应设置防振圈、防护帽，并应按规定存放。

8 翻斗车

1）翻斗车制动、转向装置应灵敏可靠；

2）司机应经专门培训，持证上岗，行车时车斗内不得载人。

9 潜水泵

1）保护零线应单独设置，并应安装漏电保护装置；

2）负荷线应采用专用防水橡皮电缆，不得有接头。

10 振捣器

1）振捣器作业时应使用移动配电箱，电缆线长度不应超过 30m；

2）保护零线应单独设置，并应安装漏电保护装置；

3）操作人员应按规定戴绝缘手套、穿绝缘鞋。

11 桩工机械

1）桩工机械安装完毕应按规定履行验收程序，并应经责任人签字确认；

2）作业前应编制专项方案，并应对作业人员进行安全技术交底；

3）桩工机械应按规定安装安全装置，并应灵敏可靠；

4）机械作业区域地面承载力应符合机械说明书要求；

5）机械与输电线路安全距离应符合现行行业标准《施工现场临时用电安全技术规范》JGJ 46 的规定。

4 检查评分方法

4.0.1 建筑施工安全检查评定中，保证项目应全数检查。

4.0.2 建筑施工安全检查评定应符合本标准第 3 章中各检查评定项目的有关规定，并应按本标准附录 A、B 的评分表进行评分。检查评分表应分为安全管理、文明施工、脚手架、基坑工程、模板支架、高处作业、施工用电、物料提升机与施工升降机、塔式起重机与起重吊装、施工机具分项检查评分表和检查评分汇总表。

4.0.3 各评分表的评分应符合下列规定：

1 分项检查评分表和检查评分汇总表的满分分值均应为 100 分，评分表的实得分值应为各检查项目所得分值之和；

2 评分应采用扣减分值的方法，扣减分值总和不得超过该检查项目的应得分值；

3 当按分项检查评分表评分时，保证项目中有一项未得分或保证项目小计得分不足 40 分，此分项检查评分表不应得分；

4 检查评分汇总表中各分项项目实得分值应按下式计算：

$$A_1 = \frac{B \times C}{100} \qquad (4.0.3\text{-}1)$$

式中：A_1——汇总表各分项项目实得分值；

B——汇总表中该项应得满分值；

C——该项检查评分表实得分值。

5 当评分遇有缺项时，分项检查评分表或检查评分汇总表的总得分值应按下式计算：

$$A_2 = \frac{D}{E} \times 100 \qquad (4.0.3\text{-}2)$$

式中：A_2——遇有缺项时总得分值；

D——实查项目在该表的实得分值之和；

E——实查项目在该表的应得满分值之和。

6 脚手架、物料提升机与施工升降机、塔式起重机与起重吊装项目的实得分值，应为所对应专业的分项检查评分表实得分值的算术平均值。

5 检查评定等级

5.0.1 应按汇总表的总得分和分项检查评分表的得分，对建筑施工安全检查评定划分为优良、合格、不合格三个等级。

5.0.2 建筑施工安全检查评定的等级划分应符合下列规定：

1 优良：

分项检查评分表无零分，汇总表得分值应在80分及以上。

2 合格：

分项检查评分表无零分，汇总表得分值应在80分以下，70分及以上。

3 不合格：

1）当汇总表得分值不足70分时；

2）当有一分项检查评分表为零时。

5.0.3 当建筑施工安全检查评定的等级为不合格时，必须限期整改达到合格。

附录 A 建筑施工安全检查评分汇总表

表 A 建筑施工安全检查评分汇总表

企业名称： 资质等级： 年 月 日

单位工程(施工现场)名称	建筑面积(m²)	结构类型	总计得分(满分100分)	项目名称及分值									
				安全管理(满分10分)	文明施工(满分15分)	脚手架(满分10分)	基坑工程(满分10分)	模板支架(满分10分)	高处作业(满分10分)	施工用电(满分10分)	物料提升机与施工升降机(满分10分)	塔式起重机与起重吊装(满分10分)	施工机具(满分5分)
评语：													
检查单位				负责人		受检项目			项目经理				

附录 B 建筑施工安全分项检查评分表

表 B.1 安全管理检查评分表

序号	检查项目		扣 分 标 准	应得分数	扣减分数	实得分数
1	保证项目	安全生产责任制	未建立安全生产责任制，扣 10 分 安全生产责任制未经责任人签字确认，扣 3 分 未备有各工种安全技术操作规程，扣 2~10 分 未按规定配备专职安全员，扣 2~10 分 工程项目部承包合同中未明确安全生产考核指标，扣 5 分 未制定安全生产资金保障制度，扣 5 分 未编制安全资金使用计划或未按计划实施，扣 2~5 分 未制定伤亡控制、安全达标、文明施工等管理目标，扣 5 分 未进行安全责任目标分解，扣 5 分 未建立对安全生产责任制和责任目标的考核制度，扣 5 分 未按考核制度对管理人员定期考核，扣 2~5 分	10		
2		施工组织设计及专项施工方案	施工组织设计中未制定安全技术措施，扣 10 分 危险性较大的分部分项工程未编制安全专项施工方案，扣 10 分 未按规定对超过一定规模危险性较大的分部分项工程专项施工方案进行专家论证，扣 10 分 施工组织设计、专项施工方案未经审批，扣 10 分 安全技术措施、专项施工方案无针对性或缺少设计计算，扣 2~8 分 未按施工组织设计、专项施工方案组织实施，扣 2~10 分	10		
3		安全技术交底	未进行书面安全技术交底，扣 10 分 未按分部分项进行交底，扣 5 分 交底内容不全面或针对性不强，扣 2~5 分 交底未履行签字手续，扣 4 分	10		
4		安全检查	未建立安全检查制度，扣 10 分 未有安全检查记录，扣 5 分 事故隐患的整改未做到定人、定时间、定措施，扣 2~6 分 对重大事故隐患整改通知书所列项目未按期整改和复查，扣 5~10 分	10		
5		安全教育	未建立安全教育培训制度，扣 10 分 施工人员入场未进行三级安全教育培训和考核，扣 5 分 未明确具体安全教育培训内容，扣 2~8 分 变换工种或采用新技术、新工艺、新设备、新材料施工时未进行安全教育，扣 5 分 施工管理人员、专职安全员未按规定进行年度教育培训和考核，每人扣 2 分	10		

续表

序号	检查项目		扣 分 标 准	应得分数	扣减分数	实得分数
6	保证项目	应急救援	未制定安全生产应急救援预案，扣10分 未建立应急救援组织或未按规定配备救援人员，扣2～6分 未定期进行应急救援演练，扣5分 未配置应急救援器材和设备，扣5分	10		
		小 计		60		
7	一般项目	分包单位安全管理	分包单位资质、资格、分包手续不全或失效，扣10分 未签订安全生产协议书，扣5分 分包合同、安全生产协议书，签字盖章手续不全，扣2～6分 分包单位未按规定建立安全机构或未配备专职安全员，扣2～6分	10		
8		持证上岗	未经培训从事施工、安全管理和特种作业，每人扣5分 项目经理、专职安全员和特种作业人员未持证上岗，每人扣2分	10		
9		生产安全事故处理	生产安全事故未按规定报告，扣10分 生产安全事故未按规定进行调查分析、制定防范措施，扣10分 未依法为施工作业人员办理保险，扣5分	10		
10		安全标志	主要施工区域、危险部位未按规定悬挂安全标志，扣2～6分 未绘制现场安全标志布置图，扣3分 未按部位和现场设施的变化调整安全标志设置，扣2～6分 未设置重大危险源公示牌，扣5分	10		
		小 计		40		
检查项目合计				100		

表 B.2　文明施工检查评分表

序号	检查项目		扣 分 标 准	应得分数	扣减分数	实得分数
1	保证项目	现场围挡	市区主要路段的工地未设置封闭围挡或围挡高度小于2.5m，扣5～10分 一般路段的工地未设置封闭围挡或围挡高度小于1.8m，扣5～10分 围挡未达到坚固、稳定、整洁、美观，扣5～10分	10		
2		封闭管理	施工现场进出口未设置大门，扣10分 未设置门卫室，扣5分 未建立门卫值守管理制度或未配备门卫值守人员，扣2～6分 施工人员进入施工现场未佩戴工作卡，扣2分 施工现场出入口未标有企业名称或标识，扣2分 未设置车辆冲洗设施，扣3分	10		
3		施工场地	施工现场主要道路及材料加工区地面未进行硬化处理，扣5分 施工现场道路不畅通、路面不平整坚实，扣5分 施工现场未采取防尘措施，扣5分 施工现场未设置排水设施或排水不通畅、有积水，扣5分 未采取防止泥浆、污水、废水污染环境措施，扣2～10分 未设置吸烟处、随意吸烟，扣5分 温暖季节未进行绿化布置，扣3分	10		

续表

序号	检查项目		扣 分 标 准	应得分数	扣减分数	实得分数
4	保证项目	材料管理	建筑材料、构件、料具未按总平面布局码放，扣4分 材料码放不整齐，未标明名称、规格，扣2分 施工现场材料存放未采取防火、防锈蚀、防雨措施，扣3～10分 建筑物内施工垃圾的清运未使用器具或管道运输，扣5分 易燃易爆物品未分类储藏在专用库房、未采取防火措施，扣5～10分	10		
5		现场办公与住宿	施工作业区、材料存放区与办公、生活区未采取隔离措施，扣6分 宿舍、办公用房防火等级不符合有关消防安全技术规范要求，扣10分 在施工程、伙房、库房兼作住宿，扣10分 宿舍未设置可开启式窗户，扣4分 宿舍未设置床铺、床铺超过2层或通道宽度小于0.9m，扣2～6分 宿舍人均面积或人员数量不符合规范要求，扣5分 冬季宿舍内未采取采暖和防一氧化碳中毒措施，扣5分 夏季宿舍内未采取防暑降温和防蚊蝇措施，扣5分 生活用品摆放混乱、环境卫生不符合要求，扣3分	10		
6		现场防火	施工现场未制定消防安全管理制度、消防措施，扣10分 施工现场的临时用房和作业场所的防火设计不符合规范要求，扣10分 施工现场消防通道、消防水源的设置不符合规范要求，扣5～10分 施工现场灭火器材布局、配置不合理或灭火器材失效，扣5分 未办理动火审批手续或未指定动火监护人员，扣5～10分	10		
		小计		60		
7	一般项目	综合治理	生活区未设置供作业人员学习和娱乐场所，扣2分 施工现场未建立治安保卫制度或责任未分解到人，扣3～5分 施工现场未制定治安防范措施，扣5分	10		
8		公示标牌	大门口处设置的公示标牌内容不齐全，扣2～8分 标牌不规范、不整齐，扣3分 未设置安全标语，扣3分 未设置宣传栏、读报栏、黑板报，扣2～4分	10		
9		生活设施	未建立卫生责任制度，扣5分 食堂与厕所、垃圾站、有毒有害场所的距离不符合规范要求，扣2～6分 食堂未办理卫生许可证或未办理炊事人员健康证，扣5分 食堂使用的燃气罐未单独设置存放间或存放间通风条件不良，扣2～4分 食堂未配备排风、冷藏、消毒、防鼠、防蚊蝇等设施，扣4分 厕所内的设施数量和布局不符合规范要求，扣2～6分 厕所卫生未达到规定要求，扣4分 不能保证现场人员卫生饮水，扣5分 未设置淋浴室或淋浴室不能满足现场人员需求，扣4分 生活垃圾未装容器或未及时清理，扣3～5分	10		
10		社区服务	夜间未经许可施工，扣8分 施工现场焚烧各类废弃物，扣8分 施工现场未制定防粉尘、防噪声、防光污染等措施，扣5分 未制定施工不扰民措施，扣5分	10		
		小计		40		
检查项目合计				100		

表 B.3 扣件式钢管脚手架检查评分表

序号	检查项目		扣分标准	应得分数	扣减分数	实得分数
1		施工方案	架体搭设未编制专项施工方案或未按规定审核、审批，扣10分 架体结构设计未进行设计计算，扣10分 架体搭设超过规范允许高度，专项施工方案未按规定组织专家论证，扣10分	10		
2		立杆基础	立杆基础不平、不实，不符合专项施工方案要求，扣5~10分 立杆底部缺少底座、垫板或垫板的规格不符合规范要求，每处扣2~5分 未按规范要求设置纵、横向扫地杆，扣5~10分 扫地杆的设置和固定不符合规范要求，扣5分 未采取排水措施，扣8分	10		
3	保证项目	架体与建筑结构拉结	架体与建筑结构拉结方式或间距不符合规范要求，每处扣2分 架体底层第一步纵向水平杆处未按规定设置连墙件或未采用其他可靠措施固定，每处扣2分 搭设高度超过24m的双排脚手架，未采用刚性连墙件与建筑结构可靠连接，扣10分	10		
4		杆件间距与剪刀撑	立杆、纵向水平杆、横向水平杆间距超过设计或规范要求，每处扣2分 未按规定设置纵向剪刀撑或横向斜撑，每处扣5分 剪刀撑未沿脚手架高度连续设置或角度不符合规范要求，扣5分 剪刀撑斜杆的接长或剪刀撑斜杆与架体杆件固定不符合规范要求，每处扣2分	10		
5		脚手板与防护栏杆	脚手板未满铺或铺设不牢、不稳，扣5~10分 脚手板规格或材质不符合规范要求，扣5~10分 架体外侧未设置密目式安全网封闭或网间连接不严，扣5~10分 作业层防护栏杆不符合规范要求，扣5分 作业层未设置高度不小于180mm的挡脚板，扣3分	10		
6		交底与验收	架体搭设前未进行交底或交底未有文字记录，扣5~10分 架体分段搭设、分段使用未进行分段验收，扣5分 架体搭设完毕未办理验收手续，扣10分 验收内容未进行量化，或未经责任人签字确认，扣5分	10		
		小计		60		

续表

序号	检查项目		扣分标准	应得分数	扣减分数	实得分数
7	一般项目	横向水平杆设置	未在立杆与纵向水平杆交点处设置横向水平杆，每处扣2分 未按脚手板铺设的需要增加设置横向水平杆，每处扣2分 双排脚手架横向水平杆只固定一端，每处扣2分 单排脚手架横向水平杆插入墙内小于180mm，每处扣2分	10		
8		杆件连接	纵向水平杆搭接长度小于1m或固定不符合要求，每处扣2分 立杆除顶层顶步外采用搭接，每处扣4分 杆件对接扣件的布置不符合规范要求，扣2分 扣件紧固力矩小于40N·m或大于65N·m，每处扣2分	10		
9		层间防护	作业层脚手板下未采用安全平网兜底或作业层以下每隔10m未采用安全平网封闭，扣5分 作业层与建筑物之间未按规定进行封闭，扣5分	10		
10		构配件材质	钢管直径、壁厚、材质不符合要求，扣5分 钢管弯曲、变形、锈蚀严重，扣5分 扣件未进行复试或技术性能不符合标准，扣5分	5		
11		通道	未设置人员上下专用通道，扣5分 通道设置不符合要求，扣2分	5		
		小计		40		
检查项目合计				100		

表 B.4　门式钢管脚手架检查评分表

序号	检查项目		扣分标准	应得分数	扣减分数	实得分数
1	保证项目	施工方案	未编制专项施工方案或未进行设计计算，扣10分 专项施工方案未按规定审核、审批，扣10分 架体搭设超过规范允许高度，专项施工方案未组织专家论证，扣10分	10		
2		架体基础	架体基础不平、不实，不符合专项施工方案要求，扣5~10分 架体底部未设置垫板或垫板的规格不符合要求，扣2~5分 架体底部未按规范要求设置底座，每处扣2分 架体底部未按规范要求设置扫地杆，扣5分 未采取排水措施，扣8分	10		
3		架体稳定	架体与建筑物结构拉结方式或间距不符合规范要求，每处扣2分 未按规范要求设置剪刀撑，扣10分 门架立杆垂直偏差超过规范要求，扣5分 交叉支撑的设置不符合规范要求，每处扣2分	10		
4		杆件锁臂	未按规定组装或漏装杆件、锁臂，扣2~6分 未按规范要求设置纵向水平加固杆，扣10分 扣件与连接的杆件参数不匹配，每处扣2分	10		
5		脚手板	脚手板未满铺或铺设不牢、不稳，扣5~10分 脚手板规格或材质不符合要求，扣5~10分 采用挂扣式钢脚手板时挂钩未挂扣在横向水平杆上或挂钩未处于锁住状态，每处扣2分	10		

续表

序号	检查项目		扣分标准	应得分数	扣减分数	实得分数
6	保证项目	交底与验收	架体搭设前未进行交底或交底未有文字记录，扣5～10分 架体分段搭设、分段使用未办理分段验收，扣6分 架体搭设完毕未办理验收手续，扣10分 验收内容未进行量化，或未经责任人签字确认，扣5分	10		
		小计		60		
7	一般项目	架体防护	作业层防护栏杆不符合规范要求，扣5分 作业层未设置高度不小于180mm的挡脚板，扣3分 架体外侧未设置密目式安全网封闭或网间连接不严，扣5～10分 作业层脚手板下未采用安全平网兜底或作业层以下每隔10m未采用安全平网封闭，扣5分	10		
8		构配件材质	杆件变形、锈蚀严重，扣10分 门架局部开焊，扣10分 构配件的规格、型号、材质或产品质量不符合规范要求，扣5～10分	10		
9		荷载	施工荷载超过设计规定，扣10分 荷载堆放不均匀，每处扣5分	10		
10		通道	未设置人员上下专用通道，扣10分 通道设置不符合要求，扣5分	10		
		小计		40		
检查项目合计				100		

表 B.5　碗扣式钢管脚手架检查评分表

序号	检查项目		扣分标准	应得分数	扣减分数	实得分数
1	保证项目	施工方案	未编制专项施工方案或未进行设计计算，扣10分 专项施工方案未按规定审核、审批，扣10分 架体搭设超过规范允许高度，专项施工方案未组织专家论证，扣10分	10		
2		架体基础	基础不平、不实，不符合专项施工方案要求，扣5～10分 架体底部未设置垫板或垫板的规格不符合要求，扣2～5分 架体底部未按规范要求设置底座，每处扣2分 架体底部未按规范要求设置扫地杆，扣5分 未采取排水措施，扣8分	10		
3		架体稳定	架体与建筑结构未按规范要求拉结，每处扣2分 架体底层第一步水平杆处未按规范要求设置连墙件或采用其他可靠措施固定，每处扣2分 连墙件未采用刚性杆件，扣10分 未按规范要求设置专用斜杆或八字形斜撑，扣5分 专用斜杆两端未固定在纵、横向水平杆与立杆汇交的碗扣节点处，每处扣2分 专用斜杆或八字形斜撑未沿脚手架高度连续设置或角度不符合要求，扣5分	10		

续表

序号	检查项目		扣 分 标 准	应得分数	扣减分数	实得分数
4	保证项目	杆件锁件	立杆间距、水平杆步距超过设计或规范要求，每处扣2分 未按专项施工方案设计的步距在立杆连接碗扣节点处设置纵、横向水平杆，每处扣2分 架体搭设高度超过24m时，顶部24m以下的连墙件层未按规定设置水平斜杆，扣10分 架体组装不牢或上碗扣紧固不符合要求，每处扣2分	10		
5		脚手板	脚手板未满铺或铺设不牢、不稳，扣5～10分 脚手板规格或材质不符合要求，扣5～10分 采用挂扣式钢脚手板时挂钩未挂扣在横向水平杆上或挂钩未处于锁住状态，每处扣2分	10		
6		交底与验收	架体搭设前未进行交底或交底未有文字记录，扣5～10分 架体分段搭设、分段使用未进行分段验收，扣5分 架体搭设完毕未办理验收手续，扣10分 验收内容未进行量化，或未经责任人签字确认，扣5分	10		
		小计		60		
7	一般项目	架体防护	架体外侧未采用密目式安全网封闭或网间连接不严，扣5～10分 作业层防护栏杆不符合规范要求，扣5分 作业层外侧未设置高度不小于180mm的挡脚板，扣3分 作业层脚手板下未采用安全平网兜底或作业层以下每隔10m未采用安全平网封闭，扣5分	10		
8		构配件材质	杆件弯曲、变形、锈蚀严重，扣10分 钢管、构配件的规格、型号、材质或产品质量不符合规范要求，扣5～10分	10		
9		荷载	施工荷载超过设计规定，扣10分 荷载堆放不均匀，每处扣5分	10		
10		通道	未设置人员上下专用通道，扣10分 通道设置不符合要求，扣5分	10		
		小计		40		
检查项目合计				100		

表 B.6 承插型盘扣式钢管脚手架检查评分表

序号	检查项目		扣分标准	应得分数	扣减分数	实得分数
1	保证项目	施工方案	未编制专项施工方案或未进行设计计算，扣10分 专项施工方案未按规定审核、审批，扣10分	10		
2		架体基础	架体基础不平、不实，不符合专项施工方案要求，扣5～10分 架体立杆底部缺少垫板或垫板的规格不符合规范要求，每处扣2分 架体立杆底部未按要求设置可调底座，每处扣2分 未按规范要求设置纵、横向扫地杆，扣5～10分 未采取排水措施，扣8分	10		
3		架体稳定	架体与建筑结构未按规范要求拉结，每处扣2分 架体底层第一步水平杆处未按规范要求设置连墙件或未采用其他可靠措施固定，每处扣2分 连墙件未采用刚性杆件，扣10分 未按规范要求设置竖向斜杆或剪刀撑，扣5分 竖向斜杆两端未固定在纵、横向水平杆与立杆汇交的盘扣节点处，每处扣2分 斜杆或剪刀撑未沿脚手架高度连续设置或角度不符合规范要求，扣5分	10		
4		杆件设置	架体立杆间距、水平杆步距超过设计或规范要求，每处扣2分 未按专项施工方案设计的步距在立杆连接插盘处设置纵、横向水平杆，每处扣2分 双排脚手架的每步水平杆，当无挂扣钢脚手板时未按规范要求设置水平斜杆，扣5～10分	10		
5		脚手板	脚手板不满铺或铺设不牢、不稳，扣5～10分 脚手板规格或材质不符合要求，扣5～10分 采用挂扣式钢脚手板时挂钩未挂扣在水平杆上或挂钩未处于锁住状态，每处扣2分	10		
6		交底与验收	架体搭设前未进行交底或交底未有文字记录，扣5～10分 架体分段搭设、分段使用未进行分段验收，扣5分 架体搭设完毕未办理验收手续，扣10分 验收内容未进行量化，或未经责任人签字确认，扣5分	10		
		小计		60		

续表

序号	检查项目		扣 分 标 准	应得分数	扣减分数	实得分数
7	一般项目	架体防护	架体外侧未采用密目式安全网封闭或网间连接不严，扣5～10分 作业层防护栏杆不符合规范要求，扣5分 作业层外侧未设置高度不小于180mm的挡脚板，扣3分 作业层脚手板下未采用安全平网兜底或作业层以下每隔10m未采用安全平网封闭，扣5分	10		
8		杆件连接	立杆竖向接长位置不符合要求，每处扣2分 剪刀撑的斜杆接长不符合要求，扣8分	10		
9		构配件材质	钢管、构配件的规格、型号、材质或产品质量不符合规范要求，扣5分 钢管弯曲、变形、锈蚀严重，扣10分	10		
10		通道	未设置人员上下专用通道，扣10分 通道设置不符合要求，扣5分	10		
		小计		40		
检查项目合计				100		

表 B.7　满堂脚手架检查评分表

序号	检查项目		扣 分 标 准	应得分数	扣减分数	实得分数
1	保证项目	施工方案	未编制专项施工方案或未进行设计计算，扣10分 专项施工方案未按规定审核、审批，扣10分	10		
2		架体基础	架体基础不平、不实，不符合专项施工方案要求，扣5～10分 架体底部未设置垫板或垫板的规格不符合规范要求，每处扣2～5分 架体底部未按规范要求设置底座，每处扣2分 架体底部未按规范要求设置扫地杆，扣5分 未采取排水措施，扣8分	10		
3		架体稳定	架体四周与中间未按规范要求设置竖向剪刀撑或专用斜杆，扣10分 未按规范要求设置水平剪刀撑或专用水平斜杆，扣10分 架体高宽比超过规范要求时未采取与结构拉结或其他可靠的稳定措施，扣10分	10		
4		杆件锁件	架体立杆间距、水平杆步距超过设计和规范要求，每处扣2分 杆件接长不符合要求，每处扣2分 架体搭设不牢或杆件节点紧固不符合要求，每处扣2分	10		
5		脚手板	脚手板不满铺或铺设不牢、不稳，扣5～10分 脚手板规格或材质不符合要求，扣5～10分 采用挂扣式钢脚手板时挂钩未挂扣在水平杆上或挂钩未处于锁住状态，每处扣2分	10		

433

续表

序号	检查项目		扣 分 标 准	应得分数	扣减分数	实得分数
6	保证项目	交底与验收	架体搭设前未进行交底或交底未有文字记录，扣5～10分 架体分段搭设、分段使用未进行分段验收，扣5分 架体搭设完毕未办理验收手续，扣10分 验收内容未进行量化，或未经责任人签字确认，扣5分	10		
		小计		60		
7	一般项目	架体防护	作业层防护栏杆不符合规范要求，扣5分 作业层外侧未设置高度不小于180mm挡脚板，扣3分 作业层脚手板下未采用安全平网兜底或作业层以下每隔10m未采用安全平网封闭，扣5分	10		
8		构配件材质	钢管、构配件的规格、型号、材质或产品质量不符合规范要求，扣5～10分 杆件弯曲、变形、锈蚀严重，扣10分	10		
9		荷载	架体的施工荷载超过设计和规范要求，扣10分 荷载堆放不均匀，每处扣5分	10		
10		通道	未设置人员上下专用通道，扣10分 通道设置不符合要求，扣5分	10		
		小计		40		
检查项目合计				100		

表 B.8　悬挑式脚手架检查评分表

序号	检查项目		扣 分 标 准	应得分数	扣减分数	实得分数
1	保证项目	施工方案	未编制专项施工方案或未进行设计计算，扣10分 专项施工方案未按规定审核、审批，扣10分 架体搭设超过规范允许高度，专项施工方案未按规定组织专家论证，扣10分	10		
2		悬挑钢梁	钢梁截面高度未按设计确定或截面形式不符合设计和规范要求，扣10分 钢梁固定段长度小于悬挑段长度的1.25倍，扣5分 钢梁外端未设置钢丝绳或钢拉杆与上一层建筑结构拉结，每处扣2分 钢梁与建筑结构锚固处结构强度、锚固措施不符合设计和规范要求，扣5～10分 钢梁间距未按悬挑架体立杆纵距设置，扣5分	10		
3		架体稳定	立杆底部与悬挑钢梁连接处未采取可靠固定措施，每处扣2分 承插式立杆接长未采取螺栓或销钉固定，每处扣2分 纵横向扫地杆的设置不符合规范要求，扣5～10分 未在架体外侧设置连续式剪刀撑，扣10分 未按规定设置横向斜撑，扣5分 架体未按规定与建筑结构拉结，每处扣5分	10		

续表

序号	检查项目		扣 分 标 准	应得分数	扣减分数	实得分数
4	保证项目	脚手板	脚手板规格、材质不符合要求，扣5～10分 脚手板未满铺或铺设不严、不牢、不稳，扣5～10分	10		
5		荷载	脚手架施工荷载超过设计规定，扣10分 施工荷载堆放不均匀，每处扣5分	10		
6		交底与验收	架体搭设前未进行交底或交底未有文字记录，扣5～10分 架体分段搭设、分段使用未进行分段验收，扣6分 架体搭设完毕未办理验收手续，扣10分 验收内容未进行量化，或未经责任人签字确认，扣5分	10		
		小计		60		
7	一般项目	杆件间距	立杆间距、纵向水平杆步距超过设计或规范要求，每处扣2分 未在立杆与纵向水平杆交点处设置横向水平杆，每处扣2分 未按脚手板铺设的需要增加设置横向水平杆，每处扣2分	10		
8		架体防护	作业层防护栏杆不符合规范要求，扣5分 作业层架体外侧未设置高度不小于180mm的挡脚板，扣3分 架体外侧未采用密目式安全网封闭或网间不严，扣5～10分	10		
9		层间防护	作业层脚手板下未采用安全平网兜底或作业层以下每隔10m未采用安全平网封闭，扣5分 作业层与建筑物之间未进行封闭，扣5分 架体底层沿建筑结构边缘，悬挑钢梁与悬挑钢梁之间未采取封闭措施或封闭不严，扣2～8分 架体底层未进行封闭或封闭不严，扣2～10分	10		
10		构配件材质	型钢、钢管、构配件规格及材质不符合规范要求，扣5～10分 型钢、钢管、构配件弯曲、变形、锈蚀严重，扣10分	10		
		小计		40		
检查项目合计				100		

表 B.9 附着式升降脚手架检查评分表

序号	检查项目		扣 分 标 准	应得分数	扣减分数	实得分数
1	保证项目	施工方案	未编制专项施工方案或未进行设计计算，扣10分 专项施工方案未按规定审核、审批，扣10分 脚手架提升超过规定允许高度，专项施工方案未按规定组织专家论证，扣10分	10		
2		安全装置	未采用防坠落装置或技术性能不符合规范要求，扣10分 防坠落装置与升降设备未分别独立固定在建筑结构上，扣10分 防坠落装置未设置在竖向主框架处并与建筑结构附着，扣10分 未安装防倾覆装置或防倾覆装置不符合规范要求，扣5～10分 升降或使用工况，最上和最下两个防倾装置之间的最小间距不符合规范要求，扣8分 未安装同步控制装置或技术性能不符合规范要求，扣5～8分	10		

续表

序号	检查项目		扣 分 标 准	应得分数	扣减分数	实得分数
3	保证项目	架体构造	架体高度大于5倍楼层高，扣10分 架体宽度大于1.2m，扣5分 直线布置的架体支承跨度大于7m或折线、曲线布置的架体支承跨度大于5.4m，扣8分 架体的水平悬挑长度大于2m或大于跨度1/2，扣10分 架体悬臂高度大于架体高度2/5或大于6m，扣10分 架体全高与支撑跨度的乘积大于110m²，扣10分	10		
4		附着支座	未按竖向主框架所覆盖的每个楼层设置一道附着支座，扣10分 使用工况未将竖向主框架与附着支座固定，扣10分 升降工况未将防倾、导向装置设置在附着支座上，扣10分 附着支座与建筑结构连接固定方式不符合规范要求，扣5～10分	10		
5		架体安装	主框架及水平支承桁架的节点未采用焊接或螺栓连接，扣10分 各杆件轴线未汇交于节点，扣3分 水平支承桁架的上弦及下弦之间设置的水平支撑杆件未采用焊接或螺栓连接，扣5分 架体立杆底端未设置在水平支承桁架上弦杆件节点处，扣10分 竖向主框架组装高度低于架体高度，扣5分 架体外立面设置的连续剪刀撑未将竖向主框架、水平支承桁架和架体构架连成一体，扣8分	10		
6		架体升降	两跨以上架体升降采用手动升降设备，扣10分 升降工况附着支座与建筑结构连接处混凝土强度未达到设计和规范要求，扣10分 升降工况架体上有施工荷载或有人员停留，扣10分	10		
		小计		60	·	
7	一般项目	检查验收	主要构配件进场未进行验收，扣6分 分区段安装、分区段使用未进行分区段验收，扣8分 架体搭设完毕未办理验收手续，扣10分 验收内容未进行量化，或未经责任人签字确认，扣5分 架体提升前未有检查记录，扣6分 架体提升后、使用前未履行验收手续或资料不全，扣2～8分	10		
8		脚手板	脚手板未满铺或铺设不严、不牢，扣3～5分 作业层与建筑结构之间空隙封闭不严，扣3～5分 脚手板规格、材质不符合要求，扣5～10分	10		
9		架体防护	脚手架外侧未采用密目式安全网封闭或网间连接不严，扣5～10分 作业层防护栏杆不符合规范要求，扣5分 作业层未设置高度不小于180mm的挡脚板，扣3分	10		
10		安全作业	操作前未向有关技术人员和作业人员进行安全技术交底或交底未有文字记录，扣5～10分 作业人员未经培训或未定岗定责，扣5～10分 安装拆除单位资质不符合要求或特种作业人员未持证上岗，扣5～10分 安装、升降、拆除时未设置安全警戒区及专人监护，扣10分 荷载不均匀或超载，扣5～10分	10		
		小计		40		
检查项目合计				100		

表 B.10 高处作业吊篮检查评分表

序号	检查项目		扣 分 标 准	应得分数	扣减分数	实得分数
1	保证项目	施工方案	未编制专项施工方案或未对吊篮支架支撑处结构的承载力进行验算，扣 10 分 专项施工方案未按规定审核、审批，扣 10 分	10		
2		安全装置	未安装防坠安全锁或安全锁失灵，扣 10 分 防坠安全锁超过标定期限仍在使用，扣 10 分 未设置挂设安全带专用安全绳及安全锁扣或安全绳未固定在建筑物可靠位置，扣 10 分 吊篮未安装上限位装置或限位装置失灵，扣 10 分	10		
3		悬挂机构	悬挂机构前支架支撑在建筑物女儿墙上或挑檐边缘，扣 10 分 前梁外伸长度不符合产品说明书规定，扣 10 分 前支架与支撑面不垂直或脚轮受力，扣 10 分 上支架未固定在前支架调节杆与悬挑梁连接的节点处，扣 5 分 使用破损的配重块或采用其他替代物，扣 10 分 配重块未固定或重量不符合设计规定，扣 10 分	10		
4		钢丝绳	钢丝绳有断丝、松股、硬弯、锈蚀或有油污附着物，扣 10 分 安全钢丝绳规格、型号与工作钢丝绳不相同或未独立悬挂，扣 10 分 安全钢丝绳不悬垂，扣 5 分 电焊作业时未对钢丝绳采取保护措施，扣 5~10 分	10		
5		安装作业	吊篮平台组装长度不符合产品说明书和规范要求，扣 10 分 吊篮组装的构配件不是同一生产厂家的产品，扣 5~10 分	10		
6		升降作业	操作升降人员未经培训合格，扣 10 分 吊篮内作业人员数量超过 2 人，扣 10 分 吊篮内作业人员未将安全带用安全锁扣挂置在独立设置的专用安全绳上，扣 10 分 作业人员未从地面进出吊篮，扣 5 分	10		
		小计		60		
7	一般项目	交底与验收	未履行验收程序，验收表未经责任人签字确认，扣 5~10 分 验收内容未进行量化，扣 5 分 每天班前班后未进行检查，扣 5 分 吊篮安装使用前未进行交底或交底未留有文字记录，扣 5~10 分	10		
8		安全防护	吊篮平台周边的防护栏杆或挡脚板的设置不符合规范要求，扣 5~10 分 多层或立体交叉作业未设置防护顶板，扣 8 分	10		
9		吊篮稳定	吊篮作业未采取防摆动措施，扣 5 分 吊篮钢丝绳不垂直或吊篮距建筑物空隙过大，扣 5 分	10		
10		荷载	施工荷载超过设计规定，扣 10 分 荷载堆放不均匀，扣 5 分	10		
		小计		40		
检查项目合计				100		

表 B.11 基坑工程检查评分表

序号	检查项目		扣分标准	应得分数	扣减分数	实得分数
1	保证项目	施工方案	基坑工程未编制专项施工方案，扣10分 专项施工方案未按规定审核、审批，扣10分 超过一定规模条件的基坑工程专项施工方案未按规定组织专家论证，扣10分 基坑周边环境或施工条件发生变化，专项施工方案未重新进行审核、审批，扣10分	10		
2		基坑支护	人工开挖的狭窄基槽，开挖深度较大或存在边坡塌方危险未采取支护措施，扣10分 自然放坡的坡率不符合专项施工方案和规范要求，扣10分 基坑支护结构不符合设计要求，扣10分 支护结构水平位移达到设计报警值未采取有效控制措施，扣10分	10		
3		降排水	基坑开挖深度范围内有地下水未采取有效的降排水措施，扣10分 基坑边沿周围地面未设排水沟或排水沟设置不符合规范要求，扣5分 放坡开挖对坡顶、坡面、坡脚未采取降排水措施，扣5~10分 基坑底四周未设排水沟和集水井或排除积水不及时，扣5~8分	10		
4		基坑开挖	支护结构未达到设计要求的强度提前开挖下层土方，扣10分 未按设计和施工方案的要求分层、分段开挖或开挖不均衡，扣10分 基坑开挖过程中未采取防止碰撞支护结构或工程桩的有效措施，扣10分 机械在软土场地作业，未采取铺设渣土、砂石等硬化措施，扣10分	10		
5		坑边荷载	基坑边堆置土、料具等荷载超过基坑支护设计允许要求，扣10分 施工机械与基坑边沿的安全距离不符合设计要求，扣10分	10		
6		安全防护	开挖深度2m及以上的基坑周边未按规范要求设置防护栏杆或栏杆设置不符合规范要求，扣5~10分 基坑内未设置供施工人员上下的专用梯道或梯道设置不符合规范要求，扣5~10分 降水井口未设置防护盖板或围栏，扣10分	10		
		小计		60		
7	一般项目	基坑监测	未按要求进行基坑工程监测，扣10分 基坑监测项目不符合设计和规范要求，扣5~10分 监测的时间间隔不符合监测方案要求或监测结果变化速率较大未加密观测次数，扣5~8分 未按设计要求提交监测报告或监测报告内容不完整，扣5~8分	10		
8		支撑拆除	基坑支撑结构的拆除方式、拆除顺序不符合专项施工方案要求，扣5~10分 机械拆除作业时，施工荷载大于支撑结构承载能力，扣10分 人工拆除作业时，未按规定设置防护设施，扣8分 采用非常规拆除方式不符合国家现行相关规范要求，扣10分	10		
9		作业环境	基坑内土方机械、施工人员的安全距离不符合规范要求，扣10分 上下垂直作业未采取防护措施，扣5分 在各种管线范围内挖土作业未设专人监护，扣5分 作业区光线不良，扣5分	10		
10		应急预案	未按要求编制基坑工程应急预案或应急预案内容不完整，扣5~10分 应急组织机构不健全或应急物资、材料、工具机具储备不符合应急预案要求，扣2~6分	10		
		小计		40		
检查项目合计				100		

表 B.12 模板支架检查评分表

序号	检查项目		扣 分 标 准	应得分数	扣减分数	实得分数
1	保证项目	施工方案	未编制专项施工方案或结构设计未经计算，扣10分 专项施工方案未经审核、审批，扣10分 超规模模板支架专项施工方案未按规定组织专家论证，扣10分	10		
2		支架基础	基础不坚实平整，承载力不符合专项施工方案要求，扣5～10分 支架底部未设置垫板或垫板的规格不符合规范要求，扣5～10分 支架底部未按规范要求设置底座，每处扣2分 未按规范要求设置扫地杆，扣5分 未采取排水设施，扣5分 支架设在楼面结构上时，未对楼面结构的承载力进行验算或楼面结构下方未采取加固措施，扣10分	10		
3		支架构造	立杆纵、横间距大于设计和规范要求，每处扣2分 水平杆步距大于设计和规范要求，每处扣2分 水平杆未连续设置，扣5分 未按规范要求设置竖向剪刀撑或专用斜杆，扣10分 未按规范要求设置水平剪刀撑或专用水平斜杆，扣10分 剪刀撑或斜杆设置不符合规范要求，扣5分	10		
4		支架稳定	支架高宽比超过规范要求未采取与建筑结构刚性连接或增加架体宽度等措施，扣10分 立杆伸出顶层水平杆的长度超过规范要求，每处扣2分 浇筑混凝土未对支架的基础沉降、架体变形采取监测措施，扣8分	10		
5		施工荷载	荷载堆放不均匀，每处扣5分 施工荷载超过设计规定，扣10分 浇筑混凝土未对混凝土堆积高度进行控制，扣8分	10		
6		交底与验收	支架搭设、拆除前未进行交底或无文字记录，扣5～10分 架体搭设完毕未办理验收手续，扣10分 验收内容未进行量化，或未经责任人签字确认，扣5分	10		
		小计		60		
7	一般项目	杆件连接	立杆连接不符合规范要求，扣3分 水平杆连接不符合规范要求，扣3分 剪刀撑斜杆接长不符合规范要求，每处扣3分 杆件各连接点的紧固不符合规范要求，每处扣2分	10		
8		底座与托撑	螺杆直径与立杆内径不匹配，每处扣3分 螺杆旋入螺母内的长度或外伸长度不符合规范要求，每处扣3分	10		
9		构配件材质	钢管、构配件的规格、型号、材质不符合规范要求，扣5～10分 杆件弯曲、变形、锈蚀严重，扣10分	10		
10		支架拆除	支架拆除前未确认混凝土强度达到设计要求，扣10分 未按规定设置警戒区或未设置专人监护，扣5～10分	10		
		小计		40		
检查项目合计				100		

表 B.13 高处作业检查评分表

序号	检查项目	扣 分 标 准	应得分数	扣减分数	实得分数
1	安全帽	施工现场人员未佩戴安全帽，每人扣5分 未按标准佩戴安全帽，每人扣2分 安全帽质量不符合现行国家相关标准的要求，扣5分	10		
2	安全网	在建工程外脚手架架体外侧未采用密目式安全网封闭或网间连接不严，扣2～10分 安全网质量不符合现行国家相关标准的要求，扣10分	10		
3	安全带	高处作业人员未按规定系挂安全带，每人扣5分 安全带系挂不符合要求，每人扣5分 安全带质量不符合现行国家相关标准的要求，扣10分	10		
4	临边防护	工作面边沿无临边防护，扣10分 临边防护设施的构造、强度不符合规范要求，扣5分 防护设施未形成定型化、工具式，扣3分	10		
5	洞口防护	在建工程的孔、洞未采取防护措施，每处扣5分 防护措施、设施不符合要求或不严密，每处扣3分 防护设施未形成定型化、工具式，扣3分 电梯井内未按每隔两层且不大于10m设置安全平网，扣5分	10		
6	通道口防护	未搭设防护棚或防护不严、不牢固，扣5～10分 防护棚两侧未进行封闭，扣4分 防护棚宽度小于通道口宽度，扣4分 防护棚长度不符合要求，扣4分 建筑物高度超过24m，防护棚顶未采用双层防护，扣4分 防护棚的材质不符合规范要求，扣5分	10		
7	攀登作业	移动式梯子的梯脚底部垫高使用，扣3分 折梯未使用可靠拉撑装置，扣5分 梯子的材质或制作质量不符合规范要求，扣10分	10		
8	悬空作业	悬空作业处未设置防护栏杆或其他可靠的安全设施，扣5～10分 悬空作业所用的索具、吊具等未经验收，扣5分 悬空作业人员未系挂安全带或佩带工具袋，扣2～10分	10		
9	移动式操作平台	操作平台未按规定进行设计计算，扣8分 移动式操作平台，轮子与平台的连接不牢固可靠或立柱底端距离地面超过80mm，扣5分 操作平台的组装不符合设计和规范要求，扣10分 平台台面铺板不严，扣5分 操作平台四周未按规定设置防护栏杆或未设置登高扶梯，扣10分 操作平台的材质不符合规范要求，扣10分	10		
10	悬挑式物料钢平台	未编制专项施工方案或未经设计计算，扣10分 悬挑式钢平台的下部支撑系统或上部拉结点，未设置在建筑结构上，扣10分 斜拉杆或钢丝绳未按要求在平台两侧各设置两道，扣10分 钢平台未按要求设置固定的防护栏杆或挡脚板，扣3～10分 钢平台台面铺板不严或钢平台与建筑结构之间铺板不严，扣5分 未在平台明显处设置荷载限定标牌，扣5分	10		
检查项目合计			100		

表 B.14 施工用电检查评分表

序号	检查项目		扣 分 标 准	应得分数	扣减分数	实得分数
1	保证项目	外电防护	外电线路与在建工程及脚手架、起重机械、场内机动车道之间的安全距离不符合规范要求且未采取防护措施，扣10分 防护设施未设置明显的警示标志，扣5分 防护设施与外电线路的安全距离及搭设方式不符合规范要求，扣5～10分 在外电架空线路正下方施工、建造临时设施或堆放材料物品，扣10分	10		
2		接地与接零保护系统	施工现场专用的电源中性点直接接地的低压配电系统未采用 TN-S 接零保护系统，扣20分 配电系统未采用同一保护系统，扣20分 保护零线引出位置不符合规范要求，扣5～10分 电气设备未接保护零线，每处扣2分 保护零线装设开关、熔断器或通过工作电流，扣20分 保护零线材质、规格及颜色标记不符合规范要求，每处扣2分 工作接地与重复接地的设置、安装及接地装置的材料不符合规范要求，扣10～20分 工作接地电阻大于4Ω，重复接地电阻大于10Ω，扣20分 施工现场起重机、物料提升机、施工升降机、脚手架防雷措施不符合规范要求，扣5～10分 做防雷接地机械上的电气设备，保护零线未做重复接地，扣10分	20		
3		配电线路	线路及接头不能保证机械强度和绝缘强度，扣5～10分 线路未设短路、过载保护，扣5～10分 线路截面不能满足负荷电流，每处扣2分 线路的设施、材料及相序排列、档距、与邻近线路或固定物的距离不符合规范要求，扣5～10分 电缆沿地面明设，沿脚手架、树木等敷设或敷设不符合规范要求，扣5～10分 线路敷设的电缆不符合规范要求，扣5～10分 室内明敷主干线距地面高度小于2.5m，每处扣2分	10		
4		配电箱与开关箱	配电系统未采用三级配电、二级漏电保护系统，扣10～20分 用电设备未有各自专用的开关箱，每处扣2分 箱体结构、箱内电器设置不符合规范要求，扣10～20分 配电箱零线端子板的设置、连接不符合规范要求，扣5～10分 漏电保护器参数不匹配或检测不灵敏，每处扣2分 配电箱与开关箱电器损坏或进出线混乱，每处扣2分 箱体未设置系统接线图和分路标记，每处扣2分 箱体未设门、锁，未采用防雨措施，每处扣2分 箱体安装位置、高度及周边通道不符合规范要求，每处扣2分 分配电箱与开关箱、开关箱与用电设备的距离不符合规范要求，每处扣2分	20		
		小计		60		

续表

序号	检查项目		扣 分 标 准	应得分数	扣减分数	实得分数
5	一般项目	配电室与配电装置	配电室建筑耐火等级未达到三级，扣15分 未配置适用于电气火灾的灭火器材，扣3分 配电室、配电装置布设不符合规范要求，扣5～10分 配电装置中的仪表、电气元件设置不符合规范要求或仪表、电气元件损坏，扣5～10分 备用发电机组未与外电线路进行连锁，扣15分 配电室未采取防雨雪和小动物侵入的措施，扣10分 配电室未设警示标志、工地供电平面图和系统图，扣3～5分	15		
6		现场照明	照明用电与动力用电混用，每处扣2分 特殊场所未使用36V及以下安全电压，扣15分 手持照明灯未使用36V以下电源供电，扣10分 照明变压器未使用双绕组安全隔离变压器，扣15分 灯具金属外壳未接保护零线，每处扣2分 灯具与地面、易燃物之间小于安全距离，每处扣2分 照明线路和安全电压线路的架设不符合规范要求，扣10分 施工现场未按规范要求配备应急照明，每处扣2分	15		
7		用电档案	总包单位与分包单位未订立临时用电管理协议，扣10分 未制定专项用电施工组织设计、外电防护专项方案或设计、方案缺乏针对性，扣5～10分 专项用电施工组织设计、外电防护专项方案未履行审批程序，实施后相关部门未组织验收，扣5～10分 接地电阻、绝缘电阻和漏电保护器检测记录未填写或填写不真实，扣3分 安全技术交底、设备设施验收记录未填写或填写不真实，扣3分 定期巡视检查、隐患整改记录未填写或填写不真实，扣3分 档案资料不齐全，未设专人管理，扣3分	10		
	小计			40		
检查项目合计				100		

表 B.15 物料提升机检查评分表

序号	检查项目		扣 分 标 准	应得分数	扣减分数	实得分数
1	保证项目	安全装置	未安装起重量限制器、防坠安全器，扣15分 起重量限制器、防坠安全器不灵敏，扣15分 安全停层装置不符合规范要求或未达到定型化，扣5～10分 未安装上行程限位，扣15分 上行程限位不灵敏，安全越程不符合规范要求，扣10分 物料提升机安装高度超过30m，未安装渐进式防坠安全器、自动停层、语音及影像信号监控装置，每项扣5分	15		

续表

序号	检查项目		扣 分 标 准	应得分数	扣减分数	实得分数
2	保证项目	防护设施	未设置防护围栏或设置不符合规范要求，扣5~15分 未设置进料口防护棚或设置不符合规范要求，扣5~15分 停层平台两侧未设置防护栏杆、挡脚板，每处扣2分 停层平台脚手板铺设不严、不牢，每处扣2分 未安装平台门或平台门不起作用，扣5~15分 平台门未达到定型化，每处扣2分 吊笼门不符合规范要求，扣10分	15		
3		附墙架与缆风绳	附墙架结构、材质、间距不符合产品说明书要求，扣10分 附墙架未与建筑结构可靠连接，扣10分 缆风绳设置数量、位置不符合规范要求，扣5分 缆风绳未使用钢丝绳或未与地锚连接，扣10分 钢丝绳直径小于8mm或角度不符合45°~60°要求，扣5~10分 安装高度超过30m的物料提升机使用缆风绳，扣10分 地锚设置不符合规范要求，每处扣5分	10		
4		钢丝绳	钢丝绳磨损、变形、锈蚀达到报废标准，扣10分 钢丝绳绳夹设置不符合规范要求，每处扣2分 吊笼处于最低位置，卷筒上钢丝绳少于3圈，扣10分 未设置钢丝绳过路保护措施或钢丝绳拖地，扣5分	10		
5		安拆、验收与使用	安装、拆卸单位未取得专业承包资质和安全生产许可证，扣10分 未制定专项施工方案或未经审核、审批，扣10分 未履行验收程序或验收表未经责任人签字，扣5~10分 安装、拆除人员及司机未持证上岗，扣10分 物料提升机作业前未按规定进行例行检查或未填写检查记录，扣4分 实行多班作业未按规定填写交接班记录，扣3分	10		
		小计		60		
6	一般项目	基础与导轨架	基础的承载力、平整度不符合规范要求，扣5~10分 基础周边未设排水设施，扣5分 导轨架垂直度偏差大于导轨架高度0.15%，扣5分 井架停层平台通道处的结构未采取加强措施，扣8分	10		
7		动力与传动	卷扬机、曳引机安装不牢固，扣10分 卷筒与导轨架底部导向轮的距离小于20倍卷筒宽度未设置排绳器，扣5分 钢丝绳在卷筒上排列不整齐，扣5分 滑轮与导轨架、吊笼未采用刚性连接，扣10分 滑轮与钢丝绳不匹配，扣10分 卷筒、滑轮未设置防止钢丝绳脱出装置，扣5分 曳引钢丝绳为2根及以上时，未设置曳引力平衡装置，扣5分	10		

续表

序号	检查项目		扣 分 标 准	应得分数	扣减分数	实得分数
8	一般项目	通信装置	未按规范要求设置通信装置，扣5分 通信装置信号显示不清晰，扣3分	5		
9		卷扬机操作棚	未设置卷扬机操作棚，扣10分 操作棚搭设不符合规范要求，扣5～10分	10		
10		避雷装置	物料提升机在其他防雷保护范围以外未设置避雷装置，扣5分 避雷装置不符合规范要求，扣3分	5		
		小计		40		
检查项目合计				100		

表 B.16　施工升降机检查评分表

序号	检查项目		扣 分 标 准	应得分数	扣减分数	实得分数
1	保证项目	安全装置	未安装起重量限制器或起重量限制器不灵敏，扣10分 未安装渐进式防坠安全器或防坠安全器不灵敏，扣10分 防坠安全器超过有效标定期限，扣10分 对重钢丝绳未安装防松绳装置或防松绳装置不灵敏，扣5分 未安装急停开关或急停开关不符合规范要求，扣5分 未安装吊笼和对重缓冲器或缓冲器不符合规范要求，扣5分 SC型施工升降机未安装安全钩，扣10分	10		
2		限位装置	未安装极限开关或极限开关不灵敏，扣10分 未安装上限位开关或上限位开关不灵敏，扣10分 未安装下限位开关或下限位开关不灵敏，扣5分 极限开关与上限位开关安全越程不符合规范要求，扣5分 极限开关与上、下限位开关共用一个触发元件，扣5分 未安装吊笼门机电连锁装置或不灵敏，扣10分 未安装吊笼顶窗电气安全开关或不灵敏，扣5分	10		
3		防护设施	未设置地面防护围栏或设置不符合规范要求，扣5～10分 未安装地面防护围栏门连锁保护装置或连锁保护装置不灵敏，扣5～8分 未设置出入口防护棚或设置不符合规范要求，扣5～10分 停层平台搭设不符合规范要求，扣5～8分 未安装层门或层门不起作用，扣5～10分 层门不符合规范要求、未达到定型化，每处扣2分	10		

续表

序号	检查项目		扣 分 标 准	应得分数	扣减分数	实得分数
4	保证项目	附墙架	附墙架采用非配套标准产品未进行设计计算，扣10分 附墙架与建筑结构连接方式、角度不符合产品说明书要求，扣5~10分 附墙架间距、最高附着点以上导轨架的自由高度超过产品说明书要求，扣10分	10		
5		钢丝绳、滑轮与对重	对重钢丝绳绳数少于2根或未相对独立，扣5分 钢丝绳磨损、变形、锈蚀达到报废标准，扣10分 钢丝绳的规格、固定不符合产品说明书及规范要求，扣10分 滑轮未安装钢丝绳防脱装置或不符合规范要求，扣4分 对重重量、固定不符合产品说明书及规范要求，扣10分 对重未安装防脱轨保护装置，扣5分	10		
6		安拆、验收与使用	安装、拆卸单位未取得专业承包资质和安全生产许可证，扣10分 未编制安装、拆卸专项方案或专项方案未经审核、审批，扣10分 未履行验收程序或验收表未经责任人签字，扣5~10分 安装、拆除人员及司机未持证上岗，扣10分 施工升降机作业前未按规定进行例行检查，未填写检查记录，扣4分 实行多班作业未按规定填写交接班记录，扣3分	10		
		小计		60		
7	一般项目	导轨架	导轨架垂直度不符合规范要求，扣10分 标准节质量不符合产品说明书及规范要求，扣10分 对重导轨不符合规范要求，扣5分 标准节连接螺栓使用不符合产品说明书及规范要求，扣5~8分	10		
8		基础	基础制作、验收不符合产品说明书及规范要求，扣5~10分 基础设置在地下室顶板或楼面结构上，未对其支承结构进行承载力验算，扣10分 基础未设置排水设施，扣4分	10		
9		电气安全	施工升降机与架空线路距离不符合规范要求，未采取防护措施，扣10分 防护措施不符合规范要求，扣5分 未设置电缆导向架或设置不符合规范要求，扣5分 施工升降机在防雷保护范围以外未设置避雷装置，扣10分 避雷装置不符合规范要求，扣5分	10		
10		通信装置	未安装楼层信号联络装置，扣10分 楼层联络信号不清晰，扣5分	10		
		小计		40		
检查项目合计				100		

表 B.17 塔式起重机检查评分表

序号	检查项目		扣 分 标 准	应得分数	扣减分数	实得分数
1	保证项目	载荷限制装置	未安装起重量限制器或不灵敏，扣10分 未安装力矩限制器或不灵敏，扣10分	10		
2		行程限位装置	未安装起升高度限位器或不灵敏，扣10分 起升高度限位器的安全越程不符合规范要求，扣6分 未安装幅度限位器或不灵敏，扣10分 回转不设集电器的塔式起重机未安装回转限位器或不灵敏，扣6分 行走式塔式起重机未安装行走限位器或不灵敏，扣10分	10		
3		保护装置	小车变幅的塔式起重机未安装断绳保护及断轴保护装置，扣8分 行走及小车变幅的轨道行程末端未安装缓冲器及止挡装置或不符合规范要求，扣4~8分 起重臂根部绞点高度大于50m的塔式起重机未安装风速仪或不灵敏，扣4分 塔式起重机顶部高度大于30m且高于周围建筑物未安装障碍指示灯，扣4分	10		
4		吊钩、滑轮、卷筒与钢丝绳	吊钩未安装钢丝绳防脱钩装置或不符合规范要求，扣10分 吊钩磨损、变形达到报废标准，扣10分 滑轮、卷筒未安装钢丝绳防脱装置或不符合规范要求，扣4分 滑轮及卷筒磨损达到报废标准，扣10分 钢丝绳磨损、变形、锈蚀达到报废标准，扣10分 钢丝绳的规格、固定、缠绕不符合产品说明书及规范要求，扣5~10分	10		
5		多塔作业	多塔作业未制定专项施工方案或施工方案未经审批，扣10分 任意两台塔式起重机之间的最小架设距离不符合规范要求，扣10分	10		
6		安拆、验收与使用	安装、拆卸单位未取得专业承包资质和安全生产许可证，扣10分 未制定安装、拆卸专项方案，扣10分 方案未经审核、审批，扣10分 未履行验收程序或验收表未经责任人签字，扣5~10分 安装、拆除人员及司机、指挥未持证上岗，扣10分 塔式起重机作业前未按规定进行例行检查，未填写检查记录，扣4分 实行多班作业未按规定填写交接班记录，扣3分	10		
		小计		60		
7	一般项目	附着	塔式起重机高度超过规定未安装附着装置，扣10分 附着装置水平距离不满足产品说明书要求，未进行设计计算和审批，扣8分 安装内爬式塔式起重机的建筑承载结构未进行承载力验算，扣8分 附着装置安装不符合产品说明书及规范要求，扣5~10分 附着前和附着后塔身垂直度不符合规范要求，扣10分	10		

续表

序号	检查项目		扣 分 标 准	应得分数	扣减分数	实得分数
8	一般项目	基础与轨道	塔式起重机基础未按产品说明书及有关规定设计、检测、验收，扣5～10分 基础未设置排水措施，扣4分 路基箱或枕木铺设不符合产品说明书及规范要求，扣6分 轨道铺设不符合产品说明书及规范要求，扣6分	10		
9		结构设施	主要结构件的变形、锈蚀不符合规范要求，扣10分 平台、走道、梯子、护栏的设置不符合规范要求，扣4～8分 高强螺栓、销轴、紧固件的紧固、连接不符合规范要求，扣5～10分	10		
10		电气安全	未采用TN-S接零保护系统供电，扣10分 塔式起重机与架空线路安全距离不符合规范要求，未采取防护措施，扣10分 防护措施不符合规范要求，扣5分 未安装避雷接地装置，扣10分 避雷接地装置不符合规范要求，扣5分 电缆使用及固定不符合规范要求，扣5分	10		
		小计		40		
检查项目合计				100		

表 B.18 起重吊装检查评分表

序号	检查项目		扣 分 标 准	应得分数	扣减分数	实得分数
1	保证项目	施工方案	未编制专项施工方案或专项施工方案未经审核、审批，扣10分 超规模的起重吊装专项施工方案未按规定组织专家论证，扣10分	10		
2		起重机械	未安装荷载限制装置或不灵敏，扣10分 未安装行程限位装置或不灵敏，扣10分 起重拔杆组装不符合设计要求，扣10分 起重拔杆组装后未履行验收程序或验收表无责任人签字，扣5～10分	10		
3		钢丝绳与地锚	钢丝绳磨损、断丝、变形、锈蚀达到报废标准，扣10分 钢丝绳规格不符合起重机产品说明书要求，扣10分 吊钩、卷筒、滑轮磨损达到报废标准，扣10分 吊钩、卷筒、滑轮未安装钢丝绳防脱装置，扣5～10分 起重拔杆的缆风绳、地锚设置不符合设计要求，扣8分	10		
4		索具	索具采用编结连接时，编结部分的长度不符合规范要求，扣10分 索具采用绳夹连接时，绳夹的规格、数量及绳夹间距不符合规范要求，扣5～10分 索具安全系数不符合规范要求，扣10分 吊索规格不匹配或机械性能不符合设计要求，扣5～10分	10		

续表

序号	检查项目		扣 分 标 准	应得分数	扣减分数	实得分数
5	保证项目	作业环境	起重机行走作业处地面承载能力不符合产品说明书要求或未采用有效加固措施，扣10分 起重机与架空线路安全距离不符合规范要求，扣10分	10		
6		作业人员	起重机司机无证操作或操作证与操作机型不符，扣5～10分 未设置专职信号指挥和司索人员，扣10分 作业前未按规定进行安全技术交底或交底未形成文字记录，扣5～10分	10		
		小计		60		
7	一般项目	起重吊装	多台起重机同时起吊一个构件时，单台起重机所承受的荷载不符合专项施工方案要求，扣10分 吊索系挂点不符合专项施工方案要求，扣5分 起重机作业时起重臂下有人停留或吊运重物从人的正上方通过，扣10分 起重机吊具载运人员，扣10分 吊运易散落物件不使用吊笼，扣6分	10		
8		高处作业	未按规定设置高处作业平台，扣10分 高处作业平台设置不符合规范要求，扣5～10分 未按规定设置爬梯或爬梯的强度、构造不符合规范要求，扣5～8分 未按规定设置安全带悬挂点，扣8分	10		
9		构件码放	构件码放荷载超过作业面承载能力，扣10分 构件码放高度超过规定要求，扣4分 大型构件码放无稳定措施，扣8分	10		
10		警戒监护	未按规定设置作业警戒区，扣10分 警戒区未设专人监护，扣5分	10		
		小计		40		
检查项目合计				100		

表 B.19 施工机具检查评分表

序号	检查项目	扣 分 标 准	应得分数	扣减分数	实得分数
1	平刨	平刨安装后未履行验收程序，扣5分 未设置护手安全装置，扣5分 传动部位未设置防护罩，扣5分 未作保护接零或未设置漏电保护器，扣10分 未设置安全作业棚，扣6分 使用多功能木工机具，扣10分	10		

续表

序号	检查项目	扣　分　标　准	应得分数	扣减分数	实得分数
2	圆盘锯	圆盘锯安装后未履行验收程序，扣5分 未设置锯盘护罩、分料器、防护挡板安全装置和传动部位未设置防护罩，每处扣3分 未作保护接零或未设置漏电保护器，扣10分 未设置安全作业棚，扣6分 使用多功能木工机具，扣10分	10		
3	手持电动工具	Ⅰ类手持电动工具未采取保护接零或未设置漏电保护器，扣8分 使用Ⅰ类手持电动工具不按规定穿戴绝缘用品，扣6分 手持电动工具随意接长电源线，扣4分	8		
4	钢筋机械	机械安装后未履行验收程序，扣5分 未作保护接零或未设置漏电保护器，扣10分 钢筋加工区未设置作业棚，钢筋对焊作业区未采取防止火花飞溅措施或冷拉作业区未设置防护栏板，每处扣5分 传动部位未设置防护罩，扣5分	10		
5	电焊机	电焊机安装后未履行验收程序，扣5分 未作保护接零或未设置漏电保护器，扣10分 未设置二次空载降压保护器，扣10分 一次线长度超过规定或未进行穿管保护，扣3分 二次线未采用防水橡皮护套铜芯软电缆，扣10分 二次线长度超过规定或绝缘层老化，扣3分 电焊机未设置防雨罩或接线柱未设置防护罩，扣5分	10		
6	搅拌机	搅拌机安装后未履行验收程序，扣5分 未作保护接零或未设置漏电保护器，扣10分 离合器、制动器、钢丝绳达不到规定要求，每项扣5分 上料斗未设置安全挂钩或止挡装置，扣5分 传动部位未设置防护罩，扣4分 未设置安全作业棚，扣6分	10		
7	气瓶	气瓶未安装减压器，扣8分 乙炔瓶未安装回火防止器，扣8分 气瓶间距小于5m或与明火距离小于10m未采取隔离措施，扣8分 气瓶未设置防振圈和防护帽，扣2分 气瓶存放不符合要求，扣4分	8		
8	翻斗车	翻斗车制动、转向装置不灵敏，扣5分 驾驶员无证操作，扣8分 行车载人或违章行车，扣8分	8		
9	潜水泵	未作保护接零或未设置漏电保护器，扣6分 负荷线未使用专用防水橡皮电缆，扣6分 负荷线有接头，扣3分	6		

续表

序号	检查项目	扣 分 标 准	应得分数	扣减分数	实得分数
10	振捣器	未作保护接零或未设置漏电保护器，扣8分 未使用移动式配电箱，扣4分 电缆线长度超过30m，扣4分 操作人员未穿戴绝缘防护用品，扣8分	8		
11	桩工机械	机械安装后未履行验收程序，扣10分 作业前未编制专项施工方案或未按规定进行安全技术交底，扣10分 安全装置不齐全或不灵敏，扣10分 机械作业区域地面承载力不符合规定要求或未采取有效硬化措施，扣12分 机械与输电线路安全距离不符合规范要求，扣12分	12		
检查项目合计			100		

本标准用词说明

1 为便于在执行本标准条文时区别对待，对要求严格程度不同的用词说明如下：

  1）表示很严格，非这样做不可的：

   正面词采用"必须"，反面词采用"严禁"；

  2）表示严格，在正常情况下均应这样做的：

   正面词采用"应"，反面词采用"不应"或"不得"；

  3）表示允许稍有选择，在条件许可时首先应这样做的：

   正面词采用"宜"，反面词采用"不宜"；

  4）表示有选择，在一定条件下可以这样做的，采用"可"。

2 条文中指明应按其他有关标准执行的，写法为"应符合……的规定"或"应按……执行"。

引用标准名录

1　《建设工程施工现场供用电安全规范》GB 50194

2　《建筑基坑工程监测技术规范》GB 50497

3　《建设工程施工现场消防安全技术规范》GB 50720

4　《安全帽》GB 2118

5　《塔式起重机安全规程》GB 5144

6　《安全网》GB 5725

7　《起重机械安全规程》GB 6067

8　《安全带》GB 6095

9　《施工升降机》GB/T 10054

10　《施工升降机安全规程》GB 10055

11　《建筑机械使用安全技术规程》JGJ 33

12　《施工现场临时用电安全技术规范》JGJ 46

13　《建筑施工高处作业安全技术规范》JGJ 80

14　《龙门架及井架物料提升机安全技术规范》JGJ 88

15　《建筑基坑支护技术规程》JGJ 120

16　《建筑施工门式钢管脚手架安全技术规范》JGJ 128

17　《建筑施工扣件式钢管脚手架安全技术规范》JGJ 130

18　《建筑施工现场环境与卫生标准》JGJ 146

19　《施工现场机械设备检查技术规程》JGJ 160

20　《建筑施工模板安全技术规范》JGJ 162

21　《建筑施工碗扣式钢管脚手架安全技术规范》JGJ 166

22　《建筑施工土石方工程安全技术规范》JGJ 180

23　《施工现场临时建筑物技术规范》JGJ/T 188

24　《建筑施工塔式起重机安装、使用、拆卸安全技术规程》JGJ 196

25　《建筑施工工具式脚手架安全技术规范》JGJ 202

26　《建筑施工升降机安装、使用、拆卸安全技术规程》JGJ 215

27　《建筑施工承插型盘扣式钢管支架安全技术规程》JGJ 231

中华人民共和国行业标准

建筑施工安全检查标准

JGJ 59 - 2011

条 文 说 明

修 订 说 明

《建筑施工安全检查标准》JGJ 59－2011，经住房和城乡建设部 2011 年 12 月 7 日以第 1204 号公告批准、发布。

本标准是在《建筑施工安全检查标准》JGJ 59－99 的基础上修订而成，上一版的主编单位是天津建工集团总公司，参编单位是中国工程标准化协会施工安全专业委员会、上海市建设工程安全监督站、哈尔滨市建设工程安全监察站、嘉兴市建筑安全监督站、杭州市建筑工程安全监督站、深圳市施工安全监督站、北京建工集团、山西省建筑安全监督站，主要起草人是秦春芳、刘嘉福、戴贞洁。本次修订的主要技术内容是：1. 增设"术语"章节；2. 增设"检查评定项目"章节；3. 将原"检查分类及评分方法"一章调整为"检查评分方法"和"检查评定等级"两个章节，并对评定等级的划分标准进行了调整；4. 将原"检查评分表"一章调整为附录；5. 将"建筑施工安全检查评分汇总表"中的项目名称及分值进行了调整；6. 删除"挂脚手架检查评分表"、"吊篮脚手架检查评分表"；7. 将"'三宝'、'四口'防护检查评分表"改为"高处作业检查评分表"，并新增移动式操作平台和悬挑式钢平台的检查内容；8. 新增"碗扣式钢管脚手架检查评分表"、"承插型盘扣式钢管脚手架检查评分表"、"满堂脚手架检查评分表"、"高处作业吊篮检查评分表"；9. 依据现行法规和标准对检查评分表的内容进行了调整。

本标准修订过程中，编制组进行了大量的调查研究，总结了我国房屋建筑工程施工现场安全检查的实践经验。

为便于广大设计、施工、科研、学校等单位有关人员在使用本标准时能正确理解和执行条文规定，《建筑施工安全检查标准》编制组按章、节、条顺序编制了本标准的条文说明，对条文规定的目的、依据以及执行中需注意的有关事项进行了说明，还着重对强制性条文的强制性理由作了解释。但是，本条文说明不具备与标准正文同等的法律效力，仅供使用者作为理解和把握标准的参考。

目　次

1 总 则

1.0.1 本标准编制的目的。

1.0.2 本标准适用于建筑施工企业或其他方对房屋建筑施工现场的安全检查评定。

1.0.3 建筑施工安全检查除应符合本标准规定外，针对施工现场的实际情况尚应符合国家现行有关标准中的要求。

3 检查评定项目

3.1 安 全 管 理

3.1.3 对安全管理保证项目说明如下：

1 安全生产责任制

安全生产责任制主要是指工程项目部各级管理人员，包括：项目经理、工长、安全员、生产、技术、机械、器材、后勤、分包单位负责人等管理人员，均应建立安全责任制。根据《建筑施工安全检查标准》和项目制定的安全管理目标，进行责任目标分解。建立考核制度，定期（每月）考核。

工程的主要施工工种，包括：砌筑、抹灰、混凝土、木工、电工、钢筋、机械、起重司索、信号指挥、脚手架、水暖、油漆、塔吊、电梯、电气焊等工种均应制定安全技术操作规程，并在相对固定的作业区域悬挂。

工程项目部专职安全人员的配备应按住建部的规定，1 万 m² 以下工程 1 人；1 万 m²～5 万 m² 的工程不少于 2 人；5 万 m² 以上的工程不少于 3 人。

制定安全生产资金保障制度，就是要确保购置、制作各种安全防护设施、设备、工具、材料及文明施工设施和工程抢险等需要的资金，做到专款专用。同时还应提前编制计划并严格按计划实施，保证安全生产资金的投入。

2 施工组织设计与专项施工方案

施工组织设计中的安全技术措施应包括安全生产管理措施。

危险性较大的分部分项工程专项方案，经专家论证后提出修改完善意见的，施工单位应按论证报告进行修改，并经施工单位技术负责人、项目总监理工程师、建设单位项目负责人签字后，方可组织实施。专项方案经论证后需做重大修改的，应重新组织专家进行论证。

3 安全技术交底

安全技术交底主要包括三个方面：一是按工程部位分部分项进行交底；二是对施工作业相对固定，与工程施工部位没有直接关系的工种，如起重机械、钢筋加工等，应单独进行交底；三是对工程项目的各级管理人员，应进行以安全施工方案为主要内容的交底。

4 安全检查

安全检查应包括定期安全检查和季节性安全检查。

定期安全检查以每周一次为宜。

季节性安全检查，应在雨期、冬期之前和雨期、冬期施工中分别进行。

对重大事故隐患的整改复查，应按照谁检查谁复查的原则进行。

5 安全教育

施工人员入场安全教育应按照先培训后上岗的原则进行，培训教育应进行试卷考核。施工人员变换工种或采用新技术、新工艺、新设备、新材料施工时，必须进行安全教育培训，保证施工人员熟悉作业环境，掌握相应的安全知识技能。

现场应填写三级安全教育台账记录和安全教育人员考核登记表。

施工管理人员、专职安全员每年应进行一次安全培训考核。

6 应急救援

重大危险源的辨识应根据工程特点和施工工艺,将施工中可能造成重大人身伤害的危险因素、危险部位、危险作业列为重大危险源并进行公示,并以此为基础编制应急救援预案和控制措施。

项目应定期组织综合或专项的应急救援演练。对难以进行现场演练的预案,可按演练程序和内容采取室内桌牌式模拟演练。

按照工程的不同情况和应急救援预案要求,应配备相应的应急救援器材,包括:急救箱、氧气袋、担架、应急照明灯具、消防器材、通信器材、机械、设备、材料、工具、车辆、备用电源等。

3.1.4 对安全管理一般项目说明如下:

1 分包单位安全管理

分包单位安全员的配备应按住建部的规定,专业分包至少 1 人;劳务分包的工程 50 人以下的至少 1 人;50～200 人的至少 2 人;200 人以上的至少 3 人。

分包单位应根据每天工作任务的不同特点,对施工作业人员进行班前安全交底。

2 持证上岗

项目经理、安全员、特种作业人员应进行登记造册,资格证书复印留查,并按规定年限进行延期审核。

3 生产安全事故处理

工程项目发生的各种安全事故应进行登记报告,并按规定进行调查、处理、制定预防措施,建立事故档案。重伤以上事故,按国家有关调查处理规定进行登记建档。

4 安全标志

施工现场安全标志的设置应根据工程部位进行调整。主要包括:基础施工、主体施工、装修施工三个阶段。

对夜间施工或人员经常通行的危险区域、设施,应安装灯光警示标志。

按照危险源辨识的情况,施工现场应设置重大危险源公示牌。

3.2 文 明 施 工

3.2.3 对文明施工保证项目说明如下:

1 现场围挡

工地必须沿四周连续设置封闭围挡,围挡材料应选用砌体、金属板材等硬性材料,并做到坚固、稳定、整洁和美观。

2 封闭管理

现场进出口应设置大门、门卫室、企业名称或标识、车辆冲洗设施等,并严格执行门卫制度,持工作卡进出现场。

3 施工场地

现场主要道路必须采用混凝土、碎石或其他硬质材料进行硬化处理,做到畅通、平整,其宽度应能满足施工及消防等要求。

对现场易产生扬尘污染的路面、裸露地面及存放的土方等，应采取合理、严密的防尘措施。

4　材料管理

应根据施工现场实际面积及安全消防要求，合理布置材料的存放位置，并码放整齐。

现场存放的材料（如：钢筋、水泥等），为了达到质量和环境保护的要求，应有防雨水浸泡、防锈蚀和防止扬尘等措施。

建筑物内施工垃圾的清运，为防止造成人员伤亡和环境污染，必须要采用合理容器或管道运输，严禁凌空抛掷。

现场易燃易爆物品必须严格管理，在使用和储藏过程中，必须有防暴晒、防火等保护措施，并应间距合理、分类存放。

5　现场办公与住宿

为了保证住宿人员的人身安全，在建工程内、伙房、库房严禁兼做员工宿舍。

施工现场应做到作业区、材料区与办公区、生活区进行明显的划分，并应有隔离措施；如因现场狭小，不能达到安全距离的要求，必须对办公区、生活区采取可靠的防护措施。

宿舍内严禁使用通铺，床铺不应超过2层，为了达到安全和消防的要求，宿舍内应有必要的生活空间，居住人员不得超过16人，通道宽度不应小于0.9m，人均使用面积不应小于2.5m²。

6　现场防火

现场临时用房和设施，包括：办公用房、宿舍、厨房操作间、食堂、锅炉房、库房、变配电房、围挡、大门、材料堆场及其加工场、固定动火作业场、作业棚、机具棚等设施，在防火设计上，必须达到有关消防安全技术规范的要求。

现场木料、保温材料、安全网等易燃材料必须实行入库、合理存放，并配备相应、有效、足够的消防器材。

为了保证现场防火安全，动火作业前必须履行动火审批程序，经监护和主管人员确认、同意，消防设施到位后，方可施工。

3.2.4　对文明施工一般项目说明如下：

2　公示标牌

施工现场的进口处应有明显的公示标牌，如果认为内容还应增加，可结合本地区、本企业及本工程特点进行要求。

3　生活设施

食堂与厕所、垃圾站等污染及有毒有害场所的间距必须大于15m，并应设置在上述场所的上风侧（地区主导风向）。

食堂必须经相关部门审批，颁发卫生许可证和炊事人员的身体健康证。

食堂使用的煤气罐应进行单独存放，不能与其他物品混放，且存放间有良好的通风条件。

食堂应设专人进行管理和消毒，门扇下方设防鼠挡板，操作间设清洗池、消毒池、隔油池、排风、防蚊蝇等设施，储藏间应配有冰柜等冷藏设施，防止食物变质。

厕所的蹲位和小便槽应满足现场人员数量的需求，高层建筑或作业面积大的场地应设置临时性厕所，并由专人及时进行清理。

现场的淋浴室应能满足作业人员的需求，淋浴室与人员的比例宜大于1：20。

现场应针对生活垃圾建立卫生责任制，使用合理、密封的容器，指定专人负责生活垃圾的清运工作。

4 社区服务

为了保护环境，施工现场严禁焚烧各类废弃物（包括：生活垃圾、废旧的建筑材料等），应进行及时的清运。

施工活动泛指施工、拆除、清理、运输及装卸等动态作业活动，在动态作业活动中，应有防粉尘、防噪声和防光污染等措施。

3.3 扣件式钢管脚手架

3.3.3 对扣件式钢管脚手架保证项目说明如下：

1 施工方案

搭设高度超过规范要求的脚手架应编制专项施工方案，基础、连墙件应经设计计算，专项施工方案经审批后实施；搭设高度超过50m的架体，必须采取加强措施，专项施工方案必须经专家论证。

2 立杆基础

基础土层、排水设施、扫地杆设置对脚手架基础稳定性有着重要影响；脚手架基础应采取防止积水浸泡的措施，减少或消除在搭设和使用过程中由于地基不均匀沉降导致的架体变形。

3 架体与建筑结构拉结

脚手架拉结形式、拉结部位对架体整体刚度有重要影响；脚手架与建筑物进行拉结可以防止因风荷载而发生的架体倾翻事故，减小立杆的计算长度，提高承载能力，保证脚手架的整体稳定性；连墙杆应靠近节点位置从架体底部第一步横向水平杆开始设置。

4 杆件间距与剪刀撑

纵向水平杆设在立杆内侧，可以减少横向水平杆跨度，接长立杆和安装剪刀撑时比较方便，对高处作业更为安全。

5 脚手板与防护栏杆

架体使用的脚手板宽度、厚度以及材质类型应符合规范要求，通过限定脚手板的对接和搭接尺寸，控制探头板长度，以防止脚手板倾翻或滑脱。

6 交底与验收

脚手架在搭设前，施工负责人应按照方案结合现场作业条件进行细致的安全技术交底；脚手架搭设完毕或分段搭设完毕，应由施工负责人组织有关人员进行检查验收，验收内容应包括用数据衡量合格与否的项目，确认符合要求后，才可投入使用或进入下一阶段作业。

3.3.4 对扣件式钢管脚手架一般项目说明如下：

1 横向水平杆设置

横向水平杆应紧靠立杆用十字扣件与纵向水平杆扣牢；主要作用是承受脚手板传来的荷载，增强脚手架横向刚度，约束双排脚手架里外两侧立杆的侧向变形，缩小立杆长细比，提高立杆的承载能力。

3.4 门式钢管脚手架

3.4.3 对门式钢管脚手架保证项目说明如下：

1 施工方案

搭设高度超过规范要求的脚手架应编制专项施工方案，基础、连墙件应经设计计算，专项施工方案经审批后实施；搭设超过规范允许高度的架体，必须采取加强措施，所以专项方案必须经专家论证。

2 架体基础

基础土层、排水设施、扫地杆设置对脚手架基础稳定性有着重要影响；脚手架基础应采取防止积水浸泡的措施，减少或消除在搭设和使用过程中由于地基不均匀沉降导致的架体变形。

3 架体稳定

连墙件、剪刀撑、加固杆件、立杆偏差对架体整体刚度有着重要影响；连墙件的设置应按规范要求间距从底层第一步架开始，随脚手架搭设同步进行不得漏设；剪刀撑、加固杆件位置应准确，角度应合理，连接应可靠，并连续设置形成闭合圈，以提高架体的纵向刚度。

4 杆件锁臂

门架杆件与配件的规格应配套统一，并应符合标准，杆件、构配件尺寸误差在允许的范围之内；搭设时各种组合情况下，门架与配件均能处于良好的连接、锁紧状态。

5 脚手板

当使用与门架配套的挂扣式脚手板时，应有防止脚手板松动或脱落的措施。

6 交底与验收

脚手架在搭设前，施工负责人应按照方案结合现场作业条件进行细致的安全技术交底；脚手架搭设完毕或分段搭设完毕，应由施工负责人组织有关人员进行检查验收，验收内容应包括用数据衡量合格与否的项目，确认符合要求后，才可投入使用或进入下一阶段作业。

3.4.4 对门式钢管脚手架一般项目说明如下：

1 架体防护

作业层的防护栏杆、挡脚板、安全网应按规范要求正确设置，以防止作业人员坠落和作业面上的物料滚落。

3.5 碗扣式钢管脚手架

3.5.3 对碗扣式钢管脚手架保证项目说明如下：

1 施工方案

搭设高度超过规范要求的脚手架应编制专项施工方案，基础、连墙件应经设计计算，专项施工方案经审批后实施；搭设超过规范允许高度的架体，必须采取加强措施，所以专项方案必须经专家论证。

2 架体基础

基础土层、排水设施、扫地杆设置对脚手架基础稳定性有着重要影响；脚手架基础应采取防止积水浸泡的措施，减少或消除在搭设和使用过程中由于地基不均匀沉降导致的架体变形。

3 架体稳定

连墙件、斜杆、八字撑对架体整体刚度有着重要影响；当采用旋转扣件作斜杆连接时应尽量靠近有横杆、立杆的碗扣节点，斜杆采用八字形布置的目的是为了避免钢管重叠，斜杆角度应与横杆、立杆对角线角度一致。

4 杆件锁件

杆件间距、碗扣紧固、水平斜杆对架体稳定性有着重要影响；当架体高度超过24m时，在各连墙件层应增加水平斜杆，使纵横杆与斜杆形成水平桁架，使无连墙立杆构成支撑点，以保证立杆承载力及稳定性。

5 脚手板

使用的工具式钢脚手板必须有挂钩，并带有自锁装置与廊道横杆锁紧，防止松动脱落。

6 交底与验收

脚手架在搭设前，施工负责人应按照方案结合现场作业条件进行细致的安全技术交底；脚手架搭设完毕或分段搭设完毕，应由施工负责人组织有关人员进行检查验收，验收内容应包括用数据衡量合格与否的项目，确认符合要求后，才可投入使用或进入下一阶段作业。

3.5.4 对碗扣式钢管脚手架一般项目说明如下：

1 架体防护

作业层的防护栏杆、挡脚板、安全网应按规范要求正确设置，以防止作业人员坠落和作业面上的物料滚落。

3.6 承插型盘扣式钢管脚手架

3.6.3 对承插型盘扣式钢管脚手架保证项目说明如下：

1 施工方案

搭设高度超过规范要求的脚手架应编制专项施工方案，基础、连墙件应经设计计算，专项施工方案经审批后实施；搭设超过规范允许高度的架体，必须采取加强措施，所以专项方案必须经专家论证。

2 架体基础

基础土层、排水设施、扫地杆设置对脚手架基础稳定性有着重要影响；脚手架基础应采取防止积水浸泡的措施，减少或消除在搭设和使用过程中由于地基不均匀沉降导致的架体变形。

3 架体稳定

拉结点、剪刀撑、竖向斜杆的设置对脚手架整体稳定有着重要影响；当脚手架下部暂时不能设置连墙件时，宜外扩搭设多排脚手架并设置斜杆形成外侧斜面状附加梯形架，以保证架体稳定。

4 杆件设置

承插型盘扣式钢管脚手架各杆件、构配件应按规范要求设置；盘扣插销外表面应与水平杆和斜杆端扣接内表面吻合，使用不小于0.5kg锤子击紧插销，保证插销尾部外露不小于15mm；作业面无挂扣钢脚手板时，应设置水平斜杆以保证平面刚度。

5 脚手板

使用的挂扣式钢脚手板必须有挂钩，并带有自锁装置，防止松动脱落。

6 交底与验收

脚手架在搭设前，施工负责人应按照方案结合现场作业条件进行细致的安全技术交底；脚手架搭设完毕或分段搭设完毕，应由施工负责人组织有关人员进行检查验收，验收内容应包括用数据衡量合格与否的项目，确认符合要求后，才可投入使用或进入下一阶段作业。

3.6.4 对承插型盘扣式钢管脚手架一般项目说明如下：

1 架体防护

作业层的防护栏杆、挡脚板、安全网应按规范要求正确设置，以防止作业人员坠落和作业面上的物料滚落。

2 杆件连接

当搭设悬挑式脚手架时，由于同一步架体立杆的接头部位全部位于同一水平面内，为增强架体刚度，立杆的接长部位必须采用专用的螺栓配件进行固定。

3.7 满堂脚手架

3.7.3 对满堂脚手架保证项目说明如下：

1 施工方案

搭设、拆除满堂式脚手架应编制专项施工方案，方案经审批后实施；搭设超过规范允许高度的满堂脚手架，必须采取加强措施，所以专项方案必须经专家论证。

2 架体基础

基础土层、排水设施、扫地杆设置对脚手架基础稳定性有着重要影响；脚手架基础应采取防止积水浸泡的措施，减少或消除在搭设和使用过程中由于地基不均匀沉降导致的架体变形。

3 架体稳定

架体中剪刀撑、斜杆、连墙件等加强杆件的设置对整体刚度有着重要影响；增加竖向、水平剪刀撑，可增加架体刚度，提高脚手架承载力，在竖向剪刀撑顶部交点平面设置一道水平连续剪刀撑，可使架体结构稳固；增加连墙件也可以提高架体承载力；在有空间部位，也可超出顶部加载区域投影范围向外延伸布置2～3跨，以提高架体高宽比，达到提升架体强度的目的。

4 杆件锁件

满堂式脚手架的搭设应符合施工方案及相关规范的要求，各杆件的连接节点应紧固应可靠，保证架体的有效传力。

5 脚手板

使用的挂扣式钢脚手板必须有挂钩，并带有自锁装置，防止松动脱落。

6 交底与验收

脚手架在搭设前，施工负责人应按照方案结合现场作业条件进行细致的安全技术交底；脚手架搭设完毕或分段搭设完毕，应由施工负责人组织有关人员进行检查验收，验收内容应包括用数据衡量合格与否的项目，确认符合要求后，才可投入使用或进入下一阶段作业。

3.7.4 对满堂脚手架一般项目说明如下：

1 架体防护

作业层的防护栏杆、挡脚板、安全网应按规范要求正确设置，以防止作业人员坠落和作业面上的物料滚落。

3.8 悬挑式脚手架

3.8.3 对悬挑式脚手架保证项目说明如下：

1 施工方案

搭设、拆除悬挑式脚手架应编制专项施工方案，悬挑钢梁、连墙件应经设计计算，专项施工方案经审批后实施；搭设高度超过规范要求的悬挑架体，必须采取加强措施，所以专项方案必须经专家论证。

2 悬挑钢梁

悬挑钢梁的选型计算、锚固长度、设置间距、斜拉措施等对悬挑架体稳定有着重要影响；型钢悬挑梁宜采用双轴对称截面的型钢，现场多使用工字钢；悬挑钢梁前端应采用吊拉卸荷，结构预埋吊环应使用 HPB235 级钢筋制作，但钢丝绳、钢拉杆卸荷不参与悬挑钢梁受力计算。

3 架体稳定

立杆在悬挑钢梁上的定位点可采取竖直焊接长 0.2m、直径 25mm～30mm 的钢筋或短管等方式；在架体内侧及两端设置横向斜杆并与主体结构加强连接；连墙件偏离主节点的距离不能超过 300mm，目的在于增强对架体横向变形的约束能力。

4 脚手板

架体使用的脚手板宽度、厚度以及材质类型应符合规范要求，通过限定脚手板的对接和搭接尺寸，控制探头板长度，以防止脚手板倾翻或滑脱。

5 荷载

架体上的荷载应均匀布置，均布荷载、集中荷载应在设计允许范围内。

6 交底与验收

脚手架在搭设前，施工负责人应按照方案结合现场作业条件进行细致的安全技术交底；脚手架搭设完毕或分段搭设完毕，应由施工负责人组织有关人员进行检查验收，验收内容应包括用数据衡量合格与否的项目，确认符合要求后，才可投入使用或进入下一阶段作业。

3.8.4 对悬挑式脚手架一般项目说明如下：

2 架体防护

作业层的防护栏杆、挡脚板、安全网应按规范要求正确设置，以防止作业人员坠落和作业面上的物料滚落。

3.9 附着式升降脚手架

3.9.3 对附着式升降脚手架保证项目说明如下：

1 施工方案

搭设、拆除附着式升降脚手架应编制专项施工方案，竖向主框架、水平支撑桁架、附着支撑结构应经设计计算，专项施工方案经审批后实施；提升高度超过规定要求的附着架体，必须采取相应强化措施，所以专项方案必须经专家论证。

2 安全装置

在使用、升降工况下必须配置可靠的防倾覆、防坠落和同步升降控制等安全防护装置；防倾覆装置必须有可靠的刚度和足够的强度，其导向件应通过螺栓连接固定在附墙支座上，不能前后左右移动；为了保证防坠落装置的高度可靠性，因此必须使用机械式的全自动装置，严禁使用手动装置；同步控制装置是用来控制多个升降设备在同时升降时，出现不同步状态的设施，防止升降设备因荷载不均衡而造成超载事故。

3 架体构造

附着式升降脚手架架体的整体性能要求较高，既要符合不倾斜、不坠落的安全要求，又要满足施工作业的需要；架体高度主要考虑了 3 层未拆模的层高和顶部 1.8m 防护栏杆的高度，以满足底层模板拆除作业时的外防护要求；限制支撑跨度是为了有效控制升降动力设备提升力的超载现象；安装附着式升降脚手架时，应同时控制高度和跨度，确保控制荷载和安全使用。

4 附着支座

附着支座是承受架体所有荷载并将其传递给建筑结构的构件，应于竖向主框架所覆盖的每一楼层处设置一道支座；使用工况时主要是保证主框架的荷载能直接有效的传递各附墙支座；附墙支座还应具有防倾覆和升降导向功能；附墙支座与建筑物连接，要考虑受拉端的螺母止退要求。

5 架体安装

强调附着式升降脚手架的安装质量对后期的使用安全特别重要。

6 架体升降

升降操作是附着式脚手架使用安全的关键环节；仅当采用单跨式架体提升时，允许采用手动升降设备。

3.9.4 对附着式升降脚手架一般项目说明如下：

1 检查验收

附着式提升脚手架在组装前，施工负责人应按规范要求对各种构配件及动力装置、安全装置进行验收；组装搭设完毕或分段搭设完毕，应由施工负责人组织有关人员进行检查验收，验收内容应包括用数据衡量合格与否的项目，确认符合要求后，才可投入使用或进入下一阶段作业。

3.10 高处作业吊篮

3.10.3 对高处作业吊篮保证项目说明如下：

1 施工方案

安装、拆除高处作业吊篮应编制专项施工方案，吊篮的支撑悬挂机构应经设计计算，专项施工方案经审批后实施。

2 安全装置

安全装置包括防坠安全锁、安全绳、上限位装置；安全锁扣的配件应完整、齐全，规格和标识应清晰可辨；安全绳不得有松散、断股、打结现象，与建筑物固定位置应牢靠；安装上限位装置是为了防止吊篮在上升过程出现冒顶现象。

3 悬挂机构

悬挂机构应按规范要求正确安装；女儿墙或建筑物挑檐边承受不了吊篮的荷载，因此不能作为悬挂机构的支撑点；悬挂机构的安装是吊篮的重点环节，应在专业人员的带领、指导下进行，以保证安装正确；悬挂机构上的脚轮是方便吊篮作平行位移而设置的，其本身承载能力有限，如吊篮荷载传递到脚轮就会产生集中荷载，易对建筑物产生局部破坏。

4 钢丝绳

钢丝绳的型号、规格应符合规范要求；在吊篮内施焊前，应提前采用石棉布将电焊火花迸溅范围进行遮挡，防止烧毁钢丝绳，同时防止发生触电事故。

5 安装作业

安装前对提升机的检验以及吊篮构配件规格的统一对吊篮组装后安全使用有着重要影响。

6 升降作业

考虑吊篮作业面小，出现坠落事故时尽量减少人员伤亡，将上人数量控制在 2 人以内。

3.10.4 对高处作业吊篮一般项目说明如下：

2 安全防护

安装防护棚的目的是为了防止高处坠物对吊篮内作业人员的伤害。

4 荷载

禁止吊篮作为垂直运输设备，是因为吊篮运送物料易超载，造成吊篮翻转或坠落事故。

3.11 基 坑 工 程

3.11.3 对基坑工程保证项目说明如下：

1 施工方案

在基坑支护土方作业施工前，应编制专项施工方案，并按有关程序进行审批后实施。危险性较大的基坑工程应编制安全专项方案，施工单位技术、质量、安全等专业部门进行审核，施工单位技术负责人签字，超过一定规模的必须经专家论证。

2 基坑支护

人工开挖的狭窄基槽，深度较大或土质条件较差，可能存在边坡塌方危险时，必须采取支护措施，支护结构应有足够的稳定性。

基坑支护结构必须经设计计算确定，支护结构产生的变形应在设计允许范围内。变形达到预警值时，应立即采取有效的控制措施。

3 降排水

在基坑施工过程中，必须设置有效的降排水措施以确保正常施工，深基坑边界上部必须设有排水沟，以防止雨水进入基坑，深基坑降水施工应分层降水，随时观测支护外观测井水位，防止邻近建筑物等变形。

4 基坑开挖

基坑开挖必须按专项施工方案进行，并应遵循分层、分段、均衡挖土，保证土体受力均衡和稳定。

机械在软土场地作业应采用铺设砂石、铺垫钢板等硬化措施，防止机械发生倾覆事故。

5 坑边荷载

基坑边沿堆置土、料具等荷载应在基坑支护设计允许范围内，施工机械与基坑边沿应保持安全距离，防止基坑支护结构超载。

6 安全防护

基坑开挖深度达到2m及以上时，按高处作业安全技术规范要求，应在其边沿设置防护栏杆并设置专用梯道，防护栏杆及专用梯道的强度应符合规范要求，确保作业人员安全。

3.12 模 板 支 架

3.12.3 对模板支架保证项目说明如下：

1 施工方案

模板支架搭设、拆除前应编制专项施工方案，对支架结构进行设计计算，并按程序进行审核、审批。

按照住房和城乡建设部建质〔2009〕38号文件要求，模板支架搭设高度8m及以上；跨度18m及以上，施工荷载15kN/m² 及以上；集中线荷载20kN/m及以上的专项施工方案，必须经专家论证。

2 支架基础

支架基础承载力必须符合设计要求，应能承受支架上部全部荷载，必要时应进行夯实处理，并应设置排水沟、槽等设施。

支架底部应设置底座和垫板，垫板长度不小于2倍立杆纵距，宽度不小于200mm，厚度不小于50mm。

支架在楼面结构上应对楼面结构强度进行验算，必要时应对楼面结构采取加固措施。

3 支架构造

采用对接连接，立杆伸出顶层水平杆中心线至支撑点的长度：碗扣式支架不应大于700mm；承插型盘扣式支架不应大于680mm；扣件式支架不应大于500mm。

支架高宽比大于2时，为保证支架的稳定，必须按规定设置连墙件或采用其他加强构造的措施。

连墙件应采用刚性构件，同时应能承受拉、压荷载。连墙件的强度、间距应符合设计要求。

4 支架稳定

立杆间距、水平杆步距应符合设计要求，竖向、水平剪刀撑或专用斜杆、水平斜杆的设置应符合规范要求。

5 施工荷载

支架上部荷载应均匀布置，均布荷载、集中荷载应在设计允许范围内。

6 交底与验收

支架搭设前，应按专项施工方案及有关规定，对施工人员进行安全技术交底，交底应有文字记录。

支架搭设完毕，应组织相关人员对支架搭设质量进行全面验收，验收应有量化内容及文字记录，并应有责任人签字确认。

3.13 高 处 作 业

3.13.3 对高处作业检查项目说明如下：

1 安全帽

安全帽是防冲击的主要防护用品，每顶安全帽上都应有制造厂名称、商标、型号、许可证号、检验部门批量验证及工厂检验合格证；佩戴安全帽时必须系紧下颚帽带，防止安全帽掉落。

2 安全网

应重点检查安全网的材质及使用情况；每张安全网出厂前，必须有国家制定的监督检验部门批量验证和工厂检验合格证。

3 安全带

安全带用于防止人体坠落发生，从事高处作业人员必须按规定正确佩戴使用；安全带的带体上缝有永久字样的商标、合格证和检验证，合格证上注有产品名称、生产年月、拉力试验、冲击试验、制造厂名、检验员姓名等信息。

4 临边防护

临边防护栏杆应定型化、工具化、连续性；护栏的任何部位应能承受任何方向的1000N的外力。

5 洞口防护

洞口的防护设施应定型化、工具化、严密性；不能出现作业人员随意找材料盖在预留洞口上的临时做法，防止发生坠落事故；楼梯口、电梯井口应设防护栏杆，井内每隔两层（不大于10m）设置一道安全平网或其他形式的水平防护，并不得留有杂物。

6 通道口防护

通道口防护应具有严密性、牢固性的特点；为防止在进出施工区域的通道处发生物体打击事故，在出入口的物体坠落半径内搭设防护棚，顶部采用50mm木脚手板铺设，两侧封闭密目式安全网；建筑物高度大于24m或使用竹笆脚手板等低强度材料时，应采用双层防护棚，以提高防砸能力。

7 攀登作业

使用梯子进行高处作业前，必须保证地面坚实平整，不得使用其他材料对梯脚进行加高处理。

8 悬空作业

悬空作业应保证使用索具、吊具、料具等设备的合格可靠；悬空作业部位应有牢靠的立足点，并视具体环境配备相应的防护栏杆、防护网等安全措施。

9 移动式操作平台

移动式操作平台应按方案设计要求进行组装使用，作业面的四周必须按临边作业要求设置防护栏杆，并应布置登高扶梯。

10 悬挑式物料钢平台

悬挑式钢平台应按照方案设计要求进行组装使用，其结构应稳固，严禁将悬挑钢平台放置在外防护架体上；平台边缘必须按临边作业设置防护栏杆及挡脚板，防止出现物料滚落伤人事故。

3.14 施 工 用 电

3.14.3 对施工用电保证项目说明如下：

1 外电防护

施工现场所遇到的外电线路一般为 10kV 以上或 220/380V 的架空线路。因为防护措施不当，造成重大人身伤亡和巨额财产损失的事故屡有发生，所以做好外电线路的防护是确保用电安全的重要保证。外电线路与在建工程（含脚手架）、高大施工设备、场内机动车道必须满足规定的安全距离。对达不到安全距离的架空线路，要采取符合规范要求的绝缘隔离防护措施或者与有关部门协商对线路采取停电、迁移等方式，确保用电安全。外电防护架体材料应选用木、竹等绝缘材料，不宜采用钢管等金属材料搭设。

目前场地狭窄的施工现场越来越多，许多工地经常在外电架空线路下方搭建宿舍、作业棚、材料区等违章设施，对电力运行安全和人身安全构成严重威胁，因此对施工现场架空线路下方区域的安全检查也是极为关键的环节。

2 接地与接零保护系统

施工现场配电系统的保护方式正确与否是保证用电安全的基础。按照现行行业标准《施工现场临时用电安全技术规范》JGJ 46（以下简称《临电规范》）的规定，施工现场专用的电源中性点直接接地的 220/380V 三相四线制低压电力系统必须采用 TN-S 接零保护系统，同时规定同一配电系统不允许采用两种保护系统。保护零线、工作接地、重复接地以及防雷接地在《临电规范》中都明确了具体的做法和要求，这些都是安全检查的重点。

3 配电线路

施工现场内所有线路必须严格按照规范的要求进行架设和埋设。由于施工的特殊性，供电线路、设施经常由于各种原因而改动，但工地往往忽视线路的安装质量，其安全性大大降低，极易诱发触电事故。因此，对施工现场配电线路的种类、规格和安装必须严格检查。

4 配电箱与开关箱

施工现场的配电箱是电源与用电设备之间的中枢环节，而开关箱是配电系统的末端，是用电设备的直接控制装置，它们的设置和使用直接影响施工现场的用电安全，因此必须严格执行《临电规范》中"三级配电，二级漏电保护"和"一机、一闸、一漏、一箱"的规定，并且在设计、施工、验收和使用阶段，都要作为检查监督的重点。

近些年，很多省市在执行规范过程中，研发使用了符合规范要求的标准化电闸箱，对降低施工现场触电事故几率起到了积极的作用。施工现场应该坚决杜绝各类私自制造、改造的违规电闸箱，大力推广使用国家认证的标准化电闸箱，逐步实现施工用电的本质安全。

3.14.4 对施工用电一般项目说明如下：

1 配电室与配电装置

随着大型施工设备的增加，施工现场用电负荷不断增长，对电气设备的管理提出了更高的要求。在工地，以往简单设置一个总配电箱逐步为配电室、配电柜替代。在施工用电上有必要制定相应的规定措施，进一步加强对配电室及配电装置的监督管理，保证供电源头的安全。

2 现场照明

目前很多工程都要进行夜间施工和地下施工，对施工照明的要求更加严格。因此施工现场必须提供科学合理的照明，根据不同场所设置一般照明、局部照明、混合照明和应急照明，保证施工的照明符合规范要求。在设计和施工阶段，要严格执行规范的规定，做到动力和照明用电分设，对特殊场所和手持照明采用符合要求的安全电压供电。尤其是安全电压的线路和电器装置，必须按照规范进行架设安装，不得随意降低作业标准。

3 用电档案

用电档案是施工现场用电管理的基础资料，每项资料都非常重要。工地要设专人负责资料的整理归档。总包分包安全协议、施工用电组织设计、外电防护专项方案、安全技术交底、安全检测记录等资料的内容都要符合有关规定，保证真实有效。

3.15 物料提升机

3.15.3 对物料提升机保证项目说明如下：

1 安全装置

安全装置主要有起重量限制器、防坠安全器、上限位开关等。

起重量限制器：当荷载达到额定起重量的90％时，限制器应发出警示信号；当荷载达到额定起重量的110％时，限制器应切断上升主电路电源，使吊笼制停。

防坠安全器：吊笼可采用瞬时动作式防坠安全器，当吊笼提升钢丝绳意外断绳时，防坠安全器应制停带有额定起重量的吊笼，且不应造成结构破坏。

上限位开关：当吊笼上升至限定位置时，触发限位开关，吊笼被制停，此时，上部越程不应小于3m。

2 防护设施

安全防护设施主要有防护围栏、防护棚、停层平台、平台门等。

防护围栏高度不应小于1.8m，围栏立面可采用网板结构，强度应符合规范要求。

防护棚长度不应小于3m，宽度应大于吊笼宽度，顶部可采用厚度不小于50mm的木板搭设。

停层平台应能承受3kN/m²的荷载，其搭设应符合规范要求。

平台门的高度不宜低于1.8m，宽度与吊笼门宽度差不应大于200mm，并应安装在平台外边缘处。

3 附墙架与缆风绳

附墙架宜使用制造商提供的标准产品，当标准附墙架结构尺寸不能满足要求时，可经设计计算采用非标附墙架。

附墙架是保证提升机整体刚度、稳定性的重要设施，其间距和连接方式必须符合产品说明书要求。

缆风绳的设置应符合设计要求，每一组缆风绳与导轨架的连接点应在同一水平高度，并应对称设置，缆风绳与导轨架连接处应采取防止钢丝绳受剪的措施，缆风绳必须与地锚可靠连接。

4 钢丝绳

钢丝绳的维修、检验和报废应符合现行国家标准《起重机钢丝绳保养、维护、安装、检验和报废》GB/T 5972 的规定。

钢丝绳固定采用绳夹时，绳夹规格应与钢丝绳匹配，数量不少于 3 个，绳夹夹座应安放在长绳一侧。

吊笼处于最低位置时，卷筒上钢丝绳必须保证不少于 3 圈，本条款依照行业标准《龙门架及井架物料提升机安全技术规程》JGJ 88 规定。

5 安拆、验收与使用

物料提升机属建筑起重机械，依据《建设工程安全生产管理条例》、《特种设备安全监察条例》规定，其安装、拆除单位应具有相应的资质。安装、拆除等作业人员必须经专门培训，取得特种作业资格，持证上岗。

安装、拆除作业前应依据相关规定及施工实际编制安全施工专项方案，并应经单位技术负责人审批后实施。

物料提升机安装完毕，应由工程负责人组织安装、使用、租赁、监理单位对安装质量进行验收，验收必须有文字记录，并有责任人签字确认。

3.15.4 对物料提升机一般项目说明如下：

1 基础与导轨架

基础应能承受最不利工作条件下的全部荷载，一般要求基础土层的承载力不应小于 80kPa。

基础混凝土强度等级不应低于 C20，厚度不应小于 300mm。

井架停层平台通道处的结构应在设计制作过程中采取加强措施。

3.16 施 工 升 降 机

3.16.3 对施工升降机保证项目说明如下：

1 安全装置

为了限制施工升降机超载使用，施工升降机应安装超载保护装置，该装置应对吊笼内载荷、吊笼顶部载荷均有效。超载保护装置应在荷载达到额定载重量的 90％时，发出明确报警信号，载荷达到额定载重量的 110％前终止吊笼启动。

施工升降机每个吊笼上应安装渐进式防坠安全器，不允许采用瞬时安全器。根据现行行业标准规定：防坠安全器只能在有效的标定期限内使用，有效标定期限不应超过 1 年。防坠安全器无论使用与否，在有效检验期满后都必须重新进行检验标定。施工升降机防坠安全器的寿命为 5 年。

施工升降机对重钢丝绳组的一端应设张力均衡装置，并装有由相对伸长量控制的非自动复位型的防松绳开关。当其中一条钢丝绳出现相对伸长量超过允许值或断绳时，该开关将切断控制电路，制动器动作。

齿轮齿条式施工升降机吊笼应安装一对以上安全钩，防止吊笼脱离导轨架或防坠安全器输出端齿轮脱离齿条。

2 限位装置

施工升降机每个吊笼均应安装上、下限位开关和极限开关。上、下限位开关可用自动复位型，切断的是控制回路。极限开关不允许使用自动复位型，切断的是主电路电源。

极限开关与上、下限位开关不应使用同一触发元件，防止触发元件失效致使极限开关与上、下限位开关同时失效。

3 防护设施

吊笼和对重升降通道周围应安装地面防护围栏。地面防护围栏高度不应低于1.8m，强度应符合规范要求。围栏登机门应装有机械锁止装置和电气安全开关，使吊笼只有位于底部规定位置时围栏登机门才能开启，且在开门后吊笼不能启动。

各停层平台应设置层门，层门安装和开启不得突出到吊笼的升降通道上。层门高度和强度应符合规范要求。

4 附墙架

当附墙架不能满足施工现场要求时，应对附墙架另行设计，严禁随意代替。

5 钢丝绳、滑轮与对重

钢丝绳的维修、检验和报废应符合现行国家有关标准的规定。

钢丝绳式人货两用施工升降机的对重钢丝绳不得少于2根，且相互独立。每根钢丝绳的安全系数不应小于12，直径不应小于9mm。

对重两端应有滑靴或滚轮导向，并设有防脱轨保护装置。若对重使用填充物，应采取措施防止其窜动，并标明重量。对重应按有关规定涂成警告色。

6 安拆、验收与使用

施工升降机安装（拆卸）作业前，安装单位应编制施工升降机安装、拆除工程专项施工方案，由安装单位技术负责人批准后方可实施。

验收应符合规范要求，严禁使用未经验收或验收不合格的施工升降机。

3.16.4 对施工升降机一般项目说明如下：

1 导轨架

垂直安装的施工升降机的导轨架垂直度偏差应符合表1规定。

施工升降机安装垂直度偏差 表1

导轨架架设高度 h（m）	$h \leqslant 70$	$70 < h \leqslant 100$	$100 < h \leqslant 150$	$150 < h \leqslant 200$	$h > 200$
垂直度偏差（mm）	不大于导轨架架设高度的0.1%	$\leqslant 70$	$\leqslant 90$	$\leqslant 110$	$\leqslant 130$

对重导轨接头应平直，阶差不大于0.5mm，严禁使用柔性物体作为对重导轨。

标准节连接螺栓使用应符合说明书及规范要求，安装时应螺杆在下、螺母在上，一旦螺母脱落后，容易及时发现安全隐患。

2 基础

施工升降机基础应能承受最不利工作条件下的全部载荷，基础周围应有排水设施。

3 电气安全

施工升降机与架空线路的安全距离是指施工升降机最外侧边缘与架空线路边线的最小距离，见表2。当安全距离小于表2规定时必须按规定采取有效的防护措施。

施工升降机与架空线路边线的安全距离　　　　　　　　　表2

外电线路电压（kV）	<1	1～10	35～110	220	330～500
安全距离（m）	4	6	8	10	15

3.17　塔 式 起 重 机

3.17.3　对塔式起重机保证项目说明如下：

1 载荷限制装置

塔式起重机应安装起重力矩限制器。力矩限制器控制定码变幅的触点或控制定幅变码的触点应分别设置，且能分别调整；对小车变幅的塔式起重机，其最大变幅速度超过40m/min，在小车向外运行，且起重力矩达到额定值的80%时，变幅速度应自动转换为不大于40m/min。

2 行程限位装置

回转部分不设集电器的塔式起重机应安装回转限位器，防止电缆绞损。回转限位器正反两个方向动作时，臂架旋转角度应不大于±540°。

3 保护装置

对小车变幅的塔式起重机应设置双向小车变幅断绳保护装置，保证在小车前后牵引钢丝绳断绳时小车在起重臂上不移动；断轴保护装置必须保证即使车轮失效，小车也不能脱离起重臂。

对轨道运行的塔式起重机，每个运行方向应设置限位装置，其中包括限位开关、缓冲器和终端止挡装置。限位开关应保证开关动作后塔式起重机停车时其端部距缓冲器最小距离大于1m。

4 吊钩、滑轮、卷筒与钢丝绳

滑轮、起升和动臂变幅塔式起重机的卷筒均应设有钢丝绳防脱装置，该装置表面与滑轮或卷筒侧板外缘的间隙不应超过钢丝绳直径的20%，装置与钢丝绳接触的表面不应有棱角。

钢丝绳的维修、检验和报废应符合现行国家有关标准的规定。

5 多塔作业

任意两台塔式起重机之间的最小架设距离应符合以下规定：

1）低位塔式起重机的起重臂端部与另一台塔式起重机的塔身之间的距离不得小于2m；

2）高位塔式起重机的最低位置的部件（或吊钩升至最高点或平衡重的最低部位）与低位塔式起重机中处于最高位置部件之间的垂直距离不得小于2m。

两台相邻塔式起重机的安全距离如果控制不当，很可能会造成重大安全事故。当相邻工地发生多台塔式起重机交错作业时，应在协调相互作业关系的基础上，编制各自的专项使用方案，确保任意两台塔式起重机不发生触碰。

6 安拆、验收与使用

塔式起重机安装（拆卸）作业前，安装单位应编制塔式起重机安装、拆除工程专项施工方案，由安装单位技术负责人批准后实施。

验收程序应符合规范要求，严禁使用未经验收或验收不合格的塔式起重机。

3.17.4 对塔式起重机一般项目说明如下：

1 附着

塔式起重机附着的布置不符合说明书规定时，应对附着进行设计计算，并经过审批程序，以确保安全。设计计算要适应现场实际条件，还要确保安全。

附着前、后塔身垂直度应符合规范要求，在空载、风速不大于3m/s状态下：

1）独立状态塔身（或附着状态下最高附着点以上塔身）对支承面的垂直度≤0.4%；

2）附着状态下最高附着点以下塔身对支承面的垂直度≤0.2%。

2 基础与轨道

塔式起重机说明书提供的设计基础如不能满足现场地基承载力要求时，应进行塔式起重机基础变更设计，并履行审批、检测、验收手续后方可实施。

3 结构设施

连接件被代用后，会失去固有的连接作用，可能会造成结构松脱、散架，发生安全事故，所以实际使用中严禁连接件代用。高强螺栓只有在扭力达到规定值时才能确保不松脱。

4 电气安全

塔式起重机与架空线路的安全距离是指塔式起重机的任何部位与架空线路边线的最小距离，见表3。当安全距离小于表3规定时必须按规定采取有效的防护措施。

塔式起重机与架空线路边线的安全距离　　　　　　表3

安全距离	电压（kV）				
（m）	<1	1～15	20～40	60～110	220
沿垂直方向	1.5	3.0	4.0	5.0	6.0
沿水平方向	1.0	1.5	2.0	4.0	6.0

为避免雷击，塔式起重机的主体结构应做防雷接地，其接地电阻应不大于4Ω。采取多处重复接地时，其接地电阻应不大于10Ω。接地装置的选择和安装应符合有关规范要求。

3.18 起重吊装

3.18.3 对起重吊装保证项目说明如下：

1 施工方案

起重吊装作业前应结合施工实际，编制专项施工方案，并应由单位技术负责人进行审核。采用起重拔杆等非常规起重设备且单件起重量超过10t时，专项施工方案应经专家论证。

2　起重机械

荷载限制器：当荷载达到额定起重量的 95％时，限制器宜发出警报；当荷载达到额定起重量的 100％～110％时，限制器应切断起升动力主电路。

行程限位装置：当吊钩、起重小车、起重臂等运行至限定位置时，触发限位开关制停。安全越程应符合现行国家标准《起重机械安全规程》GB 6067 的规定。

起重拔杆按设计要求组装后，应按程序及设计要求进行验收，验收合格应有文字记录，并有责任人签字确认。

3　钢丝绳与地锚

钢丝绳的维护、检验和报废应符合现行国家有关标准的规定。

4　索具

索具采用编结或绳夹连接时，连接紧固方式应符合现行国家标准《起重机械安全规程》GB 6067 的规定。

5　作业环境

起重机作业现场地面承载能力应符合起重机说明书规定，当现场地面承载能力不满足规定时，可采用铺设路基箱等方式提高承载力。

起重机与架空线路的安全距离应符合国家现行标准《起重机械安全规程》GB 6067 的规定。

6　作业人员

起重吊装作业单位应具有相应资质，作业人员必须经专门培训，取得特种作业资格，持证上岗。

作业前，应按规定对所有作业人员进行安全技术交底，并应有交底记录。

3.18.4　对起重吊装一般项目说明如下：

2　高处作业

高处作业必须按规定设置作业平台，作业平台防护栏杆不应少于两道，其高度和强度应符合规范要求。攀登用爬梯的构造、强度应符合规范要求。

安全带应悬挂在牢固的结构或专用固定构件上，并应高挂低用。

3.19　施工机具

3.19.3　对施工机具检查项目说明如下：

1　平刨

平刨的安全装置主要有护手和防护罩，安全护手装置应能在操作人员刨料发生意外时，不会造成手部伤害事故。

明露的转动轴、轮及皮带等部位应安装防护罩，防止人身伤害事故。

不得使用同台电机驱动多种刀具、钻具的多功能木工机具，由于该机具运转时，多种刀具、钻具同时旋转，极易造成人身伤害事故。

2　圆盘锯

圆盘锯的安全装置主要有分料器、防护挡板、防护罩等，分料器应能具有避免木料夹锯的功能。防护挡板应能具有防止木料向外倒退的功能。

3 手持电动工具

I类手持电动工具为金属外壳，按规定必须作保护接零，同时安装漏电保护器，使用人员应戴绝缘手套和穿绝缘鞋。

手持电动工具的软电缆不允许接长使用，必要时应使用移动配电箱。

4 钢筋机械

钢筋加工区应按规定搭设作业棚，作业棚应具有防雨、防晒功能，并应达到标准化。

对焊机作业区应设置防止火花飞溅的挡板等隔离设施，冷拉作业应设置防护栏，将冷拉区与操作区隔离。

5 电焊机

电焊机除应做保护接零、安装漏电保护器外，还应设置二次空载降压保护装置，防止触电事故发生。

电焊机一次线长度不应超过5m，并应穿管保护，二次线必须使用防水橡皮护套铜芯电缆，严禁使用其他导线代替。

6 搅拌机

搅拌机离合器、制动器运转时不能有异响，离合制动灵敏可靠。料斗钢丝绳的磨损、锈蚀、变形量应在规定允许范围内。

料斗应设置安全挂钩或止挡，在维修或运输过程中必须用安全挂钩或止挡将料斗固定牢固。

7 气瓶

气瓶的减压器是气瓶重要安全装置之一，安装前应严格进行检查，确保灵敏可靠。

作业时，气瓶间安全距离不应小于5m，与明火安全距离不应小于10m，不能满足安全距离要求时，应采取可靠的隔离防护措施。

8 翻斗车

翻斗车行驶前应检查制动器及转向装置确保灵敏可靠，驾驶人员应经专门培训，持证上岗。为保证行驶安全，车斗内严禁载人。

9 潜水泵

水泵的外壳必须作保护接零，开关箱中应安装动作电流不大于15mA、动作时间小于0.1s的漏电保护器，负荷线应采用专用防水橡皮软线，不得有接头。

10 振捣器

振捣器作业时应使用移动式配电箱，电缆线长度不应超过30m，其外壳应做保护接零，并应安装动作电流不大于15mA、动作时间小于0.1s的漏电保护器，作业人员必须戴绝缘手套、穿绝缘鞋。

11 桩工机械

桩工机械安装完毕应按规定进行验收，并应经责任人签字确认，作业前应依据现场实际，编制专项施工方案，并对作业人员进行安全技术交底。

桩工机械应按规定安装行程限位等安全装置，确保齐全有效。作业区地面承载力应符合说明书要求，必要时应采取措施提高承载力。机械与输电线路的安全距离必须符合规范要求。

4 检查评分方法

4.0.1 保证项目是各级各部门在安全检查监督中必须严格检查的项目，对查出的隐患必须按照"三定"原则立即落实整改。

4.0.2 在建筑施工安全检查评定时，应依照本标准第 3 章中各检查评定项目的有关规定进行检查，并按本标准附录 A、B 的评分表进行评分。分项检查评分表共分为 10 项 19 张表格，其中的脚手架项目对应扣件式钢管脚手架、门式钢管脚手架、碗扣式钢管脚手架、承插型盘扣式钢管脚手架、满堂脚手架、悬挑式脚手架、附着式升降脚手架、高处作业吊篮 8 张分项检查评分表；物料提升机与施工升降机项目对应物料提升机、施工升降机 2 张分项检查评分表；塔式起重机与起重吊装项目对应塔式起重机、起重吊装 2 张分项检查评分表。

4.0.3 本条规定了各评分表的评分原则和方法。重点强调了在分项检查评分表评分时，保证项目出现零分或保证项目实得分值不足 40 分时，此分项检查评分表不得分，突出了对重大安全隐患"一票否决"的原则。

5 检查评定等级

5.0.1、5.0.2 规定了检查评定等级分为优良、合格、不合格三个等级，并明确了等级之间的划分标准。基于目前施工现场的安全生产状况，为切实提高施工现场对安全工作的认识，有效防止重大生产安全事故的发生，在等级划分上实行了更加严格的标准。

5.0.3 建筑施工现场经过检查评定确定为不合格，说明在工地的安全管理上存在着重大安全隐患，这些隐患如果不及时整改，可能诱发重大事故，直接威胁员工和企业的生命、财产等安全。因此，本条列为强制性条文就是要求评定为不合格的工地必须立即限期整改，达到合格标准后方可继续施工。